Informatie management

Ook verschenen bij Pearson Education:

Albert Boonstra, *ICT, mensen en organisaties*
Kenneth C. Laudon en Jane P. Laudon, *Bedrijfsinformatiesystemen*
Joris Leeman, *Supply Chain Management*
Ed Peelen, *Customer Relationship Management*
Mary Sumner, *Enterprise Resource Planning*

Informatie management

3E EDITIE

Rolf Bruins en Bert Pinkster

PEARSON

ISBN: 9789043032810
NUR: 163
Trefw.: informatiemanagement, informatica

Dit is een uitgave van Pearson Benelux BV,
Postbus 75598, 1070 AN Amsterdam
Website: www.pearson.nl – e-mail: amsterdam@pearson.com

Binnenwerk: Inkahootz, Amsterdam
Omslag: Studio Pearson, Amsterdam

Vakinhoudelijke beoordeling:
Peter Becker (HHS)
Aad Brinkman (InHolland)

Dit boek is gedrukt op een papiersoort die niet met chloorhoudende chemicaliën is gebleekt. Hierdoor is de productie van dit boek minder belastend voor het milieu.

© Copyright 2015 Pearson Benelux

Alle rechten voorbehouden. Niets uit deze uitgave mag worden verveelvoudigd, opgeslagen in een geautomatiseerd gegevensbestand, of openbaar gemaakt, in enige vorm of op enige wijze, hetzij elektronisch, mechanisch, door fotokopieën, opnamen, of enige andere manier, zonder voorafgaande toestemming van de uitgever.

Voor zover het maken van kopieën uit deze uitgave is toegestaan op grond van artikel 16B Auteurswet 1912 j° het Besluit van 20 juni 1974, St.b. 351, zoals gewijzigd bij Besluit van 23 augustus 1985, St.b. 471 en artikel 17 Auteurswet 1912, dient men de daarvoor wettelijk verschuldigde vergoedingen te voldoen aan de Stichting Reprorecht. Voor het overnemen van gedeelte(n) uit deze uitgave in bloemlezingen, readers en andere compilatie- of andere werken (artikel 16 Auteurswet 1912), in welke vorm dan ook, dient men zich tot de uitgever te wenden.

Ondanks alle aan de samenstelling van dit boek bestede zorg kan noch de redactie, noch de auteur, noch de uitgever aansprakelijkheid aanvaarden voor schade die het gevolg is van enige fout in deze uitgave.

Verkorte inhoudsopgave

HOOFDSTUK 1	DE WERELD IN TRANSITIE	2
HOOFDSTUK 2	TECHNOLOGIE IN SECTOR EN BEDRIJF	20
HOOFDSTUK 3	INFORMATIEMANAGEMENT	42
HOOFDSTUK 4	DE PROFESSIONAL	66
HOOFDSTUK 5	DE ORGANISATIE	90
HOOFDSTUK 6	INFORMATIEVERZORGING	148
HOOFDSTUK 7	BRUIKBAARHEID VAN TECHNOLOGIE	194
HOOFDSTUK 8	PROJECT EN IMPLEMENTATIE	224
HOOFDSTUK 9	DE BEHEERSORGANISATIE	258

Inhoudsopgave

VOORWOORD — xii

HOOFDSTUK 1   DE WERELD IN TRANSITIE — 2

- 1.1 **Inleiding** — 3
- 1.2 **Informatie** — 4
  - Een voorbeeld — 4
- 1.3 **Klassiek informatiemanagement** — 5
- 1.4 **Social media** — 9
- 1.5 **Big Data, extreme analytics** — 11
- 1.6 **Machine learning** — 13
- 1.7 **24/7 online, data altijd oproepbaar, de cloud** — 14
- 1.8 **Privacy of het ontbreken ervan** — 15

SAMENVATTING — 17

HOOFDSTUK 2   TECHNOLOGIE IN SECTOR EN BEDRIJF — 20

- 2.1 **Inleiding** — 21
- 2.2 **Primaire en secundaire sector** — 23
  - Landbouw — 23
  - Bouw — 24
  - Industrie — 26
- 2.3 **Tertiaire sector** — 27
  - Bank- en verzekeringswezen — 27
  - Detailhandel — 29
- 2.4 **Quartaire sector** — 32
  - Openbaar bestuur — 32
  - Zorg — 34
  - Onderwijs — 35

SAMENVATTING — 37

HOOFDSTUK 3   INFORMATIEMANAGEMENT — 42

- 3.1 **Inleiding** — 43
- 3.2 **Positie van IM in de organisatie** — 44
- 3.3 **Taken IM** — 47
- 3.4 **Functies binnen IM** — 50
  - 3.4.1 De Chief Information Officer (CIO) — 51

3.4.2	De informatiemanager	51
3.4.3	De functioneel beheerder	53
3.5	**Organisatie en ICT: business-IT-alignment**	**54**
	Strategic Alignment Model van Henderson en Venkatraman	54
	Business & IT Maturity Assessment Model van Luftman	56
3.6	**Inrichting van IM**	**58**
	Omvang en aard van de informatieverziening	59
	Mandaat over de informatieverzorging	59
	Structuur van de sturing op de informatieverzorging	59
	Het scenario achter de inrichting of verbetering	60
	Strategie achter de inrichting	60

SAMENVATTING 61

HOOFDSTUK 4 DE PROFESSIONAL 66

4.1	**Inleiding**	**67**
4.2	**De professional als informatie(ver)werker**	**69**
4.3	**Besluitvorming**	**71**
4.4	**Informatievaardigheden**	**73**
	Fase 1. Zoeken van informatie	74
	Fase 2. Selecteren en beoordelen van (web)bronnen	75
	Fase 3. Verwerken van informatie	76
4.5	**Typen kenniswerkers**	**77**
4.6	**Kennismanagement**	**81**
4.7	**De toekomst van werk**	**84**
	Connected	84
	Banen zullen verdwijnen	84
	Nieuwe functies zullen verschijnen	85
	Informatie is overal en groeit steeds sneller	85

SAMENVATTING 86

HOOFDSTUK 5 DE ORGANISATIE 90

5.1	**Inleiding**	**91**
5.2	**Waardecreatie: strategie en ICT**	**94**
5.3	**Soorten informatie**	**96**
5.3.1	Interne en externe informatie	97
5.3.2	Harde en zachte informatie	98
5.4	**Digitalisering van processen: e-business**	**98**
5.4.1	Primaire organisatieprocessen	99
5.4.2	Secundaire organisatieprocessen	108
5.4.3	Managementprocessen	114
5.5	**Business en social media**	**116**

	5.6	**Ondernemen met behulp van informatie: Big Data analytics/ extreme analytics**	120
	5.7	**Innoveren**	125
	5.7.1	Wat kunnen we innoveren?	127
	5.7.2	Hoe kunnen we innoveren?	131
	5.8	**Uitdagingen**	134
	5.8.1	Mensen	134
	5.8.2	Middelen	140
	5.8.3	Methoden	141
	SAMENVATTING		143
HOOFDSTUK 6	**INFORMATIEVERZORGING**		148
	6.1	**Inleiding**	149
	6.2	**Informatieplanning**	151
	6.3	**Informatieverzorging**	158
	6.3.1	Processen	159
	6.3.2	Van gegevens naar actie	163
	6.3.3	Stappen binnen de informatieverzorging	168
	6.3.4	Kwaliteit van de informatieverzorging	174
	6.4	**Informatieverzorging en het wereldwijde web**	179
	6.5	**Informatiesystemen**	182
	6.5.1	Eisen aan informatiesystemen	185
	6.5.2	Ontwikkelingen in de technische architectuur	186
	6.6	**Beheer en verbetering**	187
	6.6.1	Technisch beheer	187
	6.6.2	Applicatiebeheer	187
	6.6.3	Functioneel beheer	188
	6.6.4	Service level agreement	188
	6.6.5	Onderhoud	189
	6.6.6	Verbetering	190
	SAMENVATTING		192
HOOFDSTUK 7	**BRUIKBAARHEID VAN TECHNOLOGIE**		194
	7.1	**Inleiding**	195
	7.2	**Welke technologie is beschikbaar?**	197
	7.2.1	Hardware	197
	7.2.2	Software	202
	7.2.3	Connectivity	209
	7.3	**Kosten van aanschaf en gebruik**	213
	7.3.1	ICT economics en waardecreatie	213
	7.3.2	ICT-kengetallen	213

7.3.3	Vervangingsstrategie	214
7.4	**Communicatietechnologie**	**215**
7.4.1	Customer relationship management	216
7.4.2	Mobiele verbindingen met laptop en tablet	217
7.4.3	Het Nieuwe Werken	218
7.4.4	Gebruik van e-mail, messaging	219
7.4.5	Social media	220

SAMENVATTING 220

HOOFDSTUK 8 PROJECT EN IMPLEMENTATIE 224

8.1	**Inleiding**	**225**
8.2	**De businesscase**	**226**
8.2.1	Het unieke aan ICT-investeringen	226
8.2.2	Typologie van ICT-investeringen	227
8.2.3	Doel van de businesscase	228
8.2.4	De businesscase als oplossing	229
8.2.5	Inhoud van de businesscase	229
8.2.6	Stappenplan voor een businesscase	234
8.3	**Projectmanagementmethoden**	**236**
8.4	**Scrum**	**237**
8.5	**De projectdefinitie**	**238**
8.5.1	De doelstelling	241
8.5.2	Afbakening van het resultaat	242
8.5.3	Situationeel specifiek projectmanagement	243
8.6	**Projectcontract**	**243**
8.7	**Activiteitenplan**	**243**
8.7.1	Structuur	244
8.7.2	Fasering	245
8.7.3	Planning	245
8.8	**Beheersfactoren**	**246**
8.8.1	Geldbeheersing	247
8.8.2	Organisatiebeheersing	247
8.8.3	Communicatiebeheersing	247
8.8.4	Kwaliteitsaspecten	248
8.8.5	Informatiebeheersing	248
8.8.6	Tijdbeheersing	249
8.9	**Risicoplanning en risicomanagement**	**249**
8.10	**Projectvoortgang**	**251**
8.10.1	Voortgangsrapportage	251
8.10.2	Aanpassingen in de planning	251
8.11	**Projectoplevering**	**251**

SAMENVATTING 253

HOOFDSTUK 9 DE BEHEERSORGANISATIE 258

9.1	**Inleiding**	259
9.2	**Organisatie van beheer**	261
9.3	**ICT op strategisch niveau: e-governance**	262
9.4	**ICT op tactisch niveau: CMMI en ITIL**	264
9.5	**ICT op operationeel niveau**	267
9.6	**Uitbesteden van beheer**	268

SAMENVATTING 269

NOTEN 273

INDEX 277

Voorwoord

Het doel van het hoger onderwijs is om studenten op te leiden voor tal van uiteenlopende taken in verschillende soorten organisaties. Organisaties die iedere dag weer moeten aantonen wat hun toegevoegde waarde is, want zonder deze toegevoegde waarde zijn ze, zwart-wit gezien, immers waardeloos en hebben ze geen reden van bestaan. Studenten, straks als toekomstige werknemers, zullen zelf ook moeten aantonen wat hun toegevoegde waarde is voor de organisatie. Pas dan zal de organisatie bereid zijn daar een passende beloning voor te geven.

De toegevoegde waarde van de student, vanuit het oogpunt van de organisatie, schuilt in de combinatie van kennis, kunde en inzicht. Deze drie aspecten, samengevat in de term competentie, vormen de basis voor zijn toegevoegde waarde. In dit boek zullen we kennis, kunde en inzicht terug laten komen, zodat duidelijk wordt dat informatiemanagement niet alleen maar een kwestie is van kennis maar ook de zinvolle toepassing van die kennis en het ontwikkelen van een kritische houding ten aanzien van dit vakgebied.

Informatiemanagement is te zien als de logische synthese van inzichten binnen vakgebieden als management, organisatiekunde, marketing en informatica. We positioneren informatiemanagement nadrukkelijk als een managementdiscipline, vandaar ook de term informatiemanagement. Studenten in het hoger onderwijs zullen als toekomstig beroepsbeoefenaar naar alle waarschijnlijkheid te maken krijgen met taken als plannen, coördineren, sturen en innoveren. Taken die in het denken over organisaties voornamelijk voorbehouden zijn/waren aan managers, maar die in de moderne organisatie de verantwoordelijkheid zijn van iedereen. Deze taken kunnen eenvoudigweg niet zonder de bouwsteen informatie. Het is wellicht de meest essentiële bouwsteen geworden als basis voor waardecreatie. Informatie is nadrukkelijker dan ooit de kurk geworden waarop moderne organisaties drijven.

We kijken in de derde editie van dit boek vanuit een aantal invalshoeken/perspectieven naar de wereld van informatiemanagement. Informatiemanagement zien wij als de kunst en wetenschap om vorm en inhoud te geven aan de informatieverzorging ('informatiehuishouding') van een organisatie, zodat de juiste informatie op het juiste moment bij de juiste persoon aanwezig is. Hierbij komen de volgende perspectieven aan bod, die we in de verschillende hoofdstukken met elkaar verbinden:

- Het managementperspectief: de rol van het management verandert van de traditionele planning en controle naar het hedendaagse faciliteren. Hierbij komen onderwerpen aan bod als projectmatig werken en het beheer en de verbetering van de informatiefunctie.
- Het menselijk perspectief: in de westerse economieën is de professional meer dan ooit een kenniswerker. Kennis kan niet zonder informatie. Afhankelijk van het type kenniswerker worden er verschillende eisen gesteld aan de informatiefunctie.

- Het technologisch perspectief: technologie is een van de belangrijkste impulsen van dynamiek en verandering. We kijken uitdrukkelijk naar de bruikbaarheid en toepasbaarheid van technologie in de moderne organisatie.
- Het organisatieperspectief: organisaties kunnen we zien als groepen mensen die met gebruikmaking van processen als doel hebben om waarde te creëren. Deze waardecreatie zien wij als het uitgangspunt voor de wijze waarop de organisatie zichzelf wenst vorm te geven, inclusief de bijbehorende informatiestromen.
- Het innovatieperspectief: het nadenken over de waarde die de organisatie in de toekomst wil leveren aan haar afnemers begint vandaag. Innovatie is daarbij van cruciaal belang, omdat het voortbestaan van de organisatie verder reikt dan de producten en diensten die vandaag voorzien in een behoefte.
- Het uitdagingsperspectief: wat vandaag logisch is, kan morgen achterhaald zijn. Daarom zal een organisatie goed op de 'radar' moeten kijken hoe de toekomst zich ontwikkelt en welke impact ontwikkelingen voor de organisatie kunnen hebben. Dit vraagt om een stevige verbinding met afnemers, leveranciers en de maatschappij als geheel.

Binnen al deze perspectieven zijn informatiemanagement, informatieverzorging en informatie de centrale elementen.

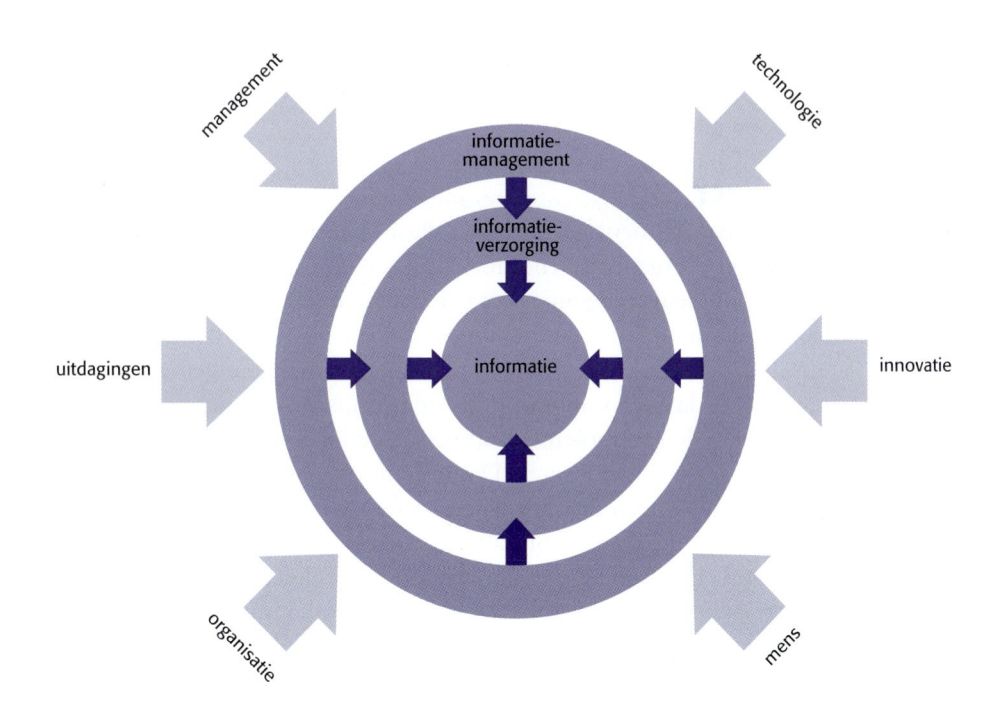

De derde editie is aanzienlijk gewijzigd ten opzichte van de vorige editie, wat heeft geleid tot een nieuwe structuur, die mede dankzij de feedback van docenten en studenten tot stand is gekomen. Het boek kan op twee manieren worden gebruikt. Het is enerzijds een eindproduct dat de verschillende thema's in het kader van informatiemanagement op een logische manier met elkaar verbindt. Anderzijds kan het worden gebruikt als halffabricaat, waarbij de hoofdstukken als zelfstandige eenheid bestudeerd en behandeld kunnen worden. Ieder hoofdstuk is te zien als een apart thema dat naar eigen inzicht met andere thema's gecombineerd kan worden. Op die wijze ontstaat een eigen structuur die past bij het onderwijs waarvoor het boek wordt gebruikt. Bij dit boek is ook een MyLab | Nederlandstalig beschikbaar op www.pearsonmylab.nl. Hierop staan extra cases, meerkeuzevragen en powerpointpresentaties met daarin de figuren uit het boek.

We hebben ervoor gekozen om in dit boek te vertrekken vanuit praktijkvoorbeelden. In onze eigen onderwijs- en adviespraktijk hebben we ervaren dat het theoretiseren over de praktijk, zonder studenten een relevante praktijkcontext aan te bieden, leidt tot onbegrip en desinteresse. We realiseren ons dat we te maken hebben met studenten die in de meeste gevallen nog een flinke 'onderwijsreis' moeten maken. Het boek is bedoeld voor de propedeuse. Gedurende deze reis zullen ze het station informatiemanagement passeren. Een station met zijn eigen regels, voorwaarden en inzichten, maar altijd voorzien van een goede gids. Het boek vervult deze gidsrol grotendeels en daarnaast zal de docent deze rol op zich moeten nemen. Ook in dat opzicht kan het boek als halffabricaat beschouwd worden, waarbij de gids zijn eigen verhalen kan vertellen zodat de reis interessant en waardevol wordt voor studenten.

Leeswijzer

Informatiemanagement beschouwen we als het managen van activiteiten op het snijvlak van de organisatie en informatie- en communicatietechnologie. De waarde voor de uiteindelijke afnemers is te zien als een gezamenlijke inspanning van alle afdelingen, functies en mensen binnen een organisatie. De organisatie heeft baat bij de inzet van technologie. De technologische ontwikkelingen gaan echter razendsnel, en het is daarom van belang dat de organisatie een partner heeft die haar helpt de mogelijkheden te verkennen op het gebied van technologie, zodat de organisatie (nog meer) waarde kan leveren. Dat is de hoofdtaak van het informatiemanagement: het zijn van een intermediair tussen de activiteiten van de organisatie en de rol die technologie daarin zou kunnen spelen.

In hoofdstuk 1 verkennen we de wereld om ons heen en bekijken we hoe deze evolueert onder invloed van tal van technologische ontwikkelingen. Het uitdagende van deze verkenning is dat we nu nog niet exact kunnen voorspellen hoe groot de invloed hiervan zal zijn voor het functioneren van organisaties.

In het tweede hoofdstuk geven we ondanks deze onzekerheidsmarge aan op welke wijze organisaties in verschillende sectoren en branches van de economie worden beïnvloed door uiteenlopende technologische ontwikkelingen. Deze ontwikkelingen dienen te worden doorvertaald naar de informatiehuishouding van de organisatie. Dat is een belangrijke taak van het informatiemanagement.

Hoofdstuk 3 gaat hierop in en behandelt daarnaast de andere taken van informatiemanagement, de positie die het in de organisatie inneemt en de functies die hiervoor verantwoordelijk zijn. Bovendien wordt aandacht besteed aan het afstemmen van de organisatiebehoeften op de langere termijn met de ICT-mogelijkheden. Dit is het gebied van de zogenoemde business-IT-alignment. Tot slot geven we in hoofdstuk 3 concrete handvatten voor de inrichting van informatiemanagement.

In het vierde hoofdstuk maken we de overstap naar de professionals/kenniswerkers. Zij worden beïnvloed in de manier waarop zij werken en de competenties waarover zij nu en in de toekomst zullen moeten beschikken. Dit als gevolg van het feit dat organisaties zich transformeren onder invloed van technologie. Het is de kenniswerker die door zijn kennis in staat is waarde te leveren aan de organisatie en haar afnemers. Hij speelt door zijn kennis, kunde en inzicht een belangrijke rol in het genereren, verwerken en ter beschikking stellen van informatie. Met andere woorden: de kenniswerker is te zien als een niet-geautomatiseerd informatiesysteem dat een wezenlijke rol speelt binnen geautomatiseerde informatiesystemen. Daarbij permitteren we ons ook een uitstap(je) naar de werking van het brein van de kenniswerker, dat net als een organisatie beschikt over een eigen informatiehuishouding en informatiemanagement, die echter niet parallel aan elkaar lopen. Dat maakt een vergelijk tussen de wijze waarop professionals werken met hun brein en de rationele organisaties zin- en waardevol.

Hoofdstuk 5 laat zien dat organisaties niet opereren in een vacuüm maar dat zij deel uitmaken van een dynamische maatschappij die eisen stelt aan de prestaties van de organisatie. Deze prestaties komen tot stand binnen de verschillende processen waarin informatie een belangrijke rol speelt. De uiteenlopende processen en de rol die technologie en informatie hierin spelen komen aan bod. Bovendien gaan we in op het toenemende belang van social media voor de bedrijfsvoering (de business). Social media zorgen voor een stevige toename van de hoeveelheid data, die volgens recente onderzoeken zelfs exponentieel lijkt te stijgen. We kunnen stellen dat er te veel informatie is om nog door mensen begrepen te kunnen worden, en daarom maken we gebruik van technologie om logische verbanden te zoeken en te vinden in deze informatieberg. Dat is het gebied van de Big Data. Op basis van deze verbanden kan de organisatie innoveren om ook in de toekomst waarde te kunnen blijven leveren. Dat hierbij de nodige uitdagingen aan de orde zullen zijn is evident. Deze uitdagingen doen een stevig beroep op de informatieverzorging van de organisatie.

Het is essentieel om de informatiestromen in de organisatie zodanig te sturen en te beheersen dat medewerkers, managers en ondernemers hun beslissingen kunnen baseren op goede en tijdige informatie. Het gaat in het zesde hoofdstuk om het samenspel van informatieplanning (de toekomst) en de vertaling naar het heden van processen, systemen, en het beheer en de verbetering daarvan. Dat is de kern van de informatieverzorging.

In hoofdstuk 7 laten we zien dat technologie bij informatieverzorging een belangrijke rol kan spelen. Hierbij komen verschillende aspecten van technologie aan bod, zoals hard- en software, mobiele technologie en de kosten van aanschaf en gebruik hiervan.

Het werken met snel veranderende technologische toepassingen vereist in de praktijk dat bestaande zaken veranderd moeten worden, en daarom besteden we in hoofdstuk 8 specifieke aandacht aan dit onderwerp. Veranderingen worden in veel gevallen in projecten voorbereid, waarna de veranderingen ingevoerd moeten worden. Projectmatig werken vereist specifieke kennis en vaardigheden om het succesvol te laten zijn.

In het negende en laatste hoofdstuk gaat het over het beheer van de informatiehuishouding, de zogenoemde beheersorganisatie. Hierbij gaan we in op de verschillende niveaus van beheer: strategisch, tactisch en operationeel.

Na het lezen van dit boek kun je beoordelen waarom informatie in de moderne organisatie steeds belangrijker wordt en weet je hoe je informatie kunt organiseren en managen.

Schematisch is het boek als volgt opgebouwd:

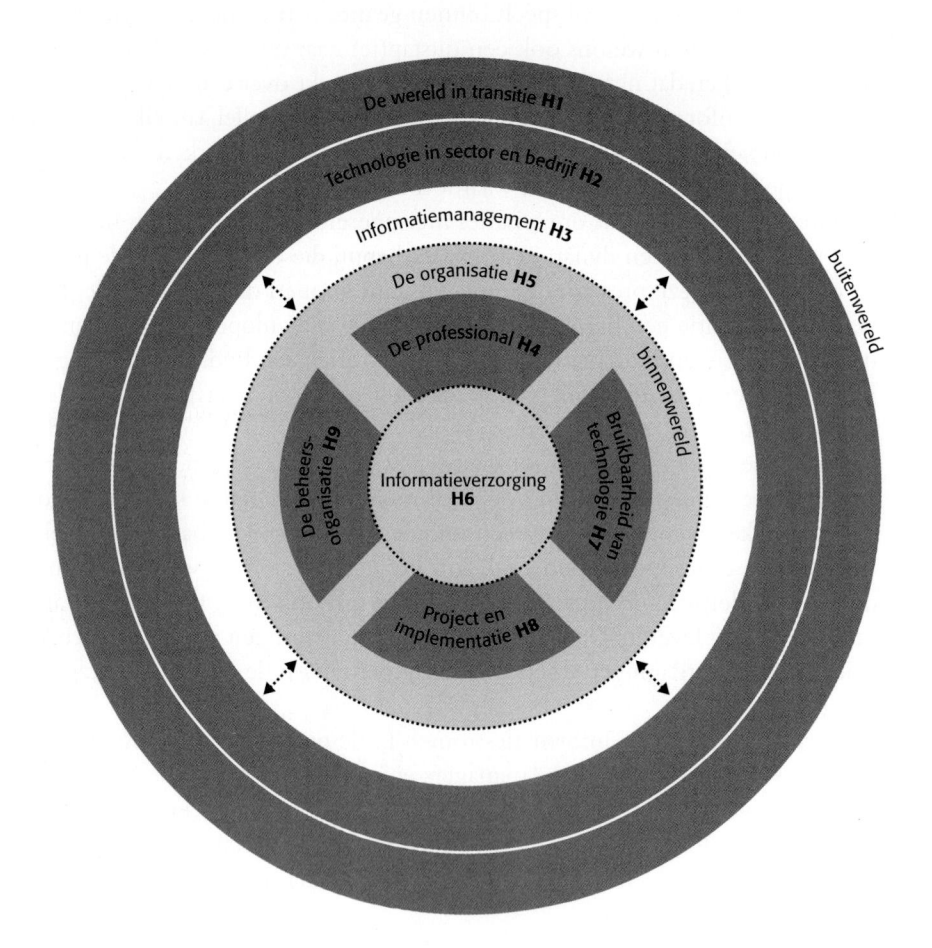

MyLab | Nederlandstalig
Informatiemanagement, derde editie

Wat is MyLab?

MyLab is de digitale leeromgeving van Pearson. Hierin kunnen studenten oefenen met het studiemateriaal. Docenten kunnen hun lessen vooraf klaarzetten en hun studenten monitoren op hun voortgang.

MyLab voor studenten

Met MyLab krijg je de stof sneller en beter onder de knie door te spelen met de inhoud. MyLab helpt daarbij door je studiemateriaal en toetsen te bieden waarmee je kunt oefenen. Zo ben je goed voorbereid en wen je alvast aan het afleggen van tentamens. Kijk op de volgende pagina welk studiemateriaal er beschikbaar is bij dit boek.

Hoe registreer je je?

Om je te registreren heb je nodig:
- een geldig e-mailadres;
- de studententoegangscode;
- eventueel een Klas-ID (deze wordt aangemaakt door je docent).

Volg deze stappen:
1. Ga naar **www.pearsonmylab.nl** (Nederland) of **www.pearsonmylab.be** (Vlaanderen).
2. Klik onder het kopje 'Registreren' op de knop 'Student'.
3. Vul de studententoegangscode in.

Als je al een Pearsonaccount hebt, hoef je slechts je inloggegevens in te vullen. Heb je nog geen account, maak deze aan dan door de aangegeven stappen te volgen.

Je unieke studententoegangscode staat op de binnenzijde van het omslag.

Hulp nodig?

Als er vragen of problemen ontstaan bij het gebruik van MyLab, neem dan contact op met onze klantenservice via het contactformulier op www.pearsonmylab.nl/help.

MyLab voor docenten

Doordat studenten oefenen met de theorie, begrijpen ze de stof beter. Daarnaast is er veel exclusief docentenmateriaal te vinden. Op deze manier bespaart u tijd bij het voorbereiden van uw les. Bovendien kunt u uw studenten monitoren en zo bekijken welke onderwerpen extra aandacht verdienen. Vraag een docententoegangscode aan via docent@pearson.com om toegang te krijgen tot het exclusieve docentenmateriaal.

MyLab | Nederlandstalig
Informatiemanagement, derde editie

eText

MyLab bevat een interactieve eText. Dit is het volledige boek, dat online te bekijken is of via een app te downloaden op je tablet.

Met de eText kun je interactief leren. Zo kun je notities maken, zoals je zou doen in de kantlijn, belangrijke zinnen markeren en theorie verbergen als je die niet hoeft te bestuderen. Met de handige navigatie- en zoekfunctie vind je precies het onderwerp dat je zoekt.

Toetsen

Bij elk hoofdstuk kun je een toets maken. Hiermee test je of je de stof begrijpt en welke theorie je eventueel beter kunt bestuderen.

Wat bevat MyLab verder aan studiemateriaal?

Begrippentrainer

De begrippentrainer is een handige tool waarmee je alle kernbegrippen uit het boek kunt leren. Je kunt zowel de begrippen als de betekenissen trainen.

Figuren & Tabellen

Bij Figuren & Tabellen zijn alle figuren uit het boek opgenomen. Je kunt ze eenvoudig opslaan en gebruiken in bijvoorbeeld verslagen en presentaties.

Cases

Met korte cases verdiep je jezelf in de stof en leer je de kennis toe te passen. De cases brengen de theorie uit het boek zo meer tot leven.

Hoofdstuk 1
DE WERELD IN TRANSITIE

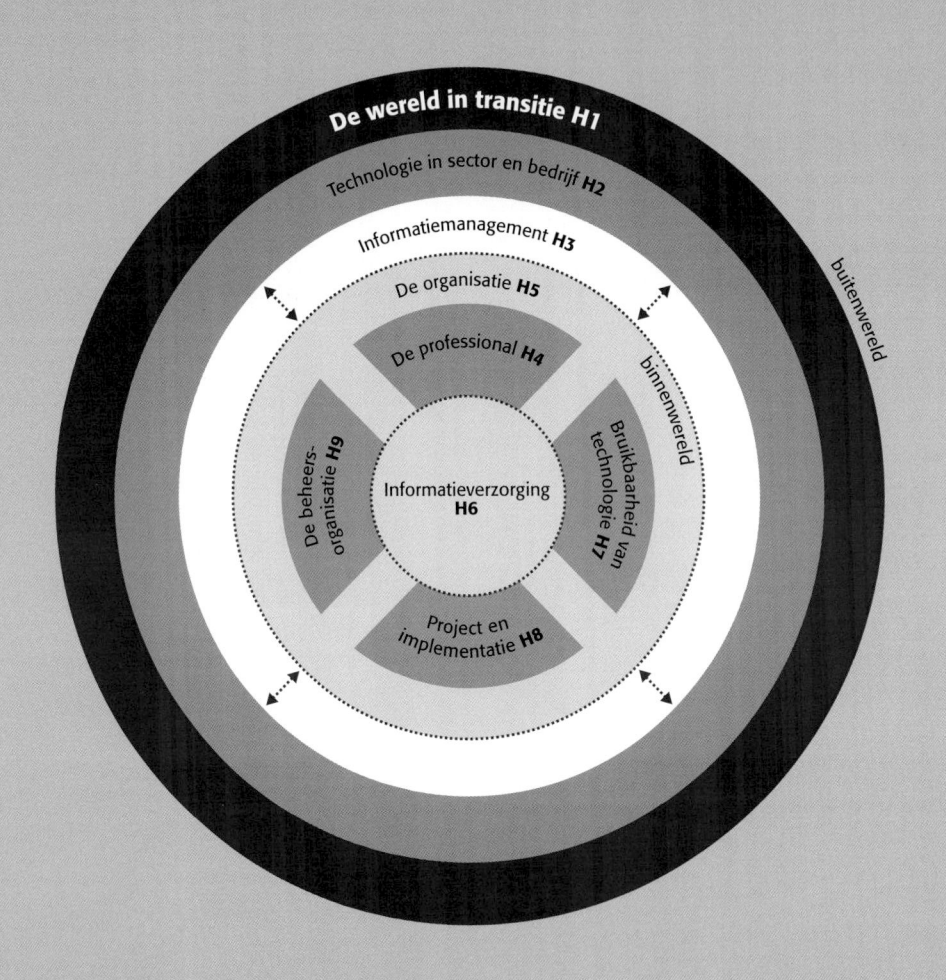

1.1 Inleiding

In dit hoofdstuk schetsen we de wereld van **informatiemanagement**, de groei vanuit de klassieke databaseomgeving naar **social media** als informatiebron. Daarbij worden de huidige trends in informatiemanagement zoals **Big Data**, cloudopslag, privacy, beveiliging en ethiek ook kort behandeld. Het komt maar al te vaak voor dat we iets willen weten. Waar ligt ook al weer Afghanistan? Wat was ook al weer het Palingoproer? Waar is de 44e president van de Verenigde Staten geboren? Veel is vindbaar, zeker als je toegang tot het internet hebt. Ook bedrijven kennen dit soort vragen. Dat is immers hun bestaansrecht. Lees bijvoorbeeld het volgende bericht uit *de Volkskrant* van 14 november 2014.

Koers Aegon onderuit door flater in Verenigde Staten

Aegon deed vandaag dienst als bezemwagen in de AEX-index. Beleggers reageerden verschrikt op een grote verliespost in de Verenigde Staten, veroorzaakt door een verkeerde inschatting van de levensverwachting van oude Amerikanen. Aegon incasseerde in het derde kwartaal een tegenvaller van 299 miljoen euro. Die is vooral te wijten aan een te rooskleurige raming van de resterende levensduur van Amerikaanse 85-plussers, legt bestuursvoorzitter Alex Wynaendts uit.

'Over de levensverwachting van 85-plussers was tien tot vijftien jaar geleden erg weinig bekend, omdat toen weinig mensen zo oud werden. We moesten dus op basis van schaarse statistieken een inschatting maken van de verwachte rendementen op levensverzekeringen voor deze groep. De laatste tijd is duidelijk geworden dat Amerikaanse 85-plussers steeds langer leven. Als verzekeraar hadden wij daar weliswaar rekening mee gehouden, maar hun levensverwachting stijgt minder snel dan wij hadden voorzien.'

Voor een levensverzekeraar is het gunstig als de verzekerde zo lang mogelijk leeft, omdat de klant dan langer premie betaalt en de ingelegde premie langer kan renderen. Op welke leeftijd de verzekerde overlijdt, maakt voor de hoogte van de uitkering niet uit, want dat is bij een levensverzekering meestal een vast bedrag. Voor een pensioenverzekeraar is het juist gunstig als een gepensioneerde vroeg overlijdt, omdat de pensioenuitkering dan minder lang loopt. Maar Aegon verkoopt in de VS voornamelijk levensverzekeringen.

Wynaendts: 'De Amerikaanse verzekeringsmarkt is heel anders dan die in Nederland. Amerikanen sluiten geen pensioenverzekeringen af. Amerikanen sparen voor hun pensioen. Maar ze sluiten vaak wel levensverzekeringen af ten gunste van hun nabestaanden, opdat die verzorgd achterblijven.' Aegon verdient het meest in Amerika; 55 procent van het bedrijfsresultaat komt daarvandaan.

Aegon herijkt zijn levensverwachtingsramingen en -modellen ieder jaar in het derde kwartaal. Meestal levert dat weinig winstschokken op, maar dit jaar dus wel. De nettowinst van 52 miljoen euro was bijna vijf keer zo laag als in het derde kwartaal van 2013. Beleggers werden erdoor verrast. De koers van Aegon daalde met 5,8 procent.

Aegon heeft in het verleden door gebrek aan informatie over de levensverwachting en het spaargedrag van Amerikanen onjuiste ramingen gemaakt over de toekomstige waarde van hun bezittingen in Amerika. Als Aegon beter geïnformeerd was geweest, had dit probleem niet hoeven ontstaan. De vraag blijft natuurlijk: was die informatie destijds te vergaren?

1.2 Informatie

Informatiemanagement gaat over verzamelen, sorteren en groeperen van gegevens met als doel daar informatie uit te halen. Met die verzamelde informatie moeten beslissingen genomen kunnen worden. Maar wat is informatie eigenlijk? Hoe komen we daaraan en wat doen we ermee?

Bij informatie hebben we te maken met een aantal begrippen:
- Feiten zijn omstandigheden of gebeurtenissen waarvan de werkelijkheid aangetoond is.
- Gegevens (data) zijn objectief vastgelegde weergaven van feiten. De vastlegging maakt uitwisseling mogelijk.
- Informatie is een in een context geplaatste interpretatie van gegevens, waardoor deze betekenis krijgen.
- Kennis is een combinatie van beoordeelde informatie met de reeds aanwezige kennis, ervaring, vaardigheden en attitude.
- Competentie is het inzicht in en verstand van hoe met kennis omgegaan moet worden in een beroepssituatie.[1]
- Daarbuiten spreken we liever over wijsheid.

Om kennis te vergaren zullen we gegevens moeten zoeken en daar informatie uit halen. We beklimmen de treden van de informatieladder om tot wijsheid te komen. Daar eindigt het verhaal echter niet. Kennis en competentie leiden tot nieuwe gegevens, die ook weer geïnterpreteerd moeten worden. Zo ontstaat de cyclus die we de informatiecyclus noemen.

Een voorbeeld
Feiten zijn de dienstregelingen van het openbaar vervoer. Deze dienstregelingen zijn in gedrukte vorm, dus als gegevens leverbaar. Voor het afleggen van een traject moet soms van openbaarvervoermiddel gewisseld worden. Als we weten wanneer we willen reizen, kan een combinatie van gegevens leiden tot informatie. Een voorbeeld van informatieverstrekking is de website www.9292.nl. De software van deze website weet een combinatie te maken uit de dienstregelingen van alle in Nederland aanwezige openbaarvervoerbedrijven. Zij kunnen bijvoorbeeld de route

Figuur 1.1   De informatieladder

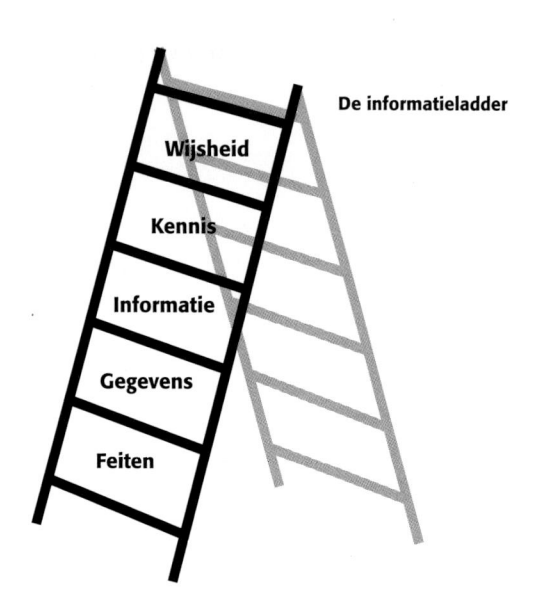

De informatieladder

- Wijsheid
- Kennis
- Informatie
- Gegevens
- Feiten

van Purmerend naar Dalfsen op een bepaalde dag en tijd uitstippelen.
In het voorbeeld wordt er met allerlei vormen van openbaar vervoer gereisd. De consequentie is dat er vaak in- en uitgecheckt moet worden. Bus en trein hebben aparte start- en kilometertarieven, waardoor de reis mogelijk duurder wordt. Wellicht is het ook mogelijk om alleen per trein te reizen. Voor een onervaren reiziger zal de keuze gemaakt moeten worden tussen vaak overstappen tussen verschillende vervoerders of lopen naar en van een station. Met welke verbinding heeft men de kortste reistijd? Wat is de beste verbinding op een bepaalde dag en op een bepaalde tijd? De prijsverschillen tussen de vervoersvormen zijn op de website ook te vinden als de kosten meespelen bij onze beslissing. Als de ervaring ons heeft geleerd dat er op een bepaalde verbinding vaak vertragingen of zelfs uitval zijn, valt onze beslissing anders uit. Reizen we met een aantal personen en willen we onderweg al vergaderen, dan kan dat ook bepalend zijn voor de keuze. We gebruiken in deze voorbeelden onze kennis over de reismogelijkheden.

We weten nu wat informatie is en welk belang informatie heeft voor het ontwikkelen van kennis. Op basis van die kennis kunnen we vervolgens actie ondernemen.

1.3   Klassiek informatiemanagement

In een wereld zonder computers moest informatie uit geschreven tekst worden gehaald. De kenniswerker in die tijd beschikte over veel kennis op het vakgebied, grote ervaring, een gigantisch geheugen en rijen naslagwerken. De benodigde informatie kwam beschikbaar door de juiste persoon aan te spreken. Eenvoudige informatie, zoals de reisverbinding tussen Purmerend en Dalfsen, kon het best verstrekt worden door een conducteur met een spoorboekje (de totale dienstregeling). Eventueel kon men zelf ook een spoorboekje aanschaffen, maar dan kostte het nog wel moeite om de gegevens te vinden en te selecteren. De conducteur gaf overigens de informatie voor zover hij die beschikbaar had. Wellicht zouden er betere

Figuur 1.2   De route van Purmerend naar Dalfsen per auto

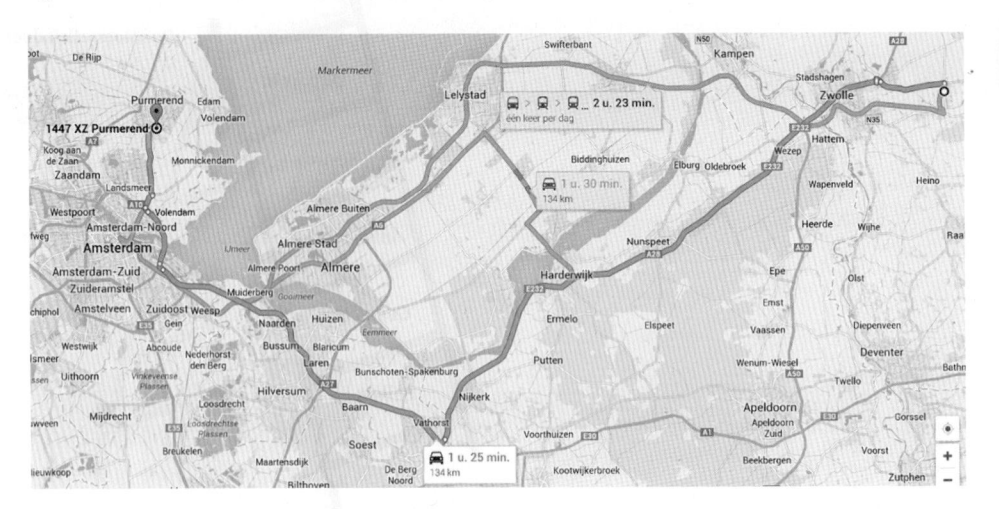

Figuur 1.3   Openbaarvervoeradvies van Purmerend naar Dalfsen

Lopen (9 minuten)
- 10:03 1447XZ, Vrijheidsplantsoen, Purmerend
- 10:12 Bushalte Lepelblad, Purmerend

Bus 304 (richting Amsterdam CS)   EBS
- 10:12 Bushalte Lepelblad, Purmerend
- 10:31 Bushalte Prins Hendrikkade/CS, Amsterdam

Lopen (5 minuten)
- 10:31 Bushalte Prins Hendrikkade/CS, Amsterdam
- 10:36 Station Amsterdam Centraal

Intercity (richting Lelystad Centrum)   NS
- 10:37 Station Amsterdam Centraal   Spoor 10a
- 11:15 Station Lelystad Centrum   Spoor 3

Intercity (richting Leeuwarden)   NS
- 11:19 Station Lelystad Centrum   Spoor 4
- 11:45 Station Zwolle   Spoor 6b

Stoptrein (richting Emmen)   Arriva
- 11:50 Station Zwolle   Spoor 15
- 11:59 Station Dalfsen   Spoor 2

Lopen (3 minuten)
- 11:59 Station Dalfsen
- 12:02 Bushalte Station, Dalfsen

Bus 167 (richting Ommen)   Syntus
- 12:19 Bushalte Station, Dalfsen
- 12:25 Bushalte Bontekamp, Dalfsen

Lopen (2 minuten)
- 12:25 Bushalte Bontekamp, Dalfsen
- 12:27 Koesteeg, Dalfsen

routes zijn, bijvoorbeeld met een busverbinding, maar over die gegevens beschikte hij niet.

Bedrijven hadden tot 2000 een groot belang bij ervaren medewerkers die in staat waren om voortdurend ontwikkelingen in de gaten te houden. Een accountmanager, vroeger vertegenwoordiger geheten, zorgde ervoor dat een afnemer regelmatig bezocht werd en dat hij bij elk contact met de afnemer de vertrouwensband in stand hield. Vanzelfsprekend kende de vertegenwoordiger de gezinsleden van de afnemer bij naam ('En hoe gaat het met Ramon? Heeft hij het nog steeds naar zijn zin bij de voetbalclub? Is zijn team gepromoveerd?'). Daarnaast gaf de vertegenwoordiger informatie over de marktontwikkelingen, de concurrentiepositie en nog veel meer. Een goede vertegenwoordiger was veel geld waard voor zijn bedrijf en de overstap van zo'n medewerker naar de concurrent was een regelrechte ramp. Heel veel informatie zat in het geheugen van de vertegenwoordiger. Tegenwoordig moet deze informatie opgeslagen worden in een systeem voor customer relationship management (crm). Dit crm-systeem, dat wordt gevoed door de accountmanager en eventueel andere medewerkers, geeft planningen voor het klantenbezoek en signalen als ingrepen nodig zijn. Hierdoor wordt het klantenbeheer beter stuurbaar en kan ook een minder ervaren accountmanager een gedegen indruk bij de klant maken. Het bedrijf wordt er minder kwetsbaar door.

De komst van het internet leidde tot het beschikbaar komen van veel meer gegevens, die bovendien snel geactualiseerd konden worden. In eerste instantie leidde dit tot een professionalisering van informatiemanagement. Er waren meer bronnen beschikbaar, die ook nog eens automatisch doorzoekbaar waren. Toch waren het vaak PULL-acties. Bij een specifieke vraag kon een aantal bronnen gevonden worden die door de juiste combinatie tot de gewenste informatie leidden. Het internet leidde ook tot een nieuwe vorm van informatie verzamelen. Door het koppelen van bestanden van verschillende eigenaars werd het mogelijk tot uiterst effectieve selecties te komen. Met name de ontwikkeling van de Structured Query Language (**SQL**) heeft daarbij geholpen.

SQL

Structured Query Language is een standaard vraagtaal die in alle relationele databanken gebruikt kan worden. Sinds 1972 zijn steeds krachtiger versies ontwikkeld. Met SQL is het mogelijk om complexe zoekvragen op combinaties van databanken los te laten. Als een sleutelgegeven bekend is, bijvoorbeeld het burgerservicenummer (bsn), kan in elke combinatie van databanken gezocht worden naar relevante gegevens. Het bsn staat bijvoorbeeld geregistreerd bij de burgerlijke stand, de Belastingdienst, de uitvoeringsinstanties voor de sociale wetten, de uitgevers van rijbewijzen en kentekenbewijzen, de werkgever en de zorgverzekeraars. Door een koppeling van de bestanden van deze instanties zijn allerlei vormen van misbruik met één druk op de knop te traceren. De zojuist genoemde instanties worden streng gecontroleerd, zodat er geen ongeoorloofde vragen gesteld worden. Als het bsn in handen van anderen komt, kan er misbruik gemaakt van worden.

Doordat steeds meer instanties gegevens met elkaar delen, wordt het steeds eenvoudiger om mensen of zaken te vinden. Zo vindt in de industrie op grote schaal **supply chain management** plaats. Door gebruik te maken van de database van de leverancier kunnen de voorraden van grondstoffen bij de leverancier gecontroleerd en besteld worden, zodat de eigen productie niet stilgelegd hoeft te worden wegens gebrek aan een bepaalde grondstof. Ook webwinkels hebben vaak geen eigen voorraad, maar tonen de voorraad bij de leverancier. Soms wordt het door de klant bestelde zelfs direct door de leverancier aan de klant verzonden. Alleen de geldstroom loopt dan nog via de webwinkel.

Al met al zijn er steeds meer gegevens beschikbaar, de koppeling tussen gegevensbanken is eenvoudig geworden, en er kan een gigantische hoeveelheid aan informatie worden geproduceerd. We gaan dan steeds uit van teksten of foto's en films met toelichting in tekst. Beeldmateriaal zonder toelichting is moeilijker te plaatsen.

Figuur 1.4   Door een toerist genomen foto

Kijk bijvoorbeeld eens naar figuur 1.4. We zien een aantal huizen aan het water. Zonder meer een fraaie foto, maar waar is die genomen? Als we beschikken over elders vergaarde kennis, zullen we tot de conclusie komen dat deze foto een afbeelding is van een Amsterdamse gracht. We willen graag weten welke gracht het is, welke camerapositie is gebruikt, en mogelijk nog veel meer: de opnamedag, de technische gegevens van de opname, de naam van de fotograaf enzovoort. We kunnen er zoekprogramma's op loslaten, maar vaak vinden die geen bevredigend resultaat. Eigenlijk kunnen we de antwoorden op die vragen alleen vinden als we de vragen op een internetforum stellen in de hoop dat een gebruiker van het forum over de kennis beschikt om ze te beantwoorden. In feite maken we dan gebruik van social media.

1.4 Social media

Social media worden steeds belangrijker bij informatiemanagement. Door het stellen van gerichte vragen weten we de kennis en ervaring van heel veel, ons onbekende gebruikers te benutten. De vragen over de foto in figuur 1.4 leveren al snel antwoorden op.

Figuur 1.5 Forums die antwoord kunnen geven

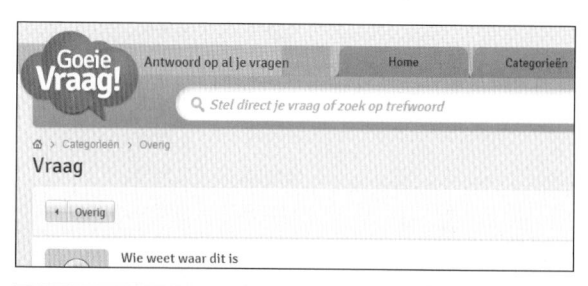

In dit geval spreken we van **crowdsourcing**. We spreken een ons onbekende menigte aan om ons informatie te verschaffen. In dit geval werd de vraag gesteld op goeievraag.nl, een website waar je met elke willekeurige vraag terechtkunt. Daarnaast zijn er veel plekken waar belangstellenden in een bepaald onderwerp hun vragen kunnen stellen. Een beetje zoeken levert algauw een aantal belangstellingsgroepen op. Of je nu iets te vragen hebt over quilts maken of over luchtgekoelde motoren in auto's van Citroën, overal hebben zich deskundigen verzameld. Vaak beheert een belangstellingsgroep een forum waar specifiek vragen gesteld en beantwoord worden.

Een stap verder gaat het als we onszelf als informatieleverancier aanbieden. We spreken dan van een PUSH-aanbod. We leveren ongevraagd gegevens en informatie aan de markt. Voorbeelden daarvan zijn RSS-feeds met verwijzingen naar **blogs** en het gebruik van Facebook en Twitter.

Figuur 1.6   Forum van Volkswagen Passatliefhebbers[3]

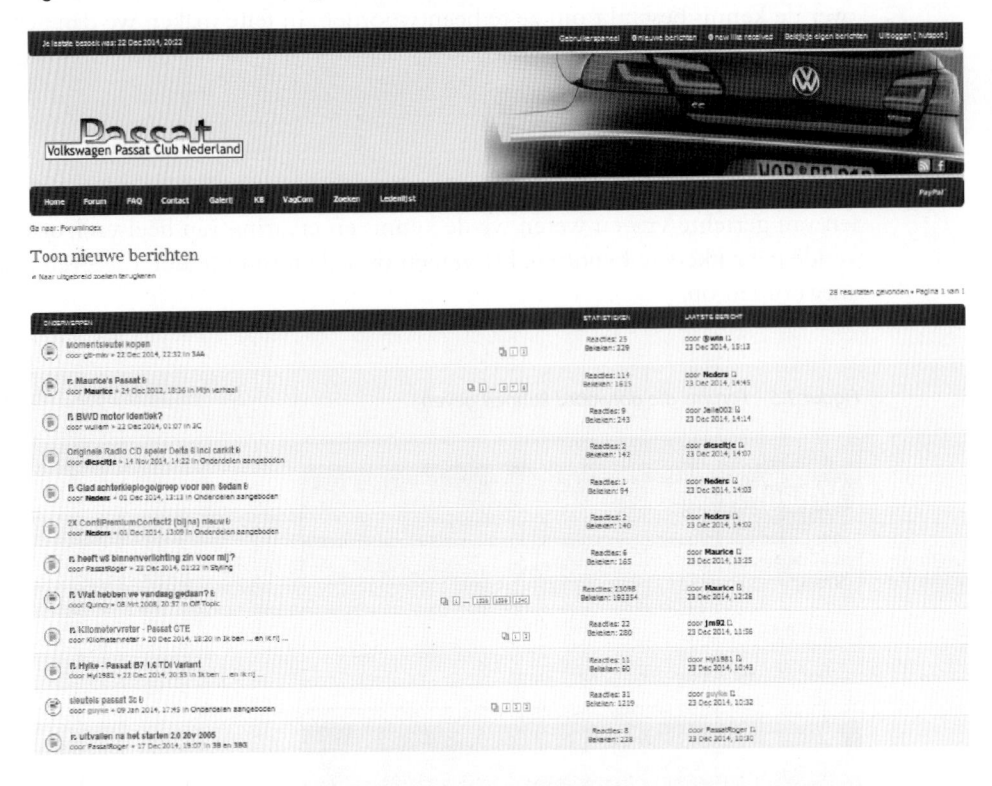

Blogs

Blogs worden geschreven door mensen die hun omgeving iets willen vertellen. Als een blog interessant is, komen er meer volgers. Zo hield een van de schrijvers van dit boek een reisverslag bij voor familie en vrienden. Tot zijn verbazing werd aan het eind van de reis dit verslag gevolgd door vierduizend mensen. Heel populair zijn modeblogs. Veel mensen vinden het interessant hoe de mode zich ontwikkelt op andere plaatsen in de wereld en volgen deze blogs dan ook graag. Er zijn heel wat bloggers die zoveel volgers hebben dat commerciële partijen graag meebetalen aan de inspanningen om deze blogs te maken. Zo kunnen sommige bloggers een goed inkomen verdienen met het schrijven van blogs.

Facebook en Twitter zijn beide ongefilterde vormen van pushtechnologie. Bij Facebook zullen de berichten, foto's en video's in eerste instantie alleen terechtkomen bij jouw kennissen, maar die hebben de mogelijkheid om deze door te zenden naar hun kennissen, zodat toch een grote verspreiding kan plaatsvinden. Twitterberichten zijn maar kort, maar door het toevoegen van een label (een hashtag) vindt direct verspreiding plaats in een grote groep. Zeker als er dringend nieuws is (breaking news), vindt er een ware explosie van twitterberichten plaats. Wat dringend nieuws is, bepaalt de verzender. Zo kan in de beleving van verzenders een doelpunt in een voetbalwedstrijd, een zwangerschap van een filmster of een gastoptreden van een zanger belangrijker zijn dan het neerstorten van een vliegtuig of een ernstige natuurramp. Daar waar de oude media zoals televisie en kranten nieuws filteren naar plaats en belangrijkheid, laten de twitterberichten vooral zien wat bepaalde bevolkingsgroepen bezighoudt. Bij de oude media is er sprake van filtering, maar ook van vertraging. Een krant brengt door de tijd die nodig is om de tekst te schrijven, te drukken en te verspreiden eigenlijk altijd oud nieuws. Een twitterbericht is direct en actueel.

1.5 Big Data, extreme analytics

Er zijn dus ongelooflijk veel gegevens. In de laatste twintig jaar zijn er meer gegevens geproduceerd dan in de hele wereldgeschiedenis ervoor. Niet alleen zijn er veel gegevens, ook de zoekstrategieën zijn door de komst van computers, het internet en steeds intelligentere zoekmachines verbeterd. Het lijkt wel of de wereld geen geheimen meer heeft. Overal zijn gegevens, en iedereen heeft toegang tot een groot deel van die gegevens. Als iemand solliciteert naar een baan, kijkt iemand van het bedrijf op internet wat er over de sollicitant te vinden is. Als dat beeld sterk afwijkt van de sollicitatiebrief, zal het bedrijf niet meer in deze kandidaat geïnteresseerd zijn. Als bijvoorbeeld op de Facebookpagina van de sollicitant of op die van een van zijn beste vrienden erg vreemde hobby's beschreven worden, kan dat leiden tot een afwijzing. Nu wordt er nog vaak per sollicitant gezocht, maar ook dat proces kan mogelijk geautomatiseerd worden. Wellicht kan zelfs uit de veelheid van beschikbare gegevens automatisch de best passende kandidaat geselecteerd worden. Als de hoeveelheid gegevens te groot wordt om met een gebruikelijk datamanagementsysteem te raadplegen en te onderhouden, spreekt men van Big Data. Er wordt niet alleen gezocht op gegevens die aan de zoekopdracht voldoen, maar ook worden er statistische analyses gebruikt om patronen in de gegevens te vinden. Er worden dus meerdere zoekroutines gebruikt. Het gebruik van Big Data is een trend die in de komende jaren nog veel groter zal worden. Zoekroutines die nu in ontwikkeling zijn, luisteren naar namen als Apache Hadoop, MongoDB en NoSQL (Not only SQL). Op 11 september 2001 boorden zich twee passagiersvliegtuigen in de torens van het World Trade Center in New York. In dezelfde tijd werden er poederbrieven verspreid die het giftige middel Antrax bevatten. Deze terroristische acties hebben een enorme impact gehad op het vakgebied informatiemanagement. Voor het eerst werd de vraag gesteld of deze acties voorkomen hadden kunnen worden als gegevens vooraf geanalyseerd waren. Als casestudy werd een groot aantal vragen gesteld: hoe kenden de terroristen elkaar, hoe werkten zij als groep samen, waar genoten zij hun opleiding, wie kenden zij nog meer, vormden die personen ook een bedreiging, en ga zo maar door. Er was in de Verenigde Staten een aantal wetswijzigingen nodig om legaal met deze gegevens te kunnen werken. De privacy is sindsdien aanzienlijk verkleind. Zo kunnen nu mensen preventief opgepakt worden als vermoed wordt dat zij voorbereidingen voor een terroristische actie of een ander misdrijf aan het treffen zijn. Het afluisteren van telefoons, het monitoren van internetverkeer en het controleren van het reisgedrag van mensen is heel gebruikelijk geworden. Uiteraard zijn de geheime diensten van diverse landen het actiefst. Zo nu en dan lekt er wat uit, bijvoorbeeld via **WikiLeaks** en de openbaringen van Edward Snowden, maar waarschijnlijk is dat slechts een klein deel van de informatie waarover geheime diensten beschikken.

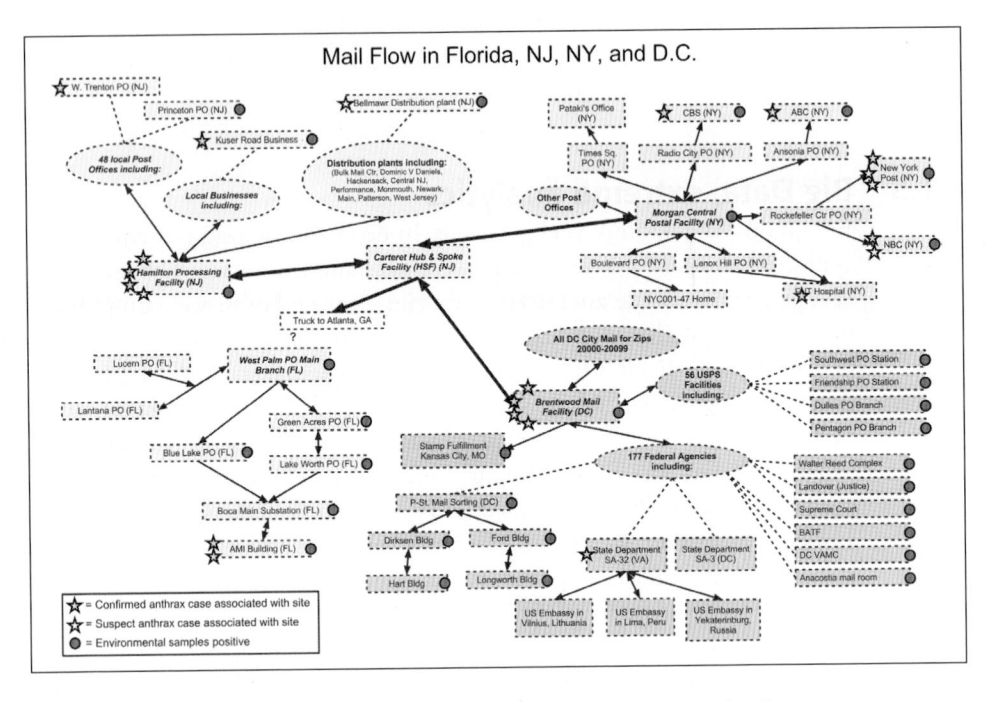

Figuur 1.7   Informatiestromen naar aanleiding van aanvallen met antrax in briefpost
Bron: "2001 Anthrax Attacks Mail Flow Diagram" by Centers for Disease Control and Prevention[4]

Voorspellingen kunnen ook gedaan worden in een positievere context. Taxibedrijf Uber kent de positie van zijn taxi's, maar ook die van zijn aangesloten (mogelijke) klanten. Iedereen die ooit met zijn mobiel een taxi heeft gereserveerd, blijft bekend bij Uber. De locatie van zijn mobiele telefoon wordt automatisch gevolgd. Er zijn algoritmes die bepalen waar een grote concentratie van mogelijke klanten aanwezig is, zodat taxi's alvast in de richting van deze groep gestuurd kunnen worden. Op het moment van de feitelijke taxiaanvraag is de taxi dan al vlakbij. Zo weet Uber niet alleen op prijs, maar ook op snelheid te concurreren. Dergelijke systemen zijn alleen te gebruiken met behulp van Big Data.

De term Big Data is veelomvattend, maar ook verwarrend. Het gaat immers niet om de hoeveelheid data, maar om de interpretatie daarvan. Om die reden gaan steeds meer bedrijven de term extreme analytics gebruiken.

1.6 Machine learning

Alle zoekmethodes zijn gebaseerd op algoritmes. Een algoritme is een reeks instructies die leiden tot het gewenste resultaat. We kunnen dit vergelijken met een recept in een kookboek. Er is een aantal ingrediënten nodig, een aantal handelingen in een bepaalde volgorde, wat gereedschap en wat tijd. Als alles op de juiste wijze uitgevoerd wordt en in de juiste volgorde, zal het resultaat heel smakelijk zijn. Zo werkt het ook met zoekalgoritmes. Gebruik een aantal trefwoorden, zet er de juiste logische operaties bij (AND, OR, NOT enzovoort), gebruik wat formules en het zoekalgoritme kan het juiste resultaat vinden. De zoekinstructies worden met Big Data echter steeds ingewikkelder. Inmiddels zijn er algoritmes die zelfstandig kunnen leren uit de data die zij vinden. Dit noemen we **machine learning**. Zeker als we niet gaan zoeken in tekst maar in afbeeldingen, kan dit een uitkomst bieden.

Figuur 1.8   Een cartoon afkomstig van xkcd.com[5]

Voor buitenstaanders is het niet al te eenvoudig om te bepalen wat een makkelijke of moeilijke zoekvraag is. De cartoon in figuur 1.8 is een voorbeeld daarvan. Stel dat we willen bepalen of een foto binnen of buiten een Amerikaans nationaal park genomen is. Dat is een eenvoudige vraag. Vrijwel alle tegenwoordig genomen foto's zijn gelabeld met gps-informatie. De exacte plaats waar een foto genomen is, staat dus in de foto-eigenschappen. Ook de contouren van de nationale parken zijn bekend in vrij beschikbare gps-gegevens. Het zijn opendatabestanden. Door een koppeling van de fotogegevens en de open data van de nationale parken is dus eenvoudig een selectie te maken.

De tweede vraag in de cartoon is veel lastiger. Hoe herkent een computer een vogel op een foto? Wat zijn de specifieke eigenschappen van een vogel? Nu kennen we wel een aantal eigenschappen van vogels – ze hebben bijvoorbeeld veren en een snavel – maar de vorm daarvan is per vogelsoort verschillend. Ook het silhouet is van diverse soorten heel verschillend. Bovendien is het gedrag van vogels door een machine niet zo makkelijk te herkennen. Er zijn lopende, vliegende, zittende en zwemmende vogels.

Als we bedenken dat er eind 2014 per dag meer dan een miljard foto's op internet geplaatst worden (Mary Meeker, KPCB, Internet trends 2013)[6], wordt het erg interessant om met behulp van machine learning kenmerken (tags) aan deze foto's toe te voegen. Flickr, een onderdeel van Yahoo, is een van de websites die ruimte beschikbaar stelt om foto's met anderen te delen. Elke foto die geplaatst wordt, wordt automatisch van kenmerken voorzien om het doorzoeken van de fotobestanden te versnellen.

Figuur 1.9 Herkenning van fotobeelden door Flickr[7]

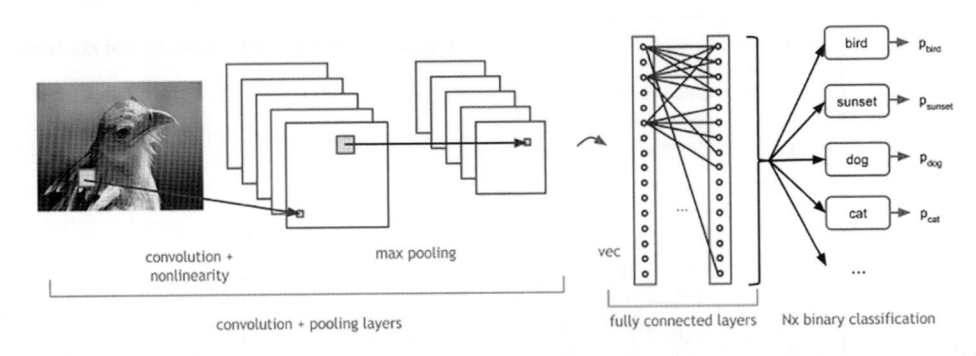

Ook de foto's die op Facebook geplaatst worden, hebben een label waarop datum en plaats van opname vastgelegd zijn. Met enige technische kennis is dus te bepalen of die fantastische vakantiefoto van Bonaire van nu misschien wel een oud plaatje uit Mallorca is. Je kunt je vrienden dus misschien even voor de gek houden, maar hoe pijnlijk is het als de foto-eigenschappen bekeken worden?[8,9]

1.7 24/7 online, data altijd oproepbaar, de cloud

Doordat steeds meer mensen overal ter wereld voortdurend online kunnen zijn en er op steeds meer plaatsen toegangspunten tot internet (**hotspots**) zijn, hebben de online communicatie en het online delen van gegevens een enorme vlucht genomen. Gedeelde agenda's, gedeelde documenten, live chats enzovoort zijn heel gebruikelijk geworden. Steeds vaker is het lokaal bewaren van gegevens eerder een handicap dan een gewenste situatie. Gebruikers willen steeds meer gewoon kunnen doorwerken als zij weer in de buurt van een toetsenbord komen. Het meesjouwen van apparaten is onpraktisch en gegevens op een USB-stick meenemen onhandig en riskant. Geen wonder dat steeds meer gegevens online (in de cloud) opgeslagen worden. Bedrijven maken zich nog weleens zorgen over de beveiliging van hun gegevens in de cloud. Die bedenkingen zijn logisch, maar veel bedrijven hebben ook hun eigen netwerk onvoldoende beveiligd. Misschien is het daarom eigenlijk zelfs beter om te vertrouwen op de beveiliging van onze gegevens door de professionals van de aanbieders van clouddiensten.

1.8 Privacy of het ontbreken ervan

Met alle gegevens die we overal laten rondslingeren, zoals op Facebook en LinkedIn, bij enquêtes en onderzoeken, bij verzekeraars en de overheid, in onze blogs en bij webwinkels, kunnen we ons afvragen wat er eigenlijk nog tot onze privéwereld behoort. Aan de andere kant willen overheden ook graag zo veel mogelijk van en over ons weten. Zij bewaren en analyseren het dataverkeer op internet, luisteren onze telefoongesprekken af en registreren zelfs onze reisgegevens via ov-chipkaart en parkeerbetalingen. Ook criminelen zijn op zoek naar onze gegevens. Creditcardgegevens zijn te koop via internet, evenals andere persoonlijke gegevens. We kunnen nog zo voorzichtig zijn, maar een aantal persoonlijke gegevens blijft aanwezig in het publieke domein.

Vroeger hing je populariteit af van het aantal vrienden en relaties dat je had. Tegenwoordig geldt dat nog steeds, maar dan digitaal. Je moet toch minimaal 500 LinkedInrelaties, 500 Twittervolgers of 500 Facebookvrienden hebben. Hoeveel hits heb je eigenlijk als je je eigen naam op Google intikt?

Figuur 1.10   De auteurs gegoogeld

Google en het Google-logo zijn geregistreerde handelsmerken van Google Inc., gebruikt met toestemming.

Er zijn vier groepen gegevens die je privé wilt houden. Forrester Research (2012)[10] noemt deze samen de vier P's van toxic data:
1 PII: Personal Identifying information
2 PCI: Payment Card Industry
3 PHI: Personal Health Information
4 IP: Intellectual Property

De PII omvat alle gegevens waarmee je iemand kunt identificeren. Zo kennen veel westerse landen een eenduidig identificatienummer, in Nederland het burgerservicenummer (bsn). Zonder dit nummer kan een volwassene nauwelijks bestaan. Voor het bezoek aan een arts, het afsluiten van een zorgverzekering, een inschrijving op school, het aanvaarden van een baan, het behalen en gebruiken van een rijbewijs of het houden van een bankrekening is het hebben van een bsn verplicht. Ook bij het betalen van belastingen moet het bsn gebruikt worden. Als dit bsn in combinatie met andere persoonlijke gegevens in verkeerde handen komt, zijn er grote problemen te verwachten. Identiteitsdiefstal is een ernstige zaak. De consequenties zijn fraai uitgewerkt in de thriller *Cel* van Charles den Tex.[11] Cruciaal is om het bsn alleen uit handen te geven aan bevoegde instanties en dus niet bij bijvoorbeeld het inchecken in een hotel of het huren van een auto. Om die reden is het vervelend dat het bsn groot afgedrukt staat op rijbewijs en paspoort.
PCI staat voor alle bankrekeninginformatie, ook van creditcards en winkelbetaalkaarten. We zijn doordrongen van het feit dat we pincodes zorgvuldig moeten bewaken, maar toch gaat het ook daarmee dagelijks honderden keren fout. Er is een hele criminele industrie die via internet bankrekeninginformatie op allerlei wijzen probeert te onderscheppen. Bij creditcards staat er een identificatienummer op de achterzijde voor internetbetalingen. De combinatie van naam, vervaldatum, creditcardnummer en dit identificatienummer maakt het mogelijk om internetbetalingen te doen. Omdat fraude met creditcards steeds vaker voorkomt, vragen creditcardmaatschappijen soms nog aanvullende informatie.
PHI omvat informatie over de gezondheidstoestand en het medicijngebruik en ook gegevens over erfelijke ziekten en maatschappelijk gedrag. Stel dat derden erin slagen allerlei nare ziektes of onaangepast gedrag aan een elektronisch patiëntendossier toe te voegen; dat kan de eigenaar van het epd weerloos maken. Zie maar te bewijzen dat de gegevens onjuist zijn.
IP, intellectual property oftewel intellectueel eigendom, is met name in een bedrijfsomgeving heel belangrijk. Coca-Cola zal er niet blij van worden als de receptuur van dit drankje door anderen te vinden is. Het zou het einde van deze multinational kunnen betekenen.
Zijn onze gegevens nog beschermd? In de afgelopen jaren hebben al veel partijen gevoelige gegevens naar buiten gebracht. Denk daarbij aan WikiLeaks en Edward Snowden, maar er zijn veel meer data gelekt. Geen bedrijf kan garanderen dat zijn gegevens volkomen veilig zijn. Mogelijk zijn gegevens in de cloud zelfs beter beschermd dan op het eigen netwerk, want bij de aanbieders van clouddiensten is gegevensbescherming de primaire taak, terwijl in het eigen bedrijf waarschijnlijk minder securityprofessionals actief zijn.

Het beschermen van privacy moet door de overheid in de wetgeving zijn geregeld. De wetten in de Europese Unie zijn aanmerkelijk strenger dan die in de Verenigde Staten, en ze worden binnenkort nog strenger. Toch zal handhaven een probleem blijven.

In steeds meer steden wordt het kentekenparkeren ingevoerd. De bestuurder van een voertuig vult op de parkeerautomaat zijn kenteken in en betaalt. Scanauto's rijden langs en scannen de kentekens. Door vergelijking van de uitkomsten van de scans met het betaalregister worden automatisch boetes uitgeschreven. In verband met de mogelijkheid van bezwaar worden de bestanden bewaard. Ervan uitgaande dat kenteken en persoon bij elkaar horen, is dus eenvoudig uit te maken waar iemand zich op een bepaalde tijd en plaats bevindt. Mag dit? Wie hebben toegang tot deze bestanden?

TomTom

TomTom biedt zijn gebruikers hulpmiddelen voor rijtijdvoorspelling. De abonnees van deze dienst geven automatisch hun gps-gegevens door aan TomTom. Hiermee registreert TomTom drukte op de wegen, maar ook de snelheid van de auto's van hun abonnees.[12] Dit is uitermate interessante kost voor de politie. Op welke wegen op bepaalde tijdstippen te hard gereden wordt, krijgt de politie op een presenteerblaadje aangeboden. Een flitscamera is snel geplaatst. Als de politie de gegevens van TomTom kan koppelen aan persoonsgegevens en voertuiggegevens, is controle op de weg niet eens meer nodig. Er kunnen dan automatisch bekeuringen uitgeschreven worden. Op dit moment gebeurt dit nog niet, maar de mogelijkheden zijn er wel.

SAMENVATTING

Informatiemanagement begint met het verzamelen van feiten. De gegevens die zo ontstaan kunnen verwerkt worden tot informatie. Een stap verder gaat kennis; het resultaat van het op een praktische manier destilleren van informatie. De kwaliteit om dit te bereiken noemen we in een bedrijfsomgeving competentie, daarbuiten wijsheid. In het klassieke informatiemanagement wordt door koppeling van databases met behulp van SQL informatie verstrekt. Sinds de komst van social media wordt steeds vaker aan de wereld (de crowd) om informatie gevraagd. Er zijn steeds meer data beschikbaar, waardoor nieuwe zoekacties ontwikkeld moeten worden. Big Data is de verzamelterm voor de overvloed aan gegevens die inmiddels beschikbaar is. Door nieuwe geautomatiseerde zoekalgoritmes wordt informatiemanagement steeds proactiever en neemt de voorspellende gave ervan toe. Zijn bijvoorbeeld terroristische aanslagen te voorspellen? Gegevens worden ook steeds vaker op het internet, in de cloud, bewaard. Met alle overal beschikbare gegevens wordt het behouden van de privacy steeds moeilijker. Aanpassingen in de wetgeving zijn dringend nodig.

BEGRIPPENLIJST

Blog of **weblog** Een persoonlijk dagboek dat op een website wordt bijgehouden.

Big Data Men spreekt van Big Data wanneer men werkt met een of meer datasets die te groot zijn om met reguliere databasemanagementsystemen te onderhouden. Het vinden van patronen in de data vindt veelal plaats via statistische analyses.

Crowdsourcing Een grote niet nader gespecificeerde groep mensen wordt ingezet om een probleem op te lossen of een vraag te beantwoorden.

Hotspot Een plaats waar draadloos internet, al dan niet tegen betaling, wordt aangeboden. Hotspots vindt men veel in restaurants, hotels en bibliotheken, en steeds vaker ook in stadscentra en winkels.

Informatiemanagement Informatiemanagement gaat over verzamelen, sorteren en groeperen van gegevens met als doel daar informatie uit te halen.

Machine learning Onderdeel van kunstmatige intelligentie dat zich richt op het ontwikkelen van technieken en algoritmes waarmee computerprogramma's kunnen leren.

Social media Verzamelbegrip voor online platformen waar de gebruikers, zonder of met minimale tussenkomst van een professionele redactie, de inhoud verzorgen. Hoofdkenmerken zijn interactie en dialoog tussen de gebruikers. Denk hierbij aan Facebook, Google+, Twitter, LinkedIn, YouTube en Wikipedia.

SQL (Structured Query Language) Een standaard vraagtaal voor het muteren en opvragen van gegevens in databasemanagementsystemen.

Supply chain management (integraal ketenbeheer) Principe waarin door samenwerking met leveranciers en afnemers verbeterde bedrijfsprocessen worden ontwikkeld.

WikiLeaks Internationale journalistieke organisatie die sinds 2006 online geheime documenten publiceert om over misstanden te rapporteren.

CASUS

Wouter Meijs en Maarten Groen, werkzaam bij Create-it, een kenniscentrum van de Hogeschool van Amsterdam, hebben zich gespecialiseerd in het registreren en analyseren van gegevens uit social media. Zo kan het bedrijf de plaats waar Twitter-berichten verstuurd worden registreren, maar ook de inhoud, en die visualiseren op een landkaart. In de afbeelding wordt getoond welk Twitter-verkeer er in Europoort plaatsvindt en op grond daarvan kan men eventueel actie ondernemen.

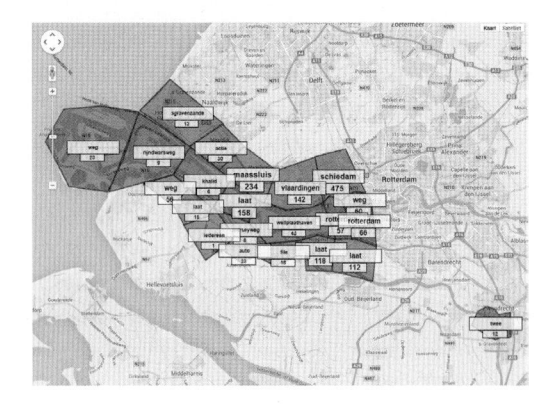

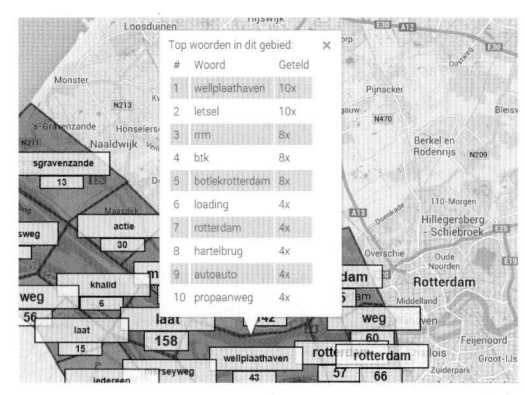

Figuur 1.11   Kernwoorden in Twitter-verkeer in de Rotterdamse haven

1 Welke calamiteiten zouden gerapporteerd kunnen worden uit de afgebeelde kernwoorden?
2 Geef vijf woorden die in Nederlandstalige twitterberichten gebruikt worden met een duidelijke positieve emotie.
3 Een van de opdrachtgevers van Greencorn is de afdeling toerisme van de gemeente Amsterdam. Als deze afdeling zou willen weten welke gebouwen in Amsterdam het meest gefotografeerd worden, hoe zou Greencorn dat dan kunnen uitzoeken?
4 Bepaalde delen van Amsterdam worden in de zomer overspoeld door toeristen. Vroeger konden toeristen door informatie in reisgidsen naar andere stadsdelen worden gelokt, maar reisgidsen worden steeds minder gelezen. Bedenk de contouren van een hulpmiddel om toeristen naar andere aantrekkelijke stadsdelen te verwijzen.

LITERATUUR

- Forrester Consulting; *Implement A Proactive Strategy For Data Security*, september 2014
- Forrester Research; *The Future of Data Security and Privacy: Controlling Big Data*; 2012
- http://clarifai.com
- Klous, Sander en Nart Wielaard; *Wij zijn Big Data*; Amsterdam: Business Contact; 2014
- Mayer-Schönberger, Victor en Kenneth Cukier; *Big Data*; London: John Murray; 2013
- Den Tex, Charles; *Cel*; Breda: De Geus; 2008
- www.matthewzeiler.com/pubs/arxive2013/arxive2013.pdf

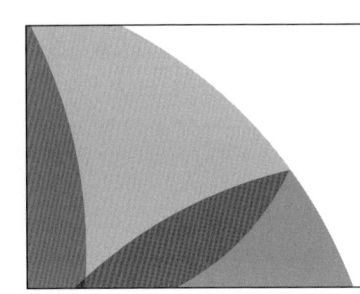

MyLab | Nederlandstalig

Op www.pearsonmylab.nl vind je studiemateriaal en de eText om je begrip en kennis van dit hoofdstuk uit te breiden en te oefenen.

Hoofdstuk 2
TECHNOLOGIE IN SECTOR EN BEDRIJF

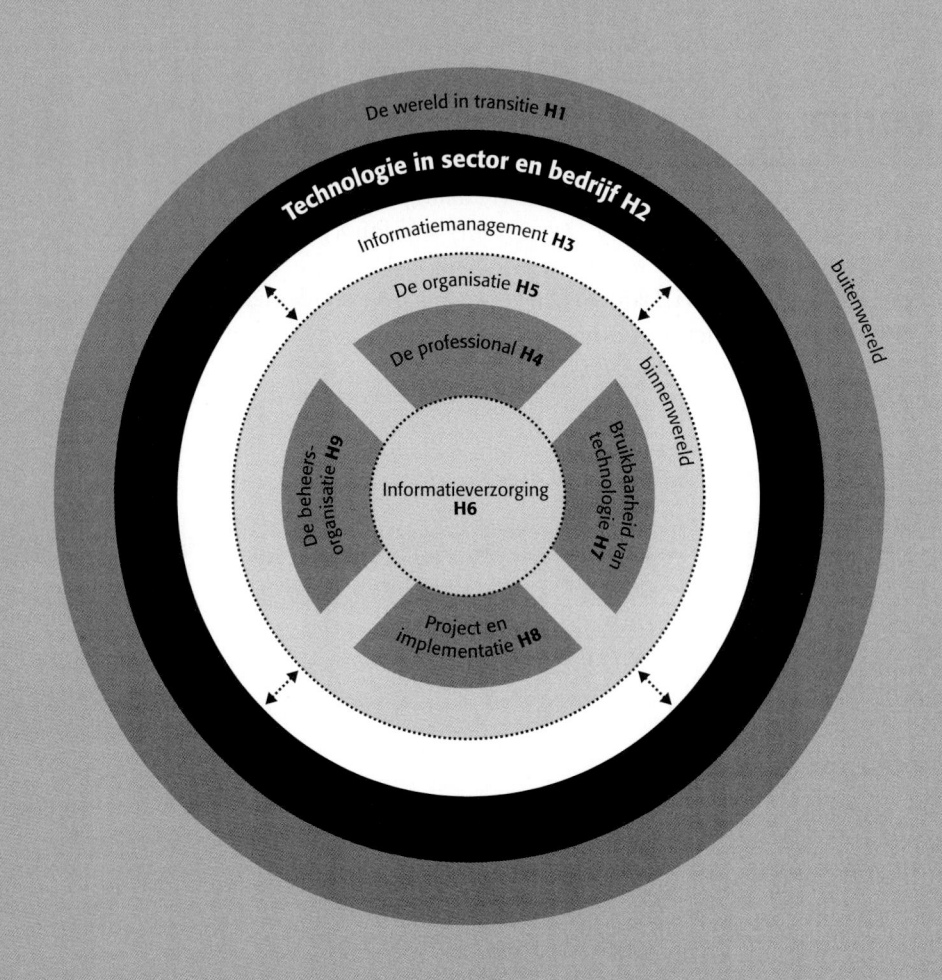

2.1 Inleiding

In het eerste hoofdstuk is een aantal ontwikkelingen geschetst die invloed hebben of gaan hebben op ons leven en ons werk. Het is voor bedrijven altijd lastig in te schatten hoe groot de invloed van de verschillende ontwikkelingen in de toekomst gaat zijn en waar ze op moeten anticiperen. Daarom geven we in dit hoofdstuk aan hoe technologische ontwikkelingen organisaties (kunnen) beïnvloeden. We maken daarbij gebruik van de gangbare indeling van de economische sectoren, namelijk die in de primaire, de secundaire, de tertiaire en de quartaire sector. De primaire sector levert grondstoffen en voedsel, terwijl de verwerking daarvan gebeurt in de secundaire sector. De tertiaire sector is de sector waarin bedrijven met de verkoop van goederen of diensten winst willen maken. Een synoniem voor deze sector van commerciële dienstverlening is ook wel dienstensector. De quartaire sector bestaat uit niet-commerciële gesubsidieerde en/of collectief gefinancierde dienstverlening (via de belastingen). In tegenstelling tot in de tertiaire sector is hier geen sprake van een winstoogmerk. De verschillende sectoren en de bedrijven die daarin werkzaam zijn komen in de hierna volgende paragrafen aan bod.

Voordat we inzoomen op de verschillende sectoren is het goed om een beeld te hebben van het belang en de grootte van iedere sector in termen van werkgelegenheid en het percentage van het bruto binnenlands product (bbp) dat iedere sector voor zijn rekening neemt. Tabel 2.1 toont de getallen.[1]

Tabel 2.1   De beroepsbevolking bestaat uit 7,9 miljoen mensen (CBS 2014)

Sector	% bbp	% beroepsbevolking	Aantal mensen
Primair	2,5	4	296.000
Secundair	24,9	29	2.146.000
Tertiair	36	35	2.598.000
Quartair	36	31	2.300.000

We kunnen uit de tabel opmaken dat de commerciële en niet-commerciële dienstverlening inmiddels ruim 70 procent van het bbp uitmaken en dat meer dan 65 procent van de beroepsbevolking hierin werkzaam is. Deze aantallen nemen overigens nog steeds toe. Het behoeft geen betoog dat Nederland een uitgesproken diensteneconomie is. De 'maakindustrie' neemt een steeds kleiner deel van het Nederlandse inkomen voor zijn rekening. Een eerste vooruitblik op het belang van ICT vinden we in het kader 'Sociaal communiceren'.

Sociaal communiceren

Social media zijn in korte tijd uitgegroeid tot populaire communicatiemiddelen. Websites als Facebook en Twitter zijn voor bedrijven interessante platformen met grote commerciële mogelijkheden. In 2013 gebruikte 50 procent van de bedrijven ten minste één vorm van social media. Grote bedrijven gebruiken social media vaker dan kleine; 83 procent van de bedrijven met 500 of meer werknemers communiceert via social media. Bij bedrijven met 10 tot 20 werknemers was dit 46 procent.

Vooral veel bedrijven in de ICT-branche gebruiken social media: 81 procent. Ook in de horeca is het percentage hoog (67 procent). Dit is opvallend, omdat horecabedrijven op veel ICT-terreinen achterblijven bij het gemiddelde. Kennelijk liggen er voor horecabedrijven veel mogelijkheden op bijvoorbeeld Facebook en Twitter. Nederlandse bedrijven zijn vaker actief op social media dan hun Europese collega's (zie afbeelding). Gemiddeld maakt 30 procent van de bedrijven in de EU gebruik van social media.

Gebruik van sociale media door bedrijven, internationaal 2013
De meeste bedrijven die social media gebruiken, doen dit om het imago van het bedrijf te ontwikkelen en voor de marketing van producten (76 procent). De helft van de bedrijven werft personeel, of verkrijgt meningen en recensies van klanten via social media. Een kleiner deel van de bedrijven gebruikt social media om informatie uit te wisselen binnen het bedrijf, om klanten te betrekken bij productontwikkeling, of om samen te werken met zakenrelaties. In nagenoeg alle landen van de EU zien bedrijven marketing van producten en het ontwikkelen van het imago van het bedrijf als belangrijkste reden om actief te zijn op social media.

Bron: Rapport ICT, kennis en economie 2014 (CBS)

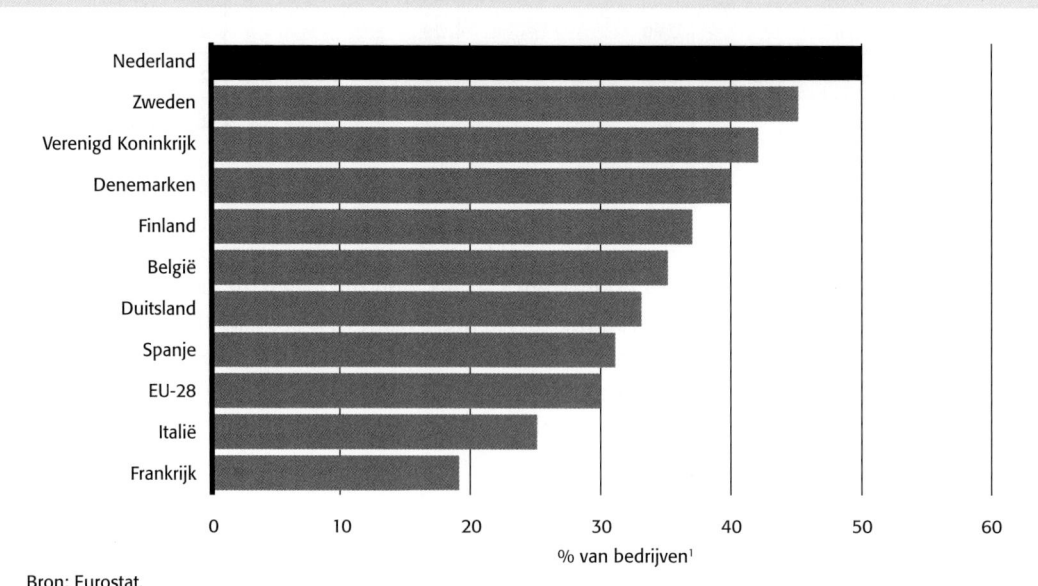

Land	% van bedrijven[1]
Nederland	50
Zweden	45
Verenigd Koninkrijk	42
Denemarken	40
Finland	37
België	35
Duitsland	33
Spanje	31
EU-28	30
Italië	25
Frankrijk	20

Bron: Eurostat.
1) bedrijven met tien of meer werkzame personen, exclusief financiële instellingen en gezondheidszorg.

2.2 Primaire en secundaire sector

Zoals we in de inleiding zagen, levert de primaire sector grondstoffen en voedsel. De verwerking hiervan vindt plaats in de secundaire sector. Samen zijn deze sectoren goed voor ruim 27 procent van het bbp en er zijn ruim 2,5 miljoen mensen werkzaam (33 procent van het totaal aantal werkenden). De primaire sector bestaat uit branches als landbouw, veeteelt, visserij en delfstoffenwinning. De secundaire sector is onderverdeeld in branches als industrie, energievoorziening, waterbedrijven en afvalbeheer en bouwnijverheid. We gaan nu voor een drietal van deze branches bekijken hoe technologie invloed heeft en kan hebben in de (nabije) toekomst. Dat zijn de landbouw, de bouw en de industrie.

Landbouw

Als we het hebben over de landbouw, moeten we een onderscheid maken tussen akkerbouw, veeteelt en glastuinbouw. Deze bedrijfstakken zijn in de loop van de decennia zowel in werkgelegenheid als wat betreft hun aandeel in het bbp kleiner geworden. Dit heeft mede te maken met het feit dat de kosten om te produceren steeds hoger zijn geworden, met de aangescherpte (Europese) overheidsregels, en met het gegeven dat jonge mensen deze sectoren minder aantrekkelijk vinden om in te werken. Dit heeft tot gevolg gehad dat de productie grootschaliger is geworden om de kosten te kunnen drukken, en tegelijkertijd hebben technologische toepassingen de efficiency van de bedrijven enorm vergroot. Als gevolg hiervan behoort de landbouw tot de meest innovatieve sectoren binnen de Nederlandse economie – vele malen innovatiever dan bijvoorbeeld de dienstensectoren.

In de landbouw is een drietal zaken van groot belang: hoe ga je zo efficiënt mogelijk om met iedere vierkante meter, hoe richt je de logistiek zo optimaal mogelijk in, en hoe kun je nieuwe producten op de markt brengen? Ieder van deze uitdagingen kan worden ondersteund met nieuwe technologieën. Een voorbeeld hiervan zie je in het kader 'Mooiere tomaten met computers in de kas'.

Mooiere tomaten met computers in de kas

Langzaam schuift het rijdende platform over de lange rijen planten in de kas. Erbovenop staat een camera met hoogwaardige leds die continu beelden doorgeeft van de groene bladeren. Laten de speciale videobeelden zwarte vlekken op de bladeren zien, dan is het tijd om in te grijpen. Die zwarte vlekken – niet te zien met het blote oog – betekenen namelijk dat de plant gestrest is. De visualisatie gebeurt op basis van chlorofylfluorescentie, een nieuwe technologie die de mate van fotosynthese weergeeft. Heeft de plant geen fotosynthese, dan is dat een teken van ziekte. Nog zo'n innovatief vroegsignaleringssysteem is de Crop DiagNose, een elektronische neus die op basis van geurdetectie de teler waarschuwt als de planten in een kas worden aangetast door ziekten of plagen. Het zijn maar twee van de 21 gespecialiseerde producten die geïntegreerd worden getest in De Gezonde Kas. Dit meerjarige, grensoverschrijdende project geïnitieerd door Wageningen UR heeft als doel de glastuinbouw efficiënter en duurzamer in te richten. 'Kassen worden steeds groter en daarmee voor het oog onoverzichtelijker', legt projectleider Carolien Zijlstra uit. Nederland telt bijvoorbeeld zo'n 10.000 ha onder glas, met een gemiddelde kasgrootte van vijf hectare. 'Daarbij wordt de vraag naar producten zonder bestrijdingsmiddelen steeds sterker. Met precisiemonitoring en behandeling kan er veel eerder worden ingegrepen, nog voordat symptomen met het oog zichtbaar zijn. Zo kan er ook veel gerichter – en dus minder – worden gespoten, en vaker met biologische middelen worden gewerkt.' Volgens Zijlstra, verbonden aan Plant Research International van Wageningen UR, ligt de innovatie vooral in de combinatie van technieken. 'De producten die in ons programma zitten, zijn afzonderlijk niet zoveel waard, maar als geheel wel', zegt zij. 'Dan ontstaat er een totaal nieuw concept voor gewasbescherming. Het gehele systeem heeft een enorme meerwaarde en kan goed worden afgezet op de wereldmarkt.'

Bron: Universiteit van Wageningen[2]

Als het gaat om logistieke oplossingen in de landbouw – en dit geldt overigens in meerdere sectoren, bijvoorbeeld ook het goederenvervoer – is tracking en tracing een belangrijke ontwikkeling die al meerdere jaren toegepast en verder verfijnd wordt. Om dit toe te kunnen passen is het identificeren van producten noodzakelijk. Afhankelijk van wat je wilt weten van het product, kun je verschillende toepassingen gebruiken. Zo kan de vorm, grootte of kleur van een product met sensoren en visionsystemen worden gedetecteerd. Afhankelijk van het product is het mogelijk om in of op het product zelf informatie vast te leggen, bijvoorbeeld met behulp van RFID (radio frequency identification). Een kleine chip die op het product is bevestigd zendt signaaltjes uit die met behulp van een speciaal apparaat kunnen worden uitgelezen. Een voorbeeld is het Walking Plant System van Horti Systems.[3] Een plant staat in de goot op een drager met een chip, ook wel ID-tag genoemd, in de bodem. Elke plant heeft met dit ID-nummer een unieke identiteit. Via de input van camera's worden de positie en de planteigenschappen van elke plant bijgehouden in een grote database. Op diverse kritische punten in de kas wordt de chipinformatie uitgelezen en doorgegeven aan de centrale computer. De camera is zo ingesteld dat elke plant beoordeeld wordt op diverse kenmerken, zoals het aantal bloemen en de dikte van de takken. Van elke plant zit er zo een up-to-date plantrapport in het systeem. Elke plant is en blijft gedurende het hele traject in de kas een uniek product. Van elke plant is bovendien precies bekend wanneer hij weer water moet krijgen, en op die dag gaat de plant op weg richting het watersproeigebied, uiteraard aangestuurd door de computer.

Bouw

Evenals de landbouw heeft de bouw te maken met de nodige uitdagingen. Ook hier geldt dat er steeds minder mensen in deze bedrijfstak willen werken. In de bouw heeft men doorgaans te maken met een complex netwerk van projectontwikkelaars, architecten, aannemers, onderaannemers, toeleveranciers en kritische klanten. Het is vooral deze complexiteit waar technologie een belangrijke rol kan spelen. Het is wel handig dat er uiteindelijk gebouwd wordt wat ooit achter de tekentafel is bedacht. In figuur 2.1 zien we een aantal ICT-ontwikkelingen die relevant zijn voor de bouw.

Rechtsboven in de figuur zie je **Bouwwerk Informatie Modellering** staan, afgekort met BIM. De impact van het werken met BIM op de branche is behoorlijk groot, zoals je kunt zien in de figuur, terwijl het een grote inspanning vraagt van de verschillende partijen in de bouw. Het is de Nederlandse overheid die als opdrachtgever van vele bouwwerken een integrale benadering vraagt van de betrokken partijen. Veel bouwwerken blijven immers meer dan 50 tot 100 jaar bestaan en daarom is het noodzakelijk dat alle informatie van bouwwerken goed vastligt en gedurende de hele levenscyclus herbruikbaar is. BIM is een 3D-model van een bouwwerk waarin alle kenmerken van dat bouwwerk zijn vastgelegd.[4] Het model bevat alle informatie over objecten, materialen en processen die met het bouwwerk samenhangen. Deze informatie is via internet en interfacesoftware digitaal uitwisselbaar. Alle ondernemingen die bij een bouwproject zijn betrokken, werken aan het digitale model en voegen hun informatie eraan toe. Om deze uitwisseling van informatie mogelijk te maken moet alle software in de sector dezelfde taal spreken en moeten complexe (voorheen papieren) processen worden gedigitaliseerd. Het toverwoord is transparantie, maar voordat BIM gemeengoed is in de bouw, zullen de partijen dezelfde 'mensentaal' moeten leren spreken – en dat is vaak lastiger dan het digitale gedeelte.

Figuur 2.1 ICT-ontwikkelingen in de bouw[5]

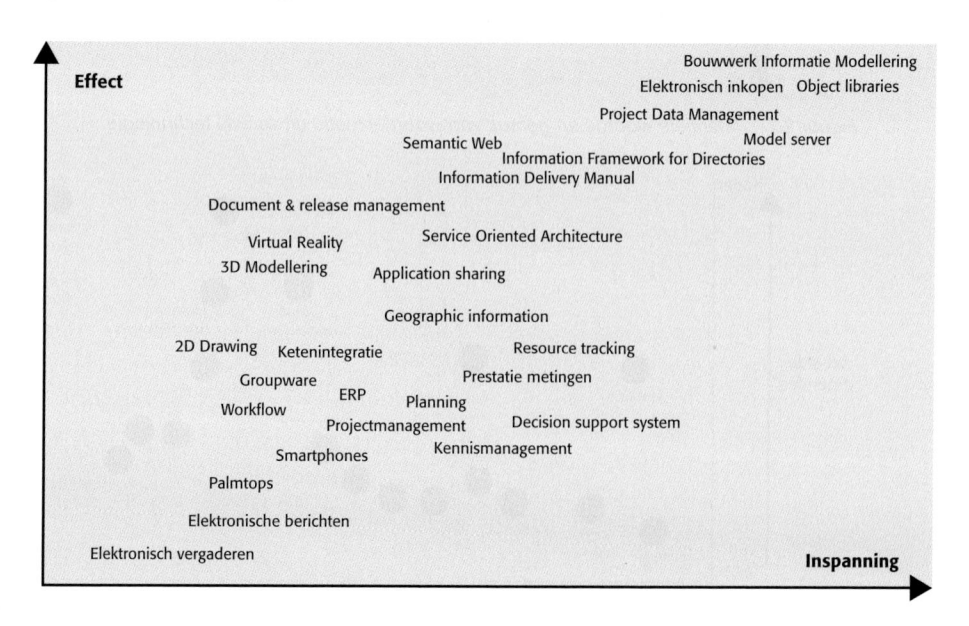

Industrie

Binnen de industrie kunnen we onderscheid maken in bedrijfstakken als de voedingsmiddelenindustrie, de textielindustrie, uitgeverijen en drukkerijen, chemie, basismetaalindustrie, meubelindustrie en de auto-industrie. Het spreekt voor zich dat iedere industrietak zijn eigen uitdagingen en toepassingen kent. Toch proberen we in het kader van dit hoofdstuk een paar algemene technologische lijnen aan te geven.

Omdat de industrie doorgaans als belangrijke vervuiler wordt gezien is duurzaamheid een belangrijk thema. Het negatieve imago kan mede door het gebruik van schone technologie worden opgevijzeld. ICT is inmiddels een belangrijk onderdeel van het productieproces. De 'klassieke' ICT-ontwikkelingen zijn bijvoorbeeld die van het **supply chain management (SCM)** en het **manufacturing execution system (MES)**. Een MES is een informatiesysteem voor het monitoren en aansturen van continue productieprocessen zoals we deze kennen in de metaalindustrie, de chemie of de voedingsmiddelenindustrie. Recentere ontwikkelingen zijn het 3D-printen, het 'internet of things', **social manufacturing**, **smart factories** en robotisering. Al deze ontwikkelingen samen worden ook wel de derde industriële revolutie genoemd.[6]

Door de vergaande digitalisering in de derde industriële revolutie wordt het mogelijk om kleinere aantallen te produceren tegen prijzen die voorheen alleen realiseerbaar waren door grootschalige productie. Daarnaast zien we dat sociale technologie steeds meer toegepast wordt binnen de verschillende takken van de industrie. Dit noemen we ook wel **social manufacturing**. Hierbij kun je bijvoorbeeld denken aan het fenomeen om afnemers mee te laten denken over producten en productontwikkeling. In figuur 2.2 zie je welke waarde sociale technologie kan hebben voor de industrie en het gemak waarmee die waarde ook daadwerkelijk gecreëerd kan worden in vergelijking met andere sectoren in de economie.

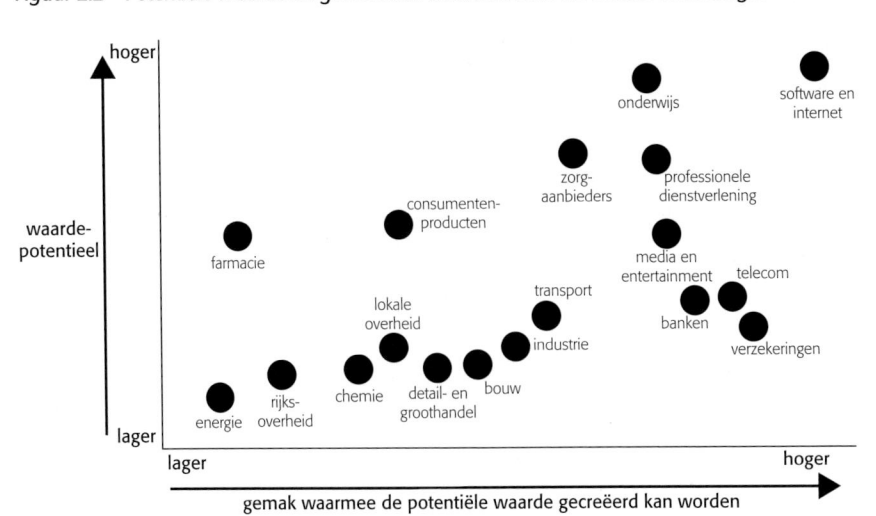

Figuur 2.2 Potentiële waarde en gemak van waardecreatie uit sociale technologie[7]

2.3 Tertiaire sector

Binnen de tertiaire sector verkopen bedrijven hun goederen of diensten met als hoofddoel om daarmee winst te maken. Daarom noemen we deze bedrijven ook wel profitbedrijven. De ontwikkelde landen hebben naar verhouding een grote tertiaire sector, soms oplopend tot wel 70 tot 80 procent van het bruto binnenlands product. Tot deze sector worden bijvoorbeeld handel, vervoer, winkels, horeca, theaters, kappers, financiële dienstverleners, zakelijke dienstverleners, advocaten en ICT-bedrijven gerekend. Door de 'verdienstelijking' van de economie neemt de vraag naar hoogopgeleiden toe, waardoor tegelijkertijd meestal de kansen van laagopgeleide werknemers afnemen. Aangezien de tertiaire en quartaire sector draaien om diensten, zijn deze sectoren sterk afhankelijk van zogenoemde kenniswerkers. In dat verband hebben we het ook wel over de kenniseconomie. In het jaar 2000 stelden de toenmalige leiders van de Europese Unie in het Verdrag van Lissabon vast dat de EU vóór het jaar 2010 de meest concurrerende en dynamische kenniseconomie in de wereld zou moeten zijn. Deze doelstelling is niet gehaald. In de Europa 2020-strategie wordt vastgesteld dat kennis en informatie steeds makkelijker toegankelijk zijn en een belangrijke rol spelen in onze economie en samenleving. Daartoe is een belangrijk element van het Europese beleid om ICT-diensten voor iedereen toegankelijk en betaalbaar te houden. Dit zou dan weer een impuls moeten geven aan de dienstverlenende sectoren.

In deze paragraaf gaan we in het kader van de commerciële dienstverlening in op de consequenties van technologische ontwikkelingen voor het bank- en verzekeringswezen en de detailhandel.

Bank- en verzekeringswezen

Een belangrijke impuls om vergaand te automatiseren in de financiële dienstverlening is (internationale) wetgeving. Door de reeks schandalen en de (banken)crisis is gebleken dat de dienstverleners te weinig transparant hebben geopereerd, waardoor controle niet of nauwelijks mogelijk bleek. Door intensieve regelgeving, zoals de Amerikaanse Sarbanes-Oxley-wet en het Europese Basel III-akkoord, proberen overheden dergelijke uitwassen in de toekomst te voorkomen en meer grip te krijgen op de financiële wereld. Bedrijven die in de Verenigde Staten beursgenoteerd zijn, hebben te maken met de Sarbanes-Oxley-wet (SOx), die dateert uit 2002. De kern van deze wet is dat het financieel jaarverslag een hoofdstuk dient te bevatten dat de interne controle op de correctheid van de aangeboden cijfers evalueert. Daarnaast kunnen de eindverantwoordelijken van een bedrijf gevangenisstraffen en geldboetes krijgen wanneer zij niet aan de voorwaarden van deugdelijk ondernemingsbestuur voldoen. Ook niet-Amerikaanse bedrijven met een notering aan een Amerikaanse beurs moeten voldoen aan de SOx-wetgeving.

Als gevolg van deze wetgeving is er veel aandacht voor informatiesystemen die de gewenste transparantie mogelijk moeten maken. De meeste beursgenoteerde ondernemingen hebben doorgaans hun eigen software voor de afhandeling van allerlei procedures. Deze software levert de cijfers op waarmee de accountants moeten werken en daarom zullen zij vragen stellen bij het tot stand komen van deze software. In veel gevallen zal het bedrijf moeten aantonen dat de software op een deugdelijke wijze is beheerd. Om dit proces onder controle te krijgen wordt bijvoorbeeld gebruikgemaakt van **SCM (software configuration management)**, waarmee het mogelijk is om gegevens automatisch te reproduceren en dat het tevens mogelijk maakt om grootschalige wijzigingsprojecten te beheren.

Naast intensivering van regelgeving, die nu een sterker beroep doet op de aard en de omvang van IT-systemen van financiële dienstverleners, zijn er ook aan de vraagkant ontwikkelingen die de dienstverlening beïnvloeden. Consumenten doen steeds meer (mobiel) zaken met de banken en verzekeraars. Het begon ooit met het zelf thuis digitaal verwerken van betalingen. Vervolgens werden steeds meer producten via het web aangeboden en nu zijn allerlei transacties 24 uur per dag online uit te voeren. Of het nu gaat om het afsluiten van een verzekering, het doen van verzekeringsaangiftes of mobiel betalen, de consument neemt steeds meer activiteiten voor zijn rekening die voorheen gedaan werden door de medewerkers van de financiële dienstverleners. Het gevolg is dat er in deze sector steeds meer banen verdwijnen, getuige het kader 'Nog meer banen weg bij banken'.

Nog meer banen weg bij banken

De komende jaren verdwijnen er nog eens duizenden banen in de financiële sector. Dat verwacht uitkeringsinstantie UWV. Na het verlies van 38.000 banen in de afgelopen jaren zou het deze keer gaan om 15.000 banen bij banken, verzekeraars, pensioenfondsen en vermogensbeleggers.

Kees van Uitert deed onderzoek voor het UWV. Volgens hem verdwijnen er vooral banen op mbo-niveau. 'Daar verdwijnt 15 procent van het totale aantal banen. Dat zijn vooral ondersteunende functies die door automatisering en digitalisering niet meer nodig zijn.' De grootste klappen vallen bij de verzekeraars. Die maken nu een inhaalslag. Banken bijvoorbeeld zijn al eerder begonnen met het snijden in arbeidsplaatsen.

Ondanks de banenkrimp komen er ook functies bij. Dit zijn functies op hbo-niveau en hoger. 'De komende jaren zijn er veel ICT'ers nodig, beveiligingsspecialisten, klantonderzoekers en accountants', zegt Van Uitert. Mbo'ers dreigen tussen de wal en het schip te vallen. Volgens Van Uitert is het belangrijk dat zij opleidingen krijgen en waar mogelijk doorstromen naar hogere functies.

Bron: NOS.nl [8]

Naast genoemde ontwikkelingen spelen ook de volgende zaken een rol:
- **datamining**: het verkrijgen van nieuwe (klant)kennis op basis van allerlei combinaties, dankzij slimme software, uit enorme hoeveelheden verzamelde data (zie hoofdstuk 5);
- virtuele medewerkers: in plaats van fysieke medewerkers heeft de klant interactie met een holografische medewerker;

- toenemende aandacht voor beveiliging van financiële systemen;
- afhandeling van betalingen met behulp van mobiele betalingssoftware.

Detailhandel

De detailhandel is wellicht de sector die het meest is beïnvloed door technologische ontwikkelingen en dan specifiek de ontwikkelingen op het web. Het koopgedrag van consumenten is sterk veranderd door de opkomst van e-commerce. 24 uur per dag kan de consument wereldwijd aankopen doen, informatie vergaren, prijzen vergelijken, enzovoort. E-commerce zorgt tegelijkertijd ook weer voor nieuwe uitdagingen op het gebied van digitaal betalen en beveiliging van persoonlijke gegevens. Hierna volgt een aantal feiten over e-commerce.[9]

Het aantal webwinkels in Nederland groeit jaarlijks. Thuiswinkel.org schat de jaarlijkse aanwas tussen 2005-2009 op zo'n 2500 nieuwe winkels. Na 2009 is het aantal webwinkels significant toegenomen. Daarmee kwam het aantal webwinkels die producten of diensten verkopen aan consumenten (b2c), in 2012 uit op 45.000 (zie figuur 2.3).

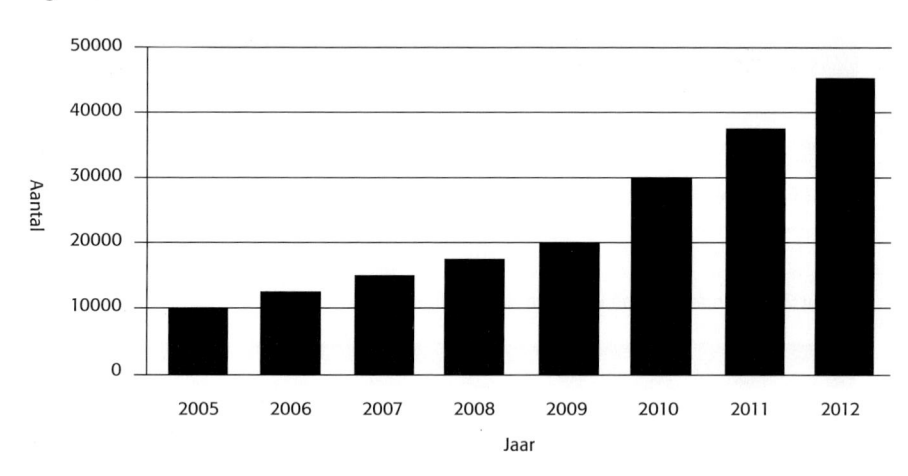

Figuur 2.3   Aantal webwinkels in Nederland

In 2013 bedragen de onlinebestedingen € 10,6 miljard (zie figuur 2.4). Dat is ruim 8 procent meer dan in 2012. Deze groei komt vooral doordat het gemiddeld bestede bedrag is gestegen met 8,9 procent.

De omzet van online winkelen is sinds 2002 jaarlijks blijven groeien, zelfs wanneer er in de detailhandel sprake was van krimp (zie figuur 2.5).

Het aandeel online winkelen in de detailhandel is van 2005 tot 2012 verdriedubbeld. In 2012 liep het percentage op naar 10,5 procent (zie figuur 2.6).

In 2013 waren er in Nederland 12,1 miljoen actieve internetters. In dat jaar hebben 10,8 miljoen mensen een online aankoop gedaan. Dat is 2 procent meer dan in 2012. In de laatste zes maanden van 2013 hebben 8,9 miljoen Nederlanders een online aankoop gedaan (zie figuur 2.7).

Figuur 2.4   Omzet online winkelen in Nederland

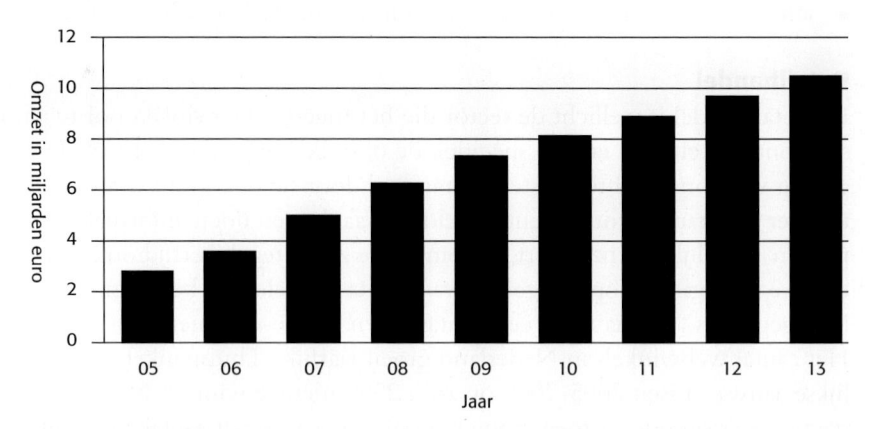

[Bar chart: Omzet in miljarden euro per jaar]
- 05: ~2,8
- 06: ~3,6
- 07: ~5,0
- 08: ~6,3
- 09: ~7,4
- 10: ~8,2
- 11: ~8,9
- 12: ~9,8
- 13: ~10,6

■ Omzet in miljarden euro

Bron: Thuiswinkel Markt Monitor

Figuur 2.5   Groei online winkelen versus detailhandel totaal

	2005	2006	2007	2008	2009	2010	2011	2012	2013
Detailhandel toaal	-3,5	7,6	10,4	9,6	2,6	-0,5	-1,5	-4,8	
Online winkelen	32	28	38	27	17	11	9	9	

Bron: CBS, Thuiswinkel.org, Blauw Research, GFK Retail & Technology

Figuur 2.6   Aandeel online winkelen in detailhandel

	2005	2006	2007	2008	2009	2010	2011	2012	2013
Offline winkelen	96,2	95,5	94,4	93,5	92,6	91,7	90,8	89,5	
Online winkelen	3,8	4,5	5,6	6,5	7,4	8,3	9,2	10,5	

Bron: CBS, Thuiswinkel.org, Blauw Research, GFK Retail & Technology

Online kopers hebben in 2013 per persoon 6 procent meer besteed aan aankopen via internet dan in 2012. Online kopers bestellen steeds vaker via internet. Hierdoor besteden zij elk jaar ook meer online (zie figuur 2.8). Wel blijft de gemiddelde orderwaarde dalen, doordat ook meer kleine aankopen worden gedaan.
Het webwinkelen zorgt ook voor nieuwe wetgeving. Zo geldt vanaf juni 2014 een nieuwe consumentenwetgeving.[10] Op een website moet duidelijk zijn op welk moment de consument iets koopt. De verkoper moet door middel van een stappenplan duidelijk maken tot wanneer de koper zonder verplichting kan doorklik-

Figuur 2.7   Aantal online kopers in Nederland

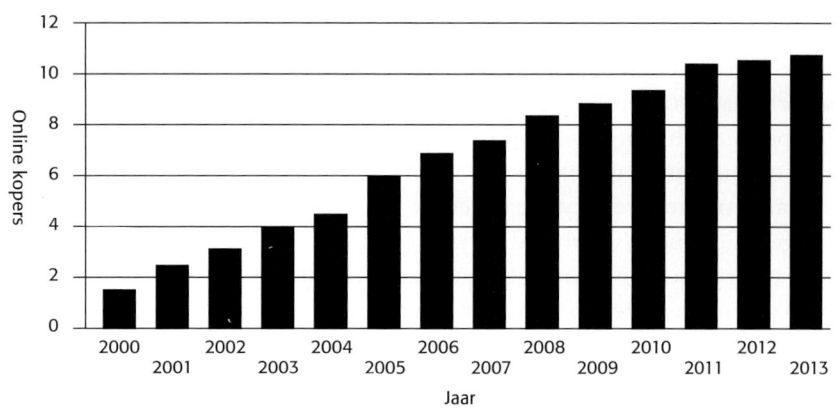

■ Aantal in miljoenen personen
Bron: Thuiswinkel Markt Monitor, augustus 2011

Figuur 2.8   Gemiddelde uitgave per online koper in euro's per jaar

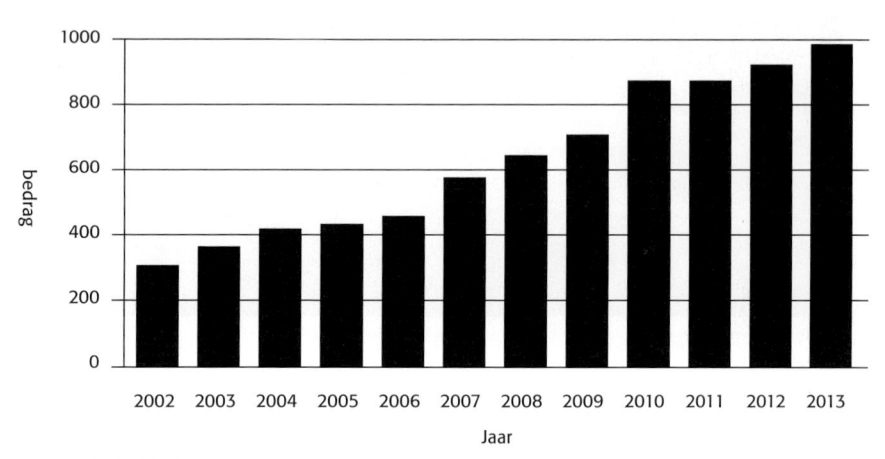

■ Gemiddeld bedrag in euro
Bron: Thuiswinkel Markt Monitor

ken. Op of bij de bestelknop moet heel duidelijk staan dat de consument iets koopt als daarop wordt geklikt, en dat er dus betaald moet worden. Er moet bijvoorbeeld staan: 'Bestelling met betalingsverplichting.' Vlak voordat de koper een bestelling plaatst moet de verkoper de belangrijkste informatie over de bestelling nog eens opsommen. Welk product bestelt hij precies? Hoeveel moet hij in totaal betalen? Bij een dienst of abonnement: hoelang zit hij eraan vast? Hoe kan hij opzeggen? Heeft de consument per ongeluk iets gekocht doordat de website niet aan de regels voldoet, dan kan hij de koopovereenkomst ontbinden.

Naast de genoemde ontwikkelingen spelen meer trends een rol in de detailhandel. De consument heeft met zijn smartphone en tablet altijd zijn eigen personal shopper bij zich. Hij kan hiermee producten en prijzen vergelijken. In toenemende mate zullen we interactive window displays zien, waarmee de etalage als een scherm kan worden gebruikt. Met behulp van **QR-codes** (QR staat voor quick response) die bijvoorbeeld op het product zijn aangebracht kan de klant met zijn smartphone direct gerichte informatie opvragen. Eenzelfde soort techniek is die van **augmented reality**, waarmee de klant een extra laag aan de realiteit kan toevoegen. Een mooi voorbeeld hiervan is de Wegenwachtapplicatie van de ANWB. Met deze gratis app kun je als klant snel in contact komen met de Wegenwacht, omdat een telefoonverbinding tot stand wordt gebracht waarbij tevens jouw locatie wordt doorgegeven aan de ANWB (zie figuur 2.9).

Figuur 2.9 Reclame voor de Wegenwachtapp

ANWB, Wegenwacht® app

2.4 Quartaire sector

De quartaire sector bestaat uit niet-commerciële dienstverleners. Deze hebben geen winstoogmerk (not-for-profit) en worden gefinancierd door middel van subsidies of belastinggeld. Hierbij kunnen we denken aan het openbaar bestuur (rijk, provincies en gemeenten), defensie, onderwijs, zorg, openbare orde en sociale zekerheid. Deze diensten zijn vooral gericht op het welzijn van de burger, maar faciliteren ook het goed kunnen functioneren van de marktsector. In Nederland is de quartaire sector, waarin een derde van de beroepsbevolking werkzaam is, relatief groot. We kijken welke invloed technologische ontwikkelingen hebben op het openbaar bestuur (rijk, provincies en gemeenten), de zorg en het onderwijs.

Openbaar bestuur

Het openbaar bestuur is vaak in het nieuws als het gaat om grote ICT-projecten die mislukken. Deze aandacht is te verklaren uit het feit dat de overheid onder een vergrootglas ligt omdat het geld wordt opgebracht door de burgers en bedrijven. Het kader 'Miljarden weg aan mislukte projecten' laat een kritische blik zien.

Miljarden weg aan mislukte projecten

Het is moeilijk te zeggen, maar het is heel goed mogelijk dat het geld dat de overheid kwijt is aan mislukte informatiseringsprojecten elk jaar opnieuw in de miljarden loopt. De één schat de schade op ruim 1 miljard, de ander houdt het op 5 miljard euro. Pure geld-over-de-balksmijterij, veroorzaakt door onwetendheid, onkunde, te hoge verwachtingen, mismanagement. Maar vooral omdat bij de overheid niemand ooit op tijd 'Ho, stop!' zegt.

Ton Elias, VVD-kamerlid en voorzitter van een parlementaire onderzoekscommissie, vermoedt dat men in het bedrijfsleven veel sneller de stekker uit een project trekt. Daar wordt niet zo lang doorgemodderd of informatie bij verantwoordelijken weggehouden. Elias en een groep mede-Kamerleden onderzoeken hoe het kan dat er steeds opnieuw zo veel misgaat als de overheid opdracht geeft tot grote automatiseringsprojecten. De voorbeelden zijn legio: het UWV liet voor bijna 100 miljoen euro een systeem bouwen waarmee kinderbijslag en AOW-uitkeringen betaald moesten worden, maar het werkte niet. Hulpdiensten als politie, brandweer en ambulancediensten kregen een communicatiesysteem, C2000, dat echter op cruciale momenten uit de lucht ging. De nieuwe systemen van de gemeentelijke basisadministratie laten eindeloos op zich wachten. En de bouw van een tunnel onder de A73 kreeg te maken met enorme vertraging en kostenoverschrijdingen doordat systemen niet werkten zoals beloofd.

Stukje bij beetje wordt duidelijk dat de overheid grote, steeds veranderende opdrachten geeft, dat bedrijven die zonder morren uitvoeren en dat de eindverantwoordelijken pas veel te laat ontdekken dat hetgeen ze hebben besteld niet naar wens werkt. Want als eenmaal een opdracht is verstrekt, zakt bij verantwoordelijke ministers en hoge ambtenaren de belangstelling weg. Lagere ambtenaren kunnen het verder opknappen, en die blijven aanrommelen tot het op een gegeven moment echt niet meer gaat.

Diederik Padt, commercieel directeur bij Hewlett-Packard, schetst eenzelfde beeld. De Kamer of de minister wil iets. Dan wordt er een opdracht verstrekt zonder kennis van informatietechnologie. De ambtenaren moeten zich over de finesses buigen. Padt: 'De ambtenaren komen daar knel te zitten tussen de opdracht en de mogelijkheden.' Het leidt er weleens toe, beaamde Padt, dat de industrie willens en wetens een 'auto zonder stuur' aflevert. Het bedrijf dat het systeem maakt, weet dat het niet zal werken, maar heeft wel voldaan aan de vraag. 'Als de overheid blijft volharden dat zij een auto zonder stuur wil, dan leveren wij die. We weten dan dat de vraag om het stuur later toch wel komt.' Ze komen er nog mee weg ook. Juridisch hebben bedrijven in ieder geval weinig van de overheid te duchten. Het komt zelden voor dat een automatiseerder een claim aan zijn broek krijgt omdat zijn systeem niet deugt.

Ruud Leether, bedrijfsjuridisch adviseur van het Ministerie van Veiligheid en Justitie, heeft naar eigen zeggen vijf keer voorgesteld een bedrijf juridisch aan te pakken. Het gebeurde niet. Waarom dat zo is, blijft een mysterie.

Bron: Trouw, 6 juni 2014[11]

De overheid heeft op rijks-, provinciaal en gemeentelijk niveau te maken met burgers die in toenemende mate verwachten dat de overheid digitaal te bereiken is. Hiervoor is onder andere DigiD in het leven geroepen. Deze is gekoppeld aan het unieke burgerservicenummer dat iedere inwoner van Nederland heeft. Hiermee kunnen burgers zich bij de overheid en haar instanties legitimeren via internet en gebruikmaken van uiteenlopende diensten. Aangesloten organisaties zijn onder meer gemeenten, provincies, politie, waterschappen en zorginstellingen.

Op nationaal niveau omvat de digitale beleidsagenda[12] onder meer de volgende zaken: ondernemers meer ruimte geven om slimmer te werken met ICT, het verlagen van de regeldruk door informatie tussen overheid en bedrijfsleven eenvoudiger en digitaal uit te wisselen, het voornemen om ondernemers een recht op elektronisch zakendoen met de overheid te geven, en het stimuleren van innovatie door het breed beschikbaar stellen van open overheidsdata. De term open data houdt in dat data openbaar zijn; er berust geen auteursrecht of andere rechten van derden op, de data zijn bekostigd uit publieke middelen, de data voldoen bij voorkeur aan 'open standaarden', waardoor er geen barrières zijn voor het gebruik ervan door ICT-gebruikers of door ICT-aanbieders, en open data zijn bij voorkeur computer-leesbaar, zodat zoekmachines informatie in documenten kunnen vinden. Ook op Europees niveau houdt de overheid zich bezig met de digitale agenda. Hiervoor zijn bijvoorbeeld de volgende projecten opgezet:[13]

- e-CODEX. Dit project maakt het bijvoorbeeld gemakkelijker voor burgers om in EU-verband hun recht te halen. Bijvoorbeeld: een Nederlander bestelt een product via een website in Spanje maar krijgt een incompleet product. Als de Spaanse fabrikant weigert het op te lossen, kan de klant een zogenoemde Small Claim starten, en dan niet via een advocaat, maar gewoon vanachter zijn eigen pc.
- E-health. Dit heeft als doel de gezondheidszorg met e-healthsystemen te verbeteren.
- Bedrijfsleven (SPOCS). Dit project verbetert verschillende digitale dienstenloketten voor bedrijven.
- Elektronische aanbestedingen (PEPPOL). eProcurement zorgt ervoor dat aanbestedingen voor publieke diensten makkelijker en efficiënter worden.

Zorg

Een van de Europese projecten ten behoeve van de zorg is e-health. De kwaliteit van de zorg moet hiermee verbeterd worden door inzet van technologie. In Nederland kennen we in dat kader al het zogenoemde elektronisch patiëntendossier (epd). Alle artsen, apothekers, therapeuten en hulpverleners moeten patiëntgegevens registreren en uitwisselen via een centraal systeem. Het bevat niet alleen verwijsbriefjes of recepten, maar volledige medische dossiers. Werken zij niet mee, dan krijgen ze een flinke boete. Volgens het ministerie maakt het epd de overdracht van zorggegevens tussen artsen veel gemakkelijker. Zo kunnen apothekers zien welke medicijnen iemand gebruikt en daarmee fouten voorkomen. Bij ongevallen kan het ambulancepersoneel belangrijke informatie, bijvoorbeeld de bloedgroep, snel achterhalen. Op papier lijkt dit een goede oplossing, maar zoals altijd het geval is bij digitale oplossingen, is het beveiligen van een gesloten systeem erg moeilijk: toegewijde hackers kunnen vrijwel altijd wel een lek vinden. Maar het elektronisch patiëntendossier is veel complexer, omdat het geen gesloten systeem is. Zorgverleners krijgen toegang tot alle informatie. Als hun talloze softwarepakketten niet stuk voor stuk superveilig zijn, is het hele systeem kwetsbaar.

In het algemeen wordt van e-health het volgende verwacht:[14]
- Het zelfmanagement van patiënten wordt bevorderd, bijvoorbeeld door hun inzage te geven in het zorgdossier. De patiënt wordt steeds meer (mede)behandelaar van zijn ziekte, en daarom is het belangrijk dat hij adequaat wordt geïnformeerd.
- De doelmatigheid en betaalbaarheid worden bevorderd door bijvoorbeeld teleconsultatie, telediagnose, online therapie en betere managementinformatie, waardoor zorg effectiever wordt ingezet.
- De continuïteit van de zorg verbetert door een betere informatie-uitwisseling tussen verschillende zorgaanbieders, zoals huisarts, ziekenhuis, verpleeghuis, revalidatiecentrum en thuiszorg.
- De patiëntveiligheid verbetert door het voorkomen van (medicatie)fouten, bijvoorbeeld dankzij beslissingsondersteuning.
- De kwaliteit van zorg verbetert doordat deze beter gemeten kan worden en aan de patiënt betere keuze-informatie kan worden geboden.
- De toegankelijkheid van de zorg verbetert door bijvoorbeeld online afspraken, e-consulten en online behandeling.

Inmiddels gebruikt al meer dan twee derde van de artsen, verpleegsters en andere werkers in de gezondheidszorg een smartphone of tablet bij het werk.[15] Deze mobiele apparatuur gaat een steeds belangrijker rol spelen bij het behandelen en verzorgen van patiënten. Dit blijkt uit een internationaal onderzoek van uitgeverij Wolters Kluwer naar het gebruik van mobiele technologie in de medische sector. Van de ondervraagde medische professionals zegt 60 procent dat mobiele technologie de kwaliteit van de zorg aan patiënten helpt verbeteren, terwijl ongeveer de helft bovendien aangeeft dat ook de veiligheid van patiënten erdoor verbetert. Bij de behandeling van patiënten is het van belang dat medici de beschikking hebben over hoogwaardige, actuele informatie. Smartphones en tablets bieden daar toegang toe. Ruim twee derde van de ondervraagden zegt hierdoor sneller accurate medische beslissingen te kunnen nemen.

Onderwijs
In figuur 2.10 zien we de opbouw van het Nederlandse onderwijssysteem. Deze wordt deels door de overheid gefinancierd (publiek onderwijs) en deels door de deelnemers aan het onderwijs zelf (particulier en/of bedrijfsonderwijs). In alle onderdelen van het onderwijs speelt technologie een steeds grotere rol. Binnen het onderwijssysteem hebben we te maken met ontwikkelingen als digitaal onderwijs, MOOC's/SPOC's en serious gaming.

Figuur 2.10   Het Nederlandse onderwijssysteem[16]

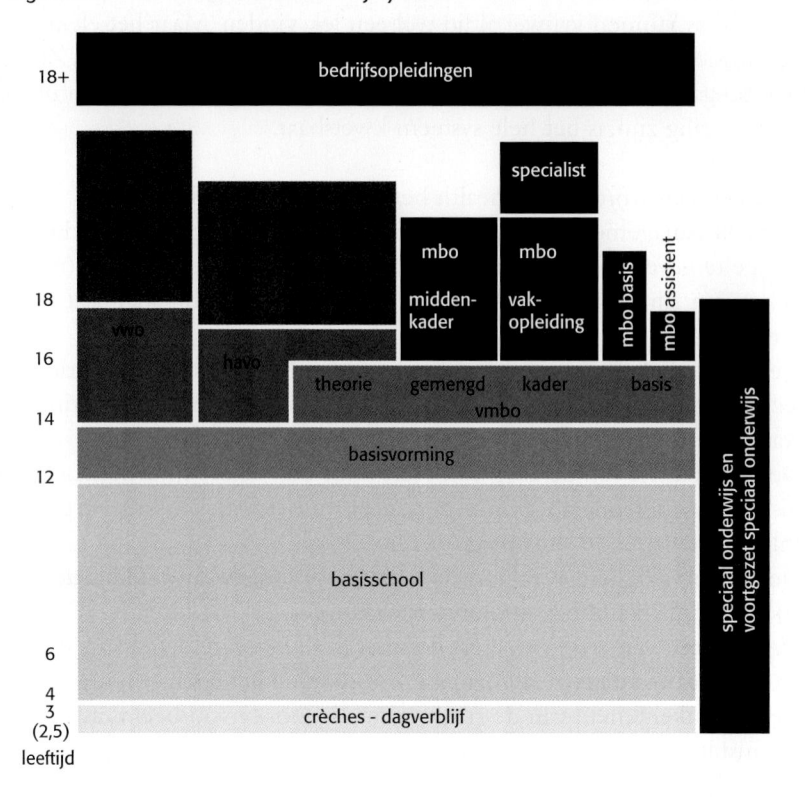

De digitalisering van het onderwijs speelt al geruime tijd en krijgt steeds meer vorm en inhoud. In eerste instantie heeft het onderwijs te maken gekregen met de komst van de elektronische leeromgeving (elo), die in aanvang vooral diende als digitaal prikbord. Inmiddels zijn deze elo's geëvolueerd tot volwaardige onderwijsomgevingen waarin het adagium 'any time, any place, any path, any pace' vooropstaat. Je kunt leren op welk tijdstip je wilt, op elke willekeurige plek; de volgorde van de lesstof die je tot je neemt bepaal je zelf, en je kunt op je eigen tempo studeren. Hiermee wordt onderwijs veel meer toegesneden op de persoonlijke behoeften van de student. De voordelen van klassikaal onderwijs (c-learning) worden nu gecombineerd met de voordelen van e-learning. Samen noemen we dit blended learning (b-learning). Deze vorm van leren wordt ook wel 'flipping the classroom' genoemd. Dit is een vorm van onderwijs die de traditionele en vaak klassikale kennisoverdracht vervangt door video's en andere vormen van online instructie. Studenten en leerlingen kunnen hierdoor de kennis ook buiten de onderwijslokalen tot zich nemen. Op deze manier is er meer tijd beschikbaar tijdens de lessen om vragen te beantwoorden en is verdieping van de lesstof mogelijk.

Digitalisering biedt ook de mogelijkheid om totaal nieuwe onderwijsorganisaties op te zetten. **MOOC's** en **SPOC's** zijn hiervan voorbeelden. Een MOOC is een **Massive Open Online Course**, oftewel een cursus die is ingericht op deelname van grote aantallen studenten en waarbij het lesmateriaal wordt aangeboden via het web. Een SPOC is een **Small Private Online Course**; in tegenstelling tot MOOC's richten SPOC's zich op kleine, meestal lokaal gesitueerde groepen deelnemers. Grote en gerenommeerde universiteiten als Stanford en MIT in de Verenigde Staten en de Universiteit van Leiden en de Technische Universiteit Delft bieden MOOC's aan. Afhankelijk van de mogelijkheid om bij een MOOC bijvoorbeeld (tegen betaling) examens af te leggen en de officiële status van een diploma van zo'n MOOC, is de verwachting dat MOOC's een belangrijke druk zullen uitoefenen op het businessmodel van traditionele universiteiten.

Tot slot willen we nog de ontwikkeling omtrent **serious gaming** in het onderwijs benoemen. Serious gaming houdt in dat via een digitaal platform spelenderwijs wordt geleerd. Dit kan op vele verschillende manieren en op alle niveaus binnen het onderwijs. Spelen en simuleren zijn goede mogelijkheden gebleken om veel actiever en interactiever met lesstof bezig te zijn dan het traditionele onderwijs, waarin de student eerder een passieve dan een actieve rol vervult. Gaming heeft de potentie het leren leuk, uitdagend en motiverend te maken. Uit onderzoek is gebleken dat serious gaming aanzet tot actief en zelfsturend leren, waarvan is aangetoond dat dit leidt tot meer begrip van en inzicht in de leerstof.[17] De ontwikkeling van games in het onderwijs staat momenteel nog in de kinderschoenen, maar zal na gebleken positieve effecten verder worden toegepast binnen de verschillende onderwijsvormen. Het zijn vooral de jongere generaties die deze toepassing volstrekt logisch vinden, omdat een belangrijk deel van hun leven zich toch al in een digitale wereld afspeelt. Overigens waarschuwen verschillende neurowetenschappers er wel voor dat eenzijdig digitaal onderwijs en het veelvuldig werken met schermen een behoorlijk negatieve impact kan hebben op de ontwikkeling van de hersenen van jonge mensen.[18]

SAMENVATTING

In dit hoofdstuk hebben we voor een aantal branches binnen de vier economische sectoren de impact van technologische ontwikkelingen beschreven. De commerciële dienstverlening (tertiaire sector) en niet-commerciële dienstverlening (quartaire sector) nemen in termen van werkgelegenheid en hun aandeel in het bruto binnenlands product (bbp) qua economisch belang nog steeds toe. Binnen de primaire sector (grondstoffen en voedsel) en de secundaire sector (verwerking van grondstoffen en voedsel) zijn branches als de landbouw, de bouw en de industrie al jaren bezig om de efficiëntie van productieprocessen op te voeren en de kwaliteit van de eindproducten te verhogen, om zowel nationaal als internationaal concurrerend te kunnen blijven. Dankzij technologische toepassingen zijn deze branches in staat gebleken om tal van innovaties door te voeren, zoals RFID, visionsystemen, Bouwwerk Informatie Modellering, smart factories en social manufacturing.

Binnen de commerciële dienstverlening is het grootste deel van de beroepsbevolking werkzaam (35 procent). Hier 'voelen' dus ook de meeste werkenden de impact van technologische ontwikkelingen in hun dagelijks werk. In de bankensector is als gevolg van wettelijke maatregelen ICT steeds belangrijker geworden, omdat de instellingen juridisch worden gedwongen om tijdig en correct cijfers te kunnen overleggen. Een correcte informatievoorziening is door de veelheid en snelheid van transacties alleen nog maar door een adequate toepassing van soft- en hardware te garanderen. Binnen de detailhandel neemt het belang van e-commerce steeds verder toe. Er zijn inmiddels meer dan 45.000 webwinkels, die samen ruim 10 miljard euro aan omzet genereren. Zowel het aantal webwinkels als de omzet van online winkelen zal de komende jaren verder toenemen. Dit geldt ook voor het aantal mensen dat via het web aankopen zal doen. Inmiddels zijn dat er een kleine 11 miljoen.

De niet-commerciële dienstverlening is qua werkgelegenheid haast even groot als de tertiaire sector, namelijk 31 procent van de werkzame beroepsbevolking. Een belangrijke werkgever is het openbaar bestuur (rijk, provincies en gemeenten). Een van de meest in het oog springende toepassingen is DigiD geweest. Hiermee geeft de overheid gehoor aan de wens van burgers om digitaal met de overheid te kunnen communiceren en diensten af te nemen. Voor de komende jaren heeft de (Europese) overheid een aantal beleidslijnen ontwikkeld waarmee de regeldruk moet afnemen, ondernemers makkelijker gegevens met de overheid kunnen uitwisselen en de gezondheidszorg verbeterd moet worden. E-health moet ervoor gaan zorgen dat patiënten betere en efficiëntere zorg gaan krijgen. Door de uitwisseling van patiëntgegevens (via het elektronisch patiëntendossier) kan hier invulling aan worden gegeven. Daarnaast zijn er ontwikkelingen op het gebied van teleconsultatie en online therapie, waarmee de zorg geoptimaliseerd kan worden. De meerderheid van de artsen werkt inmiddels al met smartphones en tablets om snellere en accurate medische beslissingen te kunnen nemen. Tot slot heeft ook het onderwijs te maken met vergaande digitalisering. Het heeft geleid tot honderd procent digitale onderwijsaanbieders, zoals MOOC's en SPOC's. Het onderwijs wordt door deze aanbieders meer toegesneden op de persoonlijke behoeften van studenten, die op zelfgekozen tijdstippen, plaatsen en tempo's kunnen studeren. Wereldwijd en eveneens in Nederland zijn er al gerenommeerde universiteiten die op deze wijze hun onderwijsdiensten aanbieden. Toepassingen uit de game-industrie worden inmiddels ook in het onderwijs gebruikt onder de noemer van serious gaming. De lesstof wordt hierbij spelenderwijs aangeboden, met als belangrijk effect dat het leren interessanter, uitdagender en motiverender wordt.

CASUS

Digitale economie groeit snel

Onze economie is sterk afhankelijk van ICT. Lotte de Bruijn, directeur van brancheorganisatie Nederland ICT, vertelt over de kansen en ontwikkelingen.

De digitale economie wint snel aan betekenis. Voor Nederland en zeker ook voor Europa. Eurocommissaris Neelie Kroes heeft hieraan als portefeuillehouder Digitale Economie een grote bijdrage geleverd. Zij heeft het onderwerp en vooral ook de kansen van de digitale economie voor Europa hoog op de agenda gekregen. Nederland heeft een uitstekende uitgangspositie. Ons land haalde de vierde plaats op de ICT Readiness Index van het World Economic Forum. We hebben een sterke telecommunicatie-infrastructuur, zijn een aantrekkelijke vestigingsplaats voor datacenters, en zijn sterk in softwareontwikkeling en de toepassing van ICT.

Ingrijpend

Zestig procent van de economische groei in de afgelopen decennia is terug te voeren op ICT. De productiviteitsgroei in sectoren als handel, tuinbouw en transport is mogelijk gemaakt door ICT. Online winkelen, procestechnologie en slimme logistieke systemen zijn niet meer weg te denken. De gevolgen zijn in veel gevallen ingrijpend. Online bankieren brengt niet alleen gemak, het zorgt ook voor een andere functie van bankfilialen. We ervaren deze veranderingen vaak als vanzelfsprekend, maar ze worden mogelijk gemaakt door complexe ICT-systemen. Systemen waar hoge eisen aan worden gesteld. Systemen moeten veilig zijn en berekend op intensief gebruik. Maar waar leggen we de grens? De Belastingdienst kon op 31 maart 2014 de drukte met belastingaangiften niet aan. Veel mensen stuurden hun elektronische aangifte pas in bij het sluiten van de markt. Het probleem werd opgelost door de laatkomers een paar dagen extra te geven. Is dit reden om extra te investeren in capaciteit? Dat is nog de vraag. Als je door het verkeer moet en zeker op tijd wilt komen, ga je eerder van huis. Blijkbaar meten we op ICT-gebied met andere maten.

Vertrouwen

Gemak went snel, zoveel is duidelijk. Jammer is wel dat een beeld wordt opgeroepen van problemen. Als door een DDoS-aanval een bank of andere instelling online niet bereikbaar is, wordt met de vinger naar die instelling gewezen. De aanval wordt afgeslagen, systemen zijn adequaat beveiligd, maar toch loopt het vertrouwen in ICT ten onrechte een deuk(je) op. Dat is jammer. Het vertrouwen in organisaties wordt mede bepaald door het vertrouwen dat burgers en bedrijven hebben in de ICT van die organisaties. Maar het publiek debat over bijvoorbeeld privacy leert ons dat er op dit vlak geen simpele oplossingen zijn. Het is geen kwestie van voor of tegen privacy. Vroeger stonden naam, adres en telefoonnummer in de gids van PTT. Nu kijken we heel anders naar die gegevens. De technologie is doorgaans niet het probleem. Als de eisen duidelijk zijn, kunnen programmeurs de systemen privacy-proof maken. Maar over die eisen wordt lang niet altijd goed nagedacht. Privacy en security zijn heel moeilijk met terugwerkende kracht te waarborgen. Ontwikkelingen op het gebied van cloud computing, de snelle groei van het internet of things, terrorismebestrijding. Het zijn stuk voor stuk onderwerpen die vragen om antwoorden vooraf. Alleen als we die discussie met elkaar voeren, is het mogelijk om de vele kansen te benutten die de digitale economie ons biedt. Dat is in het belang van de BV Nederland en in het belang van ieder bedrijf en iedere burger. Daar ben ik van overtuigd. Namens de ICT-sector neem ik vol overtuiging deel aan dat debat.

Bron: www.overict.nl[19]

Vragen
1 Wat zie jij als voordeel van de toenemende digitalisering van de maatschappij en de economie?
2 Wat zie jij als nadeel van de toenemende digitalisering van de maatschappij en de economie?
3 Welke ICT-vaardigheden denk jij zelf in de toekomst nodig te hebben als medewerker of ondernemer?
4 Neem een ontwikkeling ten aanzien van ICT die wordt benoemd in het artikel en geef jouw visie daarop op basis van een klein onderzoek.

Overige vragen:
1 Geef voor ieder van de vier behandelde sectoren een eigen voorbeeld en geef aan wat het belang van technologie daarin is.
2 Wat is jouw oordeel over de digitalisering van het onderwijs dat je nu zelf volgt? Geef voor- en nadelen.
3 Wat is als consument jouw oordeel over de digitalisering van de detailhandel? Geef voor- en nadelen.

KERNBEGRIPPEN

Augmented reality Letterlijk betekent dit toegevoegde realiteit. Met behulp van een scherm worden extra beelden of teksten toegevoegd aan de werkelijkheid.

Bouwwerk Informatie Modellering (BIM) Deze toepassing wordt gebruikt gedurende het bouwproces van ontwerp tot realisatie. Alle verschillende betrokken partijen kunnen informatie toevoegen aan de database of daar informatie aan onttrekken. Meestal vormt een 3D-model van het bouwwerk een onderdeel van het totale model.

Datamining Het verkrijgen van nieuwe (klant-)kennis op basis van allerlei combinaties, dankzij speciale software, uit enorme hoeveelheden verzamelde data.

Manufacturing Execution System (MES) Een informatiesysteem voor het monitoren en aansturen van continue productieprocessen zoals we deze kennen in de metaalindustrie, de chemie of de voedingsmiddelenindustrie.

Massive Open Online Course (MOOC) Dit is een cursus die is ingericht op deelname van grote aantallen studenten, waarbij het lesmateriaal wordt aangeboden via het web.

Quick Response-code (QR-code) Dit is een tweedimensionale streepjescode die door middel van een applicatie op een smartphone of tablet kan worden gescand, waardoor extra informatie wordt aangeboden op het scherm.

Serious gaming Een toepassing (spel) of simulatie, meestal voorzien van een score, die wordt gebruikt om via een digitaal platform spelenderwijs te leren.

Small Private Online Course (SPOC) Een SPOC richt zich, in tegenstelling tot MOOC's, op kleine, meestal lokaal gesitueerde groepen deelnemers.

Smart factories Dit is de benaming voor een productiebedrijf dat grote innovatiekracht en sterke service koppelt aan efficiënte productieprocessen met korte responstijden en doorlooptijden en een gering beslag op werkkapitaal. Ondersteuning met slimme ICT-systemen is daarvoor een noodzakelijke voorwaarde.[20]

Social manufacturing Het fenomeen dat de toepassing van sociale technologie zoals het gebruik van community's en andere online services beschrijft ten behoeve van het bedenken en lanceren van nieuwe producten.

Software configuration management (SCM) Het is de verantwoordelijkheid van SCM om veranderingen in software te traceren en te controleren. Als er iets misgaat, kan SCM bepalen wat er veranderd is en door wie.

Supply chain management (SCM) Integraal ketenbeheer met gebruikmaking van ICT-standaarden (bijvoorbeeld enterprise resource planning; ERP-software), waardoor samenwerking van de verschillende schakels in een keten wordt verbeterd met als doel het verhogen van efficiëntie en kwaliteit voor alle partijen.

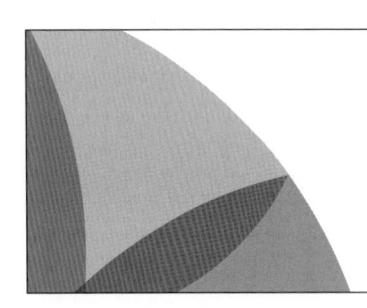

MyLab | Nederlandstalig

Op www.pearsonmylab.nl vind je studiemateriaal en de eText om je begrip en kennis van dit hoofdstuk uit te breiden en te oefenen.

Hoofdstuk 3
INFORMATIEMANAGEMENT

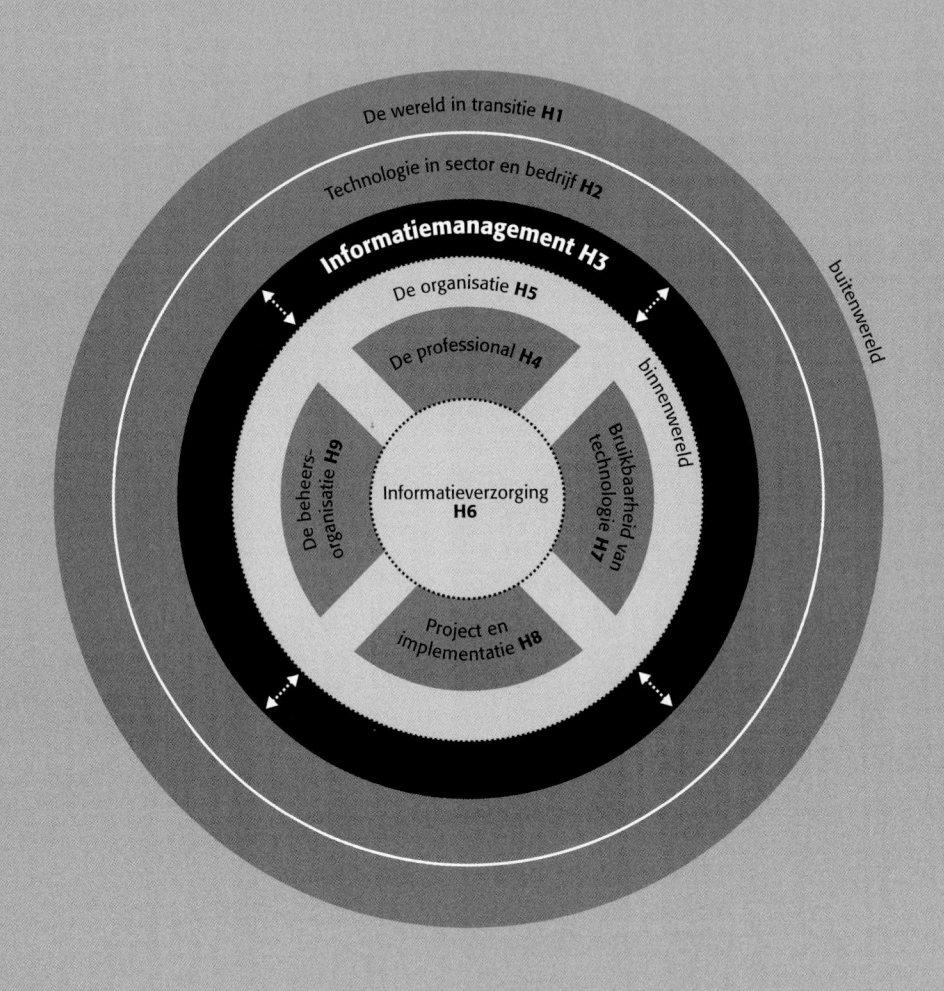

3.1 Inleiding

In de vorige twee hoofdstukken hebben we verschillende ontwikkelingen in de 'buitenwereld' verkend. Tal van technologische ontwikkelingen in de maatschappij (macro-omgeving) en markten en bedrijfskolommen (meso-omgeving) van organisaties (micro-omgeving) kunnen van invloed zijn op de wijze waarop bedrijven vorm en inhoud geven aan hun informatiehuishouding. In dit hoofdstuk maken we de overstap naar de organisatie zelf, de 'binnenwereld'. Daartoe moet een vertaalslag worden gemaakt om de ontwikkelingen in de externe omgeving te analyseren en het belang ervan te duiden, om vervolgens te kijken of en, zo ja, hoe de organisatie deze ontwikkelingen concreet wil vertalen in beleid, plannen en acties. Deze vertaalslag is voor het grootste deel de verantwoordelijkheid van informatiemanagement wanneer ontwikkelingen consequenties hebben voor de informatieverzorging. In paragraaf 3.2 kijken we naar de positie van informatiemanagement (IM) binnen de organisatie. Dit is van belang om te zien op welke niveaus IM verantwoordelijkheden draagt, zoals op strategisch, tactisch of operationeel niveau, en welke concrete taken IM heeft uit te voeren. Deze taken komen aan bod in paragraaf 3.3. De taken hangen in de meeste gevallen vast aan mensen die hiervoor in hun functie of rol verantwoordelijkheid dragen. We kijken daartoe in paragraaf 3.4 specifiek naar de functies van de Chief Information Officer (CIO), de informatiemanager en de functioneel beheerder. Een belangrijke taak van IM is het afstemmen van wat de organisatie wil (de business) en wat er technisch (ICT) zoal mogelijk is. Wat zijn de consequenties hiervan voor de informatieverzorging? Deze afstemming noemen we de business-IT-alignment. In paragraaf 3.5 gaan we hier verder op in. In het dagelijks werk hebben medewerkers, die in toenemende mate zijn te karakteriseren als kenniswerkers, te maken met informatie. De kwaliteit en de tijdigheid van het werk hangen hier steeds meer van af. Het is daarom van groot belang dat IM op een adequate manier wordt georganiseerd, zodat de kwaliteit van de informatieverzorging gegarandeerd is. In paragraaf 3.6 kijken we daarom naar de concrete inrichting van IM binnen de organisatie.

In het kader 'Opleiding informatiemanagement' krijg je alvast een voorproefje van het werk van een toekomstig informatiemanager.

Opleiding informatiemanagement

Met deze opleiding informatiemanagement vergroot u uw inzicht in de aspecten van informatiemanagement die specifiek betrekking hebben op uw eigen organisatie en in meer algemene zin daarbuiten. U neemt het initiatief om samen met informatiedeskundigen bedrijfsprocessen te analyseren en waar mogelijk tot een redesign te komen. U weet welke informatiekundige tools hiervoor ingezet kunnen worden. U kunt dit projectmatig aanpakken en weet hoe u het proces beschrijft in een helder implementatieplan.

Resultaat
Met deze opleiding informatiemanagement behaalt u de volgende resultaten:

- U heeft inzicht in de aspecten van informatiemanagement die specifiek betrekking hebben op de eigen organisatie en in meer algemene zin daarbuiten.
- U kunt informatiekundige tools inzetten om de bedrijfsvoering te optimaliseren.
- U kunt aan de hand van een projectorganisatie de inrichting van een project professionaliseren.

Inhoud
Tijdens de opleiding informatiemanagement komen de volgende onderwerpen aan bod:
- Begrijpen van actuele ontwikkelingen op het gebied van hardware, software, datacommunicatie en netwerken
- Interne en externe stromen van bedrijfsinformatie analyseren en optimaliseren
- Effectief inzetten van automatiseringstools, bijvoorbeeld ERP
- Analyseren van het effect van automatiseringstools op de totale bedrijfsvoering
- Creëren van de juiste afstemming tussen de organisatie en ICT
- Analyseren van bedrijfsprocessen en deze vertalen naar adequate ICT-oplossingen

Diploma
Na een succesvolle afronding van de opleiding informatiemanagement ontvangt u het diploma informatiemanagement. Hiermee haalt u een door het bedrijfsleven zeer gewaardeerd diploma in huis.

3.2 Positie van IM in de organisatie

Om te kunnen bepalen wat IM nu precies doet en waarvoor het verantwoordelijkheid draagt, zullen we in de eerste plaats moeten kijken welke positie IM in de organisatie inneemt – of zou moeten innemen, want het is niet gezegd dat IM in de praktijk ook daadwerkelijk deze positie in organisaties heeft. We gaan hier echter uit van een situatie waarin de organisatie goede randvoorwaarden wil scheppen voor een kwalitatief hoogwaardige informatiehuishouding. De positie van IM is mede dankzij het negenvlaksmodel van professor Rik Maes in 2003 verder verhelderd. Dit model is afgeleid van het Strategic Alignment Model van Henderson en Venkatraman, waar we in paragraaf 3.5 verder op ingaan. Maes verbindt in zijn model, dat ook wel bekendstaat onder de naam Amsterdams Informatiemanagement Model (AIM), drie organisatorische niveaus met de bedrijfsvoering (het business- of bedrijfsdomein), informatie en communicatie (het informatiedomein) en informatie- en communicatietechnologie (het ICT-domein). Zo is het model ontstaan zoals afgebeeld in figuur 3.1.

Niet alle negen vlakken behoren tot de verantwoordelijkheid van IM. Het domein van IM is in figuur 3.1 gearceerd. De vier hoekpunten zijn de grensgebieden van informatiemanagement, en vallen daarmee niet onder de directe verantwoordelijkheid van IM, al legt IM volgens Maes wel de 'verbindingswegen' aan met deze gebieden. Op basis van zijn model benoemt Maes de volgende zaken:[1]
- De middelste rij omvat de infrastructurele, permanente slagkracht van de organisatie.
- Van alle componenten van deze kaart zijn het de business operations, de onderste rij, waar het uiteindelijk om draait.

Figuur 3.1 Negenvlaksmodel van Maes: het Amsterdams Informatiemanagement Model[2]

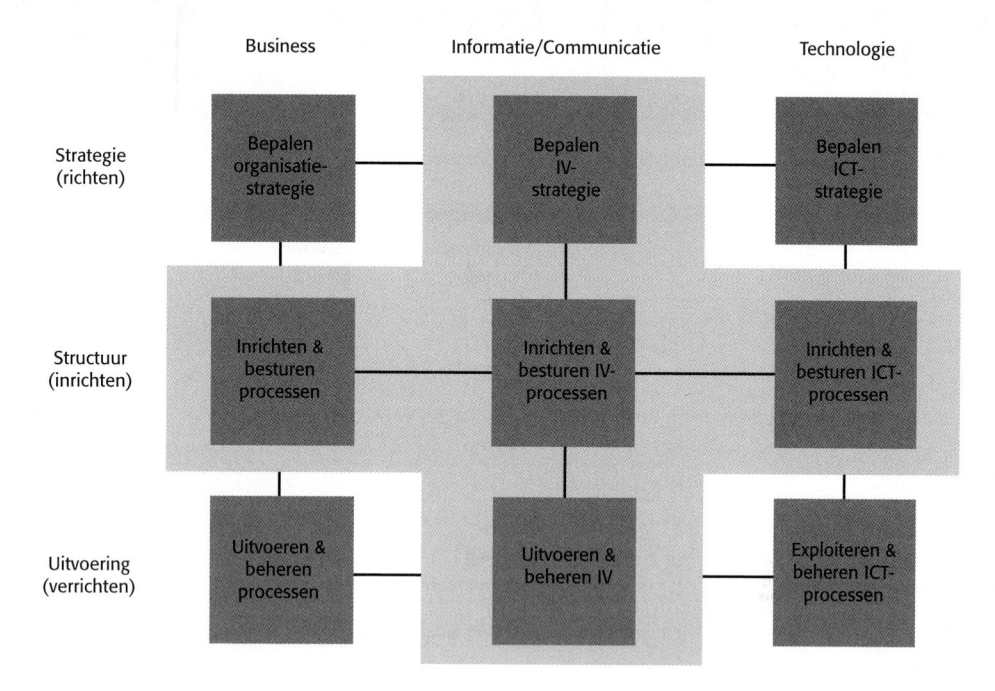

	Business	Informatie/Communicatie	Technologie
Strategie (richten)	Bepalen organisatie-strategie	Bepalen IV-strategie	Bepalen ICT-strategie
Structuur (inrichten)	Inrichten & besturen processen	Inrichten & besturen IV-processen	Inrichten & besturen ICT-processen
Uitvoering (verrichten)	Uitvoeren & beheren processen	Uitvoeren & beheren IV	Exploiteren & beheren ICT-processen

- Het is fout om te denken dat de middelste kolom het domein van de ICT'er is. De managers zijn hier zelf voor verantwoordelijk en kunnen dit niet zomaar uitbesteden aan de ICT'er.
- Het is niet zo dat er een natuurlijk pad is van linksboven naar rechtsonder (van organisatiestrategie naar ICT-uitvoering). ICT voegt zich niet zomaar naar de strategische wensen van een organisatie, en met name de infrastructurele voorzieningen en competenties hebben hun eigen dynamiek. Hier gaan we in hoofdstuk 5 verder op in.
- Voor elk van de drie kolommen is aparte expertise nodig: respectievelijk van links naar rechts domeinexpertise, informatie-expertise en technologie-expertise. Informatiemanagement concentreert zich op informatie-expertise, maar kan niet zonder de beide andere.

Kijkend naar het model zien we aan de linkerkant het businessdomein. Hiermee verdient de organisatie haar geld, omdat het goederen of diensten produceert. De business is ook wel de vraagzijde, omdat het de business is die een behoefte heeft aan goede informatie, al dan niet gegenereerd met behulp van technologie. De rechterzijde van het model is de technologiekant en vertegenwoordigt de aanbodzijde. Hier worden de middelen geleverd waardoor de business kan voorzien in de informatiebehoefte. IM maakt de vertaalslag tussen vraag en aanbod. Informatiemanagement kun je dan zien als het richting geven aan en het bewaken van de inhoud en de vorm van de informatievoorziening op hoofdlijnen, meestal voor de middellange en lange termijn, alsmede als het bepalen van de organisatie die deze inhoud en vorm het best kan realiseren. Het concretiseren hiervan vindt plaats in de informatiestrategie, het informatiebeleid, het informatieplan en het automatiseringsplan. Hier komen we in hoofdstuk 6 op terug.

Figuur 3.2 Positionering van informatiemanagement

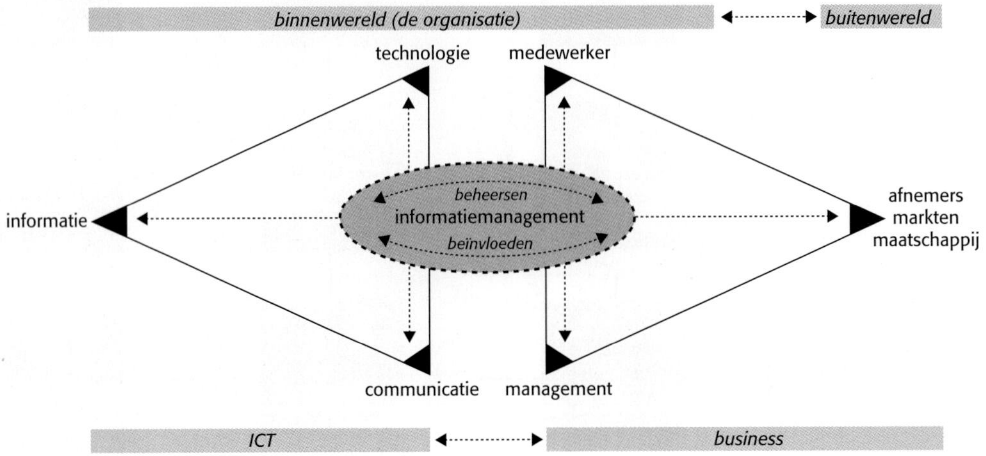

In figuur 3.2 hebben we de positie van IM op basis van het negenvlaksmodel op een alternatieve manier weergegeven. In deze figuur wordt zichtbaar dat informatiemanagement niet alleen vraag- en aanbodzijde binnen de organisatie verbindt, maar ook een belangrijke rol speelt bij het verbinden van de buiten- en de binnenwereld. Daarbij spelen twee belangrijke generieke activiteiten van management een rol, te weten beheersen en beïnvloeden. Dit zijn op het eerste gezicht wat abstracte bezigheden, maar ze vormen het hart van de verantwoordelijkheid van managers. Beheersen wil zeggen dat je als manager adequaat kunt reageren op (interne en externe) ontwikkelingen die de organisatie zowel in positieve als in negatieve zin kunnen beïnvloeden. Een voorbeeld hiervan is de ontwikkeling van internet. Toen halverwege de jaren negentig van de vorige eeuw duidelijk werd dat internet en het wereldwijde web grote invloed zouden krijgen op alle facetten van de bedrijfsvoering, was het voor het management zaak om hierop een duidelijke bedrijfsvisie te formuleren. Beursgenoteerde bedrijven die dit volgens de aandeelhouders niet snel genoeg deden, werden genadeloos afgestraft op de beurs met lagere koersen. Beheersen is dus een kwestie van tijdig reageren. Beïnvloeden is in tegenstelling tot reageren niet de kunst van het afwachten, maar juist van het actief richting geven aan ontwikkelingen of omstandigheden. De eerste bedrijven die de mogelijkheden van de mobiele telefoon in combinatie met internet zagen en daar in een vroeg stadium applicaties voor ontwikkelden, hebben de toekomst niet afgewacht, maar hebben die mede vormgegeven tot wat die vandaag is. Twitter en WhatsApp zijn voorbeelden van applicaties die de manier waarop wij vandaag en morgen communiceren hebben beïnvloed. Modern management verstaat de kunst van wachten en proactief actie ondernemen, ofwel de kunst van het beheersen en beïnvloeden.

In figuur 3.2 is te zien dat de managementactiviteiten *beheersen* en *beïnvloeden* zowel op de organisatie zelf (de binnenwereld) betrekking hebben als ook op de omgeving van de organisatie (de buitenwereld). Informatiemanagement kun je zien als een scharnierpunt tussen de binnen- en de buitenwereld. Het verbindt de organisatie met haar omgeving en omgekeerd. De taken die betrekking hebben op de organisatie zelf liggen op het gebied van informatie, communicatie en technologie (ICT). Daarnaast is het voor een goede bedrijfsvoering van belang om drie belanghebbende partijen (de stakeholders afnemers, medewerkers en management) in samenhang te bekijken om te zien welke consequenties deze voortdurend veranderende samenhang – de wereld staat immers niet stil – voor de organisatie kan hebben. Als afnemers bijvoorbeeld van de organisatie eisen dat er een webwinkel geopend wordt, kan deze eis vergaande consequenties hebben voor de werkwijze van de eigen medewerkers en de manier waarop de organisatie gemanaged wordt. Kijkend naar het voorgaande is het de taak van informatiemanagement om zorg te dragen voor een adequate (formele) informatiehuishouding ten behoeve van de bedrijfsvoering. Drie aspecten behoeven nadere toelichting. Met 'adequaat' bedoelen we tijdige en juiste informatie. Wat tijdig en juist is kan voor iedere organisatie overigens verschillend zijn. Informatiehuishouding is het geheel van gegevens-, informatie- en communicatiestromen die zich binnen een organisatie voordoen. De toevoeging 'formele' bij informatiehuishouding bakent de verantwoordelijkheid van informatiemanagement af. Hoewel het een communicatiestroom betreft, is het bijvoorbeeld niet de verantwoordelijkheid van informatiemanagement om de informele discussies bij de koffieautomaat te ondersteunen. Tot slot is er een focus op de bedrijfsvoering. De bedrijfsvoering omvat alle taken waarmee de organisatie uiteindelijk datgene kan produceren (goederen of diensten) waarmee voorzien wordt in de behoefte van de afnemers.

Vanuit de hiervoor beschreven positie en rol van IM gaan we in de volgende paragraaf kijken naar de taken die hieruit voortvloeien.

3.3 Taken IM

We hebben gezien dat in het negenvlaksmodel van Maes twee dimensies van belang zijn, namelijk de horizontale as, die de verantwoordelijkheid voor de verschillende domeinen laat zien, en de verticale as, die laat zien op welk niveau de activiteiten zich afspelen. Uit deze positionering van IM vloeien taken voort waarvoor het binnen de organisatie verantwoordelijk is. Die taken benoemen we in deze paragraaf. In paragraaf 3.4 gaan we vervolgens in op de concrete functies, zodat duidelijk wordt welke functionaris verantwoordelijk is voor de verschillende taken. Voordat we de verschillende taken benoemen moeten we het voorbehoud maken dat niet iedere organisatie per definitie dezelfde taken toewijst aan het domein van informatiemanagement. Omdat iedere organisatie uniek is, zijn er vele argumenten te bedenken waarom iets wel of niet tot de verantwoordelijkheid van IM zou moeten behoren. We benoemen daarom de taken die in de gangbare literatuur beschreven worden. Die taken vallen binnen de hoofdverantwoordelijkheid van IM, namelijk de informatieverzorging van de organisatie. De informatieverzorging omvat het systematisch verzamelen, vastleggen, bewaren en verwerken van gegevens, gericht op het verstrekken van informatie ten behoeve van de uitvoering van activiteiten, besturing, besluitvorming en het realiseren van de organisatiedoelen. In figuur 3.3 zie je de verantwoordelijkheid voor de informatieverzorging terug in de middelste kolom, overeenkomstig het negenvlaksmodel in figuur 3.1. We hebben de taken van IM dan ook geconcentreerd in deze kolom.

Figuur 3.3   Taken van IM

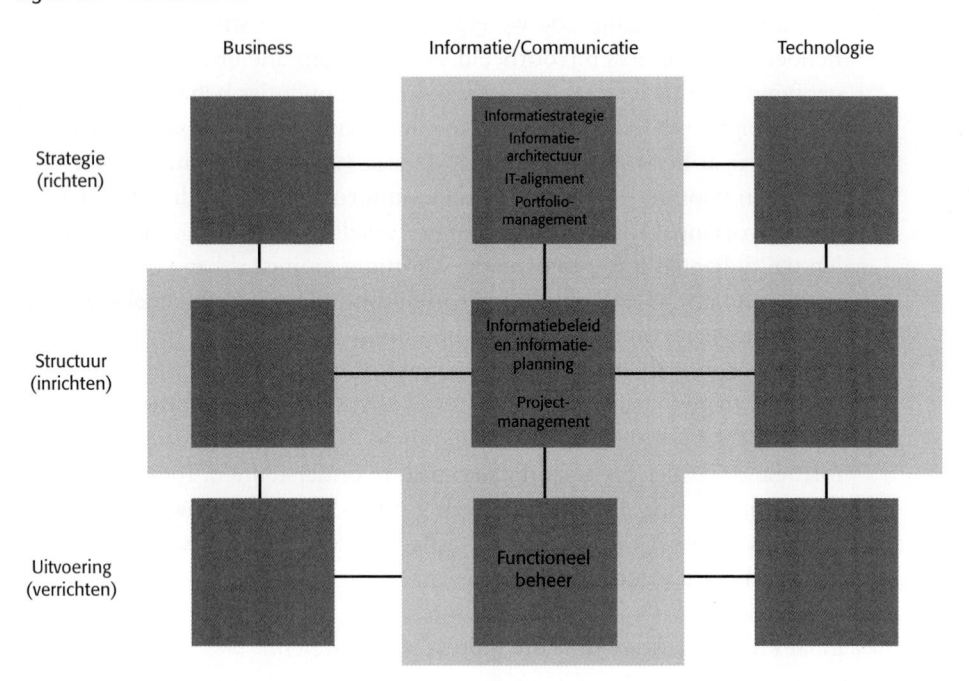

	Business	Informatie/Communicatie	Technologie
Strategie (richten)		Informatiestrategie Informatie-architectuur IT-alignment Portfoliomanagement	
Structuur (inrichten)		Informatiebeleid en informatie-planning Projectmanagement	
Uitvoering (verrichten)		Functioneel beheer	

Informatiestrategie   Informatiestrategie geeft invulling aan de richting voor de informatievoorziening voor de gehele organisatie op de langere termijn. Omdat zich in de toekomst allerlei ontwikkelingen voordoen in de omgeving van de organisatie, zullen er keuzes gemaakt moeten worden: Welke webtechnologie gaan we toepassen? Hoe gaan we om met verouderde systemen? Hoe gaan we om met concurrenten en relevante partners in de bedrijfsketen? Deze vragen en de keuzes die gemaakt worden zullen van invloed zijn op de informatievoorziening. De consequenties worden benoemd in een informatiestrategieplan, waarin de kaders voor de onderliggende plannen worden weergegeven. Afhankelijk van de organisatie kan de tijdshorizon liggen tussen de 5 en 15 jaar.

Informatiearchitectuur   De **informatiearchitectuur** is onderdeel van de informatieverzorging binnen een organisatie. Het laat de elementen van de informatieverzorging en hun samenhang zien. Het geeft daarmee antwoord op vragen als de volgende: Welke informatie is nodig bij welke processen? Welke applicaties en gegevens worden daarbij gebruikt? Welke technologie is daarvoor noodzakelijk? De informatiearchitectuur laat zien wat de samenhang is tussen de organisatiedoelen, de verschillende bedrijfsprocessen en de technologie.

Functioneel beheer   Het **functioneel beheer** richt zich op de gebruikers van de toepassingen. Dit noemen we ook wel de gebruikersorganisatie. Functioneel beheer (FB) vertaalt de behoeften aan informatievoorziening binnen de bedrijfsprocessen naar adequate ondersteuning door geautomatiseerde en niet-geautomatiseerde informatievoorziening. FB houdt zich onder andere bezig met het voorbereiden van de daadwerkelijke uitrol (release) van geaccepteerde wijzigingen in de informatieverzorging en het keuren en accepteren van de door de ICT-leverancier aangeleverde technische wijzigingen. In paragraaf 3.4.3 gaan we verder in op functioneel beheer.

Portfoliomanagement   Omdat organisaties doorgaans denken vanuit een strategie, zal de organisatie iets moeten doen om de strategie te laten slagen. Hiervoor staan schaarse middelen ter beschikking, en het **portfoliomanagement** is de discipline die ervoor zorgt dat de strategie op een beheerste wijze wordt gerealiseerd. Het biedt daartoe een overzicht en ordening van de beleidsprogramma's van de organisatie en de ICT-programma's, inclusief de onderlinge samenhang. Het doel van portfoliomanagement is het totaal van programma's en projecten maximale waarde te laten toevoegen aan de doelstellingen van de organisatie.

Informatiebeleid en informatieplanning   Het **informatiebeleid** of IT-beleid geeft voor de middellange termijn (1 tot 5 jaar) aan welke doelen de organisatie wil behalen met de informatieverzorging. Het **informatieplan** (meestal op jaarbasis) is gebaseerd op het informatiebeleid en bevat de doelen, uitgangspunten en randvoorwaarden voor de informatiefunctie. Het informatieplan concretiseert het informatiebeleid en geeft een inventarisatie van de huidige en toekomstige stand van zaken op het gebied van de informatieverzorging en automatisering. Het toont de mogelijkheden en knelpunten van de eigen organisatie op dit gebied, waarbij rekening wordt gehouden met de ontwikkelingen in de markt en de maatschappij. Daarnaast verwoordt het informatieplan de concrete inrichting van de informatieverzorging in de nabije toekomst.

Projectmanagement   **Projectmanagement** omvat het aansturen en beheersen van projecten zodat de projectdoelstellingen worden behaald binnen de gestelde eisen. Waar portfoliomanagement tot doel heeft om alle programma's en projecten een bepaald rendement te laten behalen, is projectmanagement vooral gericht op het welslagen van afzonderlijke projecten. De zogenoemde scope van portfoliomanagement is met andere woorden breder dan die van projectmanagement.

IT-alignment   **IT-alignment** betekent het afstemmen van de ICT en de informatieverzorging op de business van de organisatie. Deze afstemming (alignment) moet ervoor zorgen dat de inzet van ICT-hulpmiddelen zodanig is dat de bedrijfsprocessen optimaal uitgevoerd kunnen worden binnen de uitgangspunten van de organisatie. Dit is een belangrijke taak, omdat hiermee de strategie van de organisatie wordt ondersteund. In paragraaf 3.5 gaan we hier verder op in.

3.4 Functies binnen IM

Nu de positie van IM binnen de organisatie is verhelderd en de verschillende taken zijn bepaald, kunnen we concreet functies benoemen die verantwoordelijk zijn voor deze taken. Daartoe maken we gebruik van een aangepast negenvlaksmodel (zie figuur 3.4).

We zien dat bij steeds meer bedrijven de rol van de medewerkers binnen het domein van de informatieverzorging verandert in een regisserende rol. De nadruk komt te liggen op het sturen van de informatieverzorging, terwijl de rol van de techniek steeds meer verdwijnt naar de gespecialiseerde leveranciers of uit het zicht raakt via allerlei cloudtoepassingen. Deze regierol zie je in figuur 3.4 in het gearceerde vlak en heeft alles te maken met het voortdurend afstemmen van de informatiebehoeften van de business en het aanbod van de technologische mogelijkheden. Deze afstemming kunnen we dan ook als het 'alignmentdomein' zien.

Figuur 3.4 Functies binnen informatiemanagement

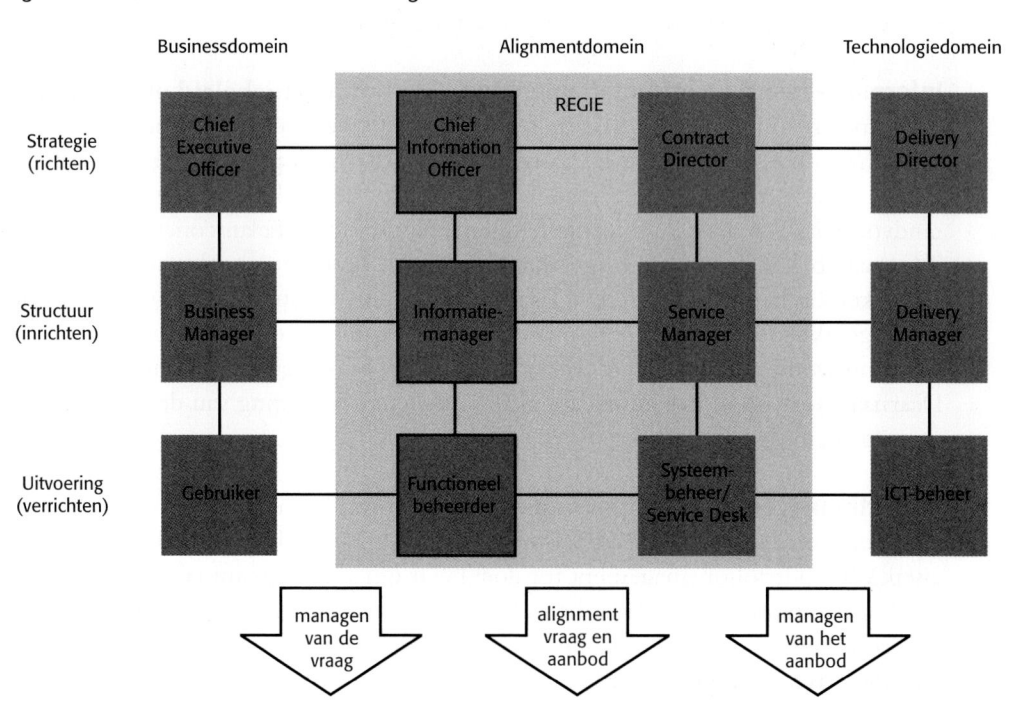

	Businessdomein	Alignmentdomein		Technologiedomein
		REGIE		
Strategie (richten)	Chief Executive Officer	Chief Information Officer	Contract Director	Delivery Director
Structuur (inrichten)	Business Manager	Informatiemanager	Service Manager	Delivery Manager
Uitvoering (verrichten)	Gebruiker	Functioneel beheerder	Systeembeheer/ Service Desk	ICT-beheer

managen van de vraag — alignment vraag en aanbod — managen van het aanbod

De regisserende c.q. afstemmingsrol is het gebied van informatiemanagement. Deze rol zien we terug binnen de verschillende niveaus van de organisatie, te weten het strategische, het tactische en het operationele niveau. Op ieder niveau is er sprake van een functie of functionaris die verantwoordelijk is voor de taken die in de vorige paragraaf genoemd zijn. We gaan hierna kort in op deze functies.

3.4.1 De Chief Information Officer (CIO)

De CIO vervult een aantal rollen die zich op het strategische organisatieniveau bevinden. Maes benoemt de volgende rollen:[3]

- Informatiestrateeg. De CIO stelt de informatiestrategie van de organisatie op en bewaakt deze en houdt hierbij rekening met de organisatiebehoeften en de kansen die ICT zoal kan bieden.
- Bedrijfsstrategieadviseur. De CIO maakt idealiter deel uit van de leiding van de organisatie. Hij praat mee over de organisatiestrategie en beoordeelt de impact op en mogelijkheden van de informatieverzorging.
- ICT-portfoliomanager. De CIO is eindverantwoordelijk voor de relatie met interne en externe ICT-aanbieders. Bovendien bewaakt de CIO de prestaties en kosten van de bestaande leveranciers.
- Organisatiearchitect. De CIO ontwerpt met de verantwoordelijken binnen het informatiemanagement de overall organisatiearchitectuur waardoor het businessdomein, het informatie- en communicatiedomein en het technologiedomein (zie figuur 3.1) met elkaar verbonden worden.
- Businessadviseur. De CIO spreekt de taal van de managers van de verschillende businessunits en bespreekt samen met hen onder ander de (her)inrichting van processen, businesscases en trainingen.
- Trendwatcher. De CIO kijkt niet alleen naar de bestaande technologieën, maar heeft ook oog voor nieuwe die in ontwikkeling zijn en bepaalt welke hiervan nuttig zouden kunnen zijn voor de organisatie. De CIO is iemand die met beide benen in de wereld (van technologie) staat en zich daar een mening over kan vormen.

Alle voorgaande rollen vallen ook wel onder de overkoepelende term **IT-governance**. Hieronder verstaan we 'deugdelijk IT-bestuur'. Het hoofddoel van IT-governance is het zodanig besturen van de informatiefunctie dat deze waarde toevoegt aan de organisatie en de business. In het kader van de IT-governance zal de CIO verantwoording moeten afleggen over onder andere de volgende vragen:
1 Doe ik de juiste ICT-investeringen?
2 Krijg ik de beste kwaliteit aan ICT-inzet?
3 Welke risico's loop ik bij mijn keuzes en hoe kan ik mij hiertegen indekken?

3.4.2 De informatiemanager

Op het tactische niveau zien we de functie van **informatiemanager**. In figuur 3.3 kun je zien dat deze functie verantwoordelijk is voor het informatiebeleid en het informatieplan. Beide zijn gebaseerd op de informatiestrategie zoals opgesteld door de CIO en bevatten de verdere concretisering van die strategie. De ideeën en uitgangspunten voor de langere termijn worden vertaald naar de middellange en kortere termijn, zodat iedereen binnen het domein van informatiemanagement weet welke activiteiten uitgevoerd moeten worden en hoe deze gemonitord worden. Behalve voor het beleid en de planning is de informatiemanager verantwoordelijk voor projectmanagement. In paragraaf 3.3 zagen we dat dit betrekking heeft op het aansturen en beheersen van projecten zodat de projectdoelstellingen worden behaald. Behalve voor de genoemde activiteiten zijn informatiemanagers doorgaans ook verantwoordelijk voor aspecten als financieel management (bewaken van de kosten van de informatievoorziening), planning & control (aansturen van de tijds- en capaciteitsaspecten van de informatieverzorging), behoeftemanagement (vertalen van de behoeften vanuit de bedrijfsprocessen naar aanpassingen in de informatieverzorging) en contractmanagement (het maken van afspraken met ICT-leveranciers). In de vacature 'Informatiemanager gezocht' zie je deze en andere activiteiten genoemd. Iedere organisatie heeft immers haar eigen behoeften op het gebied van informatiemanagement.

Informatiemanager gezocht

Functieomschrijving
Voor onze organisatie zijn we op zoek naar een Informatiemanager die met durf en goede communicatie een bijdrage kan leveren aan het I&A (Informatie en Automatisering)-beleid van de organisatie, gebaseerd op externe ontwikkelingen en interne I&A-wensen.

De **Informatiemanager** wordt aangestuurd door de Manager Bedrijfsvoering. Als adviseur draag je bij aan het I&A-beleid van de organisatie, gebaseerd op externe ontwikkelingen en interne I&A-wensen. Je kent de behoeften van de organisatie en gaat hiermee proactief om. Ook toets je dit aan marktontwikkelingen in het vakgebied.

Je bewaakt de kwaliteit van de I&A-functie en staat hierbij open voor nieuwe ontwikkelingen binnen deze functie. Je bent verantwoordelijk voor het afsluiten van SLA's met leveranciers en het bewaken van de overeengekomen serviceniveaus. Je geeft gevraagd en ongevraagd advies aan de organisatie en met name aan de Manager Bedrijfsvoering op het gebied van informatisering en automatisering. Je leidt projectgroepen die zich bezighouden met de vernieuwing en implementatie van hardware en software.

Je zorgt dat de belangrijke processen in de organisatie kunnen worden gemonitord en dat er systemen zijn die dit faciliteren. Daarbij wordt optimaal gebruikgemaakt van mogelijkheden binnen de aanwezige systemen.

Je kunt goed de samenwerking opzoeken met collega's en stelt je op als de interne adviseur voor I&A-oplossingen. Daarbij houd je rekening met de strategie van de organisatie en de daarbij horende keuzes. Je signaleert knelpunten en doet voorstellen ter verbetering.

Wij vragen
Opleiding hbo, wo
Ervaring ervaren (3-7 jaar), zeer ervaren (> 7 jaar)

- Relevante werkervaring
- Minimaal hbo-niveau Informatiemanagement
- Kennis van en ervaring met infrastructuur, informatiesystemen en beveiliging
- Kennis van en ervaring met projectmanagement
- Kennis van marktontwikkelingen en deze kunnen toepassen in een organisatie
- Uitstekende communicatieve vaardigheden

3.4.3 De functioneel beheerder

In plaats van van **functioneel beheerder** wordt ook wel gesproken van een 'businessinformatiemanager', om te laten zien dat deze functionaris zich bevindt op het niveau van de uitvoerende businessprocessen, de processen waar de goederen en diensten feitelijk worden geproduceerd. Verschillende auteurs en organisaties positioneren het functioneel beheer in het negenvlaksmodel van Maes op operationeel niveau. Het veelgebruikte raamwerk **BiSL (Business Information Services Library)** voor het uitvoeren van functioneel beheer positioneert het functioneel beheer daarentegen op zowel strategisch, tactisch als operationeel niveau. Het BiSL-raamwerk bestaat uit 23 taken op richtinggevend (strategisch), sturend (tactisch) en uitvoerend (operationeel) niveau en wordt ondersteund door zogenoemde best practices op basis waarvan een organisatie invulling kan geven aan functioneel beheer en informatiemanagement. BiSL kun je zien als een concrete methode om vorm en inhoud te geven aan het negenvlaksmodel van Maes en daarmee aan informatiemanagement op de drie organisatieniveaus. Het punt is dat functioneel beheer niet per definitie een kwestie is van het uitvoerende niveau. Om toch zicht te krijgen op de activiteiten van de functioneel beheerder ten opzichte van de eerder genoemde CIO en informatiemanager, positioneren we deze functie op het uitvoerende niveau, waarbij we ons realiseren dat we hiermee mogelijk de werkelijkheid geweld aandoen.

De functioneel beheerder heeft als belangrijkste taken om de gebruikers (de gebruikersorganisatie) te ondersteunen bij het specificeren van hun informatiebehoefte en het accepteren van de geleverde software en applicaties. Daarnaast draagt de functioneel beheerder op operationeel niveau zorg voor de informatievoorziening binnen de organisatie. Dat houdt onder andere in dat:
- de informatievoorziening richting de bedrijfsprocessen continu bewaakt wordt;
- de informatievoorziening aangepast wordt naar aanleiding van ontwikkelingen in de omgeving, de gebruikers en het beleid;
- de kwaliteit van de informatie binnen de bedrijfsprocessen bewaakt wordt;
- FB verantwoordelijk is voor wijzigingenbeheer;

- nieuwe functionaliteiten in de programmatuur worden getoetst en getest;
- FB vorm geeft aan de niet-geautomatiseerde informatieverzorging.

Ook hier zien we weer de belangrijke taak terugkomen om de vraag vanuit de business af te stemmen met de technologiekant. De functioneel beheerder moet dus zowel de taal van de business spreken als die van de technologie.

3.5 Organisatie en ICT: business-IT-alignment

Wil een organisatie maximaal profiteren van de inzet van technologie en de kansen die de techniek biedt, dan is het van groot belang om de inzet van ICT af te stemmen op de bedrijfsvoering (de business). Overigens is het niet zo dat de business per definitie de inzet van ICT dicteert. Door de snelle ontwikkelingen op het gebied van technologie is het vaak eerder andersom: de technologische mogelijkheden hebben een stevige invloed op de strategische koers van een organisatie en dus op de bedrijfsvoering. Meer hierover volgt in hoofdstuk 5.

De afstemmingsproblematiek noemen we **business-IT-alignment**. We hanteren hier de Angelsaksische term, omdat dit in de praktijk van informatiemanagement nu eenmaal is ingeburgerd. Alignment is als concept niet zo moeilijk te begrijpen. Je stemt zaken op elkaar af zodat ze elkaar niet in de weg zitten maar juist ondersteunen. Het wordt al een stuk lastiger om hier praktisch vorm en inhoud aan te geven. Daarom maken we vaak gebruik van modellen. In dit boek kijken we naar twee van die modellen, namelijk het Strategic Alignment Model (SAM) van Henderson en Venkatraman en het Business & IT Maturity Assessment Model van Luftman.

Strategic Alignment Model van Henderson en Venkatraman

Het Strategic Alignment Model van Henderson en Venkatraman wordt wel beschouwd als de 'moeder' van alle modellen waarin de rol van ICT binnen een organisatie op strategisch niveau wordt beschouwd. In figuur 3.5 staat het model afgebeeld.

Het model bestaat uit vier domeinen die in harmonie met elkaar moeten worden ingericht. In de eerste plaats wordt onderscheid gemaakt tussen het businessdomein en het ICT-domein. Beide domeinen kunnen vervolgens bekeken worden vanuit een extern (strategisch) perspectief en een intern (operationeel) perspectief. De afstemmingsproblematiek (alignment) kan op basis van het model vanuit vier invalshoeken worden belicht, te weten:[4]

1 Uitvoering van de bedrijfsstrategie: de bedrijfsstrategie is leidend voor de inrichting van de organisatie en het bijbehorende ontwerp van de ICT-infrastructuur en -processen.
2 Transformatie door technologie: de bedrijfsstrategie is leidend, maar betrekt de ICT-strategie bij de concretisering ervan. De ICT-infrastructuur en -processen worden ingericht op basis van de ICT-strategie.
3 Benutting van het ICT-potentieel. ICT kan de bedrijfsstrategie beïnvloeden en concurrentievoordeel opleveren.

Figuur 3.5   Het Strategic Alignment Model (SAM) van Henderson en Venkatraman[5]

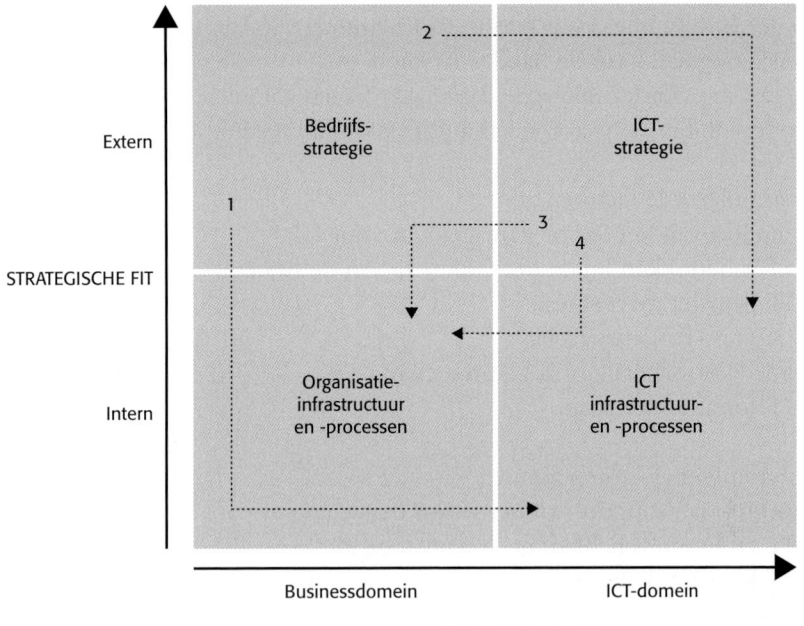

```
                                    2
                    ┌───────────────────┬───────────────────┐
                    │                   │                   │
         Extern     │    Bedrijfs-      │      ICT-         │
                    │    strategie      │    strategie      │
                    │         1         │                   │
                    │                   ···············3    │
                    │                                 4     │
STRATEGISCHE FIT    ├───────────────────┼───────────────────┤
                    │                   │                   │
                    │   Organisatie-    │       ICT         │
         Intern     │   infrastructuur  │  infrastructuur-  │
                    │   en -processen   │   en -processen   │
                    │                   │                   │
                    └───────────────────┴───────────────────┘
                       Businessdomein        ICT-domein
                            FUNCTIONELE INTEGRATIE
```

4 Optimaliseren van de ICT-service. In dit perspectief wordt gefocust op het bouwen van een ICT-organisatie van wereldklasse. De ICT-strategie is leidend en is bepalend voor de ICT-infrastructuur en -processen.

De vier invalshoeken vertegenwoordigen in oplopende volgorde als het ware de volwassenheid van ICT binnen de organisatie. De uiteindelijke alignment wordt bereikt op basis van twee dimensies, te weten de strategische fit en de functionele integratie. De business-IT-alignment wordt bereikt door enerzijds de verhouding tussen de businessstrategie en de ICT-strategie en anderzijds de integratie tussen het businessdomein en het ICT-domein. Met andere woorden: de buitenwereld moet worden verbonden met de binnenwereld. Dit is de strategische fit. Daarnaast moeten de business (vraagzijde) en ICT (aanbodzijde) met elkaar worden verbonden (functionele integratie). Deze twee aspecten vormen het taakgebied van informatiemanagement, zoals we al konden zien in figuur 3.2.

Sinds het verschijnen van dit model in 1993 is de ICT totaal veranderd door de komst van het wereldwijde web. Henderson en Venkatraman hadden niet kunnen vermoeden dat het internet en het web nu voor iedereen beschikbaar zijn en dat dit vrijwel overeenkomt met hun laatste en meest volwassen visie op ICT, 'het optimaliseren van de ICT-service'. Nieuwe mogelijkheden binnen de ICT zetten de bedrijfsvoering van veel organisaties compleet op zijn kop. Waar vroeger onderscheid gemaakt werd tussen bedrijfs- en ICT-strategie zien we nu dat ze als het ware samensmelten tot één overkoepelende strategie.

Business & IT Maturity Assessment Model van Luftman

Een aantal jaren na het model van Henderson en Venkatraman ontwikkelde Jerry Luftman zijn model voor business-IT-alignment.[6] Hiermee deed hij een poging om de volwassenheid van business-IT-alignment in kaart te brengen. Luftman heeft criteria opgesteld aan de hand waarvan de mate van alignment kan worden gemeten. Daarbij wordt onderscheid gemaakt tussen stimulerende (enablers) en remmende (inhibitors) factoren van business-IT-alignment.

De stimulerende factoren zijn:
- support van het senior management voor IT;
- IT is betrokken bij de ontwikkeling van de strategie;
- IT begrijpt de business;
- business-IT-partnerschap;
- goede prioritering van IT-projecten;
- IT toont leiderschap.

De remmende factoren zijn:
- gebrek aan support van het senior management voor IT;
- IT en business hebben geen nauwe band;
- IT begrijpt de business niet;
- IT gaat geen partnerschap aan;
- IT kan niet de juiste prioriteiten stellen;
- IT toont geen leiderschap.

Volgens Luftman is de alignment nooit honderd procent. Afstemming is per definitie dynamisch: de wensen van de organisatie, de ondersteuning(smogelijkheden) door ICT en de eisen aan de afstemming zijn namelijk voortdurend in ontwikkeling. In zijn model onderscheidt Luftman zes dimensies die bepalend zijn voor de mate van business-IT-alignment. Per dimensie worden vervolgens weer verschillende aspecten onderscheiden die van belang zijn voor het bereiken en handhaven van alignment. In figuur 3.6 zien we deze dimensies en de bijbehorende aspecten.

Communicatie: Uitwisselen van ideeën, kennis en informatie tussen business en ICT om tot een goed wederzijds begrip te komen tussen beide domeinen (**Verdiep je in de business**).

Toegevoegde waarde: Beschikbaarheid van instrumenten en gegevens die – in termen die de business begrijpt – inzicht geven in de toegevoegde waarde van ICT voor de business. Het gaat hierbij vooral om het operationaliseren van de IT-dienstverlening (bijvoorbeeld met service level agreements), het voortdurend volgen van de effectiviteit met metingen, en het streven naar continue verbetering (**Wees transparant**).

Governance (sturing): Besluitvormingsprocessen over de inzet van ICT (prioritering, allocatie) zijn cruciaal voor het op elkaar afstemmen van business- en

Figuur 3.6 Bepalende dimensies en factoren voor de mate van business-IT-alignment

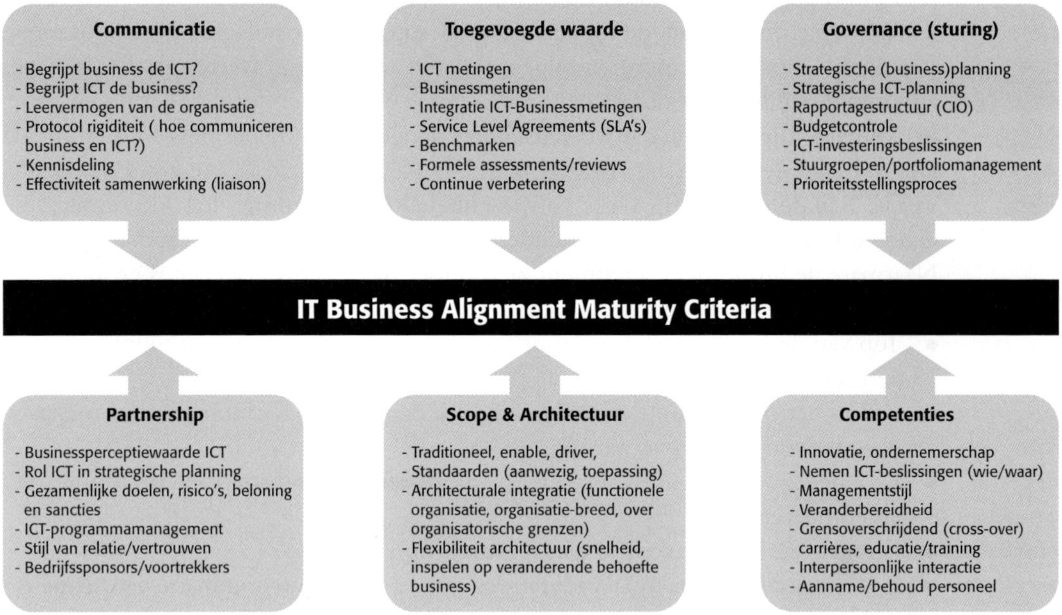

Communicatie
- Begrijpt business de ICT?
- Begrijpt ICT de business?
- Leervermogen van de organisatie
- Protocol rigiditeit (hoe communiceren business en ICT?)
- Kennisdeling
- Effectiviteit samenwerking (liaison)

Toegevoegde waarde
- ICT metingen
- Businessmetingen
- Integratie ICT-Businessmetingen
- Service Level Agreements (SLA's)
- Benchmarken
- Formele assessments/reviews
- Continue verbetering

Governance (sturing)
- Strategische (business)planning
- Strategische ICT-planning
- Rapportagestructuur (CIO)
- Budgetcontrole
- ICT-investeringsbeslissingen
- Stuurgroepen/portfoliomanagement
- Prioriteitsstellingsproces

IT Business Alignment Maturity Criteria

Partnership
- Businessperceptiewaarde ICT
- Rol ICT in strategische planning
- Gezamenlijke doelen, risico's, beloning en sancties
- ICT-programmamanagement
- Stijl van relatie/vertrouwen
- Bedrijfssponsors/voortrekkers

Scope & Architectuur
- Traditioneel, enable, driver,
- Standaarden (aanwezig, toepassing)
- Architecturale integratie (functionele organisatie, organisatie-breed, over organisatorische grenzen)
- Flexibiliteit architectuur (snelheid, inspelen op veranderende behoefte business)

Competenties
- Innovatie, ondernemerschap
- Nemen ICT-beslissingen (wie/waar)
- Managementstijl
- Veranderbereidheid
- Grensoverschrijdend (cross-over) carrières, educatie/training
- Interpersoonlijke interactie
- Aanname/behoud personeel

ICT-strategie. Hierbij gaat het om de vraag of de processen wel goed op elkaar zijn afgestemd en of de onderliggende organisatorische inrichting wel de juiste is (**Creëer stuurmogelijkheden voor de business**).

Partnership: In welke mate is er sprake van een écht partnership tussen business en ICT (gebaseerd op wederzijds vertrouwen, het delen van risico's en beloningen)? In het ideale geval fungeert ICT zowel als enabler als als driver van veranderingen in bedrijfsprocessen en -strategie (**Creëer betrokkenheid**).

Scope & Architectuur: In welke mate helpt ICT-architectuur de business om te groeien, te concurreren en winst te maken? Flexibiliteit is gewenst om snel nieuwe technologische ontwikkelingen toe te passen voor de ondersteuning van bedrijfsprocessen of ontwikkeling van nieuwe producten of diensten. Bij organisaties met een onvolwassen en inflexibele ICT-architectuur wordt ICT steeds vaker als een 'show-stopper' gezien, in plaats van als een 'enabler' voor (proces)verbetering (**Creëer een effectieve architectuur**).

Competenties: In welke mate beschikken medewerkers over de benodigde vaardigheden om effectief te zijn? Hierbij gaat het erom dat ICT'ers begrijpen wat de businessdrivers zijn, dat zij de taal van de business spreken, en dat de mensen van de business de relevante technologische concepten begrijpen (**Ontwikkel de capaciteiten van de medewerkers**).

Om het geheel meetbaar te maken vertaalde Luftman de zes dimensies naar een scan om organisaties te scoren op de mate van afstemming tussen business en ICT. Per dimensie onderscheidde hij een aantal factoren en formuleerde hij een of meer stellingen. Door deelnemers vervolgens te laten aangeven in welke mate ze het eens zijn met de stellingen, ontstaat een score – voor elke dimensie afzonderlijk en voor het geheel – die de mate van volwassenheid aangeeft van de business-IT-alignment. Des te hoger de alignment maturity ofwel de volwassenheid, des te beter de inzet van ICT in de organisatie. Deze volwassenheid komt tot uiting door de eerder genoemde stimulerende en remmende factoren te koppelen aan de zes dimensies. Naarmate de business-IT-alignment zich verder naar rechts beweegt, is er sprake van een grotere volwassenheid:

- Top van de organisatie als sponsor van ICT (combinatie van communicatie en partnership).
- ICT is betrokken bij de ontwikkeling van de strategie (combinatie van toegevoegde waarde en governance).
- ICT begrijpt de organisatietaken en -processen (combinatie van communicatie en competenties).
- Business en ICT werken samen (partnership).
- Prioriteitsstelling van ICT-programma's en -projecten (combinatie van scope & architectuur en governance).
- Tonen van leiderschap door business- en ICT-management (combinatie van governance en competenties).

3.6 Inrichting van IM

In de vorige paragrafen hebben we achtereenvolgens aangegeven welke positie informatiemanagement kan innemen binnen een organisatie, welke taken IM zoal uitvoert, welke functies op de verschillende organisatorische niveaus onderscheiden kunnen worden, en hoe IM zorg kan dragen voor het afstemmen van business en ICT. Na al dit 'voorwerk' is het van belang om invulling te geven aan de inrichting van IM binnen de organisatie. Wat moet de organisatie doen wil IM goed kunnen functioneren, zodat de informatiefunctie maximaal bijdraagt aan de doelen van de organisatie? Daarover gaat deze paragraaf.

Wat wellicht enigszins verwarrend is, is dat in plaats van informatiemanagement ook wel gesproken wordt over functioneel beheer. In het model van Maes hebben we functioneel beheer op het uitvoerende niveau gepositioneerd. Functioneel beheer kan echter ook op strategisch, tactisch en operationeel niveau worden ingezet. Daarmee vervult het dezelfde functie als IM, maar wordt anders genoemd. Functioneel beheer wordt net als informatiemanagement uitdrukkelijk aan de gebruikerskant van ICT geplaatst. In paragraaf 3.4.3 zagen we al dat het raamwerk BiSL (Business Information Services Library) concreet invulling geeft aan het functioneel beheer op de drie organisatorische niveaus. Voor wat betreft de inrichting van IM zullen we dit raamwerk volgen, omdat het in de praktijk een veelgebruikte methode is.

Om tot een concrete inrichting van IM te komen is het noodzakelijk om een aantal aspecten te beschouwen.[7] In de eerste plaats zijn dat de omvang en de aard van de informatievoorziening. In de tweede plaats moet duidelijk zijn waar het mandaat over de informatieverzorging ligt (centraal, of zijn er meerdere beslissers?). Vervolgens moet worden vastgesteld hoe de structuur van de sturing op de informatieverzorging is geregeld. Daarna kan een scenario worden opgesteld waarbinnen IM kan worden ingericht of verbeterd. Dan kan de strategie achter de inrichting van de sturing worden vastgesteld (welke clusters van processen worden ingericht?). Op basis van de vaststelling van de voorgaande aspecten kan er invulling worden gegeven aan de organisatie van IM. We behandelen ieder van deze aspecten hierna in het kort.

Omvang en aard van de informatieverzorging

Het belang dat een organisatie hecht aan de informatievoorziening zal bepalend zijn voor de professionele inrichting en de aansturing van IM. Van der Pols (2005) onderscheidt vier niveaus:[8]

- ICT als ondersteunend hulpmiddel. ICT speelt een ondergeschikte rol.
- ICT als support. ICT gaat service verlenen aan de organisatie, maar speelt nog geen rol binnen de bedrijfsprocessen.
- ICT als bedrijfskritisch. De organisatie is voor de uitvoering van haar primaire processen afhankelijk van ICT.
- ICT als bedrijfsproces. ICT is niet langer een ondersteunend proces, maar is zelf het primaire proces geworden, zoals bij banken en verzekeraars inmiddels het geval is.

Mandaat over de informatieverzorging

Vastgesteld moet worden waar beslissingen genomen worden binnen de organisatie ten aanzien van de informatieverzorging. Dit kan bijvoorbeeld centraal door één persoon gebeuren, maar het is ook mogelijk dat meerdere groepen over de informatieverzorging meebeslissen. Het zal duidelijk zijn dat naarmate er meerdere (groepen) beslissers zijn, dit consequenties zal hebben voor de beslissnelheid (omdat er bijvoorbeeld sprake is van beslissingen op basis van consensus) en de kwaliteit van de uiteindelijke inrichting van het informatiemanagement en de informatieverzorging.

Structuur van de sturing op de informatieverzorging

Hiermee wordt de plek bedoeld waar het informatiemanagement uiteindelijk wordt uitgevoerd binnen de organisatiestructuur. Waar bevindt IM zich in het organigram? In de eerste plaats kan gekozen worden voor een geconcentreerde benadering. Dat houdt in dat IM zich in het organigram op één plaats bevindt, waarmee ook direct duidelijk is aan wie binnen de organisatie verantwoording afgelegd moet worden. Het is ook mogelijk om voor een gedeconcentreerde benadering te kiezen. In dat geval wordt IM op verschillende plaatsen binnen de organisatie uitgevoerd. In dit model is ook de verantwoording van de resultaten op meerdere plekken belegd, en deze is daardoor minder transparant. In het laatste model, de gedelegeerde benadering, wordt IM niet binnen de gebruikersorganisatie uitgevoerd, maar zijn de taken gedelegeerd. In dat geval zijn de taken bijvoorbeeld neergelegd bij de automatiseringsafdeling of een externe partij.

Het scenario achter de inrichting of verbetering

Voor wat betreft de inrichting of verbetering van het IM en/of de informatieverzorging zijn verschillende scenario's denkbaar.[9] Afhankelijk van de unieke situatie waarin een organisatie zich bevindt, kan bijvoorbeeld worden gekozen voor het kwaliteitsscenario. Binnen dit scenario is binnen de organisatie te weinig kennis aanwezig en kan ervoor gekozen worden om deze extern in te huren. De externe medewerkers geven vervolgens aan hoe het werk gedaan moet worden. In het resultaatscenario heeft de organisatie wel de kennis, maar is zij onvoldoende in staat deze te gebruiken om processen in te richten of te verbeteren. Binnen dit scenario zullen de betrokkenen in korte tijd zelf de organisatie inrichten. Het groeiscenario is een werkbare variant indien de organisatie jaarlijks een beperkt aantal knelpunten wil aanpakken. De informatieverzorging groeit langzaam qua vorm en inhoud en is afhankelijk van het tempo waarin de organisatie de knelpunten aanpakt. In het teamscenario is de organisatie zodanig ingericht dat verbeteringen vanzelf gaan. Dit kan alleen als er sprake is van een kritische professionele houding en voldoende capaciteiten om problemen aan te pakken.

Strategie achter de inrichting

Naar aanleiding van de gesignaleerde knelpunten en het vastgestelde scenario kan worden bekeken welke processen of clusters van processen aangepakt gaan worden. Er zijn twee strategieën denkbaar, namelijk bottom-up en top-down. Bij de eerste strategie komen de initiatieven, ondanks het bestaan van een informatiestrategie, -beleid of -plan, vanuit het operationele niveau. Bij een top-down strategie zal de strategische top de aard en inhoud van de te ondernemen activiteiten dicteren. Nadat de hiervoor genoemde aspecten in hun samenhang zijn geanalyseerd en hieromtrent besluiten zijn genomen, kan de organisatie echt beginnen met de concrete inrichting van het IM/functioneel beheer. In het raamwerk BiSL worden daartoe de nodige handvatten aangereikt. We volstaan hier met de hoofdlijnen van de inrichting in de vorm van een stappenplan.[10]

Stap 1. Bepalen hoofdlijnen van sturing
In een vraaggestuurde organisatie zijn de businessmanagers zelf verantwoordelijk voor de informatieverzorging. De manager financiën is dan verantwoordelijk voor de financiële kant van de informatieverzorging, de hrm-manager voor de personele kant, en de manager facilitaire zaken voor de werkplekken en de infrastructuur.

Stap 2. Bemensing van het IM
In deze stap moet worden besloten wie in opdracht van en in samenwerking met de businessmanager het werk kan uitvoeren.

Stap 3. Plaatsen en positioneren van het IM
Duidelijk moet worden hoe IM een plek krijgt binnen de organisatiestructuur. Dit kan zowel centraal als decentraal in de organisatie worden belegd.

Stap 4. Bepalen van het ambitieniveau en de werkwijze
Hier worden vragen gesteld als de volgende: Wat wil men concreet bereiken met de processen? Met welke processen gaat het IM beginnen? Welke werkwijzen worden daarbij gehanteerd? Wat gaat dat kosten?

Stap 5. Het inregelen van de vraag- en aanbodorganisatie
Met de ICT-leverancier (dat kan een interne of een externe leverancier zijn) worden afspraken gemaakt over de kosten, de te verwachten prestaties, de kengetallen en de rapportages.

Stap 6. Het spel spelen
De business en de ICT-organisatie gaan oefenen en kijken welke resultaten dit oplevert, om op basis daarvan aanpassingen te kunnen doen. De resultaten van de testfase en de bijstellingen vormen de basis voor de echte uitvoering.

SAMENVATTING

In dit hoofdstuk hebben we informatiemanagement (IM) benaderd als een scharnierpunt tussen de binnen- en de buitenwereld van de organisatie enerzijds en de vraag- en aanbodzijde binnen de organisatie anderzijds. Deze positie is gebaseerd op de rol die IM vervult ten opzichte van de business (vraagzijde) en de technologie (aanbodzijde). In het negenvlaksmodel van Maes, ook wel het Amsterdams Informatiemanagement Model (AIM) genoemd, is het informatie-/communicatiedomein de verbindende schakel tussen business en technologie. Het IM speelt zich af op strategisch, tactisch en operationeel niveau binnen de organisatie. Aan de hand van het model van Maes onderscheiden we op de genoemde niveaus een aantal taken waarvoor IM verantwoordelijk is, zoals het opstellen van de informatiestrategie en het daarop gebaseerde informatiebeleid en informatieplan, het afstemmen van ICT en business, portfoliomanagement, projectmanagement en functioneel beheer. Deze taken kunnen vervolgens worden toegewezen aan specifieke functies. Op strategisch niveau is dat de Chief Information Officer (CIO), op tactisch niveau de informatiemanager, en op operationeel niveau de functioneel beheerder.

Voor ieder van deze functies hebben we de specifieke taken benoemd waarvoor zij in het kader van het informatiemanagement verantwoordelijk zijn. Een belangrijke taak van informatiemanagement is het afstemmen van ICT op de business en omgekeerd. Dit noemen we business-IT-alignment. Deze afstemming kan op verschillende manieren worden gedaan. In dit kader hebben we het Strategic Alignment Model (SAM) van Henderson en Venkatraman behandeld en het Business & IT Alignment Assessment Model van Luftman. Beide modellen geven aan dat de afstemming een dynamisch proces is, omdat zowel de wereld om ons heen verandert als de organisatie zelf. In beide modellen gaat het erom dat de organisatie een bepaald niveau van volwassenheid bereikt, zodat de afstemming van ICT en business op een natuurlijke manier verloopt. Tot slot hebben we in dit hoofdstuk de aspecten benoemd die van belang zijn bij de concrete inrichting van IM en hebben we met inachtneming van die aspecten een stappenplan geformuleerd waarmee IM gefaseerd ingericht kan worden.

CASUS

Lees de volgende vacatures voor CIO, manager informatievoorziening en functioneel beheerder, en beantwoord dan de vragen.

Vacature Chief Information Officer (CIO)

The CIO will operate with the following main objectives:
- Delivering IT support and products to implement the IT roadmap projects. This will include:
- Laying down a clear IT roadmap for supporting the business-change projects, and ensuring that IT delivers that support.
- Ensuring that IT contributes actively to the projects' business cases.
- Reporting to top management, especially the senior manager responsible for the roadmap, on all IT related issues.

Modernising and transforming IT working methods to make the department fit for the future whilst ensuring service continuity:
- Transforming IT into a value-creating unit for the business by optimising its current management.
- Ensuring that IT's work is organised so as to optimise delivery – also for the existing portfolio of projects – whilst maintaining IT operations and service levels.
- Ensuring optimum use of IT resources.
- Working to optimise business-IT alignment, and ensuring that the IT architecture and infrastructure support the business needs and the services required.

Ensuring the continuity of IT services for the business by:
- Ensuring the stability, performance and security of the current environment.
- Maintaining service levels of the legacy systems, 'business-as-usual' projects and other activities (e.g. maintenance).
- Guaranteeing service continuity during the technical transition to the new environment.

Ideal candidate profile
- Results- and service-oriented, with the ability to take decisions, express objectives and needs clearly, and get results from his staff.
- Ability to manage large projects successfully in a complex environment.
- Proven managerial and motivational capabilities, ability to lead a large unit and deal with organisational change, sensitivity to cultural diversity.
- Very good command of the technical field, especially the use of technology to move the business forward.
- Strong communication skills, with both business and technical teams.
- Ability to understand and adapt to a public-service environment.
- Proven track record of IT leadership in changing environments.
- Successful delivery of large and complex programmes.
- Experience of managing multiple suppliers.
- Proven ability to select and shape teams to achieve specific objectives.

Vacature Manager Informatievoorziening

De Manager Informatievoorziening geeft leiding aan één van de IVE's (informatievoorzieningseenheid) en heeft daarbij als belangrijke uitdaging om de IV-medewerkers aan te sturen en sturing te geven aan de inrichting van een geoliede professionele IV-afdeling die de lijnorganisatieonderdelen maximaal ondersteunt bij de realisatie van de doelstellingen van het cluster.

De taken van de IVE bestaan uit:
- Het op planmatige en gestructureerde wijze ontwikkelen van de informatievoorziening van het cluster ter ondersteuning van de RVE's (resultaatverantwoordelijke eenheden).
- Het functioneel beheren, onderhouden en beschikbaar stellen van de informatievoorziening van het cluster (applicaties en gegevens).
- Het verzorgen van de documentaire informatievoorziening en archivering.
- Het plannen en bewaken van de bedrijfsvoering van de informatievoorziening van het cluster.

Hiervoor zijn, afhankelijk van de IVE, tussen de 80 en 170 fte beschikbaar. De eerste uitdaging voor de komende periode is om synergie en samenhang te creëren in de uitvoering van de IV-taken binnen de IVE's en daarbij een professionaliseringstraject in te zetten voor de IV-medewerkers. De tweede uitdaging is om leiding te geven aan de organisatorische doorontwikkeling (waaronder uniformering van functies en functie-eisen, en reallocatie van applicaties, personeel en budget over de diverse clusters). Achtergrond daarbij is dat de gemeentelijke IV nog een grote diversiteit kent, met de daaruit resulterende hoge kosten en continuïteitsrisico's. De IVE-manager zal in samenspraak met de CIO moeten komen tot strategische uniformering en standaardisering van processen, gegevens, applicaties en beheer.

Als Manager Informatievoorziening ben je verantwoordelijk voor de sturing en professionalisering van een grote groep IV-medewerkers (60-90 medewerkers). Je geeft direct leiding aan de teammanagers binnen de IVE. Je zorgt voor resultaatgerichte afspraken, bewaakt en stuurt bij op basis van prestatie-indicatoren. Je vertaalt daarbij de doelstellingen van het cluster naar de noodzakelijke ontwikkeling van de informatievoorziening om de realisatie van de doelstellingen maximaal te ondersteunen. Je maakt deel uit van het cluster Managementteam en rapporteert en adviseert aan de stedelijk directeur/manager clusterstaf (afhankelijk van het cluster) en de collega-managers binnen het cluster. Namens het cluster participeer je in het managementoverleg van de IVE's met de CIO van Amsterdam.

We zoeken een zware changemanager met minimaal 5 jaar ervaring in een vergelijkbare functie, die in staat is een strategische IV-agenda vorm te geven en te realiseren. Die ervaring heeft met het betrekken van de business bij IV-vraagstukken en die aantoonbaar succesvol is geweest in een eindverantwoordelijke functie bij een organisatie van vergelijkbare omvang en complexiteit. En die zich uiteraard als een vis in het water voelt bij IV-methoden en -modellen, en bij informatiemanagement, functioneel beheer en projectmanagement.

Vacature functioneel beheerder

Als functioneel beheerder fungeer je als schakel tussen de business en IT. Je bent verantwoordelijk voor het oplossen van eerste- en tweedelijnsincidenten en je levert gebruikersondersteuning. Daarnaast coördineer je change requests en/of voert deze uit, stel je documentaties op en werkt deze ook bij. Je test applicaties functioneel en implementeert deze.

Op hoofdlijnen ben je verantwoordelijk voor:
- het bedrijf ontzorgen van ICT-issues;
- juiste controle over de prestaties van je leveranciers en het vroegtijdig en gefundeerd escaleren;
- de informatievoorziening goed aansluiten aan de behoefte van de organisatie;
- goed samenwerken met andere (beheer)domeinen en ketenpartners;
- aanspreekpunt tussen het bedrijf en de ICT;
- testen en implementeren van applicaties/functionaliteiten;
- opstellen van functionele ontwerpen;
- vastleggen van bedrijfsprocessen.

Functie-eisen:
- minimaal mbo-4-niveau werk- en denkniveau;
- tot 3 jaar relevante werkervaring in een soortgelijke functie;
- ervaring met het testen en implementeren van applicaties;
- een goede kennis en beheersing van de Nederlandse taal;
- communicatieve en analytische vaardigheden;
- je bent een teamplayer en flexibel;
- ervaring met Exact of Filemaker is een pré.

Vaardigheden en persoonskenmerken:
- analytisch;
- klantgericht;
- assertief;
- communicatief;
- overtuigend;
- 'nee' durven zeggen;
- kunnen plannen en organiseren;
- inlevingsvermogen;
- initiatief tonen;
- kunnen onderhandelen.

Vragen:

1 In hoeverre komen de vacatures overeen met hoe deze functies in paragraaf 3.4 zijn beschreven?
2 Waarin verschillen volgens jou de functie-eisen van de drie vacatures onderling?
3 Geef in je eigen woorden aan waarin de vaardigheden/persoonskenmerken van de drie functies in de vacatures van elkaar verschillen.
4 Geef op basis van het negenvlaksmodel van Maes (AIM), uitgaande van de drie vacatureteksten, aan in hoeverre je de taken en organisatorische niveaus van informatiemanagement kunt terugvinden in de vacatures.

5 Probeer op basis van dit hoofdstuk aan te geven hoe volgens jou de toekomst van informatiemanagement eruit zal zien. Benoem in je antwoord de positie van IM (paragraaf 3.2), de taken van IM (paragraaf 3.3) en de functies binnen IM (paragraaf 3.4).

KERNBEGRIPPEN

BiSL (Business Information Services Library) BiSL is een standaard die wordt beheerd door de ASL BiSL Foundation. BiSL richt zich op de gebruikersorganisatie (demand). In het BiSL-raamwerk staat beschreven hoe een gebruikersorganisatie ervoor kan zorgen dat informatievoorziening adequaat werkt.

Business-IT-alignment Business-IT-alignment betekent het afstemmen van de ICT en de informatieverzorging op de business van de organisatie. Deze afstemming (alignment) moet ervoor zorgen dat de inzet van ICT-hulpmiddelen zodanig is dat de bedrijfsprocessen optimaal uitgevoerd kunnen worden binnen de uitgangspunten van de organisatie.

Chief Information Officer (CIO) De CIO is de functionaris die op strategisch niveau eindverantwoordelijk is voor informatiemanagement.

Functioneel beheer Het functioneel beheer richt zich op de gebruikers van de toepassingen. Functioneel beheer vertaalt de behoefte aan informatievoorziening binnen de bedrijfsprocessen naar adequate ondersteuning door geautomatiseerde en niet-geautomatiseerde informatievoorziening.

Functioneel beheerder In plaats van van functioneel beheerder wordt ook wel gesproken van een 'businessinformatiemanager', om te laten zien dat deze functionaris zich bevindt op het niveau van de uitvoerende processen en daar verantwoordelijk is voor informatiemanagement.

Informatiearchitectuur De informatiearchitectuur is onderdeel van de informatieverzorging binnen een organisatie en laat de elementen van de informatieverzorging en hun samenhang zien. Het laat tevens zien wat de samenhang is tussen de organisatiedoelen, de verschillende bedrijfsprocessen en de technologie.

Informatiebeleid Het informatiebeleid of IT-beleid is afgeleid van de informatiestrategie en geeft voor de langere termijn (1 tot 5 jaar) aan hoe de organisatie met de informatieverzorging haar doelen wil behalen.

Informatiemanager De informatiemanager is op het tactische organisatieniveau verantwoordelijk voor informatiemanagement.

Informatieplan Het informatieplan (meestal op jaarbasis) is gebaseerd op het informatiebeleid en beschrijft de doelen, uitgangspunten en randvoorwaarden voor de informatiefunctie.

Informatiestrategie Informatiestrategie geeft invulling aan de richting voor de informatievoorziening voor de gehele organisatie op de langere termijn. Afhankelijk van de organisatie kan de tijdshorizon liggen tussen de 5 en 15 jaar.

IT-alignment Zie Business-IT-alignment.

IT-governance IT-governance betekent letterlijk 'deugdelijk IT-bestuur'. Het hoofddoel van IT-governance is het zodanig besturen van de informatiefunctie dat deze waarde toevoegt aan de organisatie en de business.

Portfoliomanagement Portfoliomanagement is de discipline die ervoor zorgt dat de strategie op een beheerste wijze wordt gerealiseerd. Het biedt daartoe een overzicht en ordening van de beleidsprogramma's van de organisatie en de ICT-programma's, inclusief de onderlinge samenhang. Het doel van portfoliomanagement is het totaal van programma's en projecten maximale waarde te laten toevoegen aan de doelstellingen van de organisatie.

Projectmanagement Projectmanagement omvat het aansturen en beheersen van projecten zodat de projectdoelstellingen worden behaald binnen de gestelde eisen.

Hoofdstuk 4
DE PROFESSIONAL

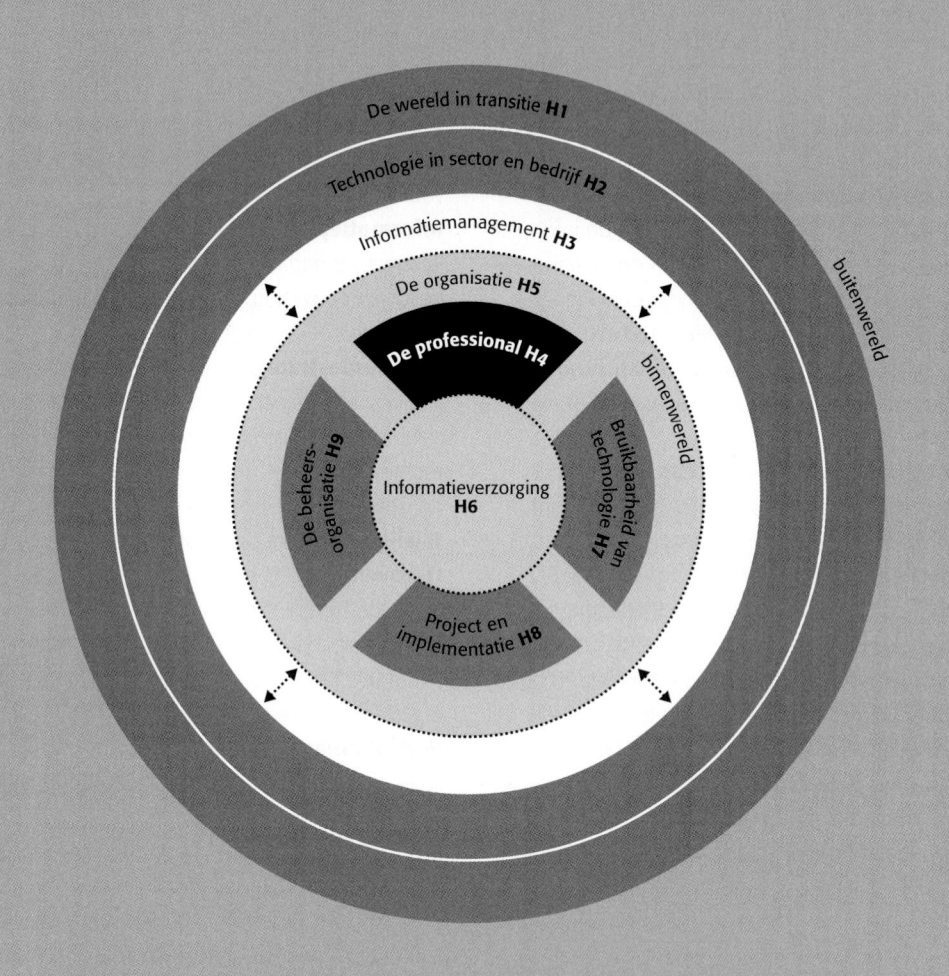

- De wereld in transitie **H1**
- Technologie in sector en bedrijf **H2**
- Informatiemanagement **H3**
- De organisatie **H5**
- **De professional H4**
- De beheersorganisatie **H9**
- Informatieverzorging **H6**
- Bruikbaarheid van technologie **H7**
- Project en implementatie **H8**
- buitenwereld
- binnenwereld

4.1 Inleiding

In de eerste twee hoofdstukken hebben we gekeken naar technologie en de impact daarvan op een aantal branches en sectoren in de economie. In het vorige hoofdstuk hebben we gezien dat informatiemanagement mede verantwoordelijk is voor het vertalen van deze ontwikkelingen naar consequenties voor de informatiehuishouding van de organisatie. In het vorige hoofdstuk zagen we ook dat informatiemanagement zich bezighoudt met verschillende stakeholders, zoals afnemers, het management en de medewerkers. Om zicht te krijgen op hoe informatiemanagement zich verhoudt tot medewerkers is het van belang om te weten wat de moderne medewerker – we spreken in dat verband ook wel over de professional of kenniswerker – doet en nodig heeft om goed te kunnen functioneren. We definiëren een kenniswerker in dit boek als volgt: 'Een kenniswerker is iemand die voor het goed uitvoeren van zijn primaire taak permanent en relatief veel moet leren.'[1] In paragraaf 4.2 maken we eerst een uitstap naar een belangrijk onderdeel van die professional, namelijk zijn brein. Dat lijkt wellicht wat vreemd, maar door kennis te nemen van het brein, zul je een beter inzicht krijgen in hoe wij mensen in ons brein informatie verwerken. Dit heeft namelijk consequenties voor de manier waarop organisaties moeten omgaan met informatie en communicatie. Uit de recente hersenwetenschap komt naar voren dat ons brein op dat gebied specifieke (on)mogelijkheden met zich meebrengt. Dit heeft direct gevolgen voor de manier waarop wij komen tot besluiten.

Paragraaf 4.3 laat zien dat besluiten voor een belangrijk deel afhangen van het individu en de situatie waarin besluiten worden genomen, en in mindere mate van de informatie die aanwezig is. De kwaliteit van de besluitvorming is daarom ook niet direct de verantwoordelijkheid van informatiemanagement. Informatiemanagement is verantwoordelijk voor de informatiehuishouding zelf en de voorzieningen die zorgen voor complete en betrouwbare informatie.

Een belangrijk onderdeel in het werk van de moderne kenniswerker is het vergaren van informatie. Dit vereist specifieke vaardigheden, die we in paragraaf 4.4 nader zullen toelichten. In paragraaf 4.5 onderscheiden we vervolgens verschillende typen kenniswerkers en laten we zien welke implicaties hieruit voortvloeien voor het informatiemanagement. In paragraaf 4.6 gaan we in op het managen van kennis in een organisatie en op de rol die informatiemanagement hierbij kan spelen. In de laatste paragraaf kijken we naar een aantal ontwikkelingen waar de professional mee te maken krijgt en laten we zien hoe organisaties en specifiek informatiemanagement hierop kunnen inspelen. Dit hoofdstuk gaat over jou en misschien wel je toekomstige werkplek. In het kader 'De informatiebehoeften van de kenniswerker' zie je de eerste contouren hiervan.

De informatiebehoeften van de kenniswerker

Moderne organisaties beschikken steeds vaker over zogenoemde professionele kenniswerkers, zoals adviseurs, IT'ers, artsen en juristen. Zij leren permanent door ervaring en studie. Tijdgebrek en 'information overload' zijn echter twee grote knelpunten. Hier liggen kansen voor de informatieprofessie om daarop in te spelen.

Twee belangrijke trends in organisatieland zijn professionalisering en netwerkvorming. Netwerkvorming is een gevolg van een sterke focus op kerncompetenties van organisaties. Vervolgens worden via flexibele samenwerkingsverbanden producten en diensten aangeboden. Een hierbij horende trend is professionalisering, waarmee wordt bedoeld dat medewerkers steeds meer voor hun eigen werk verantwoordelijk zijn, wat ook noodzakelijk is in de genoemde flexibele samenwerkingsverbanden, omdat dit niet meer van bovenaf is te sturen. Zulke professionele kenniswerkers hebben daarmee ook een grote informatiebehoefte; enerzijds om bij te blijven op hun vakgebied, anderzijds om snel mee te kunnen draaien in steeds nieuwe activiteiten (vaak projectmatig). Ook merkt iedere kenniswerker dat de werkdruk hoger wordt, waardoor er minder tijd overblijft voor het bijhouden van vakliteratuur. Deze neemt echter nog steeds in omvang toe. Wat moet je nog lezen? Wanneer? Hoe snel moet je het hebben? Zelf zoeken of laten doen? Door wie dan? Als antwoord daarop volgt hierna een korte analyse van deze problematiek.

De professionele kenniswerker

Wanneer noemen we iemand een professionele kenniswerker? Maas (1999) noemt acht wezenskenmerken voor professionaliteit: kennisintensief, weinig routinematig, klantspecifiek, moeilijke methoden, autonoom, maatwerk, improviserend, visionair. Naarmate een 'beroep' hoger scoort op deze kenmerken, spreken we van een hogere mate van professionaliteit.

De professionele kenniswerker is weliswaar autonoom (zelfstandig werkend), maar niet noodzakelijk een solist. Een duidelijk verschil met enige decennia geleden is dat er steeds meer sprake is van teamwork, vaak in projectvorm. Een ander verschil is het aantal professionele kenniswerkers. Waar ze vroeger schaars waren (advocaat, hoogleraar, arts, priester), hebben nu vele beroepen de hiervoor genoemde kenmerken. Vroeger kwamen deze professionals altijd uit de hogere lagen van de maatschappij, stonden in aanzien, en werden ruimschoots ondersteund. Tegenwoordig dient een professional vele aspecten van zijn werk zelf te organiseren. Tevens is voor hem de werkdruk veel hoger geworden, door de hang naar prestaties.

De professionele kenniswerker en zijn informatie

De hedendaagse professionele kenniswerker heeft behoefte aan twee soorten informatie:

- periodieke informatie (artikelen, boeken, rapporten, discussies) die hem in staat stelt zijn vak bij te houden. Dergelijke informatie is meestal niet urgent en direct nodig, maar wordt wel verzameld om in de vrije uurtjes te bestuderen. Deze informatie is vrijwel altijd uit externe bronnen afkomstig;
- informatie die acuut nodig is voor werk waar men op dat moment mee bezig is. Soms is dringend informatie nodig, bijvoorbeeld voor een project waaraan een adviseur werkt, of voor een ziektebeeld waarvoor de volgende patiënt bij de

arts komt. Deze informatie kan in zowel interne als externe bronnen zijn opgeslagen, maar dient direct in de juiste vorm beschikbaar te zijn.

Naar het eerste type informatie zal de kenniswerker niet vaak actief op zoek gaan. Nieuwsbrieven, attenderingsdiensten, tips van collega's, vakbladen en dergelijke worden bijgehouden en nagetrokken, en als daarin een interessante publicatie wordt vermeld, slaat de kenniswerker deze op (papieren of elektronische kopie, link, mailtje) voor bestudering op een later tijdstip. Veel van deze informatie blijft liggen (je verzamelt te veel), maar kan soms toch ineens nodig zijn en dan wil je het snel terug kunnen vinden (en nog weten dat je het hebt). Het tweede type informatie kan niet goed genoeg zijn. Binnen een uur of een halve dag moet je detailinformatie hebben voor het huidige werk. Je vindt die informatie het liefst door middel van een zoekopdracht die je eigen informatiebronnen doorzoekt, maar als dat niet voldoende oplevert wijk je uit naar informatiebronnen van de eigen organisatie en desnoods naar externe bronnen die snel kunnen leveren. Volledigheid is lang niet altijd nodig; relevantie is wat telt. Vaak mag het ook wel wat kosten, omdat de toegevoegde waarde duidelijk vast te stellen is. Het zal duidelijk zijn dat de informatiefunctie (informatiemanagement) ervoor moet zorgen dat de kenniswerker kan voorzien in zijn informatiebehoefte, of die nu periodiek of acuut is. Mooie bronnen, mooi gereedschap of mooie zoekers: alles is nodig, maar in de juiste mix. Voor de informatiefunctie is een mooie rol weggelegd, maar die zal deze rol explicit moeten zoeken en daarmee de eigen meerwaarde aantonen. Het wordt verwacht, niet gevraagd!

Bron: naar een artikel van Chris Frowein in Informatie Professional (2002), nr. 6, pp. 10-23.

4.2 De professional als informatie(ver)werker

Net zoals mensen de basis vormen van organisaties, vormt het brein de basis van de mens. Het brein heeft net als een organisatie een eigen 'informatiemanagement' en 'informatiehuishouding'. Deze zijn door de honderden miljoenen jaren van evolutie wel op een andere manier georganiseerd dan die van organisaties. Het is daarom spannend als het brein de organisatie ontmoet in de hoedanigheid van de professional. We vinden het daarom logisch om een korte uitstap te maken naar het functioneren van het menselijk brein. De stroom inzichten die de hersenwetenschappen momenteel oplevert is enorm en is vooral te danken aan de technologie van de fMRI-scan (functional magnetic resonance imaging), waarmee letterlijk in de hersenen kan worden gekeken. We weten steeds beter wat de mogelijkheden maar ook de beperkingen van onze hersenen zijn. In deze paragraaf beschrijven we welke consequenties de nieuwe inzichten kunnen hebben voor de manier waarop wij in organisaties omgaan met informatie en communicatie en voor de inrichting van de informatiehuishouding.

Figuur 4.1 schetst de samenhang tussen het brein en informatiemanagement.

Figuur 4.1   Samenhang tussen het menselijk brein en informatiemanagement

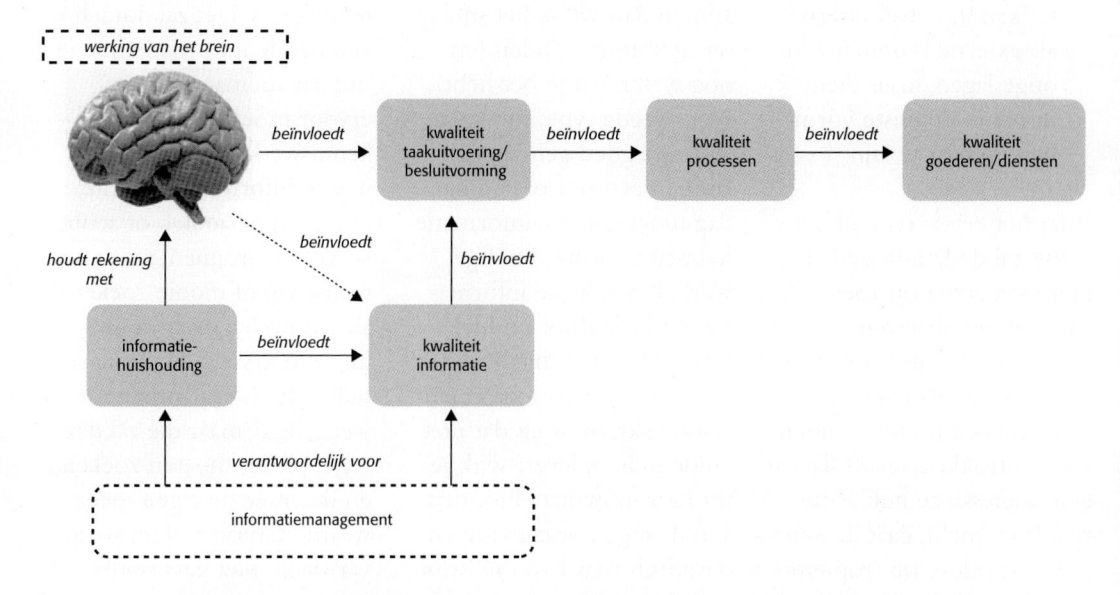

Het brein beïnvloedt de manier waarop wij werken en taken uitvoeren in de zin dat we allemaal andere kennis en vaardigheden bezitten, maar ook in de zin dat iedereen op een andere manier kijkt naar de wereld en andere taakopvattingen heeft. Omdat ieder brein bestaat uit verschillende circuits van hersencellen 'kleuren' we informatie op onze eigen manier. Deze kleur hoeft niet overeen te komen met de objectieve werkelijkheid. Ieder brein heeft zijn eigen perceptie van de werkelijkheid, en dat zorgt ervoor dat informatie een subjectieve beleving is van die werkelijkheid. Deze subjectieve interpretatie – of zo je wilt ons eigen kwaliteitsoordeel – ten aanzien van specifieke informatie is weer van invloed op de manier waarop wij onze taken uitvoeren, zoals te zien is in figuur 4.1. Al deze taken samen noemen we processen (waarover meer in het volgende hoofdstuk), en de kwaliteit van die processen is dus afhankelijk van de kwaliteit van alle uitgevoerde taken. De kwaliteit van processen is tot slot weer essentieel voor de kwaliteit van de producten die we aan onze afnemers aanbieden.

We illustreren het voorgaande met een voorbeeld. Als medewerkers van een assemblagelijn in een autofabriek er individueel een rommeltje van maken en de bouten en moeren van de auto-onderdelen aan hun deel van de lijn niet goed aandraaien, dan rolt er aan het eind van de assemblagelijn een slechte auto uit. Als klant zit je hier niet bepaald op te wachten.

Als we dit doortrekken naar het bouwen aan en het onderhouden van een goede informatiehuishouding en het zorgdragen voor een goede informatiekwaliteit, dan blijkt het van belang om rekening te houden met de werking van het brein en te onderkennen dat we als mensen sommige dingen met betrekking tot informatieverwerking goed kunnen, maar sommige activiteiten ook minder goed. Informatiemanagement houdt met andere woorden rekening met de kwaliteiten en valkuilen van de mens en de voor- en nadelen van technologie, en zoekt voortdurend een optimale combinatie van de twee. In theorie is dit overigens makkelijker bedacht dan dat dit in de praktijk kan worden uitgevoerd.

4.3 Besluitvorming

Iedere dag nemen we duizenden grote en kleine bewuste en onbewuste beslissingen. Dat doen we als individu, maar ook samen met anderen in een groep. Hoe komen die beslissingen eigenlijk tot stand, en wat is dan een goede beslissing? Door kennis te nemen van breininzichten ben je als professional beter in staat om te gaan met informatie en kun je betere beslissingen nemen waardoor de kwaliteit van je werk verbetert. Daarnaast kan het informatiemanagement met deze kennis in staat worden gesteld om beter vorm en inhoud te geven aan de informatiehuishouding van de organisatie.

Omdat beslissingen de overgang markeren van een idee of concept naar de feitelijke actie, zijn beslissingen cruciaal voor het succes of falen van een organisatie. Het niveau van de besluiten bepaalt bovendien de reikwijdte van de beslissingen. Op het hoogste niveau, het strategische niveau, kan een besluit veel meer invloed hebben op de organisatie als geheel dan op tactisch of operationeel niveau. Op midden- en lager managementniveau worden doorgaans geen besluiten genomen die bepalend kunnen zijn voor het voortbestaan van de organisatie.

Er zijn verschillende modellen die duidelijk proberen te maken hoe beslissingen tot stand komen. Afhankelijk van het model dat je hanteert, kun je vervolgens proberen de besluitvorming te verbeteren, omdat je dan begrijpt hoe deze tot stand komt. Een belangrijke kanttekening is wel dat ieder model een eigen invalshoek hanteert ten aanzien van besluitvorming, terwijl dat in de praktijk niet de juiste hoeft te zijn. Een van de modellen is het volledig rationele model. Hierbij wordt ervan uitgegaan dat de doelen volledig helder zijn en dat alle mogelijke keuzes en hun effecten bekend zijn. Het beperkt rationele model betwist dit juist en stelt dat een mens of groep mensen nooit alle kennis kan hebben die nodig is om alle keuzeopties en de consequenties daarvan tegen elkaar af te kunnen wegen.

Door de stroom nieuwe neurowetenschappelijke inzichten krijgen we steeds beter zicht op de wijze waarop mensen beslissingen nemen. Door onderzoeken die deels zijn gebaseerd op fMRI-scans, kunnen we in de praktijk zien wat er gebeurt als mensen of groepen mensen beslissingen nemen. Een van de meest in het oog springende inzichten is dat het nemen van beslissingen enorm veel mentale energie kost. Deze breinenergie, ook wel aangeduid met de term wilskracht of doorzettingsvermogen, is echter niet onuitputtelijk. Wilskracht is niets meer of minder dan een biochemisch proces dat zich in de hersenen afspeelt. Wilskracht kun je zien als een spier die je kunt trainen.[2] Bij iedere beslissing die je neemt, of dat nu bewust of onbewust gebeurt, zakt de hoeveelheid energie die beschikbaar is om beslissingen te nemen. Door voeding en rust kun je het energieniveau weer aanvullen. Ook het moment van de dag is bepalend voor de kwaliteit van de besluitvorming. In de ochtend nemen we doorgaans betere beslissingen dan later op de dag.

Wat hebben deze inzichten nu te maken met informatiemanagement? Informatiemanagement is verantwoordelijk voor de informatiehuishouding van de organisatie.

Binnen die huishouding maken medewerkers gebruik van de aanwezige informatie en nemen ze beslissingen. Het nemen van de beslissing zelf is vaak nog voorbehouden aan de mensen zelf (hoewel we steeds vaker zien dat computers de beslissingen nemen, op grond van vooraf gedefinieerde parameters). Afhankelijk van tijd en situatie kunnen mensen op basis van exact dezelfde objectieve informatie, toch onderling totaal verschillende beslissingen nemen. Daar kan het informatiemanagement als zodanig niet voor verantwoordelijk worden gesteld, maar het moet er wel terdege rekening mee houden. Je moet dus niet alleen de informatiehuishouding op orde hebben, maar je ook voortdurend realiseren dat de mens geen rationele machine is die altijd tot een voorspelbare en stabiele output (lees: beslissing) komt. Het is dus belangrijk om in het kader van informatiemanagement ook oog te hebben voor de irrationele, emotionele, psychologische en sociologische aspecten in relatie tot het besluitvormingsproces. Een informatiehuishouding met een menselijke maat is essentieel voor het kunnen nemen van goede beslissingen.

In het kader van de psychologie achter besluitvorming willen we een aantal zaken benoemen die je in de praktijk bij jezelf en bij anderen zult tegenkomen. Een van de eerste dingen die we in dat verband willen noemen is dat we door het gelijktijdig gebruik van technologie (whatsappen, e-mailen, facebooken) de hersenen als het ware dwingen om steeds meer taken gelijktijdig uit te voeren. Het probleem is echter dat onze hersenen niet tot deze zogenoemde multitasking in staat zijn. Als we onze focus verspreiden over meerdere taken tegelijkertijd, krijgt iedere afzonderlijke taak een steeds kleiner deel van de breinaandacht, waardoor de kwaliteit van iedere taak in hoog tempo afneemt. Het kost vaak meerdere minuten om je weer helemaal op één taak te focussen. Multitasking is dus niet alleen erg inefficiënt, maar leidt bovendien tot een lagere kwaliteit van de taakuitvoering en besluitvorming.

Het jongste deel van het brein, de ratio, is gebouwd op twee oudere breindelen. Ongemerkt hebben deze oudere delen het in de meeste gevallen voor het zeggen. Onze ratio hobbelt vaak achter de instincten aan. Het brein is als het ware vooringenomen, waardoor verschillende denkfouten ontstaan, en die denkfouten kunnen dan weer leiden tot verkeerde beslissingen. We noemen een aantal van die denkfouten.[3] In de eerste plaats kan er sprake zijn van *confirmatiebias*. Dit is de neiging om het eens te zijn met mensen die onze mening delen en om informatie te vergaren die onze ideeën bevestigt. Hierdoor ontstaat het gevaar van tunnelvisie: we verliezen het zicht op de werkelijkheid door onze eigen werkelijkheid te creëren. *Groepsbias* is vergelijkbaar met de confirmatiebias: mensen in een groep hebben de neiging om de eigen groep als superieur te beschouwen en anderen buiten te sluiten.

Het fenomeen *observatiebias* ontstaat als je ineens dingen opmerkt die je daarvoor niet zag omdat je eigen situatie is veranderd. Je hebt bijvoorbeeld een nieuwe auto gekocht of een nieuwe relatie gekregen, en plotseling lijkt iedereen in zo'n auto te rijden of een nieuwe relatie te hebben. Die zaken vallen echter alleen meer op omdat je eigen omstandigheden zijn veranderd; de wereld om je heen is toch echt min of meer hetzelfde gebleven. Niet meer mensen zijn in datzelfde automerk gaan rijden als waar jij in rijdt, en niet iedereen heeft opeens een andere relatie. *Statistiek negeren* is het onvermogen om kansen correct in te schatten terwijl je toch beschikt over de relevante informatie. Zo is het 60 tot 240 keer waarschijnlijker om te sterven door een auto-ongeluk dan door een vliegtuigongeval. Je hebt veel meer kans om dood te gaan door van de trap te vallen dan door een terroristische aanslag. Veranderen is lastig voor de meeste mensen, omdat het ook flink wat energie van ons brein vergt. Dit wordt ook wel *systeembias* genoemd en zorgt ervoor dat mensen de status quo handhaven. We zullen dezelfde restaurants blijven bezoeken, de vaste route naar het werk nemen en op dezelfde politieke partij blijven stemmen. Omdat onze hersenen goed nieuws als minder geloofwaardig beschouwen dan slecht nieuws, zullen we meer waarde hechten aan slecht nieuws. Hier is sprake van de *negativiteitsbias*; deze heeft te maken met onze overlevingsdrang, waarin vluchten of vechten nog steeds belangrijke instinctieve primaire reacties zijn.

Door ons *kudde-instinct* beweren we graag iets anders dan wat we feitelijk doen. We lopen mee met de kudde omdat deze ons veiligheid biedt. We vinden het lastig om te denken dat anderen de wereld op een andere manier zien dan dat wij de wereld zien. Het is de *projectiebias* waardoor we er ten onrechte van uitgaan dat wij de norm vertegenwoordigen en dat anderen denken wat wij denken. Als gevolg van de *tijdsbias* kiezen we doorgaans eerder voor het plezier en de beloning op korte termijn dan dat we de beloning uitstellen. Hierdoor nemen we soms zeer slechte beslissingen. Een studie heeft bijvoorbeeld aangetoond dat 74 procent van de mensen fruit als dessert kiest voor de komende week, maar dat 70 procent voor het chocoladetoetje kiest als dessert vandaag. Een laatste bias is het zogenoemde *ankereffect*. Dit doet zich voor als mensen een specifiek getal in hun hoofd hebben. Beslissingen worden vervolgens gebaseerd op dat getal. In een onderzoek werd mensen gevraagd om hun pincode in het hoofd te houden en vervolgens te gaan bieden op een veiling. Mensen met een lager getal als pincode boden minder tijdens de veiling.

Met deze breinkennis letterlijk in ons achterhoofd, gaan we nu kijken naar de verschillende kenniswerkers en de wijze waarop het informatiemanagement hiermee rekening kan houden bij de informatiehuishouding.

4.4 Informatievaardigheden

Een eerste stap om de menselijke tekortkomingen in het besluitvormingsproces te ondervangen is het aanleren van adequate informatievaardigheden. Juiste informatie vormt de basis voor correcte beslissingen. In de vorige paragraaf hebben we reeds gezien dat het door tal van redenen alsnog verkeerd kan gaan, maar in deze paragraaf kijken we naar de competentie om informatie te vergaren. In de eerste plaats merken we op dat het lastig is om te bepalen wat 'juiste' informatie is. Als je wilt weten hoe een verbrandingsmotor werkt omdat je eigen auto kapot is, kun je in het woordenboek het woord verbrandingsmotor opzoeken, waar vervolgens een correcte beschrijving staat. Het helpt je echter niet om je auto te repareren. De juistheid van informatie is met andere woorden afhankelijk van de situatie waarin je die informatie wilt gebruiken en van de behoefte die je in die situatie specifiek hebt. Er zijn twee vragen die belangrijk zijn bij de zoektocht naar informatie:

1 Wat wil je weten? Ofwel: welke informatie gaat je helpen om een goede beslissing te nemen?
2 Waarom wil je dat weten? Ofwel: welk probleem ga je met deze informatie oplossen?

Een voorbeeld: een medewerker bij een ziektekostenverzekeraar krijgt een aanvraag binnen van een mogelijke klant voor een verzekering. Wat wil de medewerker bijvoorbeeld weten om tot een goede beslissing te komen? Hij wil weten of de aanvrager al een klant is, met het oog op een mogelijke korting, en hij wil weten wat de medische geschiedenis van de aanvrager is, in verband met de risico's. Waarom wil de medewerker dit weten? De afdeling heeft bepaalde doelen of targets met betrekking tot marge en winstgevendheid die behaald moeten worden. Indien deze doelen niet gehaald worden door ondoordacht handelen, loopt men risico's op het gebied van continuïteit.

De gegevens die de medewerker van de ziektekostenverzekeraar nodig heeft zijn doorgaans relatief snel en eenvoudig te vinden, als tenminste de automatisering van gegevensbestanden op orde is. Maar wat moet je doen als er sprake is van een complexe of unieke vraag die je moet beantwoorden en je niet direct de beschikking hebt over state-of-the-artbestanden? Dan zul je moeten zoeken. De zoektocht naar informatie vereist de nodige informatievaardigheden. Informatievaardigheden zijn vaardigheden die helpen bij het zoeken, het selecteren en beoordelen van (web-)bronnen, en tot slot het verwerken van informatie. We behandelen deze drie fasen hierna in het kort.

Fase 1. Zoeken van informatie

Zoals we net hebben gezien zijn er twee vragen die voorafgaan aan het zoeken naar informatie: wat wil je weten, en waarom wil je dat weten? Als deze vragen zijn beantwoord, kan er worden gekozen voor een zoekstrategie. Deze strategie geeft aan hoe je efficiënt (zonder verspilling van middelen zoals tijd en geld) en effectief (dus succesvol) kunt zoeken in het kader van je informatiebehoefte. In de eerste plaats kunnen we bij het zoeken naar informatie onderscheid maken tussen offline en online gegevens. Niet alle gegevens en informatie bevinden zich per definitie op het wereldwijde web. We zien wel dat steeds meer traditionele print ook in digitale versie te vinden is. Artikelen kunnen we lezen in een tijdschrift, maar zijn tevens op het scherm te vinden. Er zijn verschillende methoden die je kunnen ondersteunen in je zoektocht:

- Sneeuwbalmethode: zoeken op basis van de kenmerken (auteur, verwijzingen, citaties, trefwoorden enzovoort) van een publicatie die je al hebt gevonden. Dat gaat vaak redelijk eenvoudig door links te volgen in een zoekmachine, literatuurdatabase of verwijzingen uit de literatuurlijst in een boek. Je vindt met deze methode alleen oudere literatuur. Citatiezoeken is een speciale vorm van de sneeuwbalmethode waarbij je citatielinks volgt. Je vindt met deze methode ook recentere literatuur.
- Systematische methode: met zoektermen die je zelf bedenkt kun je zoeken in een zoekmachine die literatuur op een bepaald onderwerp of vakgebied door-

zoekbaar maakt, ongeacht de beschikbaarheid.
- Catalogusmethode: met zelfbedachte zoektermen kun je zoeken in een zoekmachine die literatuur in een bepaalde (papieren of digitale) collectie/verzameling doorzoekbaar maakt.
- Parelgroeien: hiervan kun je het best gebruikmaken in de oriëntatiefase, als je de juiste zoektermen nog niet weet. Je begint een zoekactie en kijkt vervolgens of de (lijst met) resultaten, de websites of documenten zelf, andere en misschien wel betere zoektermen bevatten.

Fase 2. Selecteren en beoordelen van (web)bronnen
Bij het selecteren en beoordelen van informatiebronnen op het web spelen twee aspecten een rol. Het eerste aspect is de mate waarin de informatiebron bij de informatiebehoefte past. Als je bijvoorbeeld wilt weten hoeveel auto's er in dit land rondrijden, dan hoef je niet een proefschrift over de evolutie van de verbrandingsmotor te raadplegen. Het tweede aspect is de betrouwbaarheid van de informatiebron. Het is belangrijk om te beoordelen hoe objectief en deskundig de bron is. Bij het beoordelen wordt er ook wel gebruikgemaakt van het Engelse acroniem AAOCC. Door de AAOCC-criteria na te lopen kan er worden nagegaan of de bron betrouwbaar is en gebruikt kan worden in het onderzoek.

Authority (autoriteit)
- Wie zijn de auteurs? Zijn ze gekwalificeerd? Zijn ze geloofwaardig?
- Met wie of aan welk instituut zijn de auteurs verbonden?
- Wie is de uitgever? Wat is de reputatie van de uitgever?

Accuracy (accuratesse)
- Is de informatie accuraat? Is ze betrouwbaar en vrij van fouten?
- Zijn de interpretaties en implicaties redelijk?
- Is er bewijs dat de conclusies ondersteunt? Is het te controleren?
- Hebben de auteurs hun bronnen, referenties en citaties opgesomd?

Objectivity (objectiviteit)
- Wat is het doel van de tekst? Wat willen de auteurs bereiken?
- Wat voor soort informatie is het: feiten, meningen of propaganda?
- Waarom is de informatie op internet gezet en voor welke doelgroep?
- Wordt de website gesponsord?

Currency (actualiteit)
- Is de informatie actueel of is deze inmiddels achterhaald?
- Wanneer is de informatie geschreven en wanneer is deze voor het laatst gewijzigd?
- Zijn er veel dode links?

Als een website de datum van vandaag vermeldt (en dus heel actueel lijkt), kan het zijn dat de datum gegenereerd is door een script en dus niet de werkelijke publicatiedatum is. Bij sommige websites kun je de datum van laatste wijziging achterhalen door **javascript:alert (document.lastModified)** te typen in de adresbalk.

Coverage (verslaglegging)
- Is de informatie relevant voor jouw onderwerp of zoekvraag?
- Wordt de informatie op een voldoende hoog niveau gepresenteerd?
- Is de informatie compleet?
- Is de informatie uniek?

Fase 3. Verwerken van informatie

Nadat de informatie is verzameld, is het van belang om deze op zo'n manier te verwerken dat deze snel en eenvoudig is te gebruiken. We hebben het dan niet zozeer over hoe de hersenen informatie verwerken, maar over hoe je de informatie op een gestructureerde manier in bijvoorbeeld een computerprogramma verwerkt. Voor ieder type informatie of data zijn tegenwoordig specifieke toepassingen beschikbaar waarin je deze kunt verwerken om ze vervolgens op een gewenste manier te presenteren. Zo kun je onder andere gebruikmaken van spreadsheets, databases of modulaire systemen. Spreadsheets kunnen zowel kwantitatieve (cijfers) als kwalitatieve informatie (teksten) verwerken en hiertussen via formules relaties aangeven. Een databaseprogramma biedt de mogelijkheid om informatie overzichtelijk op te slaan, hier onderlinge verbanden tussen te leggen en selecties te maken, die vervolgens op verschillende manieren gepresenteerd kunnen worden. Tot slot kunnen modulaire systemen zoals ERP (enterprise resource planning; zie ook hoofdstuk 5), waarin processen uit de gehele organisatie zijn opgenomen, worden gebruikt om informatie te verwerken. Het voordeel hiervan is dat die informatie ook direct door anderen in de organisatie inzichtelijk en te gebruiken is. De hiervoor genoemde

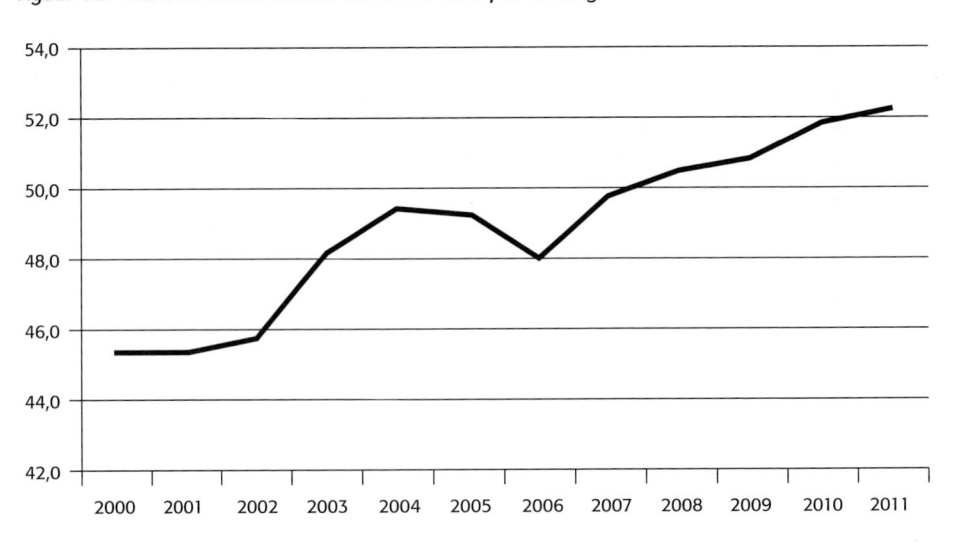

Figuur 4.2   Aandeel kenniswerkers binnen de beroepsbevolking[4]

programma's vragen van de gebruiker vooraf wel een bepaalde hoeveelheid kennis en kunde.

4.5 Typen kenniswerkers

In deze paragraaf gaan we in op de kenmerken van kenniswerkers en onderscheiden we verschillende soorten kenniswerkers. We zullen zien dat dé kenniswerker als zodanig niet bestaat en dat iedere kenniswerker andere behoeften heeft op het gebied van informatie en de technologie die hij in zijn werk nodig heeft. Laten we eerst eens kijken naar het (stijgende) aandeel van kenniswerkers binnen de beroepsbevolking (zie figuur 4.2).

In de inleiding definieerden we een kenniswerker als 'iemand die voor het goed uitvoeren van zijn primaire taak permanent en relatief veel moet leren'.[5] 'Relatief veel' betekent in deze definitie dat een kenniswerker meer zal moeten leren dan bijvoorbeeld een vakkenvuller, een tuinman, een vuilnisman of een inpakker in een koekjesfabriek. Dat een kenniswerker permanent moet leren heeft te maken met het feit dat de omgeving waarin hij werkt (kijkend naar bijvoorbeeld klanten en concurrenten) per definitie aan verandering onderhevig is. Naast het feit dat kenniswerkers permanent en relatief veel moeten leren, hebben ze nog een aantal gemeenschappelijke kenmerken.[6] De kenniswerker beschikt over specialistische kennis: deze kennis heeft hij meestal door studie en ervaring opgedaan. Hij is inhoudelijk sterk gedreven: de kenniswerker heeft hart voor zijn vak en probeert het maximale uit zijn kennis en vak te halen. De kenniswerker heeft een sterke beroepsethiek: dat betekent dat hij de regels en uitgangspunten van zijn beroep en vakgebied respecteert. Hij heeft behoefte aan identificatie: hij voelt zich door zijn eigen handelen verbonden met collega's en de eigen beroepsgroep. Tot slot streeft de kenniswerker naar een zekere autonomie: hij wil in zijn werk eigen keuzes kunnen maken ten aanzien van de wijze waarop hij invulling geeft aan zijn activiteiten. Naast het feit dat kenniswerkers beschikken over een aantal gemeenschappelijke kenmerken, onderscheiden ze zich ook op tal van aspecten. Een organisatie kan daarom niet met alle kenniswerkers op dezelfde manier omgaan: ze hebben verschillende informatiebehoeften en verschillende werkwijzen en stellen daarom ook andere eisen ten aanzien van de middelen die ze voor hun werk nodig hebben. Hierna volgen zes aspecten op basis waarvan we de kenniswerkers een plaats kunnen geven. Het betreft hier continuüms; een kenniswerker kan dus hoger of lager scoren op een bepaald aspect. Het gaat hier om de mate waarin de kenniswerker:

1. mobiel is

Een chirurg is bijvoorbeeld niet mobiel, omdat zijn patiënten in het ziekenhuis geopereerd moeten worden. Hij is strikt gebonden aan zijn werkplek. Dit geldt bijvoorbeeld niet voor een organisatieadviseur, die juist naar zijn klanten toe gaat om zijn diensten aan te bieden. Hij zal daarom ook meer gebruikmaken van mobiele technologie om in zijn informatiebehoefte te kunnen voorzien.

2. klantcontact heeft

Kenniswerkers die veel contact met klanten hebben moeten klantgegevens snel kunnen verwerken om een persoonlijke offerte op te stellen. Dit geldt bijvoorbeeld voor een hypotheekadviseur. Zijn laptop zal iedere dag moeten beschikken over up-to-date software, zodat hij bij de klant thuis een correcte offerte kan overhandigen. De kenniswerker die daarentegen geen klantcontact heeft en 'achter de schermen' werkt, hoeft niet altijd te beschikken over dezelfde mobiele en vaak dure apparatuur.

3. contact met collega's heeft

Als een kenniswerker veel contact met collega's nodig heeft om goed te kunnen functioneren (denk bijvoorbeeld aan softwareontwikkelaars die allen een deel van de totale toepassing programmeren), kan een organisatie gebruikmaken van bijvoorbeeld videoconferencing of andere groupware die overlegsituaties ondersteunt. Als dit overleg geen deel uitmaakt van de functie, zijn dergelijke toepassingen niet noodzakelijk.

4. gebonden is aan kantoortijden

Kenniswerkers die vanuit de aard van hun werk niet of minder gebonden zijn aan kantoortijden ('van 9 tot 5') zullen over het algemeen ook niet de behoefte hebben aan een uitgebreide kantoorwerkplek, omdat ze bijvoorbeeld vanuit huis kunnen werken. Hierbij kunnen we denken aan een docent of instructeur die in de avond of in het weekend lesgeeft aan mensen die een baan hebben en alleen op die tijden kunnen studeren.

5. over autonomie beschikt

Indien je als kenniswerker over veel autonomie (dit betekent vrijheid) beschikt of moet beschikken, zoals het geval zal zijn bij een fysiotherapeut, kan een consequentie zijn dat hierdoor juist ook weer overleg met collega's gewenst is. Door dit intercollegiaal overleg kun je toetsen of je de juiste beslissingen hebt genomen. Autonomie heeft dan consequenties voor de informatiebehoefte van de kenniswerker.

6. creatief moet zijn

Creativiteit kan aan de ene kant om een heel rustige omgeving vragen maar aan de andere kant ook weer om een hectische omgeving met veel impulsen. Het stelt dus eisen aan de omgeving: die moet ervoor zorgen dat de benodigde creativiteit tot uiting kan komen. Een reclameontwerper kan behoefte hebben aan de inbreng van zijn collega's, terwijl een onderzoeker in een laboratorium eerder behoefte zal hebben aan rust en overzicht. De informatiebehoefte is anders en de omgeving is anders. In figuur 4.3 zien we voorbeelden van ontwikkelingen die de komende jaren verandering aanjagen in de creatieve industrie. Technologie en social media gelden als de belangrijkste ontwikkelingen.

Wat is nu de les van het voorgaande voor de organisatie? De organisatie dient zich te realiseren dat er verschillende soorten kenniswerkers zijn met ieder hun eigen

Figuur 4.3   Ontwikkelingen die veranderingen in de creatieve sector aanjagen[7]

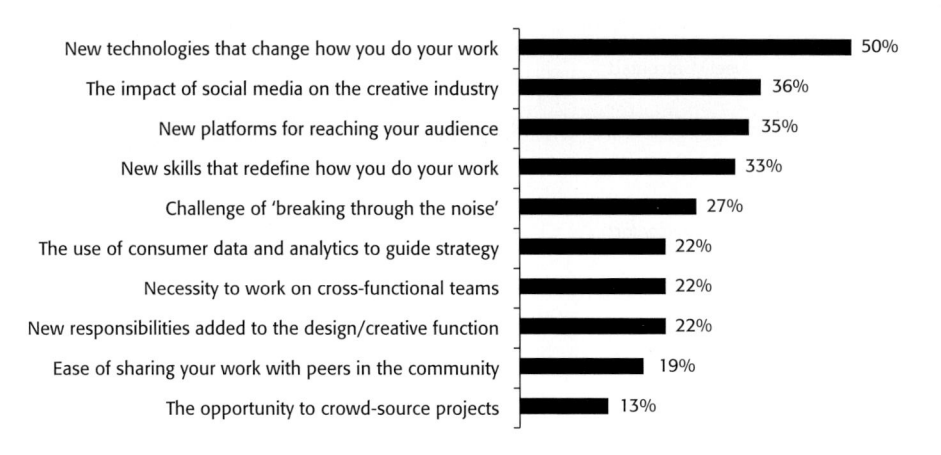

New technologies that change how you do your work	50%
The impact of social media on the creative industry	36%
New platforms for reaching your audience	35%
New skills that redefine how you do your work	33%
Challenge of 'breaking through the noise'	27%
The use of consumer data and analytics to guide strategy	22%
Necessity to work on cross-functional teams	22%
New responsibilities added to the design/creative function	22%
Ease of sharing your work with peers in the community	19%
The opportunity to crowd-source projects	13%

behoeften aan informatie en ondersteunende middelen, bijvoorbeeld technologische hulpmiddelen, waarvoor de ICT-afdeling van de organisatie verantwoordelijk is. Om deze verschillen inzichtelijk te maken, kan de kenniswerker met behulp van de verschillende aspecten 'in kaart' worden gebracht. Ook is het mogelijk om deze aspecten in diverse matrices tegen elkaar af te zetten, zodat een classificatie van kenniswerkers ontstaat, waaruit vervolgens de consequenties voor de organisatie kunnen worden afgeleid. Samengevat: veeg de kenniswerkers niet op één hoop, maar besef dat er een grote variëteit is aan kenniswerkers en dat dit consequenties heeft voor de informatievoorziening en het informatiemanagement van de organisatie.

We laten hierna een paar voorbeelden zien van matrices waarin telkens twee aspecten tegen elkaar afgezet worden, zodat een nauwkeurig beeld ontstaat van verschillende typen kenniswerkers. Vervolgens kunnen we beoordelen wat de informatiebehoefte van elk type is, welke behoefte aan ondersteunende (technische) hulpmiddelen hij heeft, en hoe het informatiemanagement hem hierin van dienst kan zijn. In de eerste matrix hebben we 'mobiliteit' afgezet tegen 'klantcontact'. Automatisch ontstaan vier kwadranten. In elk daarvan hebben we een type kenniswerker geplaatst.

Voor ieder type kenniswerker kunnen we nu een voorbeeld geven. Type 1 zou een medewerker van een backoffice kunnen zijn. Dit is de afdeling waar voornamelijk administratieve handelingen worden verricht ter afhandeling van bijvoorbeeld commerciële transacties. Denk hierbij aan het verwerken van een verzekeringspolis. Voorbeelden van een type 2-kenniswerker kunnen academisch onderzoekers of reparateurs van kopieermachines zijn. Deze mensen hoeven niet direct contact met de klant te hebben, maar ze zijn wel mobiel.

Medewerkers van een callcenter of een klantenservice, artsen of docenten verbonden aan een opleiding zijn allen voorbeelden van type 3-medewerkers. Ze hebben veel contact met hun klanten en zijn over het algemeen gebonden aan een vaste werkplek. Voorbeelden van type 4 zijn adviseurs of accountmanagers, die veelvuldig bij klanten op bezoek gaan om hun diensten te kunnen leveren.

Matrix 1 Mobiliteit versus klantcontact

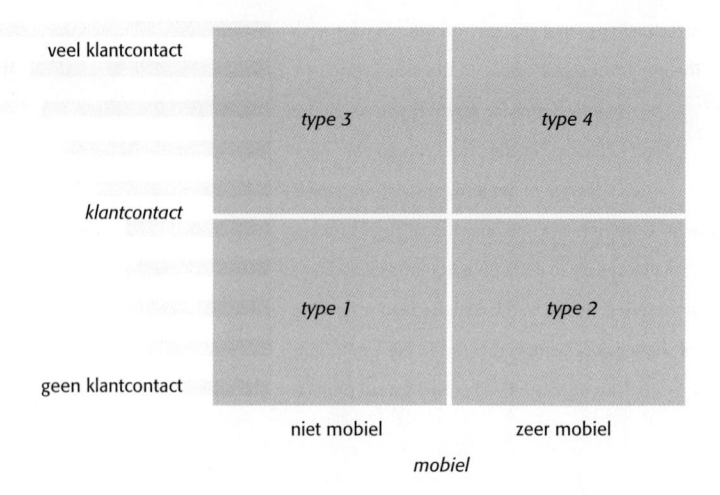

	niet mobiel	zeer mobiel
veel klantcontact	type 3	type 4
geen klantcontact	type 1	type 2

mobiel — *klantcontact*

In de tweede matrix hebben we 'creativiteit' geplaatst tegenover 'gebonden aan kantoortijden'. Ook hier ontstaan weer vier typen medewerkers.

Matrix 2 Creativiteit versus gebonden aan kantoortijden

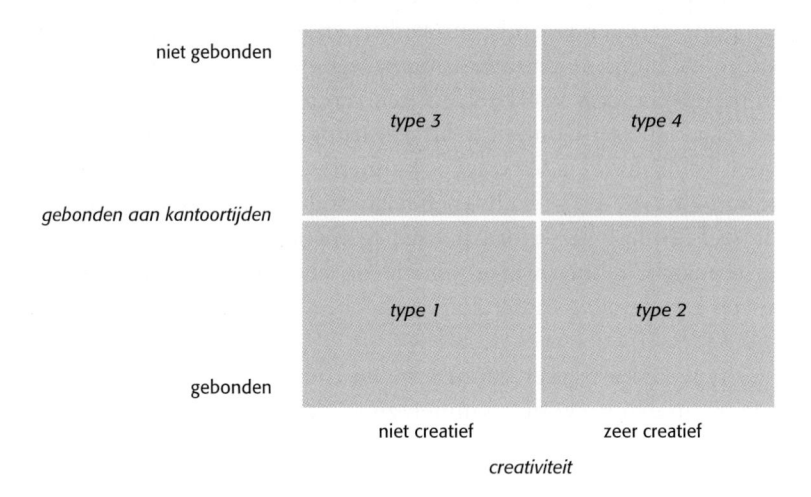

	niet creatief	zeer creatief
niet gebonden	type 3	type 4
gebonden	type 1	type 2

creativiteit — *gebonden aan kantoortijden*

Iemand die schadeclaims afhandelt is een voorbeeld van een type 1-medewerker. Het werk is relatief routinematig en is gebonden aan kantoortijden. Een officemanager is een type 2-medewerker, want dit werk vraagt improvisatievermogen gedurende de kantoortijden. Een voorbeeld van een type 3-medewerker is een vertaler. Het werk is relatief routinematig en kan buiten kantoortijden gedaan worden, bijvoorbeeld thuis. Een managementtrainer is een voorbeeld van het laatste type. Dit type is vaak onderweg en moet vaak een beroep doen op zijn creativiteit om zijn diensten te kunnen leveren.

We hebben aangegeven dat niet alle kenniswerkers op één hoop kunnen worden geveegd, maar dat er vele typeringen mogelijk zijn. Ieder type zal tot op zekere hoogte zijn eigen unieke informatiebehoefte hebben, en het is een van de taken van informatiemanagement om hiermee rekening te houden.

4.6 Kennismanagement

In hoofdstuk 6 laten we zien dat informatie een belangrijke bouwsteen of voorwaarde is voor kennis. Indien je informatie kunt combineren met je persoonlijke ervaringen of die van anderen, kan nieuwe kennis ontstaan. Nieuwe kennis ontstaat dus vaak wanneer individuen met anderen in contact komen. In dat kader staan we hier stil bij het individu en de ontwikkeling van personal information management (PIM). PIM is het verwerven, organiseren, onderhouden en ophalen van informatie-items zoals documenten, webpagina's en e-mailberichten. Het doel van PIM is om de juiste informatie in de juiste vorm op de juiste plaats te hebben. Een voorwaarde hiervoor is dat informatie via mobiele technologie te benaderen is. Een personal information manager is een softwarepakket dat persoonlijke informatie afkomstig uit allerlei verschillende bronnen bijhoudt, zoals e-mails, adresboeken, kalenders, takenlijsten en planningen. Hiermee zijn medewerkers ervan verzekerd in het bezit te zijn van actuele informatie, waardoor zij efficiënter en effectiever kunnen werken. In het verlengde van deze ontwikkeling zien we de fenomenen 'bring your own information' en 'bring your own device'.

Mensen kunnen met hun eigen technische hulpmiddelen, zoals een smartphone, allerlei gegevens bijhouden, zoals het aantal stappen dat je op een dag doet of hoeveel calorieën je hebt verbrand. Deze gegevens kunnen vervolgens weer gekoppeld worden, zodat een beeld over jouw persoonlijke gezondheid ontstaat. Op die manier krijg je een steeds breder en dieper beeld van jezelf dankzij allerlei slimme devices die jouw persoonlijke data verzamelen en koppelen met andere data. Deze ontwikkeling is ook wel bekend onder de naam Quantified Self. Jouw persoonlijke data definiëren als het ware wie jij bent. Aangezien we in een informatiesamenleving leven waarin slimme apparatuur realtime en online persoonlijke of bedrijfsdata bijhouden en ontsluiten, zal dit consequenties hebben voor de manier waarop wij kennis creëren, ontsluiten voor anderen en deze verrijken.

Gezien het belang van kennis voor de moderne kenniswerker besteden we hier aandacht aan het managen van kennis. Kennis kunnen we zien als het vermogen om een bepaalde taak uit te (gaan) voeren door gegevens te verbinden en te laten reageren met eigen informatie, ervaringen en attituden.[8] Zoals uit deze definitie op te maken is, vormen gegevens en informatie belangrijke bouwstenen voor kennis. In de literatuur bestaan vele definities van kennismanagement, maar het voert te ver om ze hier allemaal te behandelen. In dit boek kiezen we voor de volgende definitie: 'Kennismanagement is de gecoördineerde besturing van vier kennisvormen, met menselijke kennis als centrale bron.'[9] Gecoördineerde besturing kun je zien als een voortdurend (cyclisch) proces van het bepalen van de kennisbehoefte, het inventariseren van de beschikbare kennis, en het delen, toepassen en evalueren van kennis. Menselijke kennis is de bron van alle andere kennisvormen. Met andere woorden: zonder menselijke kennis zou er geen andere kennis zijn geweest. Boersma (2006) noemt de volgende kennisvormen:[10]

- Menselijke kennis ('humanware'): deze kennis wordt verkregen door opleiding, ervaringen, waarnemingen en intuïtie. Menselijke kennis wordt gedurende het leven opgebouwd en zit in het hoofd van de mens. Dat maakt het ook lastig om voor anderen waar te nemen en om daar eventueel gebruik van te maken.
- Gedocumenteerde kennis ('paperware'): het betreft hier kennis die op een of andere manier is vastgelegd in onder andere documenten, tekeningen, archieven, handleidingen of cd-roms. Dergelijke kennis is voor anderen duidelijk waar te nemen en te gebruiken.
- Gemechaniseerde kennis ('hardware'): dit is kennis die is vastgelegd in werktuigen of apparaten/technologie ter vervanging van menselijke arbeid. Je kunt in dat geval denken aan microchips die ervoor zorgen dat bepaalde taken worden uitgevoerd die voorheen door mensen gedaan werden. Een voorbeeld is een chip die de temperatuur meet en automatisch de zonneschermen neerlaat als de temperatuur te hoog wordt. Dit noemen we ook wel embedded software.
- Geautomatiseerde kennis ('software'): dit is kennis die in de vorm van verschillende toepassingen is opgeslagen in computers. We kunnen hierbij onderscheid maken tussen: a. op informatie gebaseerde beslissingsondersteunende systemen, ofwel informatiesystemen (de gebruiker krijgt informatie die hij zelf moet interpreteren); b. op kennis gebaseerde beslissingsondersteunende systemen (de computer doet voorstellen op basis van een aantal afwegingen); en c. expertsystemen (op basis van vastgelegde feitenkennis en procedurele kennis worden kant-en-klare oplossingen geboden).

Kennismanagement is geen doel op zich, maar is een middel om uiteenlopende doelen te bereiken. Het hoofddoel blijft het creëren van waarde voor de afnemer, want zonder afnemer is er geen organisatie. Als afgeleide doelen kunnen we noemen het motiveren van medewerkers, het verbeteren van de kwaliteit, het flexibel maken van de organisatie en het verhogen van het innovatief vermogen van de organisatie. Om het hoofddoel te kunnen bereiken, dient er volgens Boersma (2006) een aantal stappen gezet te worden, te weten:

- *Stap 1.* Assetmanagement – *Weten welke kennis er is.*
  In deze eerste stap wordt de aanwezige kennis geïnventariseerd en geanalyseerd.
- *Stap 2.* Accessmanagement – *Kennis toegankelijk maken.*
  De tweede stap is erop gericht de kennis binnen de organisatie toegankelijk te maken zodat deze gedeeld kan worden.
- *Stap 3.* Accruemanagement – *Creëren van nieuwe kennis.*
  In de laatste stap moet nieuwe kennis gecreëerd worden, en dat kan doordat deze in de vorige stap toegankelijk is gemaakt en daarom gedeeld kan worden. Nieuwe kennis kan vervolgens weer leiden tot innovaties en daarmee waardecreatie.

Als we deze drie stappen in ogenschouw nemen, zien we dat de kenniswerker zowel het begin- als het eindpunt is van het proces van kennismanagement. Hij beschikt immers over menselijke kennis die voor anderen inzichtelijk gemaakt moet worden en die vervolgens op basis van het transparant gemaakte kennispotentieel nieuwe kennis gaat ontwikkelen. Kennismanagement is een cyclisch proces. Binnen dit proces kan informatiemanagement een rol spelen door te kijken op welke wijze ICT kan bijdragen aan de verschillende activiteiten binnen kennismanagement. Toepassingen als wiki's, weblogs, webcollaboratie en instant messaging kunnen ingezet worden ten behoeve van de verschillende stappen binnen het proces van kennismanagement (zie figuur 4.4).

In het kader 'Kritische noot' zie je dat het gebruik van technologie ten behoeve van kennismanagement niet zaligmakend is, en dat ICT slechts een van de middelen is die hierbij ingezet kunnen worden.

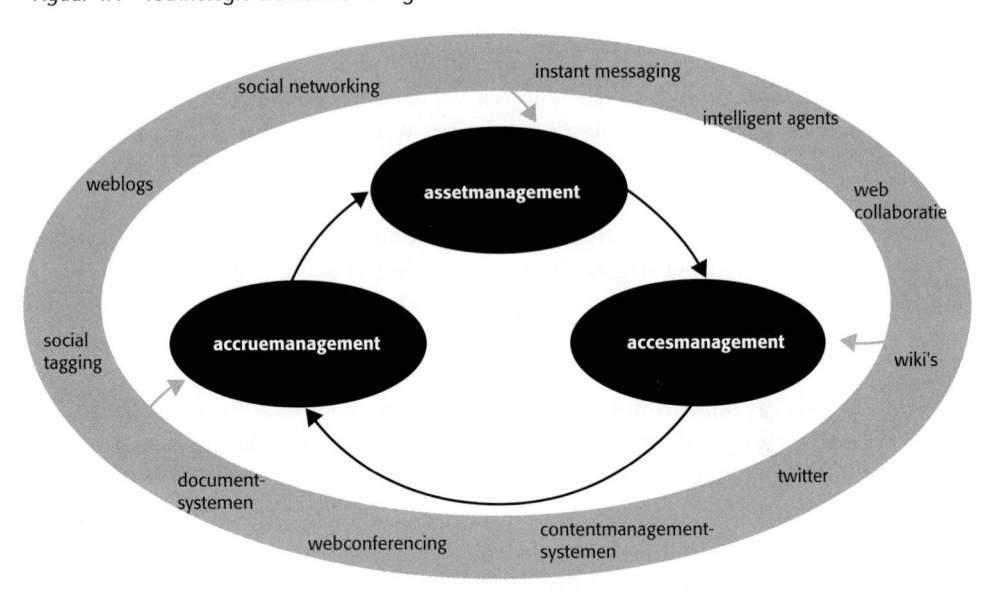

Figuur 4.4 Technologie die kennismanagement kan ondersteunen

Kritische noot

Voor het welslagen van kennismanagementprojecten (kennis vergaren, opslaan, delen, collectief maken en ontwikkelen) is hulp van ICT vaak een voorwaarde. Wordt kennismanagement (KM) echter vanuit een ICT-perspectief bedreven, dan is een mislukking snel een feit. Er bestaan twee soorten kennis: expliciete en impliciete kennis. Expliciete kennis is overdraagbaar en kan opgeslagen worden, impliciete kennis (de kern van KM) niet. Kennisdeling binnen organisaties wordt vaak gerealiseerd door kennis op te slaan. Kennis wordt zo echter losgekoppeld van de ontwikkelaar en wordt expliciet. De nieuwe gebruiker van kennis heeft zo niet meer met kennis te maken, maar met informatie (een stap terug). De focus op ICT berust op de misvattingen dat nieuwe technologieën per definitie organisatieverbetering inhouden, dat kennis in systemen onder te brengen is en dat mensen in staat zijn ICT-toepassingen te gebruiken. ICT biedt mogelijkheden om kennisdeling binnen de organisatie te initiëren, te sturen, te volgen en te stimuleren, maar heeft in deze niet de meerwaarde van de menselijke interactie.

Bron: www.mdweekly.nl[11]

4.7 De toekomst van werk

Het bouwen aan een adequate informatiehuishouding gaat continu door omdat de wereld om ons heen constant verandert. Technologie is een van de belangrijkste oorzaken en versnellers van veel van die veranderingen. Technologie zal ook de inhoud en de manier waarop wij werken verder gaan beïnvloeden. Als gevolg daarvan zal het informatiemanagement de informatiehuishouding voortdurend moeten aanpassen om te kunnen voldoen aan de eisen die daaraan worden gesteld. Tot besluit van dit hoofdstuk presenteren we daarom een aantal inzichten die de toekomst van het werk en de professional die het werk uitvoert gaan beïnvloeden.

Connected

Een trend die al vele jaren gaande is en nog steeds aan belang toeneemt is het feit dat we 24 uur per dag via internet met de rest van de wereld, inclusief ons werk en netwerk, in verbinding staan. Het zijn vooral de draagbare technologieën die deze trend hebben versneld. Mobiele telefoons zijn geëvolueerd tot draagbare computers met toepassingen waarmee we feitelijk alles kunnen doen wat we ook op de 'traditionele' werkplek kunnen doen. Het kantoor met de dure vierkante meters in een vaak weinig inspirerende omgeving vormt steeds minder de basis van onze productiviteit. Het zogenoemde Nieuwe Werken, waarin mensen los van tijd en plek kunnen werken, vervangt steeds meer het 'oude werken'. Dat geeft overigens niet alleen voordelen, maar ook uitdagingen. Het wordt bijvoorbeeld steeds lastiger om mensen aan je te binden, omdat de bedrijfscultuur minder en minder het sociale bindmiddel is. Daarnaast zijn er de technische uitdagingen om bedrijfsinformatie te beveiligen tegen buitenstaanders en toegankelijk te houden voor de eigen medewerkers. Beveiliging vormt een van de hoogste prioriteiten van het informatiemanagement.

Banen zullen verdwijnen

In informatie-intensieve branches zoals de bank- en verzekeringswereld is het van levensbelang dat er snel en nauwkeurig wordt gewerkt. Zoals we al eerder in dit hoofdstuk zagen heeft het menselijk brein op dat gebied zo zijn beperkingen. Menselijke arbeid wordt daarom in toenemende mate uitgevoerd door computers. Slimme systemen zijn in staat om steeds nauwkeuriger het consumentengedrag te voorspellen, gepaste aanbiedingen te doen, administratieve handelingen te verrichten, enzovoort. Vanuit efficiencyoverwegingen zullen bedrijven ervoor kiezen om werk te automatiseren en te robotiseren. Machines vertonen immers voorspelbaar gedrag, zijn 24 uur per dag operationeel en maken nauwelijks fouten. Daarnaast zien we dat afnemers of gebruikers steeds vaker zelf gegevens moeten aanleveren of wijzigen om een dienst te kunnen afnemen. Daar hebben we dus geen medewerkers meer voor nodig. Het afsluiten van verzekeringen of het doen van betalingen zijn hiervan voorbeelden.

Nieuwe functies zullen verschijnen

Tegelijk met het verdwijnen van banen zien we een ontwikkeling waarin nieuwe functies het levenslicht zullen zien. Deze zijn doorgaans direct gekoppeld aan het werken met en het ontwikkelen van nieuwe technologieën. Denk bijvoorbeeld aan (toekomstige) functies als community manager, big data analyst, web user experience manager, avatar telework manager, information value auditor of alternative currency speculator. Dit alles stelt andere eisen aan het werven en ontwikkelen van medewerkers. Omdat steeds meer werk is verweven met technologie speelt informatiemanagement een belangrijke rol bij de kennis- en vaardigheidsontwikkeling van medewerkers. Er zal een groter beroep worden gedaan op de humanresourcesfunctie van informatiemanagement.

Informatie is overal en groeit steeds sneller

Omdat steeds meer mensen op deze planeet toegang hebben tot informatie, kunnen ze deze ook steeds beter en sneller delen en verrijken. Dit leidt tot een situatie waarin de wereldwijde hoeveelheid informatie steeds sneller groeit. Sommige denkers stellen dat deze groei zelfs exponentieel is; als dat waar is komen we straks – de voorspellingen over wanneer dat zal zijn lopen uiteen – in een situatie waarin de hoeveelheid informatie wereldwijd per uur kan verdubbelen. Het is haast niet te bevatten wat dat inhoudt. De consequenties zijn echter te voorspellen. Het zullen slimme technologieën zijn die deze informatieberg verwerken. Het menselijk brein is dan allang afgehaakt. Een belangrijke implicatie van deze ontwikkeling is wel dat het steeds moeilijker zal worden om goede en correcte informatie van slechte te onderscheiden. Nu al nemen de (social) media vaak klakkeloos informatie over zonder de feiten te checken. Het aantal likes of retweets is echter geen enkele garantie voor de kwaliteit en juistheid van informatie. Het bewaken van gegevens- en informatiekwaliteit zal dan ook een belangrijke uitdaging voor het informatiemanagement zijn.

Dit zijn slechts een paar voorspellingen ten aanzien van de toekomst van werk. Op internet zul je nog verbazingwekkende zaken op dit gebied tegenkomen. Het is een belangrijke taak van het informatiemanagement om in de context van al deze ontwikkelingen vorm en inhoud te geven aan de informatiehuishouding en mede zorg te dragen voor de kennis en vaardigheden van de professionals die in de moderne organisatie werkzaam zijn.

SAMENVATTING

In dit hoofdstuk maken we de koppeling tussen het informatiemanagement en informatiehuishouding van de organisatie enerzijds en die van het menselijk brein anderzijds. Het is immers de medewerker die (nog steeds) de basis van de organisatie vormt. Het is daarom van belang om te weten hoe mensen denken en werken. Dit vindt zijn oorsprong in het brein, dat in honderden miljoenen jaren is geëvolueerd tot wat het vandaag is. Het menselijk brein wordt gedomineerd door instincten, terwijl organisaties (in principe) zijn ontworpen op basis van rationele gronden. Een belangrijke consequentie hiervan is dat de informatiehuishouding weliswaar perfect georganiseerd kan zijn, maar dat professionals die hieraan hun informatie en kennis ontlenen toch verre van perfecte beslissingen kunnen nemen. Naast het feit dat het brein een eigen informatiehuishouding en informatiemanagement heeft, zijn er verschillende typen kennis- of informatiewerkers waarmee het informatiemanagement van de organisatie rekening heeft te houden. We kunnen kenniswerkers rangschikken op basis van een aantal gemeenschappelijke en specifieke kenmerken. Gemeenschappelijke kenmerken zijn onder andere dat ze over specialistische kennis beschikken, dat ze inhoudelijk sterk gedreven zijn en dat ze een sterke beroepsethiek hebben. Specifieke kenmerken van kenniswerkers zijn onder andere de mate waarin ze mobiel zijn, veel of weinig klantcontact hebben of wel of niet gebonden zijn aan kantoortijden. Op basis van deze kenmerken hebben we met behulp van twee voorbeeldmatrices verschillende typen kenniswerkers onderscheiden. Dit onderscheid is relevant omdat ieder type kenniswerker tot op zekere hoogte behoefte heeft aan specifieke of unieke informatie om goed te kunnen functioneren. Daarnaast kan dit betekenen dat iedere kenniswerker dient te beschikken over zijn eigen hulpmiddelen.

Om kenniswerkers goed te kunnen laten functioneren is het van belang om kennis in een organisatie te managen. Kennismanagement omvat de gecoördineerde besturing van vier kennisvormen (humanware, paperware, hardware, software) met menselijke kennis als centrale bron. Informatiemanagement ondersteunt kennismanagement door te kijken hoe ICT kan bijdragen aan de verschillende activiteiten binnen kennismanagement. Hierbij kunnen we denken aan toepassingen als wiki's, weblogs, webcollaboratie en instant messaging.
In de toekomst zal het werk van kenniswerkers vooral als gevolg van technologische ontwikkelingen gaan veranderen. We zullen meer dan ooit tevoren 24 uur per dag in contact staan met ons werk en netwerk, mede als gevolg van het gebruik van mobiele technologie. Dit stelt hogere eisen aan de toegankelijkheid en de beveiliging van bedrijfsinformatie. Als gevolg van automatisering en robotisering zullen bestaande banen verdwijnen, maar er zullen tegelijkertijd ook nieuwe functies gecreëerd worden. Informatiemanagement is samen met humanresourcesmanagement verantwoordelijk voor het ontwikkelen van de juiste kennis en vaardigheden van medewerkers.

CASUS 1

Hoe zorg je ervoor dat medewerkers nieuwe technologie gaan gebruiken?

Vrijwel iedere organisatie doet iets digitaal, zet nieuwe technologie in of probeert uit data, gegenereerd via smartphones, gps-apparaten en vele andere digitale bronnen, informatie te destilleren over klanten en markten. Er worden dan ook miljarden uitgegeven aan bijvoorbeeld analysetechnologie. De hooggespannen verwachtingen worden echter niet ingelost. Nieuwe technologie wordt niet efficiënt gebruikt, zelfs niet door *digital natives*. Hoe komt dat? Wanneer technologie wordt geïntroduceerd, wordt vaak vooral aandacht besteed aan de implementatie ervan, in plaats van aan de adoptie. De echte meerwaarde van technologie, zoals betere samenwerking, snellere besluitvorming, kennisdeling, en uiteindelijk een verandering van gedrag, wordt uit het oog verloren. Hieraan liggen drie samenhangende problemen ten grondslag:

1. Leveranciers beloven een snelle verandering door de inzet van technologie. Dit wordt meestal niet waargemaakt, waardoor gebruikers teleurgesteld afhaken.
2. Het kost geld om medewerkers nieuwe technologie te laten adopteren. Er is te weinig budget, zodat de focus ligt op het implementeren van de technologie. Adoptie is een zorg voor later.
3. CIO's en andere technici kijken met een te beperkte blik naar techniek. Adoptie door medewerkers beschouwen zij niet als hun taak.

Er moet echt leidinggegeven worden aan het adopteren van nieuwe technologie. Consultant Didier Bonnet geeft de volgende tips:

Doe minder dingen beter. Focus op de initiatieven die echt waarde toevoegen als ze eenmaal geadopteerd zijn door medewerkers. Prioriteer deze initiatieven naar businessimpact en het gemak waarmee zij geïmplementeerd kunnen worden. Wijs de benodigde middelen toe voor het slagen van het project en wijs medewerkers op de waarde van het omarmen van het initiatief.

Plan en budgetteer meteen voor adoptie. Plan voor wat nodig is om de voordelen van de inzet van deze technologie te realiseren. Houd daarbij rekening met mensen, processen en structurele veranderingen. Reserveer geld voor communicatie, training en organisatieontwikkeling.

Geef het goede voorbeeld. Je kunt de transitie beïnvloeden door zelf het goede voorbeeld te geven en de nieuwe technologie te gebruiken.

Betrek de meest enthousiaste medewerkers. Organisatorische veranderingen komen het makkelijkst tot stand als er enthousiaste medewerkers zijn die het goede voorbeeld geven. Identificeer dus in een vroegtijdig stadium je digitale kampioenen die je helpen bij het bewerkstelligen van de benodigde gedragsverandering. Koester deze sleutelfiguren.

Betrek human resources er meteen bij. Hr moet leidend zijn bij de transformatie. Hr zorgt ervoor dat management- en hr-processen worden aangepast, zodat nieuwe praktijken worden geïnstitutionaliseerd. Voorbeelden zijn het ontwerpen van een nieuw digitaal competentiemodel of het invoeren van *reversed mentoring*.

Pas beloning en erkenning aan. Doelstellingen en maatregelen zijn onlosmakelijk met elkaar verbonden. Bij een transformatie is het vanzelfsprekend dat conflicten ten aanzien van beloning ontstaan. Zo moesten veel retailers hun bonusstructuur aanpassen om te voorkomen dat er conflicten ontstonden tussen online verkopen en verkopen in de winkel.

Het creëren van een digitale organisatie draait niet alleen om het implementeren van technologie. Medewerkers moeten hun gedrag en *mindset* structureel veranderen.

Bron: penoactueel.nl, 19 september 2014[12]

Vragen casus

1. Waarom is technologie volgens jou zo belangrijk voor medewerkers?
2. Wat is het verschil tussen implementatie en adoptie van nieuwe technologie?
3. Welke tip zou je zelf nog kunnen geven naast de tips die al in het artikel worden aangereikt?
4. In hoeverre zijn de tips in het artikel volgens jou toepasbaar op de verschillende typen kenniswerkers die behandeld zijn in paragraaf 4.5?

CASUS 2

Technologie verandert ons brein

De wereld is in korte tijd behoorlijk veranderd. Waar we – goed, niet 'we', maar onze voorouders – vroeger nog moesten hoofdrekenen, brieven schreven met pen en papier en bordspelletjes deden, hebben we daar nu technologische tools voor. Door technologie verandert echter niet alleen de wereld. Ook ons brein maakt door alle snufjes veranderingen door. Dat bleek uit onderzoek. Zo dromen we in kleur, waar onze voorouders meestal in zwart-wit droomden. We hebben last van het *Phantom Vibration Syndrom:* het gevoel dat je mobiele telefoon in je broekzak trilt, terwijl dit niet zo is. (Zelfs als je niet eens de trilfunctie gebruikt! Eigen ervaring!) We kunnen impulsief en agressief gedrag minder goed beheersen. Dit zou vooral een oorzaak zijn van bepaalde computerspellen waarin spelers worden gedwongen snelle beslissingen te nemen. Aan de andere kant zorgt dat er juist wel voor dat ons visuele vermogen verbetert; we halen makkelijker en sneller details uit onze fysieke omgeving. Door alle statusupdates die onze vrienden en kennissen op social media zoals Facebook zetten, hebben we het idee dat ieders leven fantástisch is, behalve dat van onszelf. Zo ontstaat de zogenoemde FOMO: *Fear Of Missing Out*. Het is zelfs bewezen dat je je eigen eten flauw van smaak vindt, na het zien van foto's van gerechten op Pinterest en Instagram.

Verder heeft het continu bezig zijn met telefoons, laptops en iPads invloed op ons slaappatroon, en ook lijden ons concentratievermogen en onze aandachtsspanne eronder. Wat wel positief is: technologische hoogstandjes zorgen ervoor dat we meer kunnen creëren. Door het gebruik van social media krijgen we het idee dat we veel moeten 'delen'. Maar om iets te delen moet je wel iets interessants hebben en dat vervaardigen we dus. Al gaat het maar om mooie fotoalbums of een mooi kunstobject voor in huis.

Bron: *Lef*[13]

Vragen casus

1 Beoordeel op basis van je eigen ervaringen met technologie/social media welke feiten uit het artikel wel/niet op jou van toepassing zijn.
2 Zoek een artikel waarin de negatieve aspecten van het gebruik van technologie worden benoemd. Wat is je mening hierover?
3 Zoek een artikel waarin de positieve aspecten van het gebruik van technologie worden benoemd. Wat is je mening hierover?

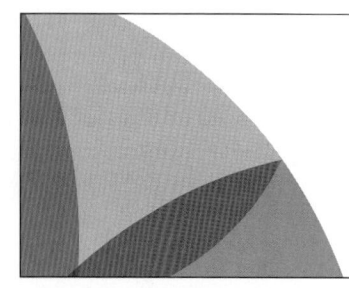

MyLab | Nederlandstalig

Op www.pearsonmylab.nl vind je studiemateriaal en de eText om je begrip en kennis van dit hoofdstuk uit te breiden en te oefenen.

Hoofdstuk 5
DE ORGANISATIE

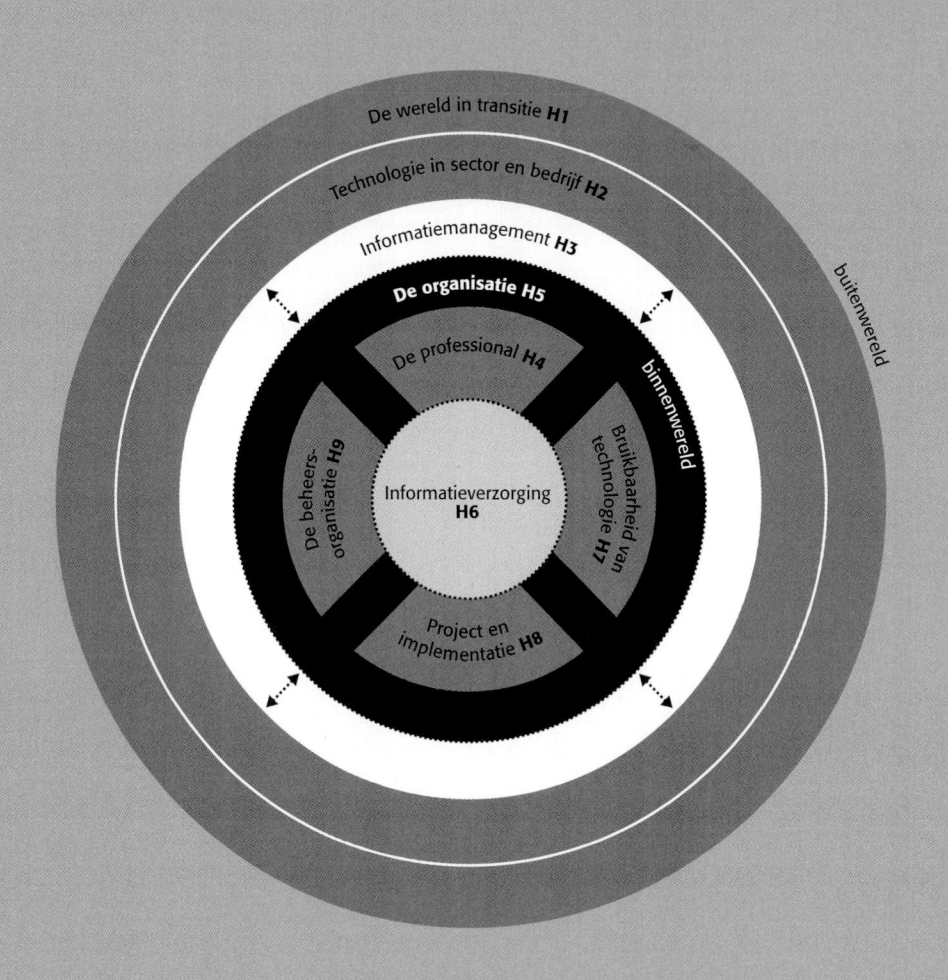

5.1 Inleiding

Een van de grootste uitdagingen waar organisaties tegenwoordig voor staan is de eis om zich voortdurend aan te passen aan de steeds sneller veranderende marktomstandigheden. Het lijkt erop dat de marktdynamiek sneller toeneemt dan het vermogen van organisaties om zich hieraan aan te passen. Marktdynamiek kun je zien als de toenemende onvoorspelbaarheid van trends en consumentengedrag, toenemende concurrentie en kortere levenscycli van producten en organisaties. In figuur 5.1 zie je deze ontwikkeling terug, en tevens zie je dat hierdoor de levensduur van de gemiddelde organisatie in de afgelopen decennia is teruggelopen van negentig jaar tot gemiddeld vijftien jaar. Een van de belangrijkste oorzaken van die toegenomen marktdynamiek is de ontwikkeling en het gebruik van (digitale) technologie in combinatie met webontwikkelingen.

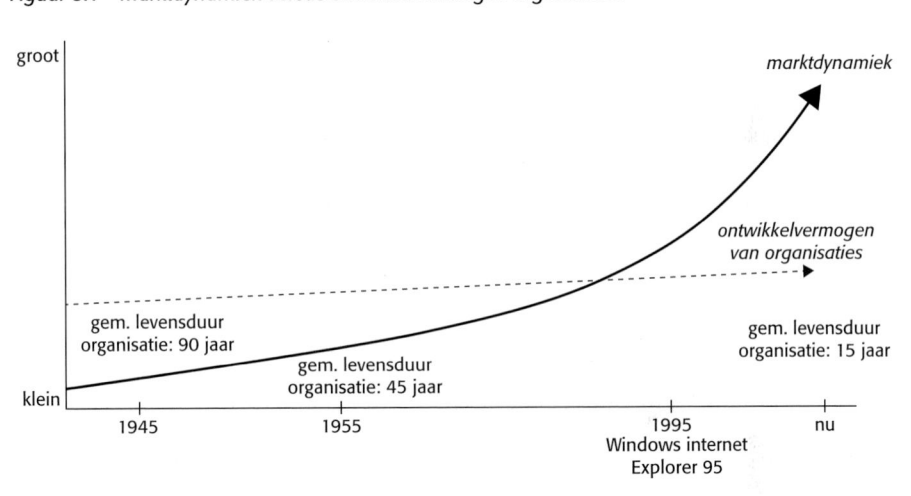

Figuur 5.1 Marktdynamiek versus ontwikkelvermogen organisaties

In dit hoofdstuk staat de organisatie centraal. Uiteraard is het onmogelijk om te praten over dé organisatie, want iedere organisatie is uniek. Om te begrijpen wat informatiemanagement kan toevoegen aan een organisatie, laten we in dit hoofdstuk toch zo veel mogelijk de unieke karakteristieken buiten beschouwing en behandelen we de 'gemiddelde' organisatie. Alle organisaties zijn gelijk in het opzicht dat ze waarde toevoegen aan hun omgeving. Klanten, burgers of de maatschappij krijgen of kopen iets van een organisatie waar ze iets mee kunnen. Indien je als organisatie geen waarde meer toevoegt, kun je niet meer voortbestaan. In paragraaf 5.2 gaan we in op het fenomeen waardecreatie en leggen we een link met de strategie van de organisatie en het gebruik van ICT. Een steeds belangrijker deel van de waardecreatie is afhankelijk van goede informatie. Om te weten wat informatie is, onderscheiden we in paragraaf 5.3 verschillende soorten informatie. Deze informatie kunnen we zien als de 'brandstof' voor de verschillende activiteiten die worden uitgevoerd. Het samenstel van deze activiteiten noemen we processen. Paragraaf 5.4 gaat in op de verschillende processen in relatie tot het gebruik van technologie en de consequentie hiervan voor informatiemanagement. Primaire processen omvatten de activiteiten die direct zijn gekoppeld aan het voortbrengen van de goederen en diensten voor de afnemers. Zonder de ondersteunende secundaire processen is het functioneren van de primaire processen onmogelijk. Het aansturen van zowel de primaire als de secundaire processen vindt plaats binnen de managementprocessen. Alle processen samen kunnen we zien als de business van de organisatie. Deze business wordt in toenemende mate beïnvloed door het gebruik van social media, zowel binnen als buiten de organisatie. In paragraaf 5.5 gaan we in op de relatie tussen social media en de business van de organisatie. Een van de consequenties van het gebruik van social media is dat het steeds sneller steeds grotere hoeveelheden data en informatie oplevert. Door deze groeiende informatieberg is het voor mensen vrijwel onmogelijk geworden om te beoordelen in hoeverre de informatie wel of niet relevant is voor de organisatie. Door middel van Big Data analytics, ook wel extreme analytics genoemd, kunnen 'slimme' technologische toepassingen patronen en trends zichtbaar maken in deze informatieberg, zodat tijdige en juiste beslissingen kunnen worden genomen. Paragraaf 5.6 laat zien hoe we kunnen ondernemen met informatie dankzij Big Data. Een beslissing kan bijvoorbeeld zijn om nieuwe producten of diensten te ontwikkelen. Het bedenken en vermarkten hiervan is voor het voortbestaan van de organisatie een cruciale vaardigheid. In paragraaf 5.7 gaan we daarom bekijken wat innovatie is en welke rol technologie hierin speelt. Tot slot benoemen we in paragraaf 5.8 een aantal uitdagingen waar bedrijven mee te maken hebben of kunnen krijgen.

Zoals gezegd is het aanpassingsvermogen van organisaties cruciaal om te kunnen overleven in dynamische markten. In de casus 'Investeer in de strategische wendbaarheid en het verandervermogen van de organisatie' lees je dat organisaties zich meer dan ooit tevoren moeten richten op hun strategische wendbaarheid. In dit hoofdstuk gaan we ook in op de rol die informatiemanagement daarbij kan spelen.

Investeer in de strategische wendbaarheid en het verandervermogen van de organisatie

Start-ups ontwrichten hele bedrijfstakken met hun 'disruptive innovation'. Dat is wat veel auteurs en onderzoekers ons willen doen geloven. De werkelijkheid is anders. De invloed van ontwrichtende technologieën is klein en grote bedrijven komen net zo vaak met innovaties als kleine start-ups. Om te overleven gaat het om andere zaken.

Bedrijven bestaan steeds korter
Volgens het Verkenningsinstituut Nieuwe Technologie (VINT) van IT-dienstverlener Sogeti staan bedrijven in de toekomst gemiddeld nog maar 5 jaar aan de beurs genoteerd. De omloopsnelheid van bedrijven die aan de Nederlandse AEX genoteerd zijn nam vanaf 1993 om de 10 jaar met zo'n 25 procent toe. In 2023 daalt een gemiddelde notering naar 25 jaar en in 2033 zou een bedrijf het nog maar 5 jaar op de beursvloer uithouden als de trend zich doorzet. Deze trend is ook in Amerika zichtbaar. Was in 1958 een bedrijf gemiddeld 61 jaar aan de beurs genoteerd, in 1980 was deze tijd gedaald tot 25

jaar, terwijl de periode nu 18 jaar is. Daarbij werd gekeken naar de S&P 500-index. Naast een steeds kortere beursnotering, bestaan bedrijven ook steeds korter. Zo beschrijft Feser in zijn boek *Serial Innovators: Firms That Change the World* dat de gemiddelde levenscyclus van een bedrijf tegenwoordig 15 jaar is, terwijl dat in 1955 nog 45 jaar was. Volgens de onderzoekers van VINT is er wel onderscheid te maken tussen bedrijven die zijn ontstaan in het fysieke tijdperk (oude wereld) en organisaties die zijn opgericht in het digitale tijdperk (nieuwe wereld). De levensduur van laatstgenoemde is significant korter.

Disruptive innovation is de oorzaak

Volgens VINT – en vele anderen – is dé oorzaak van deze kortere levensduur de 'ontwrichtende innovatie' ofwel de 'disruptive innovation'. Dat zijn technologische ontwikkelingen die lang onder de radar blijven, maar uiteindelijk snel en op veel plekken opduiken en een ontwrichtende uitwerking hebben op sectoren en ondernemingen. Daarmee verstoren ze de markt. Als voorbeeld worden onder meer WhatsApp en 3D-printers genoemd. WhatsApp zette de telecomsector zwaar onder druk en 3D-printers beloven dat te gaan doen met andere sectoren, zoals de retail.

Denkfout

Hier wordt echter een denkfout gemaakt als het om de theorie van disruptive innovation gaat. De korte(re) levenscyclus van met name bedrijven in de nieuwe wereld heeft namelijk niet zozeer te maken met disruptieve innovaties, als wel met het gegeven dat veel start-ups het gewoon niet redden. Zo blijkt uit Amerikaans onderzoek dat 75 procent van de start-ups het niet redden, en 90 procent van de start-ups verdient nooit zijn investeringen terug. Oké, dus de theorie van disruptive innovation lijkt niet te kloppen. Toch is het een feit dat de levensduur van bedrijven steeds korter wordt. Hoe komt dat dan? Een van de belangrijkste redenen is dat de strategische wendbaarheid en het verandervermogen van veel organisaties onvoldoende is, zeker gezien de steeds sneller veranderende omstandigheden. Bedrijven moeten sneller reageren op gewijzigde omstandigheden en zijn daar vaak, om tal van redenen, niet toe in staat. Zo ging begin 2012 Kodak failliet. Niet door een disruptieve innovatie die 'lang onder de radar' bleef. Kodak beschikte zelfs over 1100 patenten op het gebied van digitale fotografie. Kodak wist echter organisatorisch en commercieel de omslag naar de digitale wereld niet tijdig maken, daar waar het Fujifilm bijvoorbeeld wel lukte. Vergelijkbare redenen speelden bij Free Record Shop, Saab, boekwinkel Polare en vele anderen. Bol.com lijkt een van de winnaars te worden: niet omdat men daar een ontwrichtende technologie in handen had, maar omdat men na 5 jaar verlies draaien stug doorging en vanaf 2003 zwarte cijfers kon schrijven.

Kortom, staar je niet blind op het bedenken van disruptieve innovaties, maar investeer in de strategische wendbaarheid en het verandervermogen van de organisatie.

Bron: Sjors van Leeuwen, managementsite.nl, 22 juli 2014[1]

5.2 Waardecreatie: strategie en ICT

Waardecreatie kun je zien als de kern van het bestaan van iedere organisatie. Als je geen waarde toevoegt ben je waardeloos en is er geen behoefte aan de organisatie. We zagen bij de uitleg van de rol en taken van informatiemanagement in hoofdstuk 3 al dat informatiemanagement ter ondersteuning van waardecreatie de verbinding maakt van de binnen- met de buitenwereld, van de organisatie met haar markten en de maatschappij. In figuur 5.2 zie je de organisatie en haar belangrijkste stakeholders terug. Het centrale doel is de waardecreatie die plaatsvindt in de context van de bedrijfscultuur. Deze beïnvloedt de medewerkers, het management en de afnemers en vice versa. De waardecreatie komt tot stand door doelmatig (efficiënt), doelgericht (effectief) en doelbewust (kwaliteitgericht) te werken. Meer waarde wordt gecreëerd door de kosten te verlagen en/of de opbrengsten te verhogen en/of de kwaliteit van de producten te verhogen, en uiteraard moet er worden voldaan aan de wet- en regelgeving (compliance). Op ieder van de genoemde aspecten kan informatiemanagement invloed uitoefenen. In de volgende paragrafen geven we daarvan verschillende voorbeelden.

We zien in figuur 5.2 dat er tussen de verschillende stakeholders relaties bestaan. Iedere onderlinge relatie zegt iets over de waardecreatie en hoe die in managementtermen is 'georganiseerd'. De structuur zegt iets over hoe efficiënt een organisatie is opgebouwd rondom functies, taken en verantwoordelijkheden. Hier is vooral het kostenaspect van belang. Je wilt immers niet te weinig, maar ook niet te veel middelen inzetten om mensen goed te kunnen laten functioneren. Als het gaat om de vraag wat een organisatie doet, dan is dat vooral een strategische vraag. Waar houdt de organisatie zich op langere termijn mee bezig en hoe wenst ze haar omzet te behalen? In de missie geeft een organisatie aan waarom ze op deze aarde is. Het klinkt wat zwaar, maar het is voor de klanten goed om te weten waarom deze or-

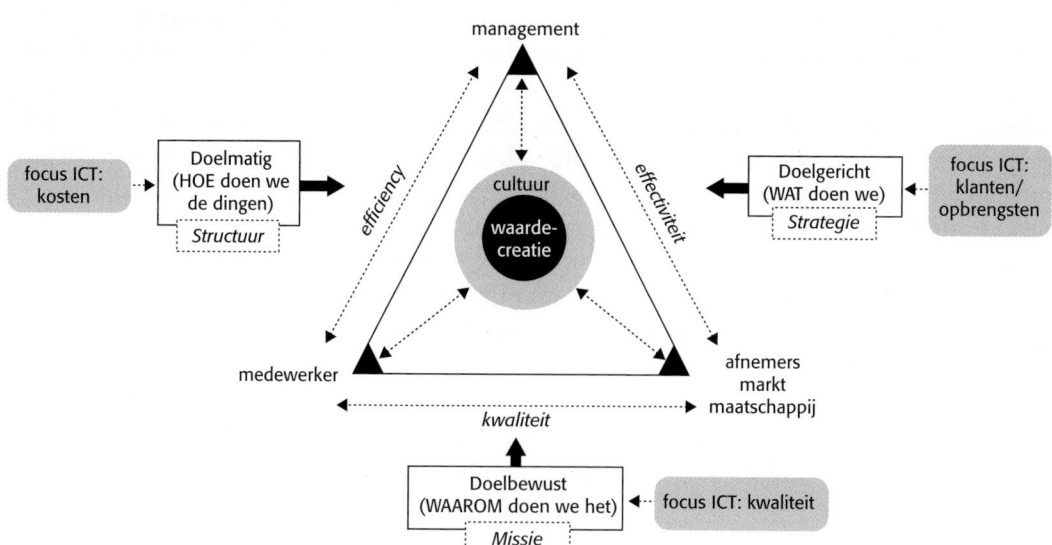

Figuur 5.2 De organisatie en waardecreatie

ganisatie uniek is en waarom ze juist met deze organisatie in zee moeten gaan. Dit gaat vooral om de vraag welke kwaliteit je de afnemers wenst te leveren. Voor wat betreft de onderdelen Structuur en Missie verwijzen we je naar de relevante managementliteratuur. We zoomen wel in op het onderdeel Strategie, omdat deze een wezenlijke relatie heeft met technologie.

In de traditionele managementliteratuur wordt aangegeven dat de strategie leidend is voor de organisatie en dat alle andere zaken, zoals technologie, daaraan ondersteunend zijn. Sinds de sterke technologische ontwikkelingen in de jaren negentig van de vorige eeuw kun je je echter afvragen of dat nog langer zo is. En wat betekent dat dan voor informatiemanagement? Een voorbeeld. Een bedrijf als Google kan alleen maar bestaan dankzij technologie en meer specifiek internet en het web. Je zou kunnen zeggen dat de stand van de technologie de strategie, de langjarige richting van de organisatie, dicteert. Dit geldt ook voor (miljarden)bedrijven als Facebook en Apple.

In hoofdstuk 3 zagen we reeds dat informatiemanagement de buitenwereld met de organisatie verbindt en omgekeerd. In een wereld waarin technologie steeds belangrijker wordt voor het creëren van waarde, gaat ICT een steeds grotere rol spelen bij het vormgeven van de organisatiestrategie. In de praktijk zien we dat bedrijven hier invulling aan geven door in de hoogste bestuursorganen een Chief Information Officer aan te stellen. De CIO weet wat er op technologisch gebied speelt en kan dit beleidsmatig vertalen naar de richting van de organisatie en haar werkwijze. Toen in het midden van de jaren negentig mensen breed toegang kregen tot het web door de introductie van Windows Internet Explorer, werd duidelijk dat het digitaal aankopen van producten een vlucht zou nemen. Indien je dit als bedrijf niet aan had zien komen en hier niet op had ingespeeld, werd je door de bedrijven die hier wel hun strategische koers op hadden ingesteld links en rechts ingehaald. Eenzelfde ontwikkeling zien we nu op het gebied van social media en apps. Digitale zichtbaarheid en toegankelijkheid zijn een must en het formuleren van een socialmediastrategie wordt in dat verband steeds belangrijker. Een goede CIO ziet deze ontwikkelingen en kan deze vertalen naar de organisatie.

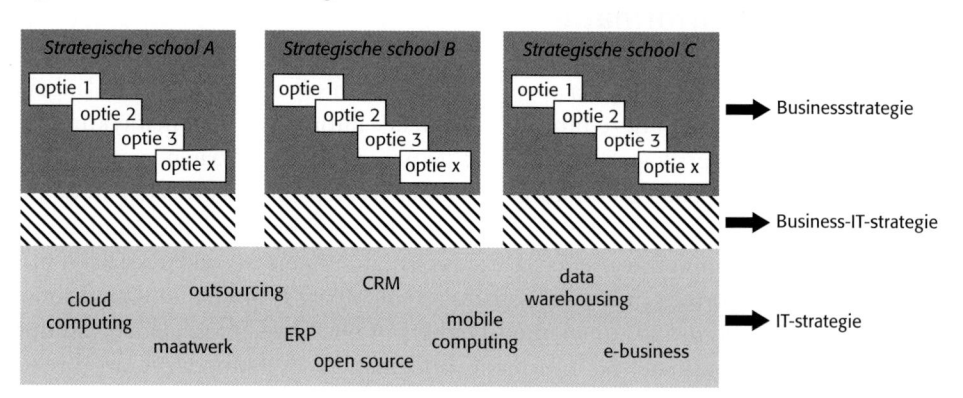

Figuur 5.3   ICT en businessstrategie

Een businessstrategie of een organisatiestrategie geeft aan waar een organisatie wil concurreren. Hiermee maakt de organisatie duidelijk op welke markten ze zich wenst te begeven. Er zijn verschillende strategische scholen die door de jaren heen invulling hebben gegeven aan organisatiestrategieën. Doorgaans zijn hieraan de namen verbonden van auteurs of denkers als Ansoff (planningschool), Porter (positioneringschool), Hamel en Prahalad (competentieschool), Treacy en Wiersema (waardeproposities) en Kim en Mauborgne (blue ocean-strategie). Voor de uitwerking van deze scholen verwijzen we naar de relevantie theorieën over organisatiestrategieën.

Voor wat betreft de toegevoegde waarde van ICT voor de organisatiestrategie is het van belang om te weten dat ICT twee basisrollen kan spelen, namelijk:

a. ICT als enabler: dit houdt in dat de businessstrategie leidend is en dat de inzet van ICT deze strategie ondersteunt.
b. ICT als businessdriver: in dit geval is ICT zo belangrijk voor een organisatie dat deze mede vorm en inhoud geeft aan de organisatiestrategie. In paragraaf 5.7 zullen we zien dat ICT een belangrijke impuls kan zijn voor verschillende vormen van innovatie.

De uiteindelijke keuze voor een strategische school en een specifieke optie daarbinnen zijn van belang voor de inzet van ICT. De koers van een organisatie voor de langere termijn en de inzet van ICT daarbij noemen we ook wel de business-IT-strategie. Doorgaans wordt de Nederlandse term ICT verkort tot IT, omdat dit in lijn is met de Angelsaksische term 'business'. De verschillende ICT-opties in figuur 5.3 kun je zien als werkwijzen waar een organisatie zich voor de langere termijn mee verbindt; vandaar de term IT-strategie. De keuze voor het integraal automatiseren en stroomlijnen van processen (enterprise resource planning of ERP) is bijvoorbeeld een langdurig en kostbaar traject. Datzelfde geldt voor het verkopen van producten via het web (e-commerce): dit vraagt om een duidelijke visie op omgaan met klanten en het automatiseren van uiteenlopende klant- en logistieke processen. In de praktijk is het in lijn brengen van de business en ICT, de zogenoemde **business-IT-alignment**, een belangrijke taak van de CIO.

5.3 Soorten informatie

Voordat we in de volgende paragraaf ingaan op de verschillende processen en de inzet van ICT daarbij, staan we eerst nog even stil bij een van de belangrijkste 'bouwstenen' van deze processen, namelijk informatie. Informatie kunnen we zien als een belangrijk smeermiddel die de processen doet draaien.

Zoals eerder aangegeven kunnen we het creëren van waarde zien als de belangrijkste taak van een organisatie. Er zijn verschillende bronnen voorhanden om deze waarde te kunnen realiseren. Deze bronnen kunnen we onderverdelen in twee hoofdcategorieën, namelijk tastbare en ontastbare bronnen. Tastbare bronnen zijn bijvoorbeeld grondstoffen, medewerkers of machines. Voorbeelden van ontastbare bronnen zijn kennis en informatie. Informatie is in de moderne organisatie een van de belangrijkste bronnen voor waardecreatie. Zoals we in de volgende paragraaf zullen zien, staan processen centraal in de organisatie. Processen kun je zien als logische ketens van activiteiten, en voor het uitvoeren van deze activiteiten is correcte en voldoende informatie noodzakelijk. Voor de uitvoering van processen hebben we niet alleen informatie nodig, maar processen leveren tegelijkertijd ook nieuwe informatie op. Informatie kun je in dat opzicht ook zien als een product of dienst die geleverd wordt aan of door een proces. Het is daarom van belang onderscheid te maken tussen verschillende soorten informatie, net zoals je een onderscheid kunt maken tussen verschillende soorten producten en diensten. Ieder product of iedere dienst (of ieder type informatie) voorziet weer in een andere behoefte, afhankelijk van het type proces en activiteit.

5.3.1 Interne en externe informatie

In de eerste plaats maken we onderscheid tussen interne en externe informatie. Interne informatie is informatie die zich binnen de organisatie bevindt. Deze informatie kun je doorgaans terugvinden in digitale bestanden, formulieren, rapporten, cd-roms of intranetten, maar ook in de hoofden van de eigen medewerkers. Hoe met dit laatste aspect moet worden omgegaan heb je kunnen lezen in paragraaf 4.6, 'Kennismanagement'. Externe informatie bevindt zich buiten de grenzen van de eigen organisatie. Hierbij kun je denken aan toepassingen binnen het wereldwijde web, zoals wiki's of weblogs, aan nationale en internationale regelgeving, aan vergunningen en aan normen (bijvoorbeeld ISO-normen). De grote uitdaging bij het gebruik van externe informatie is dat de 'informatiehorizon' voortdurend verandert. Bepaalde informatiebronnen die vandaag belangrijk zijn voor de organisatie hoeven dat morgen niet meer te zijn. Denk maar aan toepassingen als LinkedIn en Twitter, die vandaag door miljoenen mensen worden gebruikt. Als er morgen een toepassing komt die hipper is of meer gebruiksmogelijkheden heeft, kunnen huidige toepassingen en media in korte tijd veel gebruikers verliezen en daarmee als informatiebron aan belang inboeten.

Het is niet zo dat alle informatie die een organisatie nodig heeft om goed te kunnen functioneren zich reeds binnen de organisatie hoeft te bevinden. Daarom zal bij de uitvoering van de verschillende processen moeten worden vastgesteld welke informatie noodzakelijk is en waar deze zich bevindt. Zowel bij interne als externe informatie is het van belang dat deze op een adequate manier ontsloten wordt, zodat ermee gewerkt kan worden. In de praktijk betekent dit onder andere dat informatie binnen de organisatie op een correcte manier moet worden opgeslagen, dus dat duidelijk is wie bepaalde informatie wel mag lezen of veranderen en wie niet, hoe deze wordt opgeslagen (bijvoorbeeld digitaal of analoog), wie verantwoordelijk is voor het beheer van informatie en wat de status is van informatie (is deze verouderd of actueel?). Bij externe informatie is het onder meer de vraag waar relevante informatie zich zou kunnen bevinden, of de organisatie toegang kan krijgen tot de informatie (al dan niet betaald), wat de betrouwbaarheid is van de informatie (wie is de bron?) en welke inspanning de organisatie eventueel wil verrichten om de informatie van buitenaf te vergaren.

Meer intern georiënteerde bedrijfsprocessen zoals productie-, financiële of kwaliteitsprocessen maken voornamelijk gebruik van interne informatie. De voornamelijk extern georiënteerde processen zoals marketing, inkoop of verkoop zullen naast interne informatie meestal ook gebruikmaken van externe bronnen.

5.3.2 Harde en zachte informatie

Behalve tussen interne en externe informatie kunnen we onderscheid maken tussen harde en zachte informatie. Harde informatie omvat gegevens die bewezen kunnen worden aan de hand van cijfers of via wetenschappelijke methoden. Zo kan een accountant zien of een organisatie financieel gezien gezond is zonder dat hij zich hoeft te verdiepen in de organisatie zelf (bijvoorbeeld in de mensen die er werken of in de klanten die ze bedient). Deze harde informatie is doorgaans kwantificeerbaar en objectief (vrij van persoonlijke waardeoordelen) en wordt door de organisatie vaak gebruikt om te kunnen plannen en controleren. Zachte informatie is meer kwalitatief van aard en betreft informatie uit het informele circuit ('de wandelgangen'), persoonlijke belevingen en gevoelens, indrukken op grond van non-verbale communicatie en tal van andere inzichten. Het is alles wat mensen bereikt via mondelinge, persoonlijke communicatie. Het grote verschil tussen harde en zachte informatie is dat harde informatie in principe voor iedereen zichtbaar is omdat deze op een of andere manier is vastgelegd. Het grootste deel van de activiteiten van de kenniswerker bestaat uit informatie verwerken. Tien procent daarvan bestaat uit concrete, harde informatie (wat er op papier staat) en negentig procent uit zachte informatie (wat gevoeld en ervaren wordt). Het contact met klanten levert bijvoorbeeld harde gegevens op in de vorm van omzet of winstcijfers, maar de kwaliteit van het contact zal echter voor weinigen zichtbaar zijn. In de praktijk bestaat het gevaar dat managers sturen op harde informatie, terwijl de medewerkers zich vaak op zachte informatie baseren. Hierdoor kan informatie vervormd doorkomen, waardoor misinterpretatie en miscommunicatie ontstaan. Essentiële signalen komen dan niet meer door. Het is belangrijk dit te voorkomen. Harde informatie is niet belangrijker dan zachtere informatie, of andersom; beide vullen elkaar aan. Harde informatie, die doorgaans door geautomatiseerde systemen wordt gegenereerd, is vaak niet toereikend om beslissingen op te baseren; besluiten moeten in samenhang met zachte informatie worden genomen.

5.4 Digitalisering van processen: e-business

Business kunnen we definiëren als de manier waarop een bedrijf zijn werkzaamheden binnen en buiten het bedrijf vormgeeft om de doelstellingen te realiseren. In het verlengde daarvan ligt de definitie van e-business: de manier waarop een bedrijf met behulp van informatie- en communicatietechnologie zijn werkzaamheden binnen en buiten het bedrijf vormgeeft om de doelstellingen te realiseren. Het verschil zit dus in de toevoeging van het onderdeel ICT. E-business wordt daarom ook weleens beschreven als 'different business as usual': het gaat nog steeds om de business, maar nu met gebruikmaking van ICT.

De business kun je zien als een samenhangend geheel van processen. Deze processen bestaan weer uit onderliggende logisch samenhangende activiteiten. In figuur 5.4 zien we de verschillende processen in relatie tot de business. In eerste instantie

Figuur 5.4   Processen in relatie tot de business

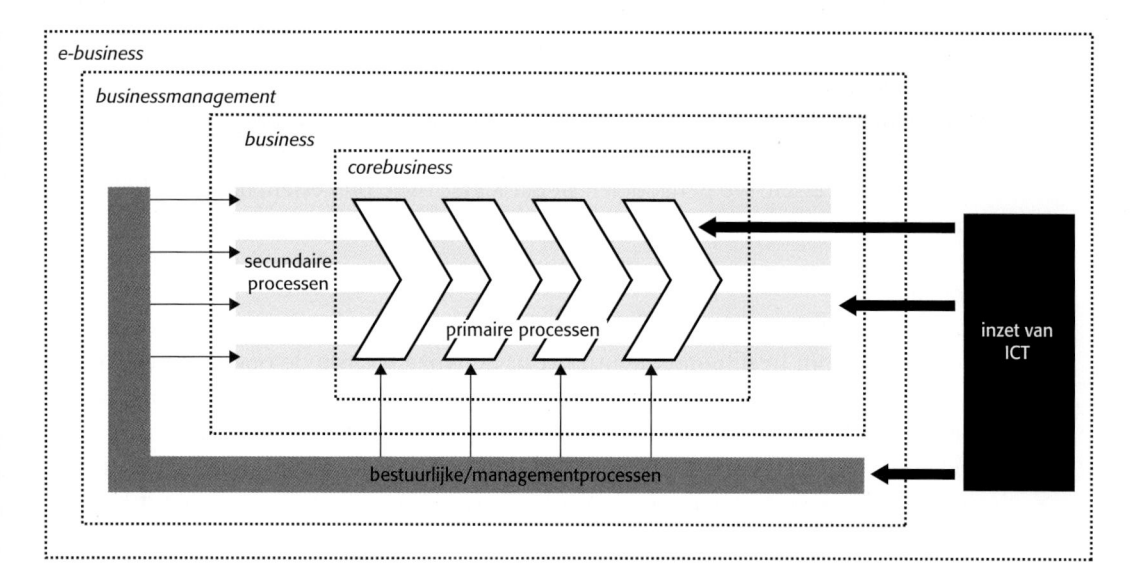

spreken we over primaire processen. Deze vormen het hart van de organisatie en creëren de waarde voor de afnemers. Daarom worden de primaire processen samen ook wel de corebusiness genoemd. Om deze processen goed te laten verlopen worden ze ondersteund door de secundaire processen. Samen met de primaire processen vertegenwoordigen deze de business van de organisatie. Zowel de primaire als de secundaire processen worden aangestuurd, en deze aansturende activiteiten worden management- of bestuurlijke processen genoemd. Dit is het domein van het businessmanagement. Tot slot kan voor alle genoemde processen ICT worden ingezet. Wanneer sprake is van het gebruik van digitale technologie ten behoeve van de business, spreken we van e-business. De volgende paragrafen gaan in op de verschillende processen en de rol van technologie daarbinnen.

5.4.1   Primaire organisatieprocessen

In deze paragraaf kijken we naar de primaire processen. Dit zijn processen (meestal in de vorm van afdelingen) die direct betrokken zijn bij het produceren of voortbrengen van goederen of diensten voor de afnemer en die tevens een directe verbinding hebben met de missie van de organisatie. Onder de missie verstaan we datgene waaraan de organisatie haar bestaansrecht ontleent en bepaalt in de praktijk wat zij produceert. Voorbeelden van primaire processen zijn inkoop, productie, verkoop, marketing en logistiek. Iedere organisatie heeft weer andere primaire processen. Philips heeft bij de productie van ledlampen met heel andere processen te maken dan een hbo-instelling. Het is daarom ook van belang dat je je realiseert dat als je een organisatie probeert te begrijpen in termen van processen, deze voor iedere organisatie anders kunnen zijn. In deze paragraaf maken we onderscheid tussen productieprocessen, dienstverlenende processen en processen die we in beide typen organisaties kunnen tegenkomen. Het betreft hier de meest voorkomende processen, waarbij we vooral kijken naar de rol die technologie binnen deze processen speelt.

Productieprocessen

Productieprocessen hebben betrekking op organisaties die tastbare goederen voortbrengen en dus te maken hebben met goederen- en informatiestromen binnen de primaire processen. We behandelen in dat kader twee processen, namelijk logistiek en productie.

Logistiek

Logistiek heeft te maken met het managen van de fysieke goederenstromen. De goederenstroom heeft consequenties voor de wijze waarop de onderneming haar informatieverzorging organiseert en voor de ICT die ze daarbij inzet. Om zicht te krijgen op welke wijze ICT de logistieke functie heeft beïnvloed, vatten we logistiek hier op als het samenstel van activiteiten dat te maken heeft met de afhandeling van fysieke goederenstromen waardoor de organisatie tijdig en correct kan voldoen aan de klantvraag. Logistiek kunnen we onderverdelen in drie hoofdfuncties, te weten het ontvangen van goederen (ingaande logistiek), het opslaan van goederen (voorraad houden) en het transporteren van goederen naar klanten (uitgaande logistiek). Voor ieder van deze drie functies is ICT van belang geweest.

Ingaande logistiek De ontvangst van goederen door de ene organisatie betekent tegelijkertijd de afgifte ervan door een andere partij. Het nakomen van de afspraken tussen beide partijen betekent vooral het afhandelen van papierstromen. Afleverbonnen worden gecontroleerd door deze te vergelijken met bestelbonnen. Zeker bij grote hoeveelheden goederen leidt dit tot veel tijdverlies. Dit tijdverlies is in veel gevallen te voorkomen door te werken met goederen die zijn voorzien van barcodes of andere technologische oplossingen (zie kader '**RFID** en logistiek') die eenvoudig gescand of ingelezen kunnen worden en waarbij een directe controle plaatsvindt met de in het geautomatiseerde systeem ingevoerde aankooporder. Dit leidt tot tijdwinst en een snellere afhandeling van transacties zoals betaling en na- of terugzending van goederen.

RFID en logistiek

RFID of radio frequency identification (met behulp van een zeer kleine microchip die wordt bevestigd aan een product) fungeert als een virtuele vervanger van de barcode. In een barcode kun je maar een kleine hoeveelheid informatie kwijt, beschadigde codes zijn niet te herstellen en je hebt altijd menselijke input nodig. Deze nadelen verdwijnen bij het gebruik van RFID. De techniek zorgt voor zichtbaarheid in de keten. RFID wordt pas interessant als deze wordt ingezet in de supply chain. Nu nog verliezen supermarkten tussen de 10 en 15 procent aan omzet in de versketen doordat ze goederen moeten weggooien. Dat is met RFID verleden tijd.

Bovendien zullen retailers de nieuwe EU-wet, de General Food Law, moeten volgen, die bepaalt dat je binnen vier uur de vraag 'Waaruit is het product samengesteld?' helder moet kunnen beantwoorden.

Bron: Tijdschrift voor Marketing.

Voorraad houden Het aanhouden van voorraden is te zien als een kostbare oplossing voor weinig optimale klant- of productieprocessen. Daarmee bedoelen we dat de onderneming zich door een slechte inschatting van de gevraagde hoeveelheden vanuit klantzijde of door imperfecte productieprocessen genoodzaakt ziet om voorraden aan te houden voor het geval dat (just in case) zich problemen mochten voordoen. Voorraad is dus een buffer om mogelijke problemen op te kunnen vangen. Voorraad houden is echter ook een dure aangelegenheid, aangezien ruimte kostbaar is en voorraden als zodanig nog geen directe opbrengsten genereren. Dit probleem is grotendeels te verhelpen door de partijen die deel uitmaken van de bedrijfskolom of externe waardeketen met elkaar te laten communiceren. In dat geval weet ieder onderdeel van de keten wat en wanneer het moet produceren. Dit noemen we ook wel **supply chain management**. Het managen van de informatiestromen tussen de verschillende ondernemingen geschiedt door informatiesystemen zodanig met elkaar te koppelen dat men inzicht heeft in de orders die zich in de pijplijn bevinden. De relatief kostbare just-in-casebenadering is in dat geval te vervangen door een just-in-timebenadering van produceren. Daarmee bepaalt de afnemer wie wat wanneer gaat produceren. We spreken in dit verband dan ook wel over het produceren op order (make-to-order) in plaats van over produceren op voorraad. Daarmee is de bedrijfskolom in feite omgekeerd, omdat de klant bepaalt wat er gebeurt en niet de producent.

Uitgaande logistiek De uitgaande logistiek heeft betrekking op het distribueren van de geproduceerde goederen. Hiermee bedoelen we de transportfunctie. Deze functie kan een organisatie zelf verzorgen of uitbesteden aan andere partijen. De uitbestedingsdiscussie speelt in veel bedrijven, of heeft dat gedaan. Waarom zou je immers zelf iets doen wat een ander beter en goedkoper kan? Met betrekking tot het transport is het cruciaal dat de goederen op het juiste moment bij de afnemer zijn. Bovendien willen afnemers vaak weten waar de goederen zich bevinden, zodat ze hiermee rekening kunnen houden voor wat betreft hun eigen productieprocessen en/of hun klanten kunnen laten weten wanneer ze de goederen kunnen verwachten. Ook hier speelt supply chain management een belangrijke rol. Grote transporteurs als FedEx of UPS beschikken over geavanceerde geautomatiseerde track-and-tracefaciliteiten waarmee ze in staat zijn om de goederenstromen optimaal te managen en bijna op het uur nauwkeurig aan klanten kunnen doorgeven wanneer de goederen zullen arriveren, ongeacht het continent waar het product zich bevindt.

Productie

Onder productie verstaan we hier de functie die verantwoordelijk is voor de totstandkoming van het goed of de dienst. Hieronder vallen de inkoopfunctie, de planningfunctie en de productie van het product. We geven aan op welke wijze ICT invloed heeft gehad op de drie functies.

Inkoop Activiteiten binnen de inkoopfunctie zijn voor een deel te automatiseren. In dat geval spreken we van **e-procurement**. E-procurement omvat alle mogelijkheden die elektronische systemen bieden om inkoopprocessen effectiever en efficiënter te laten verlopen, zodat de toegevoegde waarde van het inkoopproces binnen de organisatie kan worden vergroot.[2] E-procurement kent tal van oplossingen, bijvoorbeeld **EDI**, **ERP**, webbased technologie en **workflow-** en **kennismanagement**.

Een van de eerste pogingen om ICT in te zetten in het inkoopproces is **electronic data interchange (EDI)**. In het artikel 'Snel en efficiënt leveren met EDI' hierna zie je hoe EDI in de praktijk werkt. EDI is vooral interessant gebleken voor productiebedrijven. In het geval van EDI kiezen partners in de bedrijfskolom ervoor om elkaar inzicht te geven in de aanwezige voorraden. Indien het voorraadniveau onder een bepaalde grens dreigt te komen, bestelt de computer automatisch de benodigde goederen. Het voordeel voor de inkopende organisatie is dat de voorraden relatief laag kunnen blijven omdat de leverancier de voorraden aanhoudt en verantwoordelijk is voor de tijdige levering van de goederen. Een belangrijk aspect bij samenwerkingsverbanden en het automatiseren van bijbehorende informatiestromen is dat de samenwerkende partners dezelfde standaard in **metadata** hanteren. Metadata[2] zijn gegevens die iets zeggen over de karakteristieken van bepaalde gegevens, zoals een document. Het zijn dus data over data. Metadata bij een bepaald document kunnen bijvoorbeeld de auteur, de datum van schrijven of het aantal pagina's zijn. Het opslaan van metadata heeft als voordeel dat de data makkelijker gevonden kunnen worden door bijvoorbeeld een zoekmachine. Het nadeel van metadata is dat ze moeten worden toegevoegd aan alle gegevens (documenten). Vaak vereist dit extra werk, omdat de gegevens door mensen zelf moeten worden toegevoegd. Het voordeel van een standaard in metadata is dat dezelfde gegevens niet dubbel ingevoerd hoeven te worden, met alle mogelijke risico's op fouten van dien.

Snel en efficiënt leveren met EDI

Rositta Holding, een middelgrote fabrikant van ondermode en 'basic fashion' gevestigd in Sittard, heeft een concept uitgewerkt om sneller en efficiënter aan haar afnemers te kunnen leveren (**efficient customer response**). EDI en het samenspel met de EDI-partner spelen hierbij een belangrijke rol. Met Vroom & Dreesmann zette Rositta een pilotproject op om de nieuwe werkwijze uit te proberen. Met de nieuwe werkwijze is Rositta in staat om razendsnel te leveren. Binnen zestig uur is de bestelling in de winkel aangevuld. Dit is het resultaat van een goed samenspel tussen beide handelspartners: ketenintegratie. Hoe werkt het? Op zaterdagmiddag maakt V&D de resultaten op van de verkopen van die week. Dit gebeurt op basis van de scannergegevens die de kassa's hebben geregistreerd. Van deze gegevens kan snel een helder overzicht van de verkochte artikelen worden gemaakt, zodat V&D al in het weekend de order kan opmaken. Op maandagmorgen liggen bij Rositta de picklijsten al klaar. Woensdag worden de bestelde artikelen, per filiaal verpakt, naar het centrale magazijn van V&D gestuurd, en donderdag liggen ze in de winkel. Deze snelle en efficiënte manier van werken is mogelijk doordat Rositta de bestelling uit voorraad levert en meteen na de ontvangst van de bestelling de productie bijstelt. De artikelen die voor die week uit voorraad worden geleverd, worden in het productietraject weer aangevuld. De seriegroottes zijn kleiner, maar er wordt wel veel gerichter geproduceerd dan vroeger.

Bron: www.tva.nl

Ook internet heeft gevolgen gehad voor de wijze waarop organisaties inkopen. Webbased inkopen betekent vaak dat de leverancier de inkopende partij toegang geeft tot een afgeschermd deel van een website waarop de organisatie op een veilige manier orders kan ingeven. Het geautomatiseerde systeem van de leverancier dat is gekoppeld aan deze site verzorgt de activiteiten die voortvloeien uit de transactie. Momenteel maakt naar schatting 20 procent van de Nederlandse organisaties gebruik van e-procurement.

Workflowmanagement Workflowmanagement kan ervoor zorgen dat inkoopprocessen op een snelle manier verlopen. De partijen die betrokken zijn bij het inkoopproces kunnen dankzij deze toepassing op het juiste moment de juiste activiteiten verrichten. Hierdoor wordt de inkoopmedewerkers veel controlerend en coördinerend werk uit handen genomen.
Tot slot zorgen kennismanagementsystemen ervoor dat de relevante informatie uit de verschillende bestanden wordt gehaald en overzichtelijk wordt gepresenteerd aan het management en de medewerkers. Gegevens kunnen nu gecombineerd worden, wat beter voorziet in de informatiebehoefte van het management. Hierdoor is een betere sturing van het inkoopproces mogelijk, wat bijvoorbeeld kan leiden tot een betere positie in de onderhandelingen met leveranciers.

Planning Om waarde te kunnen leveren aan de afnemer dienen mensen en middelen bijeengebracht te worden. De activiteiten die in dit kader plaatsvinden, vatten we samen onder de noemer planning. Op het moment dat de marketingfunctie kansen in de markt heeft herkend en de verkoopfunctie een transactie tot stand heeft gebracht, dient de inkoopfunctie de juiste middelen in voorraad te hebben, moet de humanresourcesfunctie de juiste mensen gerekruteerd hebben, dient de productiefunctie te produceren en moet de financiële functie de financiële zaken afhandelen. Zoals je ziet zijn al deze functies met elkaar verbonden, en daarom is het van groot belang dat iedere functie weet wanneer zij welke activiteiten heeft uit te voeren. Het managen van deze complexiteit kan worden ondersteund door gebruik te maken van enterprisesystemen. Enterprise resource planning (ERP) is een dergelijk systeem. ERP-software ondersteunt de producent in zijn primaire en secundaire bedrijfsprocessen. Met behulp van ERP-software kan een bedrijf door middel van internet de inkoopfunctie ondersteunen. Een ERP-systeem centraliseert informatie die voorheen versnipperd was over verschillende bedrijfsfuncties en -systemen. Op deze wijze hebben de verantwoordelijke managers inzicht in alle informatiestromen en kunnen ze tijdig bijsturen.

Productie   Ten aanzien van de productiefunctie is het van belang twee zaken te onderscheiden, namelijk de mate van tastbaarheid van het eindproduct en de mate van maatwerk. De mate van tastbaarheid bepaalt hoe het product tot stand komt. In het geval van productiebedrijven spelen de productieprocessen zich voor de afnemers en leveranciers voornamelijk achter de muren van de organisatie af, dus uit het zicht. ICT kan een bijdrage leveren aan het zichtbaar maken van de activiteiten op de productievloer met behulp van **e-manufacturing**. Hiermee krijgt het management onder andere inzicht in de reële productiecapaciteit, noodzakelijke onderhoudsintervallen, geproduceerde hoeveelheden en de status van de orders die onderhanden zijn.

Dienstverlenende processen

De productieprocessen van dienstverleners die ontastbare diensten voortbrengen hebben doorgaans voornamelijk te maken met informatiestromen en in mindere mate met fysieke goederenstromen binnen de primaire processen. Als we kijken naar de indeling van dienstverleners volgens het CBS, zien we een grote hoeveelheid verschillende dienstverleners, variërend van kappers tot uitvaartverzorgers en van banken tot onderwijsinstellingen. Het is ondoenlijk om van al deze dienstverleners een opsomming te geven van de primaire processen en het gebruik van technologie daarbinnen. Toch kunnen we in algemene zin wel een paar opmerkingen plaatsen over de inrichting van de informatiehuishouding van dienstverleners.
Bij de 'productie' van diensten zien we dat de afnemer een belangrijke rol speelt. De afnemer is niet alleen consument in de traditionele zin, maar ook medeproducent van de dienst. We spreken daarom bij diensten liever niet over consumenten maar over prosumenten: de afnemer is consument en producent tegelijk. Een student zal actief moeten deelnemen aan een college om zijn vragen beantwoord te krijgen, iemand die van zijn geblesseerde knie af wil zal door de fysiotherapeut voorgeschreven oefeningen doen, en iemand die gebruikmaakt van de diensten van een advocaat zal wellicht voor de rechtbank moeten verschijnen. De consument produceert in deze gevallen mee. Het fenomeen prosumerschap is van belang voor de informatieverzorging van dienstverleners.

Algemene processen

Processen die we zowel in productie- als in dienstverlenende organisaties kunnen tegenkomen zijn die van marketing en verkoop.

Marketing en verkoop Het is de taak van marketing om de wensen van (potentiële) afnemers in de markt te herkennen en hierop met marktbewerkingsinstrumenten in te spelen. De verkoopfunctie heeft tot taak de feitelijke transactie met de afnemer aan te gaan. Marketing en verkoop vormen samen de commerciële functie van de organisatie. Binnen deze functie onderscheiden we activiteiten als marktonderzoek, product-, prijs-, plaats- en promotiebeleid, acquisitie en accountmanagement.

We hebben gezien dat het gedrag van mensen als gevolg van technologische ontwikkelingen is veranderd. Deze veranderingen zijn vervolgens weer van invloed

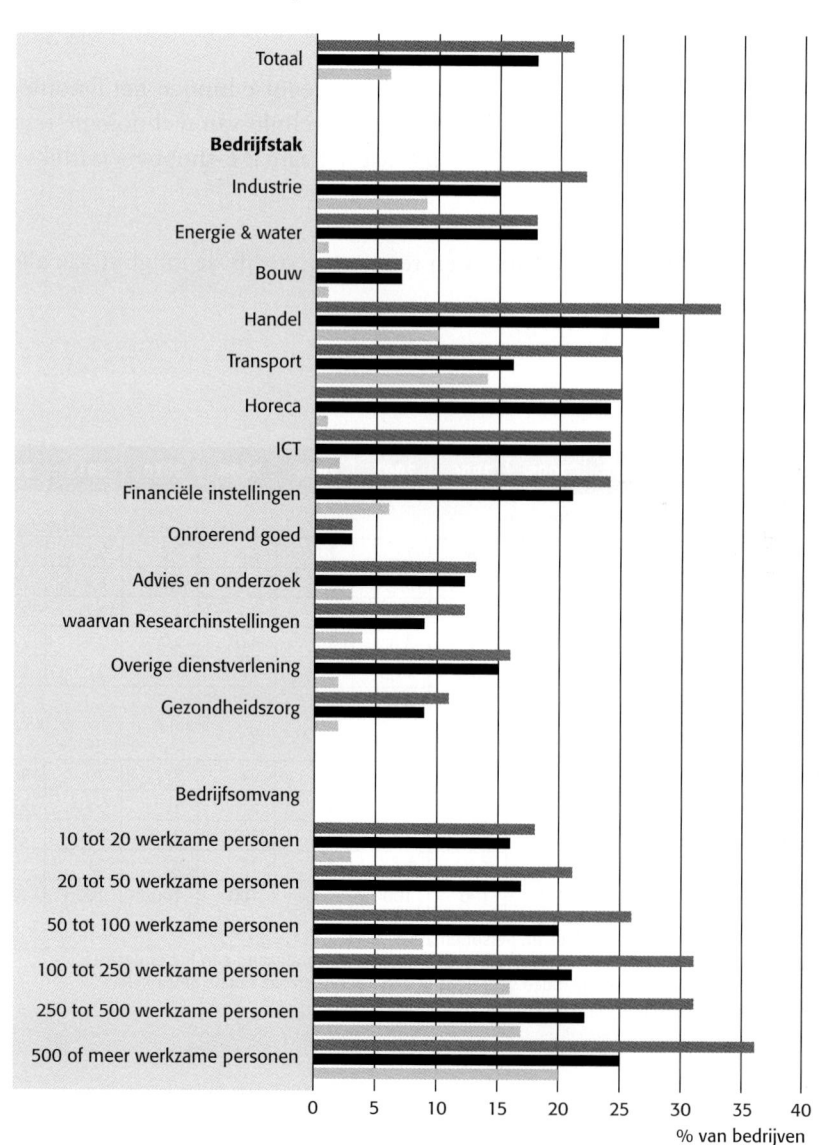

Figuur 5.5 Bedrijven die verkopen via een website of EDI[3]

geweest op de wijze waarop organisaties met hun afnemers omgaan. Vooral de rol die internet heeft gespeeld op het gedrag van beide partijen is hier van belang. Op het moment dat het web, een dienst die kon ontstaan dankzij internet, sinds de jaren negentig van de vorige eeuw wereldwijd gemeengoed is geworden, zijn de commerciële ontwikkelingen in een stroomversnelling gekomen. Het aantal mensen dat online is, is sindsdien explosief gestegen; alleen al in Nederland zijn ruim 12 miljoen gebruikers aangesloten op internet. Dit heeft bedrijven min of meer gedwongen om zichzelf in eerste instantie via het web te presenteren, om vervolgens via het web ook transacties met afnemers aan te gaan. Van een passief instrument, het eenzijdig presenteren van de (producten van de) organisatie, heeft internet zich voor veel bedrijven ontwikkeld tot een (inter)actief instrument waarbij transacties via de website afgewikkeld kunnen worden. Deze ontwikkeling noemen we e-commerce. In figuur 5.5 zie je een overzicht van bedrijven die via een website of EDI verkopen.

E-commerce is waarschijnlijk de bekendste categorie binnen het fenomeen e-business. E-commerce heeft tot doel om met behulp van technologie transacties tot stand te brengen. We zien in figuur 5.6 dat het aantal e-shoppers jaarlijks nog steeds toeneemt.

Uit figuur 5.7 blijkt dat vakanties en reizen nog steeds de ranglijst van alle webaankopen aanvoeren.

Figuur 5.6   Aantal e-shoppers[4]

	2002	2005	2006	2007	2008	2009	2010	2011	2012	2013
absoluut (miljoen)										
Online winkelen	3,6	5,9	6,6	7,5	7,7	8,8	9,3	9,5	9,8	10,3
frequente e-shopper[b]	1,9	3,9	4,5	5,3	5,4	6,0	6,6	6,7	7,1	7,5
minder frequente e-shopper[c]	1,7	2,0	2,1	2,2	2,4	2,7	2,7	2,8	2,7	2,8
geen e-shopper	5,3	4,8	4,2	3,8	3,7	3,0	2,7	2,5	2,4	2,1
Totaal internetgebruikers	8,9	10,7	10,9	11,3	11,5	11,8	12,0	21,1	12,3	12,5
% van internetgebruikers[a]										
Online winkelen	40	55	61	66	67	74	77	79	80	83
frequente e-shopper[b]	21	36	41	47	47	51	55	55	57	61
minder frequente e-shopper[c]	19	19	20	19	21	23	22	23	22	23
geen e-shopper	60	45	39	34	33	25	23	21	19	17
Totaal internetgebruikers	100	100	100	100	100	100	100	100	100	100

Bron: CBS, POLS: 2002; ICT-gebruik huishoudens en personen 2005-2013.
[a] Personen van 12 tot en met 74 jaar met internetgebruik in drie maanden voorafgaand aan het onderzoek.
[b] Frequente e-shoppers hebben in de drie maanden voorafgaand aan het onderzoek online gewinkeld.
[c] Minder frequente e-shoppers deden dat langer dan drie maanden geleden.

Figuur 5.7 Aankopen via het web naar soort[5]

	2011	2012	2013
	% van frequente e-shoppers[b]		
Reizen, vakanties, accommodaties	60	60	63
Kleding, sportartikelen	52	55	62
Kaartjes voor evenementen	47	46	52
Literatuur (boeken, tijdschriften)	43	40	46
Software	22	26	33
Elektronische benodigdheden	27	24	31
Goederen voor het huishouden[a]	27	30	31
Film, muziek	27	26	28
Aandelen, financiële diensverlening, verzekeringen	19	17	19
Levensmiddelen, cosmetica- en schoonmaakmiddelen	13	13	16
Hardware	12	12	15
Andere aankopen	10	12	15
Loterijen of gokken	8	8	11

Bron: CBS, ICT-gebruik huishoudens en personen, 2011-2013.
[a] Bijvoorbeeld meubels, wasmachines en speelgoed.
[b] Personen die in de drie maanden voorafgaand aan het onderzoek online aankopen hebben gedaan.

Redenen voor bedrijven om juist niet via internet te verkopen vinden we in figuur 5.8.

Figuur 5.8 Redenen om niet of minder via een website te verkopen[6]

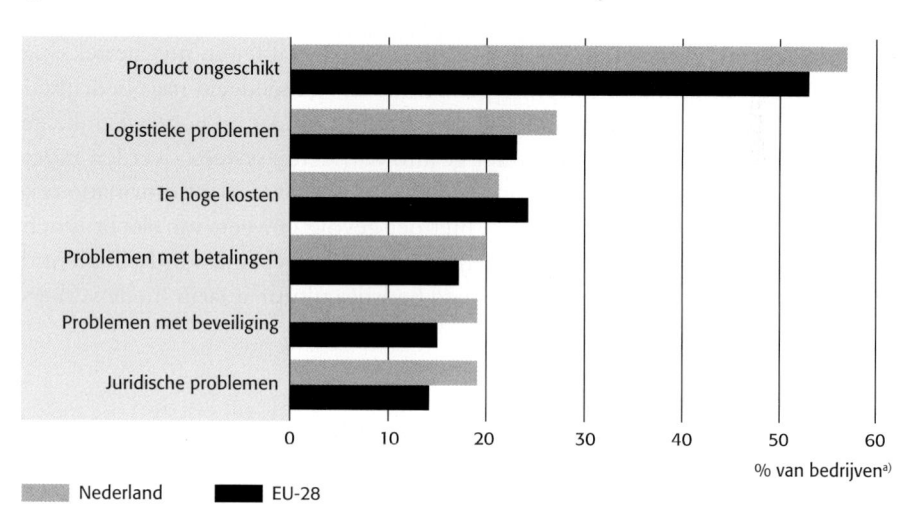

Bron: CBS, ICT-gebruik bedrijven; Eurostat.
[a] Bedrijven met tien of meer werkzame personen.

Naast internet bestaat er nog een groot aantal andere technologische toepassingen binnen de consumentenmarkt. Zo beschikt de gemiddelde consument over verschillende *klantenkaarten*, al of niet voorzien van een magneetstrip die door de uitgever van de kaart is uit te lezen. Slimme *kassasystemen* maken deel uit van een informatiesysteem waarmee de organisatie de bevoorrading kan aansturen, koop-patronen kan registreren en bestellingen kan invoeren. Via *mobiele technologie* kunnen afnemers bestellingen doorgeven, betalingen doen of zich laten informeren over aanbiedingen. Bedrijven hebben eigen *callcenters* of schakelen externe partijen in om grote hoeveelheden klantcontacten af te wikkelen. Via *virtuele marktplaatsen* proberen vragers en aanbieders tot elkaar te komen zonder tussenkomst van intermediairs.

Een ontwikkeling die we hier specifiek willen benoemen is **customer relationship management (crm)**. Crm is te zien als een organisatiestrategie die tot doel heeft langetermijnrelaties met afnemers op te bouwen en deze verder te ontwikkelen, mede door de inzet van ICT. Een crm-systeem verzamelt en bewerkt relevante klantgegevens en analyseert de uitkomsten. Op basis van deze uitkomsten is een aanbieder beter in staat manifeste (zichtbare) en latente (voor de afnemer zelf nog niet zichtbare) behoeften van zijn afnemer te herkennen en hierop actie te ondernemen. Deze methode is bij bedrijven die te maken hebben met grote hoeveelheden transacties, zoals financiële dienstverleners of supermarkten, de afgelopen jaren populair geweest. Zo werken supermarkten en winkelketens met klantenkaarten waarmee ze de aankopen eventueel op naam kunnen registreren. Door deze gegevens stelselmatig te laten analyseren met behulp van algoritmes binnen geautomatiseerde systemen, kunnen verbanden worden blootgelegd die door mensen niet te zien zijn. In paragraaf 5.6 gaan we hier dieper op in. Door op deze manier te werken is het aanbod beter op de specifieke behoeften af te stemmen en kan meer maatwerk worden geleverd. Banken en verzekeraars doen hetzelfde door op basis van de transacties profielen op te stellen waarmee ze de afnemer gerichter kunnen benaderen. Het kunnen leveren van maatwerk is dus een belangrijk voordeel van het gebruik van crm. In figuur 5.9 zie je een aantal feiten met betrekking tot het gebruik van crm en het eerder genoemde ERP, ingedeeld naar bedrijfstak.

Veel crm-projecten zijn onder andere mislukt omdat de noodzakelijke gegevens door de medewerkers niet in het geautomatiseerde systeem werden ingevoerd, en zonder deze gegevens is het ondoenlijk om relevante klantinformatie te genereren. De mislukking is in die gevallen niet het gevolg geweest van slecht functionerende ICT maar van de specifieke bedrijfscultuur. Het gebruik van ICT dient dus ondersteund te worden door een adequate bedrijfscultuur waarin medewerkers bereid zijn om kennis en informatie met elkaar te delen.

5.4.2 Secundaire organisatieprocessen

Secundaire processen staan ten dienste van alle primaire processen, de andere secundaire processen en de managementprocessen. Ze maken de uitvoering van de andere processen dus mogelijk. We mogen daaruit echter niet concluderen dat deze ondersteunende activiteiten daarom minder belangrijk zijn. In tegenstelling tot de primaire, direct op waardecreatie gerichte activiteiten is de waarde van de secundaire activiteiten vaak minder zichtbaar en meetbaar voor de afnemer. De waarde van een werkcollege, een primaire activiteit in het onderwijs, zul je waarschijnlijk anders inschatten dan de waarde van een opgeruimd lokaal. Het gaat echter niet om de waarde van de afzonderlijke activiteiten maar om het geheel ervan. Primaire

Figuur 5.9   Gebruik van ERP- en crm-software naar bedrijfstak[7]

	ERP-software	CRM-software voor opslag klantgegevens	CRM-software voor analyse klantgegevens
	% van bedrijven[a]		
Totaal	32	36	21
Bedrijfstak			
Industrie	51	40	23
Energie & water	41	33	21
Bouw	26	25	8
Handel	37	38	27
Transport	29	25	13
Horeca	5	10	7
ICT	43	64	44
Financiële instellingen	23	52	35
Onroerend goed	44	49	22
Advies en onderzoek	32	49	26
Waaronder researchinstellingen	34	44	23
Overige dienstverlening	22	35	21
Gezondheidszorg	19	26	11
Bedrijfsomvang			
10 tot 20 werkzame personen	19	28	15
20 tot 50 werkzame personen	37	38	22
50 tot 100 werkzame personen	53	49	31
100 tot 250 werkzame personen	64	55	35
250 tot 500 werkzame personen	64	55	37
500 en meer werkzame personen	68	59	38

Bron: CBS, ICT-gebruik bedrijven.
[a] Bedrijven met tien of meer werkzame personen.

en secundaire activiteiten en processen zijn onlosmakelijk met elkaar verbonden, en datzelfde geldt voor de wijze waarop organisaties deze processen automatiseren.
In deze paragraaf gaan we in op een aantal secundaire functies en hun relatie met ICT. De scheidslijnen tussen deze functies zijn niet altijd even goed te trekken. Daarom kan in de praktijk onduidelijkheid bestaan over wie nu voor welke activiteiten verantwoordelijk is. In de literatuur en in de dagelijkse praktijk bestaat er geen eenduidigheid over welke functies we tot de ondersteunende functies moeten rekenen. Dit hangt onder meer af van het type bedrijf, het type product en het type klant. In de literatuur wordt wel gebruikgemaakt van het acroniem SCOPAFIJTH om de ondersteunende processen te kunnen duiden. Het acroniem staat voor Security, Communicatie, Organisatie, Personeel, Administratieve organisatie, Finan-

ciën, Informatievoorziening, Juridisch, Technologie en Huisvesting. We behandelen hierna een aantal van deze ondersteunende processen.

Financieel management

Het doel van de financiële functie is van oudsher het zorgdragen voor het bezit van de onderneming. De financiële functie kende een voornamelijk interne oriëntatie. Het financieel management heeft tegenwoordig ook een duidelijke externe oriëntatie, bijvoorbeeld wat betreft het aantrekken van de benodigde financiële middelen van de kapitaalmarkt. Beide oriëntaties komen terug in de werkvelden waar de financiële functie zich onder andere mee bezighoudt:[8]

- *De administratieve organisatie*: het betreft hier de planning- en beheersfunctie (control) van de organisatie. Deze omvat maatregelen die erop gericht zijn de betrouwbaarheid van de gegevensverwerking te waarborgen en te verhogen. We spreken in dit verband ook wel over bestuurlijke informatieverzorging.
- *De financiële administratie*: hier is het van belang de financiële stromen binnen de organisatie te monitoren, zodat een duidelijk beeld ontstaat van de liquiditeit (kan de organisatie voldoen aan haar direct opeisbare verplichtingen?), de solvabiliteit (kan de organisatie op langere termijn voldoen aan haar financiële verplichtingen?) en de rentabiliteit (winst op het totale en/of het eigen vermogen) van de organisatie.
- *De communicatiefunctie*: interne (management) en externe belanghebbenden (aandeelhouders, kapitaalverschaffers) dienen geïnformeerd te worden over de financiële situatie van de onderneming, zodat ze daarop hun toekomstige beslissingen kunnen baseren.

Simpel gezegd draagt de financiële functie de verantwoordelijkheid voor de registratie van de kosten en opbrengsten en rapporteert zij hierover aan de verschillende primaire en secundaire functies binnen de organisatie en aan externe stakeholders. De handmatige activiteiten die in dit kader plaatsvonden zijn grotendeels overgenomen door geautomatiseerde systemen. Het is de taak van het financieel management om de verkregen informatie te toetsen op het waarheidsgehalte, zodat een integer (waarheidsgetrouw) beeld van de financiële situatie van de organisatie ontstaat. Integriteit houdt ook in dat het management op de hoogte wil zijn van de reële financiële situatie, dat wil zeggen op ieder moment van de dag (realtime). Tijdige en kloppende cijfers stellen het management in staat adequate beslissingen te nemen. De aspecten tijdigheid en betrouwbaarheid stellen eisen aan de wijze waarop organisaties hun financiële huishouding organiseren. Deze huishouding wordt ook nog eens beïnvloed door het feit dat online transacties deel gaan uitmaken van de bedrijfsvoering. Hierdoor evolueert de traditionele financiële functie naar een situatie waarin sprake is van e-finance. In het ideale geval maakt de financiële functie van de eigen organisatie deel uit van een financieel netwerk waarbij partners in de bedrijfskolom online en realtime financiële gegevens uitwisselen. Bij veel bedrijven is hiervan echter nog geen sprake en is men voornamelijk gericht op het optimaliseren van de eigen financiële administratie. Vooral door de invoering van ERP-systemen kunnen bedrijven deze optimalisering realiseren.

Informatie/ICT

Iedere primaire en secundaire functie heeft te maken met informatie. Zonder tijdige en juiste informatie is adequate sturing van de verschillende functies welhaast onmogelijk. Doordat grote delen van de informatieverzorging tegenwoordig zijn geautomatiseerd (we spreken in dit verband ook wel over informatisering), zien we dat deze informatie zichtbaarder en tevens beter toegankelijk is voor de verschillende interne en externe partijen, mits deze goed is georganiseerd uiteraard. In het kader 'Bedrijfsgegevens zitten vol gebreken' kun je zien waar het zoal verkeerd kan gaan.

We kunnen stellen dat vergaande informatisering van invloed is op de 'waarde' van informatie in de moderne organisatie. Op het moment dat de noodzakelijke informatie kwalitatief hoogwaardiger is en sneller te genereren als gevolg van de inzet van geautomatiseerde systemen, zal deze informatie waardevoller zijn voor de medewerkers van de organisatie. Aangezien informatie tot het kapitaal van de organisatie behoort, is het opzetten van een aparte ondersteunende functie in de interne waardeketen verdedigbaar. Het is een secundaire functie, omdat deze de besluitvorming binnen de primaire functies, waar zich de activiteiten afspelen die direct op de afnemers gericht zijn, ondersteunt. Vooral grotere bedrijven zien het belang in van de waarde van informatie, en daarom benoemt het strategisch management een CIO, een Chief Information Officer, die verantwoordelijk is voor de informatiefunctie (zie ook hoofdstuk 3).

Informatie kent twee dimensies. De eerste is de technische dimensie. Hier gaat het om de technologie die de informatieverzorging ondersteunt. De tweede dimensie is de kwaliteit van de informatie zelf. Vaak doet zich hier een probleem voor, want wie is nu uiteindelijk verantwoordelijk voor de kwaliteit van de gegevens? In het kader 'Bedrijfsgegevens zitten vol gebreken' komt dit probleem naar voren.

Bedrijfsgegevens zitten vol gebreken

Het verschil tussen 'Kerkstr.' en 'Kerkstraat' is voor iemand die een adres leest niet relevant, als hij het al opmerkt. Voor een computer zal er echter altijd een verschil tussen bestaan, en deze concludeert dus dat er sprake is van twee verschillende adressen. Het is maar één voorbeeld van de gebrekkige datakwaliteit, een probleem dat bedrijven handenvol geld kost. De komende jaren zullen de duizend grootste bedrijven van de wereld meer schade lijden door gebrekkige gegevens dan ze verdienen aan het invoeren van crm- en ERP-applicaties. En gebrekkige datakwaliteit is niet alleen een erfenis uit het verleden; er komt elke dag nieuwe ellende bij. Er zijn genoeg webapplicaties waar je niet je postcode in het juiste formaat kunt invoeren, omdat daar door de sitebouwer geen rekening mee is gehouden. Je wordt gedwongen om nonsens in te voeren.

De impact van gebrekkige datakwaliteit gaat echter verder. Ook op andere gebieden is het belangrijk om de vraag te stellen of gegevens wel aanwezig, consistent genoteerd en integer zijn. In de financiële arena komt de kwestie aan de orde bij de worsteling om accuratesse in de budgettering te realiseren en bij de dreiging niet goed aan de regelgeving omtrent financiële rapportage te kunnen voldoen. Ook andere backofficeactiviteiten, zoals in productieomgevingen en in de logistieke keten, worden beïnvloed door datakwaliteit. Gebrekkige gegevens over producten, het beheer van materialen enzovoort leiden tot matige producten en het onvermogen om de juiste voorraden aan te houden. Een systeem kan bijvoorbeeld melden dat een product niet leverbaar is, terwijl het wel in de schappen ligt maar onder een verkeerde naam in het systeem is ingevoerd.

Vaak krijgt de ICT-afdeling de schuld van deze fouten, maar deze afdeling kan niet zomaar verantwoordelijk worden gesteld voor de kwaliteit van de bedrijfsgegevens. De business, en niet ICT, moet definiëren wat de minimumkwaliteit van gegevens moet zijn. In de meeste organisaties is er een flinke cultuurverandering nodig om dat te beseffen. De ICT-afdeling heeft alle recht om de verantwoordelijkheid af te schuiven, want die kent de bedrijfsprocessen niet goed genoeg, en met technologie alleen is het ook nooit op te lossen. Er moet altijd ook iemand uit de verkoop, de marketing of een andere relevante afdeling bij betrokken zijn.

Bron: *AutomatiseringGids*[9]

Mede op basis van het voorgaande kader kunnen we zeggen dat het goed is om een aparte informatiefunctie in het leven te roepen, maar dat het de overige functies niet ontslaat van de plicht om juiste gegevens aan te leveren.

Humanresourcesmanagement
We benadrukten in het vorige hoofdstuk al de cruciale rol van de medewerker/kenniswerker. Het is de medewerker die, vooral in de dienstensector, de contacten met de afnemer afwikkelt. Het is de taak van hrm om het menselijk talent in (arbeids)organisaties optimaal te benutten. Hierbij passen activiteiten als werving en selectie van medewerkers, loopbaanontwikkeling, zorg voor goede arbeidsomstandigheden en personeelsevaluaties. Om deze en andere activiteiten op een adequate manier uit te kunnen voeren, gebruikt de functie ICT als ondersteunend middel. We spreken hier dan ook wel over de informatisering van het personeelsmanagement. We kunnen verschillende functionele categorieën personeelsinformatiesystemen (PI-systemen) onderscheiden:[10]

1 *Basis*: het betreft hier zaken als de algemene personeelsadministratie en de salarisadministratie.
2 *Aanwezigheid en afwezigheid*: in dit kader onderscheiden we activiteiten als ziekteverzuimadministratie, verlofadministratie, project- en urenadministratie.
3 *Personeelsbeheer en personeelsbeleid*: het gaat hier onder andere om roosterplanning, loopbaanontwikkeling, opleiding en management development (MD-trajecten).
4 *Diverse subsystemen*: hier betreft het aspecten als pensioenadministratie, medische dossiers en centrale agenda's.

Evenals de eerder genoemde primaire en secundaire functies maken hrm-systemen steeds vaker deel uit van een centraal systeem voor enterprise resource planning (ERP), zodat het gevaar van onoverzichtelijke en dus weinig transparante PI-(sub)systemen wordt voorkomen. In dit geval kunnen we dan ook spreken van **e-hrm**, omdat moderne elektronica de hrm-functie ondersteunt. Het is echter niet zo dat we hrm nu kunnen vervangen door e-hrm. E-hrm maakt uitdrukkelijk deel uit van de hrm-functie, en niet andersom. Het kan in een aantal gevallen aantrekkelijk zijn om ICT in te zetten in de verschillende hrm-processen. Een aantal voorbeelden zie je in figuur 5.10. Uit de voorbeelden blijkt dat verschillende processen binnen de hrm-functie effectiever en efficiënter uitgevoerd kunnen worden. ICT kan dus van invloed zijn op de snelheid en kwaliteit van de processen. Samenvattend kunnen we zeggen dat ICT de hrm-functie interactiever en proactiever heeft gemaakt. Dankzij ICT kan de hrm-functie samen met de medewerkers een grotere bijdrage leveren aan de strategie van de onderneming, doordat deze in een eerder stadium zicht heeft op de sterkten en zwakten van het eigen personeel en hierop tijdig actie kan ondernemen.

Figuur 5.10 ICT kan op diverse wijzen worden ingezet in hrm[11]

Werving	• Sollicitanten kunnen via een website digitaal solliciteren. • Bedrijven kunnen zich via websites presenteren of vacatures aanbieden.
Selectie	• Een manager kan met behulp van een e-tool de juiste vragen opstellen. • Software kan op basis van ingevulde vragenlijsten een overzicht geven van de competenties van de sollicitant.
Beoordeling	• Vanuit verschillende systemen krijgt de manager de prestaties van zijn medewerkers aangeleverd. • De medewerker krijgt voorafgaande aan de beoordeling digitaal vragenlijsten toegestuurd om zich voor te bereiden op het gesprek.
Beloning	• Software kan de manager ondersteunen in het zichtbaar maken van de consequenties ten aanzien van het eventueel toekennen van beloningen. • Medewerkers kunnen op basis van software hun eigen beloningspakket samenstellen.
Management development	• Een manager ontvangt periodiek overzichten van zijn managementpotentials op basis van beoordelingsgesprekken.
Opleiding	• Medewerkers kunnen zichzelf scholen via e-learning. • Op basis van digitale self-assessment krijgen medewerkers input om hun persoonlijke ontwikkelingsplannen (POP) op te stellen.
Personeels-administratie	• Medewerkers kunnen tot op zekere hoogte zelf mutaties doorvoeren in de administratie. • Medewerkers hebben inzicht in (een deel van) hun personeelsdossier.

Hr-professionals verzamelen veel data. Door het vergaand digitaliseren van personeelsgegevens wordt het een steeds grotere uitdaging om deze gegevens slim te interpreteren. Het meetbaar en inzichtelijk maken van de impact van investeringen in het menselijk kapitaal van de organisatie wordt namelijk steeds belangrijker. Met behulp van **HR analytics** kunnen de hr-activiteiten beter onderbouwd worden, doordat een koppeling wordt gemaakt tussen hr en de resultaten van de organisatie.

Omdat in dienstverlenende organisaties de personeelskosten een steeds groter deel uitmaken van de totale kosten en omdat het succes van dienstverleners voor een belangrijk deel afhankelijk is van de mensen, kunnen organisaties logischerwijs veel winst behalen als de investeringen in medewerkers beter inzichtelijk en meetbaar zijn. Hr moet daarom steeds meer evidencebased werken, oftewel besluitvorming kwantitatief kunnen onderbouwen. Door de inzet van HR analytics kunnen toekomstige scenario's en risico's beter ingeschat worden. De hr-medewerker zal zich hierdoor in toenemende mate ICT-vaardigheden moeten eigen maken, want de organisatie zal de prestaties van het personeel en de investeringen hierin meer en meer willen kwantificeren. Een tool hiervoor kan bijvoorbeeld **e-learning** zijn. E-learning heeft als doel om mensen langs technologische weg op te leiden. Het uitgangspunt daarbij is 'any time, any place, any path, any pace'. Leren kun je doen wanneer je zelf wilt, op elke plek, op je eigen manier en tempo. Het voordeel voor zowel de medewerker als hr is dat de vorderingen zichtbaar kunnen worden gemaakt en daardoor beter te sturen zijn door de verantwoordelijken.

5.4.3 Managementprocessen

Het hoofddoel van een organisatie is het creëren van waarde voor de afnemers. Om hier goed en tijdig op te kunnen sturen is het essentieel dat het management op de hoogte is van de relevante informatie. Hiertoe kan gebruik worden gemaakt van een managementinformatiesysteem (MIS). Het MIS wordt 'gevoed' door een aantal informatiebronnen. In de eerste plaats is dat macro-informatie, ofwel informatie die voortkomt uit maatschappelijke ontwikkelingen. Het betreft hier onder andere economische, politieke en technologische ontwikkelingen. Deze ontwikkelingen worden doorgaans in een DESTEP-analyse beoordeeld. Voor iedere organisatie kan de invloed van deze ontwikkelingen anders uitwerken op de bedrijfsvoering. Het is van belang de verschillende ontwikkelingen structureel te analyseren en te bepalen hoe groot de impact hiervan kan zijn voor de organisatie. In figuur 5.11 zie je dat de omgevingsdynamiek van invloed is op de marktdynamiek. Dus behalve aan informatie over ontwikkelingen in de samenleving heeft een organisatie ook behoefte aan marktinformatie. Het betreft onder andere informatie over afnemers, leveranciers, concurrenten en mogelijke andere belanghebbenden (stakeholders). Ook deze informatie dient uiteindelijk terecht te komen in het managementinformatiesysteem van de organisatie. Het management bepaalt zelf welke informatie het wenst te verzamelen en hoe deze gepresenteerd moet worden. Naast alle externe informatie dienen ook de prestaties van de eigen organisatie op een gestructureerde wijze verzameld te worden in het MIS.

Het gaat dan om informatie die voortkomt uit de verschillende primaire en secundaire processen. Er kunnen koppelingen worden gemaakt met de externe informatiebronnen, zodat er managementinformatie ontstaat. Deze informatie kan worden vertaald naar de verschillende managementniveaus (strategisch, tactisch, operationeel). In figuur 5.12 zie je dat het hier gaat om verschillende typen beslissingen. Naarmate een manager zich op een hoger hiërarchisch niveau bevindt, zullen doorgaans zijn beslissingen ongestructureerder zijn, oftewel zijn beslissingen geven minder goed richting aan het concrete handelen van medewerkers. Zo bestaat er

Figuur 5.11 Informatiebronnen voor het managementinformatiesysteem

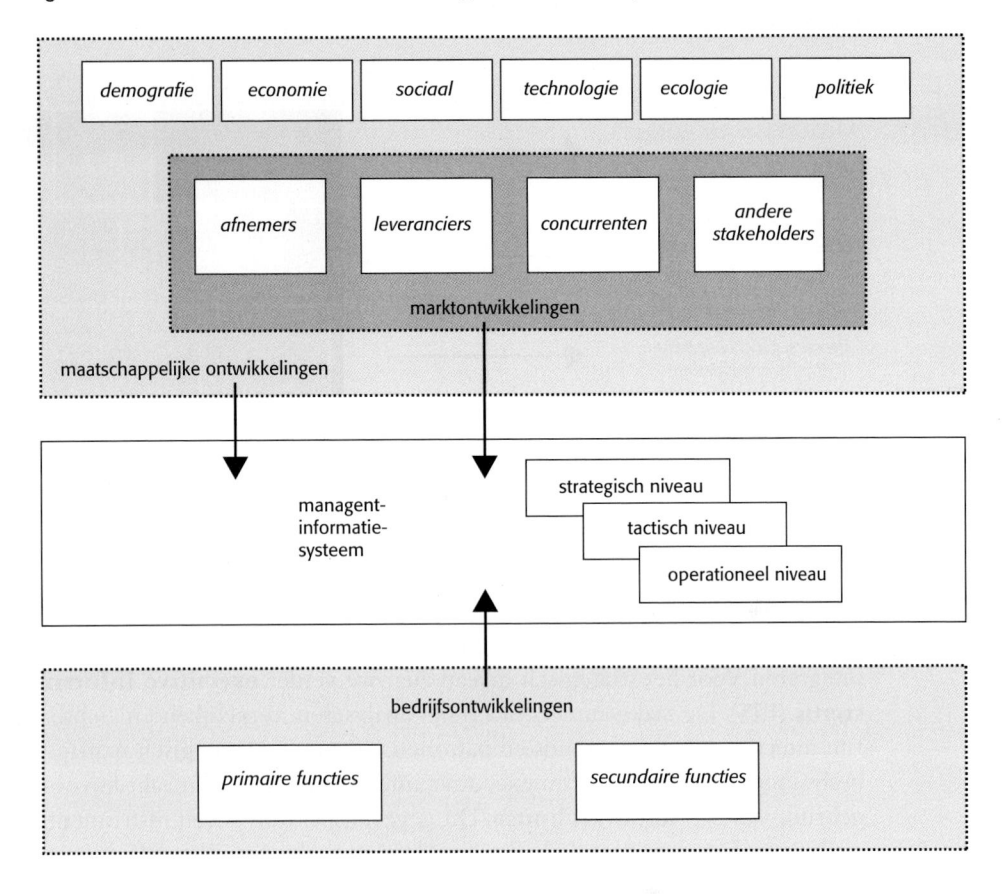

[demografie] [economie] [sociaal] [technologie] [ecologie] [politiek]

[afnemers] [leveranciers] [concurrenten] [andere stakeholders]

marktontwikkelingen

maatschappelijke ontwikkelingen

managent-informatie-systeem

strategisch niveau
tactisch niveau
operationeel niveau

bedrijfsontwikkelingen

[primaire functies]   [secundaire functies]

een verschil tussen de strategische beslissing om 'synergievoordelen uit een fusie te behalen' en een operationele beslissing om 'morgen duizend auto's te produceren'. Beide beslissingen zijn van een totaal andere orde.

Met dit onderscheid houden managementinformatiesystemen rekening. Als overkoepelende term willen we hier **businessintelligence (BI)** noemen. Het gebruik van BI moet leiden tot beter onderbouwde managementbeslissingen. BI is het proces van systematisch exploreren, analyseren en rapporteren van informatie ten behoeve van operationele, tactische en strategische besluitvorming binnen de organisatie. De relevante informatie noemen we intelligence. Op uitvoerend niveau zien we verschillende operationele systemen. Deze hebben als taak de dagelijkse activiteiten te ondersteunen en de stroom gegevens te verwerken die hieruit voortvloeit. Je kunt hierbij denken aan activiteiten en informatiestromen ten behoeve van de eigen administratie of activiteiten in het kader van uiteenlopende productieprocessen.

Managementactiviteiten kunnen door verschillende systemen worden ondersteund. Een **decision support system** (DSS: ondersteunend besluitvormingssysteem) is er ten behoeve van het tactisch en strategisch management. Dergelijke systemen

Figuur 5.12 Verschillende informatiesystemen, verschillende typen beslissingen en verschillende hiërarchische lagen

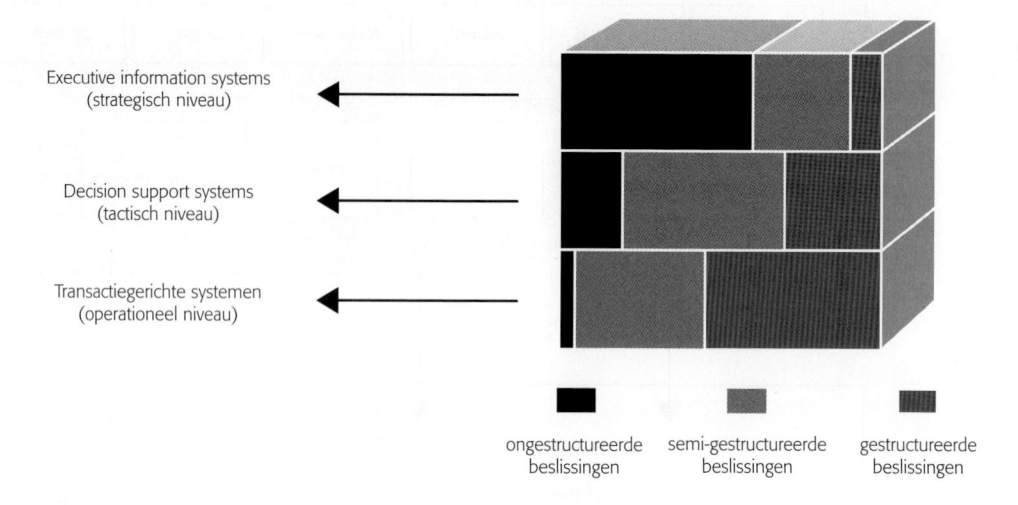

Executive information systems (strategisch niveau)

Decision support systems (tactisch niveau)

Transactiegerichte systemen (operationeel niveau)

ongestructureerde beslissingen   semi-gestructureerde beslissingen   gestructureerde beslissingen

voorzien in informatie en modellen ter ondersteuning van besluitvorming door bedrijfsresultaten, planningen, prognoses en eenvoudige presentatiemethoden te integreren. Voor het strategisch niveau zien we verder **executive information systems** (EIS). De taak van een EIS is het analyseren, vergelijken en zichtbaar maken van interne en externe trends en patronen waarop het strategisch management zijn beslissingen kan baseren. Een executive information system maakt bijvoorbeeld gebruik van een **datawarehouse**. Dit gegevenspakhuis is een instrument voor de opslag van gegevens met de bedoeling deze te analyseren. Een EIS is een toepassing die gebruikmaakt van het datawarehouse om de data te analyseren en ze voor het management op overzichtelijke wijze te presenteren. Tegenwoordig spreken we in dit verband eerder over **OLAP**-toepassingen (**online analytical processing**). Op basis van de analyses van het EIS zien bedrijven nieuwe mogelijkheden voor bijvoorbeeld **crossselling**, **upselling** of **deepselling**. Supermarkten kunnen bijvoorbeeld op basis van de dagelijkse gegevens afkomstig van klantenkaarten informatie vergaren om de winkel optimaal in te richten. Een van de manieren om essentiële gegevens in een datawarehouse op te slaan, is via een crm-systeem. Customer relationship management is naast een informatiesysteem vooral een commerciële filosofie, die aangeeft dat alle contacten met klanten in een centraal systeem gedocumenteerd dienen te worden.

5.5 Business en social media

We leven in een wereld waarin we steeds intensiever communiceren door het toenemend gebruik van social media. Ten opzichte van de tijd voor het wereldwijde web communiceren we nu niet alleen anders, maar vooral beduidend méér. Het aantal socialmedia-applicaties groeit nog steeds. Binnen dit dynamische socialmedialandschap is het de vraag op welke (mix van) toepassingen je als bedrijf in moet zetten om met je afnemers in contact te komen en/of te blijven. Dit vraagt kennis van zowel het aanbod van toepassingen als de mogelijkheden daarvan. Vervolgens is het de vraag in hoeverre de keuze voor een toepassing of een mix van toepassingen past binnen de uitgangspunten en de strategie van de organisatie. De socialmediastrategie wordt gevoed door de online activiteiten van de organisatie. In figuur 5.13 zie je de logica achter de opzet van een socialmediastrategie.

In paragraaf 5.2 hebben we gezien dat de organisatiestrategie en ICT elkaar kunnen beïnvloeden. In een digitale wereld zal de invloed van technologie op de organisatiestrategie alleen maar sterker worden, wat resulteert in een business-IT-strategie. Deze is vervolgens weer bepalend voor achtereenvolgens de marketing-, communicatie-, verkoop- en fulfilmentstrategie. Deze laatste laat zien hoe de klanten uiteindelijk krijgen wat ze gekocht hebben en hoe wordt voldaan aan de verwachtingen van de afnemer. Binnen ieder van deze onderdelen zal aandacht geschonken worden aan zowel de online als de offline activiteiten en de koppeling tussen beide. De online activiteiten vormen directe input voor de socialmediastrategie. De hoofdvraag die deze strategie beantwoordt is de volgende: 'Hoe gaan we de marketing-, communicatie-, verkoop- en fulfilmentdoelstellingen bereiken met behulp van een geïntegreerde inzet van online media?' Het antwoord op deze vraag wordt steeds complexer, omdat het aanbod van social media toeneemt en de afnemers snel en gemakkelijk kunnen switchen van toepassing. Dat maakt het lastig om ze te 'volgen'.

Figuur 5.13 Opbouw van een socialmediastrategie

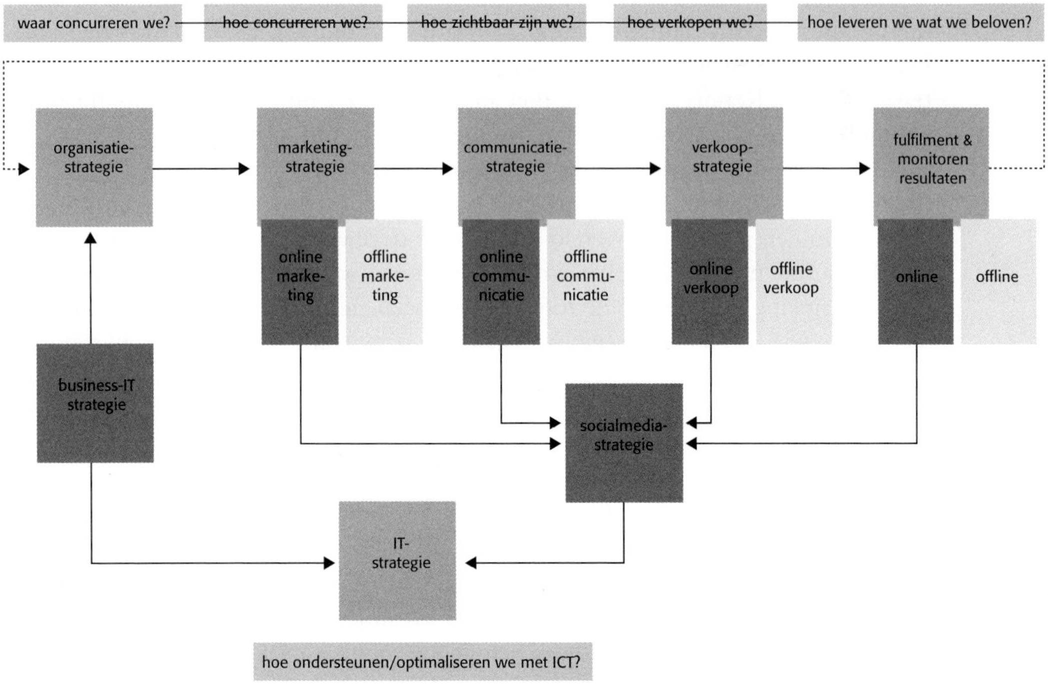

In figuur 5.14 zien we met welke uiteenlopende doelen organisaties tegenwoordig social media inzetten.

Figuur 5.14 Toepassingen social media door bedrijven[12]

Imago bedrijf ontwikkelen/marketing van producten

Personeel werven

Meningen/recensies van klanten verkrijgen

Samenwerken met zakenrelaties

Klanten betrekken bij productontwikkeling/innovatie

Informatie uitwisselen binnen het eigen bedrijf

0 10 20 30 40 50 60 70 80
% van bedrijven die sociale media gebruiken[a]

▨ 2012   ■ 2013

Bron: CBS, ICT-gebruik bedrijven.
[a] Bedrijven met tien of meer werkzame personen.

Het overgrote deel van de organisaties gebruikt social media vanuit het oogpunt van marketing en imago. Dit kunnen we zien als eenrichtingsverkeer; de organisatie 'zendt' vooral. In figuur 5.13 zien we echter ook dat social media gebruikt wordt om de interactie met afnemers en zakenrelaties aan te gaan. We zien in toenemende mate dat bedrijven zelfs afnemers inzetten om nieuwe producten te bedenken en te vermarkten. Kennis is namelijk niet alleen aanwezig binnen de organisatie, maar vooral ook in de buitenwereld: de zogenoemde 'wisdom of the crowds'.
We hebben gezien dat door de ontwikkelingen in de technologie de business door inzet van elektronische toepassingen in eerste instantie is geëvolueerd tot e-business. In een socialmediawereld kunnen we deze evolutie inmiddels betitelen als social business, met afgeleiden als social commerce, social learning en social marketing. In principe kunnen we de toevoeging 'social' gebruiken voor alle primaire en secundaire processen die we hebben gezien in paragraaf 5.4. De belangrijkste oorzaak hiervan is dat afnemers en andere stakeholders steeds meer deel gaan uitmaken van de organisatieprocessen. Dit vraagt om een nieuwe visie op de bedrijfsvoering en op informatiemanagement.
Bij het vormgeven van deze nieuwe organisatieprocessen is het van belang om zicht te hebben op de verschillende digitale sociale toepassingen en de wijze waarop deze waarde kunnen toevoegen aan de activiteiten van de organisatie. Omdat iedere organisatie anders is – de ene richt zich bijvoorbeeld direct op consumenten (b2c) terwijl de andere zich vooral richt op andere bedrijven (b2b) – is het onmogelijk om de impact van de verschillende toepassingen te bepalen. We zullen daarom in dit boek volstaan met een overzicht van de meest gebruikte toepassin-

gen, de missie van de toepassing/organisatie en het doel van de toepassing (zie tabel 5.1). Daarbij merken we op dat het socialmedialandschap zo dynamisch is dat niet

Tabel 5.1 Overzicht van de negen meest gebruikte social media, gerangschikt naar unieke bezoekers in Nederland[13]

Naam	Missie	Toepassing
Facebook	Making the world more open and connected.	Vooral vrienden en kennissen van gebruikers worden op de hoogte gehouden met Facebook. Commercieel gezien is het zeer aantrekkelijk. Denk aan het aankondigen van evenementen en het creëren van merkbeleving.
YouTube	To provide fast and easy video access and the ability to share videos frequently.	Een website waar de gebruiker filmpjes kan publiceren, maar daarvoor zijn auteursrecht afstaat. Iemand die een film uploadt, kan deze voorzien van tags, trefwoorden die een classificatie mogelijk maken. De website is eigendom van Google.
Twitter	To give everyone the power to create and share ideas and information instantly, without barriers.	Met Twitter deel je oproepen, nieuwtjes en interessante links in no time met je volgers. Bedrijven kunnen via Twitter supersnelle klantenservice leveren en eigen kennis delen.
LinkedIn	Connect the world's professionals to make them more productive and successful.	LinkedIn is bij uitstek een social medium voor de zakelijke wereld. Het is een online visitekaartje met cv. Ondernemers verspreiden op LinkedIn vacatures en zien snel wie geschikt is voor een bepaalde functie.
Google+	To give people the power to share and make the world more open and connected.	Google+ is een sociaalnetwerksite. Met je connecties kun je op Google+ foto's, links, video's en berichten delen. Ook kun je met je connecties chatten, zowel in een groep als individueel. Groepen en individuen zijn bij Google+ ingedeeld in zogenoemde cirkels. Deze cirkels zorgen ervoor dat je meer privacy hebt dan bij bijvoorbeeld Facebook.
tumblr	To empower creators to make their best work and get it in front of the audience they deserve.	Op Tumblr vind je mensen op basis van hun content in plaats van via een persoonlijke connectie, zoals op Facebook. Je kunt je passies en interesses onbeperkt en ongeremd uiten en delen met mensen die er ook van houden. Het uiten van gevoelens en meningen is makkelijker, omdat het anoniem kan en omdat het kan tussen gelijkgestemden die je niet 'in het echt' hoeft te kennen. Dit maakt de drempel tot delen voor veel mensen een stuk lager.
vimeo	To inspire and empower people who make video.	Vimeo is een videowebsite waar gebruikers video's kunnen uploaden, delen en bekijken. Ze moeten daarvoor afstand doen van hun exclusieve rechten op het beeldmateriaal en alle andere inhoud die ze uploaden. De website laat enkel video's toe die door de gebruiker zelf gemaakt zijn en die niet voor commerciële doeleinden zijn.
Instagram	Capturing and sharing the world's moments.	Wordt voornamelijk gebruikt door jonge, hippe mensen. Het is een app waarmee je eenvoudige bewerkingen uitvoert op foto's en ze vervolgens verspreidt. Met Instagram kun je goed activiteiten binnen het bedrijf in beeld brengen om zo een bepaalde sfeerbeleving te creëren.
Pinterest	Connect everyone in the world through the 'things' they find interesting.	Een prikbord waar gebruikers plaatjes 'pinnen' van hun interesses. Commercieel aantrekkelijk voor het promoten van producten en bijvoorbeeld het organiseren van (foto)wedstrijden.

te voorspellen valt hoe dit landschap er op de (middel)lange termijn uit zal zien. Het is aan de organisatie om te bepalen wat zij met de inzet van de media wil bereiken in termen van bijvoorbeeld bekendheid, samenwerking, verkopen, imago en behoeftepeiling. Daarvoor verwijzen we ook naar de relevante literatuur hierover. Omdat er steeds meer relevante social media zijn, en organisaties daardoor steeds vaker meerdere media naast elkaar gebruiken, is het van belang om het overzicht te bewaren. Er moet een centrale regie zijn, want uiteindelijk gaat het erom dat de mix van media ervoor zorgt dat de verschillende doelen worden behaald. Om die regie te kunnen houden worden programma's aangeboden zoals **Hootsuite** (hootsuite.com). Met dit hulpmiddel kun je vanaf een dashboard meerdere socialmedia-accounts tegelijk beheren. De functie van socialmediamanager is nu typisch zo'n functie die is ontstaan als gevolg van de komst van het socialmediatijdperk.

5.6 Ondernemen met behulp van informatie: Big Data analytics/extreme analytics

Mede als gevolg van de explosieve toename van (sociale) data wordt het steeds belangrijker om de relevante informatie uit deze databerg te filteren. Wielaard en Klous (2014) geven in hun boek *Wij zijn Big Data* aan dat er in de afgelopen twee jaren tien keer meer data verzameld is dan in de gehele wereldgeschiedenis daarvoor. De term Big Data wordt overigens steeds meer vervangen door het begrip **extreme analytics**. Dit is een meer dynamische term die vooral laat zien dat Big Data op zich niet interessant zijn, maar dat juist waardevol worden als de enorme berg (extreme) gegevens kan worden geanalyseerd op patronen die mensen zelf niet kunnen zien. Buiten het feit dat er niet alleen meer data dan voorheen is, zijn er tegenwoordig ook betere mogelijkheden voor opslag en analyse. Enkele decennia gelden waren er ook al veel data, maar nu kunnen we deze sneller bevragen, onder andere dankzij het door Google geïntroduceerde framework MapReduce.

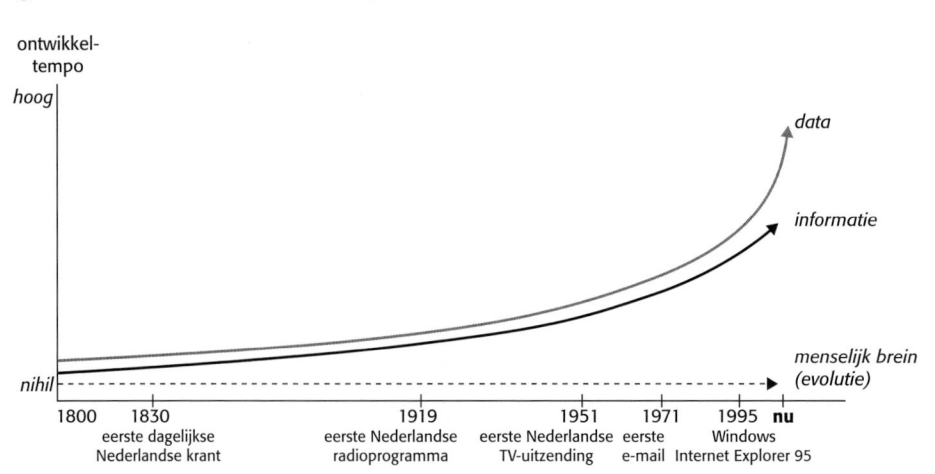

Figuur 5.15 Verschillende ontwikkeltempo's

Al met al kunnen we gerust stellen dat de gegevensberg momenteel exponentieel aan het groeien is. Voortbordurend op figuur 5.1 in de inleiding laat figuur 5.15 deze ontwikkeling zien.

Doordat er in een steeds korter tijdsbestek steeds meer data bij komen, neemt ook de noodzaak toe om deze gegevens te begrijpen. Organisaties moeten informatie aan deze data kunnen ontlenen om er acties op te kunnen baseren. De stijgende hoeveelheid data zorgt op deze manier ook voor steeds meer informatie. In figuur 5.14 zie je echter ook dat het ontwikkeltempo van het menselijk brein, onder invloed van de evolutie, vrijwel nihil is. Dat betekent dat we als mens niet in staat zijn om al deze gigantische hoeveelheden data te bevatten, laat staan er zinvolle verbanden of patronen in te ontdekken. Dat is wat juist computers wel kunnen. Dat is het terrein van Big Data. In het artikel 'HappyHome' in het kader zie je hoe dat in de praktijk werkt.

HappyHome

Het analyseren van massale hoeveelheden gegevens was ooit duur en tijdrovend. Toch moet het management op tijd de juiste beslissingen kunnen nemen. HappyHome uit Alkmaar is bemiddelaar in vakantieverblijven en met twintig man personeel doet het bedrijf tienduizenden boekingen per jaar. Helaas beschikt eigenaar Helderman niet over de tonnen die het kost om een systeem voor de analyse van marketinggegevens in te zetten. Terwijl het toch ontzettend belangrijk is om zo snel mogelijk, liefst realtime, met prijzen en advertenties in te kunnen springen op de bewegingen in de markt. Dat was tot voor kort een kwestie van ervaring, vakmanschap en buikgevoel. En verder zaten de mensen van HappyHome dagelijks ook over Excelsheets gebogen, op zoek naar patronen in het gedrag van de huurders. 'Letterlijk met een potloodje erbij alles vergelijken.' Tot Helderman stuitte op de start-up van Richard Verhoeff. Als IT-directeur bij Center Parcs beschikte die jaren geleden wél over het budget om flink te investeren in data-analyse. Toch kreeg hij niet goed voor elkaar wat hij wilde: data over webbezoek, boekingen, prijzen en marketingacties aan elkaar koppelen om te zien wat hij vandaag moest doen om over zes maanden zijn parken uitverkocht te krijgen.

Verhoeff was er daarom snel bij toen Google een product aankondigde om grote hoeveelheden data te analyseren in de cloud: BigQuery. Met een van zijn leveranciers bouwde hij een eigen systeem met deze en andere diensten uit de trukendoos van Google, en dat voldeed zo goed, dat hij besloot afscheid te nemen van zijn werkgever om een bedrijf te bouwen rond het product. HappyHome werd – na Center Parcs – de eerste externe klant. 'Ik ben van ziende blind, helderziend geworden,' zegt Helderman, die oprecht razend enthousiast is over de mogelijkheden. 'We kunnen nu in een oogwenk trends uit het boekingspatroon halen. Bijvoorbeeld hoe de markt reageert op lastminuteaanbiedingen, en hoe dat zich verhoudt tot de boekingen van vorig jaar. Daar komen inzichten uit die voor ons erg belangrijk zijn: op momenten dat het niet nodig is, wil je natuurlijk liever niet stunten. In periodes waarin de boekingen

goed lopen, wil je op het juiste moment besluiten om bijvoorbeeld via AdWords extra bezoek in te kopen voor de website.'
De marketeers van Happy-Home stellen onderzoeksvragen en vanuit de Google-cloud komt er antwoord, desgewenst inclusief kleurrijke grafieken. Zonder aanvangsinvesteringen, en zonder de minuten wachttijd die tot voor kort hoorden bij ingewikkelde analyses. Nu is het secondenwerk, wat uitnodigt om eens wat te proberen. 'Je gaat spelenderwijs aan de slag en haalt er met een paar vrij simpele handelingen informatie uit over de toekomstige boekingen', aldus Helderman.
Het programma levert precies waar zo veel bedrijven op wachten: ze verzamelen steeds meer en steeds sneller gegevens over klanten en processen, maar het vergt veel tijd en geld om daar systematisch analyses op los te laten. Juist de snelheid en het laagdrempelige gemak dat hoort bij data-analyse via de cloud, kunnen in de toekomst zorgen voor mooie mogelijkheden. Verhoeff: 'Wij geven nu marketeers en andere leken op datagebied beschikking over waardevolle kennis. Maar waarom zou je dat niet ook aan je klanten geven? Ik vind Google Now een mooi voorbeeld: een adviesdienst die de activiteiten van de gebruiker bijhoudt en zo adviezen en tips geeft, zelfs over wat je volgende afspraak is en hoe je ernaartoe moet rijden.'

Bron: Philip Bueters, 2012[14]

Voordat we verder inzoomen op het belang van Big Data, is het goed om een aantal veelgebruikte termen in dit verband toe te lichten. We maken daarbij onderscheid tussen enerzijds de hoeveelheid data die wordt geanalyseerd en anderzijds de mate waarin wordt gekeken naar het verleden of de toekomst. Dit leidt tot vier kwadranten, zoals te zien in figuur 5.16.[15]

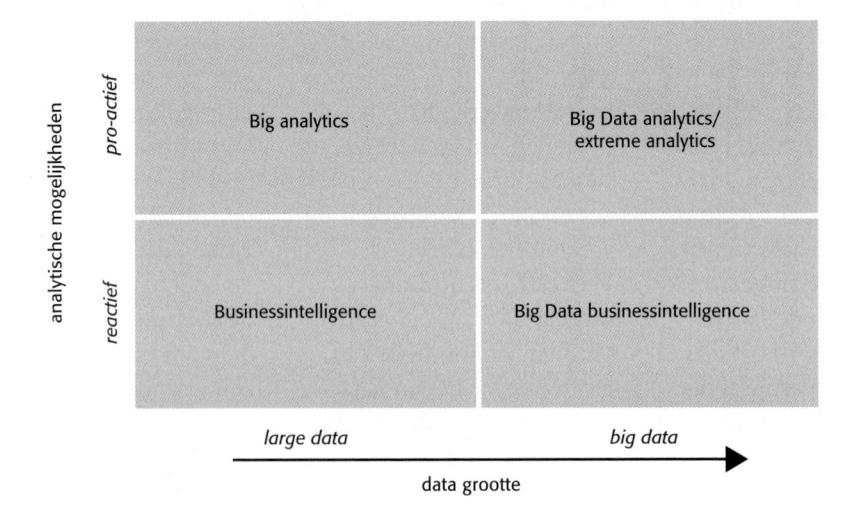

Figuur 5.16 Big Data in perspectief

Omdat de ontwikkelingen op het gebied van Big Data zo snel gaan, bestaat het gevaar van spraakverwarring. In figuur 5.16 zie je dat er een verschil is tussen toepassingen die vooral informatie (ook wel intelligence genoemd) halen uit data die terugkijken in de tijd. Het betreft hier standaardrapportages, dashboards en ad-hocrapportages. Dit is vooral het gebied van de businessintelligence (BI). Zaken die zich in het verleden hebben voorgedaan kun je als bedrijf niet meer veranderen. Het is daarom ook verstandig om vooruit te kijken en een proactieve houding aan te nemen. In dat verband kun je als organisatie vragen stellen als 'Wat als deze trend zich doorzet?' of 'Wat gaat er gebeuren als...?'. Dat is het gebied van Big Data analytics/extreme analytics. Enorme hoeveelheden data worden geanalyseerd om mogelijke trends en patronen in de toekomst te kunnen herkennen, zodat je je daar vroegtijdig proactief op kunt voorbereiden.

Het grote voordeel van Big Data analytics ten opzichte van het traditionele marktonderzoek is dat Big Data analytics laten zien wat burgers en consumenten feitelijk doen, en niet wat ze **zeggen** dat ze gaan doen. Sociale wenselijke antwoorden zijn verleden tijd, want mensen laten zien wat ze doen, en dát is wat bedrijven willen weten. Nog interessanter is het om te weten **waarom** mensen doen wat ze doen. Bij een supermarkt kun je bijvoorbeeld een link leggen tussen de boodschappen die iemand koopt en de persoon zelf, indien deze ervoor heeft gekozen zijn identiteit via zijn kaart aan de supermarkt kenbaar te maken. Als je weet waarom mensen iets kopen kun je daar voorspellingen op loslaten en wellicht ook specifieke acties in de winkel op baseren. Big Datatoepassingen kunnen daarbij helpen. Als een organisatie grote hoeveelheden gegevens verzamelt en daar vervolgens slimme software op loslaat, kunnen patronen herkend worden om er vervolgens toekomstig gedrag uit af te leiden. De winkel weet in de toekomst eerder waarom je iets koopt dan jijzelf!

Het is de grote uitdaging voor organisaties om alle relevante gegevensbronnen binnen en buiten de organisatie te lokaliseren, er gegevens uit te halen en deze in een centraal systeem te plaatsen om uiteindelijk deze gegevens op basis van voorgedefinieerde parameters te analyseren, zodat er concrete informatie ontstaat om er adequate actie op te kunnen ondernemen. Het spreekt voor zich dat aan Big Data en het verzamelen van persoonlijke informatie een duidelijke ethische component verbonden is. Mag een bedrijf zich zomaar gegevens die jij via digitale weg hebt achtergelaten toe-eigenen? Mogen bedrijven zoals banken en verzekeraars die een schat aan informatie over jou bezitten, deze doorverkopen? Wie is überhaupt eigenaar van persoonlijke digitale informatie? Mogen leveranciers van bijvoorbeeld smartphones locatiegegevens van jou verzamelen zonder dat je het weet? Deze en talloze andere vragen zullen binnen afzienbare tijd in het juridische veld een nog belangrijkere rol gaan spelen dan nu al het geval is. Als we kijken naar de data die bedrijven in het kader van Big Data verzamelen, zien we vooral dat het bezoek aan websites een belangrijke bron vormt. In figuur 5.17 zie je een aantal andere data die worden gebruikt of verzameld door bedrijven.

Figuur 5.17 Welke data worden gebruikt of verzameld[16]

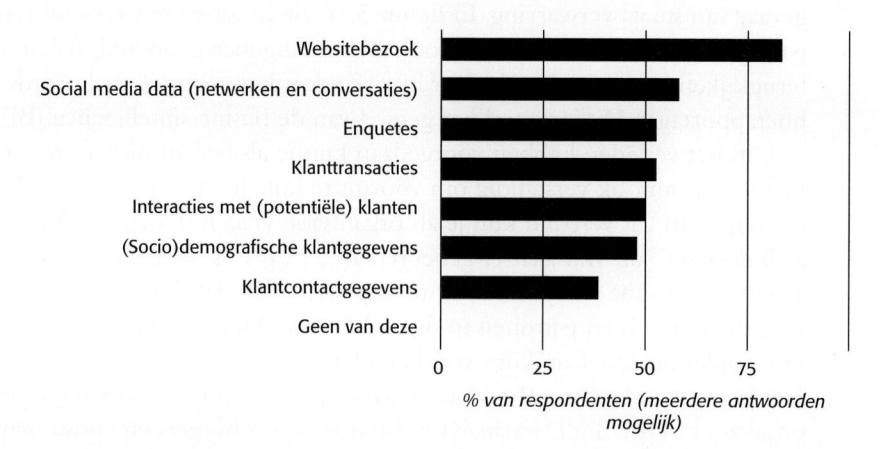

- Websitebezoek
- Social media data (netwerken en conversaties)
- Enquetes
- Klanttransacties
- Interacties met (potentiële) klanten
- (Socio)demografische klantgegevens
- Klantcontactgegevens
- Geen van deze

% van respondenten (meerdere antwoorden mogelijk)

Figuur 5.18 laat vervolgens zien voor welke doeleinden deze data onder meer worden gebruikt.

Figuur 5.18 Doel waarvoor data worden verzameld[17]

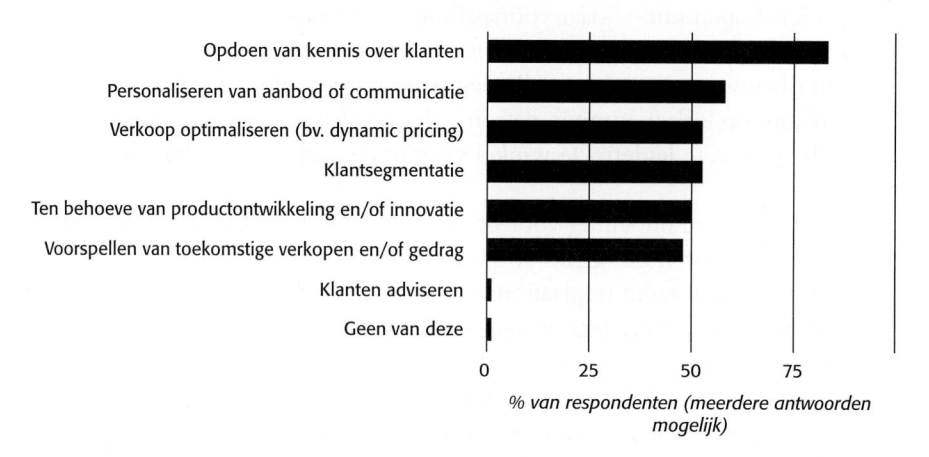

- Opdoen van kennis over klanten
- Personaliseren van aanbod of communicatie
- Verkoop optimaliseren (bv. dynamic pricing)
- Klantsegmentatie
- Ten behoeve van productontwikkeling en/of innovatie
- Voorspellen van toekomstige verkopen en/of gedrag
- Klanten adviseren
- Geen van deze

% van respondenten (meerdere antwoorden mogelijk)

Veruit de belangrijkste reden voor deze gegevensverzameling is het opdoen van klantenkennis, zodat communicatie-uitingen kunnen worden gepersonaliseerd, waarmee een impuls kan worden gegeven aan de verkopen. Het voorspellen van toekomstig gedrag, datgene waarvoor Big Data analytics bij uitstek geschikt zijn, staat op een zesde plaats. Daarvoor, op de vijfde plaats, noemen bedrijven innovatie als belangrijk gebruiksdoel van data. In de volgende paragraaf gaan we verder in op deze innovatie.

5.7 Innoveren

Ondernemen in de markten van vandaag is vooral een kwestie van nu werken aan de antwoorden op de vragen van morgen. Antwoorden kun je zien als producten of diensten die voorzien in de behoeften van de afnemers. Het wordt steeds moeilijker om te blijven leunen op de producten van het verleden, vooral omdat het voor concurrenten makkelijker wordt om deze te kopiëren. Het is daarom zaak om voortdurend na te blijven denken over de waarde die je als bedrijf in de toekomst zou kunnen creëren. Hiermee zijn we aangekomen bij innovatie. Innoveren kun je zien als het vermogen om nieuwe producten (goederen, diensten of mengvormen daarvan), werkwijzen of organisatievormen te realiseren of om bestaande producten, werkwijzen of organisatievormen te veranderen. Een innovatie is pas een innovatie indien deze ook daadwerkelijk wordt toegepast binnen de organisatie of op de markt wordt gebracht. Als dit niet het geval is, blijft het slechts een uitvinding waar niets mee gedaan wordt.

Op basis van Big Data analytics, zoals we in de vorige paragraaf hebben gezien, kunnen bedrijven patronen herkennen die voor consumenten zelf onzichtbaar blijven, maar die aan deze bedrijven wel waardevolle informatie geven over het waarom van het huidige en het toekomstige gedrag. In figuur 5.19 zien we dat het overgrote deel van de ondernemingen aangeeft dat innovatie in de nabije toekomst het verschil gaat maken.

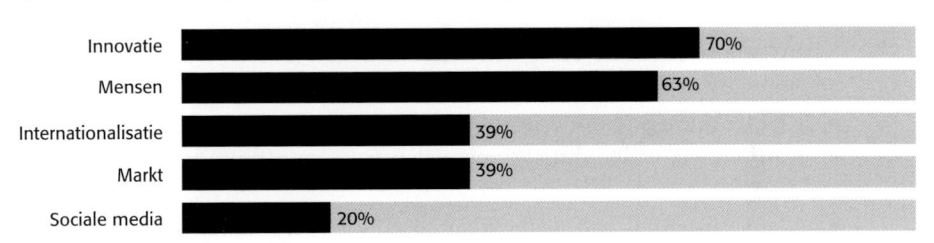

Figuur 5.19   Op welke gebieden gaat de onderneming in de nabije toekomst het verschil maken?[18]

Gebied	Percentage
Innovatie	70%
Mensen	63%
Internationalisatie	39%
Markt	39%
Sociale media	20%

Innovaties kunnen consequenties hebben voor zowel het ondernemingsmodel als het verdienmodel. Het verdienmodel geeft aan op welke manier de organisatie haar geld verdient. Het ondernemings- of businessmodel heeft een ruimere betekenis dan het verdienmodel en beschrijft alle facetten die invloed hebben op het creëren van de waarde die een organisatie aan de afnemers levert. In het Business Model Canvas[19] heeft Alex Osterwalder negen bouwstenen ontwikkeld die gezamenlijk bijdragen aan het creëren van waarde (zie figuur 5.20).

Infrastructuur: beantwoordt de vraag **hoe** we de waarde gaan creëren.
- Strategische partners: met welke partijen en partners wordt samengewerkt om waarde te creëren.
- Kernactiviteiten: de kerncompetenties die nodig zijn om het businessmodel te kunnen uitvoeren.

Figuur 5.20   Business Model Canvas

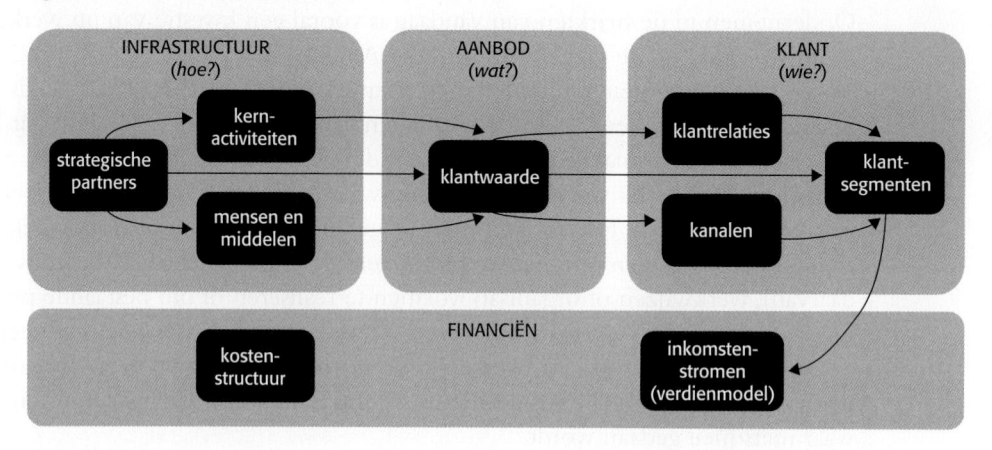

- Mensen en middelen: het samenspel van mensen en middelen die noodzakelijk zijn om de activiteiten te kunnen uitvoeren.

Aanbod: beantwoordt de vraag **wat** het product of dienst aan waarde levert aan de klant.
- Klantwaarde: het overzicht van producten/diensten die waarde creëren voor een bepaald klantsegment.

Klant: beantwoordt de vraag aan **wie** we willen leveren/voor wie we waarde willen creëren.
- Klantrelaties: hoe onderhoud je de relaties met de verschillende klanten.
- Kanalen: via welke distributiekanalen (on- en offline) wordt er aan de klanten geleverd.
- Klantsegmenten: aan welke klanten en klantsegmenten wordt het product geleverd.

Financiën: beantwoordt de vraag hoe de kosten en baten tot stand komen.
- Kostenstructuur: hoe zien de verschillende kostencomponenten eruit en hoe beïnvloeden ze elkaar.
- Inkomstenstromen: dit is het verdienmodel dat aangeeft hoe de organisatie uiteindelijk haar geld verdient.

De organisatie kan nu op basis van deze negen velden invulling geven aan de verschillende onderdelen van het ondernemingsmodel. Deze invulling kan resulteren in één of meerdere verdienmodellen. In figuur 5.20 vormt het onderdeel 'inkomstenstromen' het verdienmodel, dus hoe er geld wordt verdiend. De lijst van verdienmodellen wordt iedere dag langer, waardoor het onmogelijk is alle modellen te noemen. We maken het onderscheid tussen verdienmodellen die gebruikmaken van het web (online verdienmodellen) en modellen die de tussenkomst van het web strikt genomen niet nodig hebben, maar daarvan eventueel wel gebruik kunnen maken (offline verdienmodellen).

Voorbeelden van offline verdienmodellen:
- Goederenverkoop: het verkopen van goederen op de traditionele manier, zoals marktverkoop.
- Abonnement: de klant betaalt een vast bedrag om gebruik te kunnen maken van diensten zoals verzekeringen, tijdschriften of onderhoudscontracten.
- Verbruiksmodel: hierbij rekent de klant naar rato van het verbruik van een dienst of goed. Dit geldt bijvoorbeeld voor telefonie, elektriciteit, gas en water.
- Lokaasmodel: hiermee worden klanten binnengehaald met een (relatief) goedkoop product, waarna ze het duurdere product moeten aanschaffen. Denk hierbij aan de relatief dure scheermesjes bij een scheermesjeshouder of de cups bij een Nespressoapparaat.
- Servicemodel: hierbij wordt een product verkocht, bijvoorbeeld een auto of computers, waarbij de aanbieder structureel kan verdienen aan het onderhoud van deze producten.
- Licentieverlening: degene die het product, het idee of de toepassing heeft bedacht krijgt een bedrag betaald voor iedere keer dat het gebruikt wordt door een andere partij. Hierbij gaat het doorgaans om patenten en auteursrechten.

In tabel 5.2 zie je een aantal voorbeelden van online verdienmodellen.

Als gevolg van de technologische ontwikkelingen kunnen dus de gehele businessmodellen en verdienmodellen worden geïnnoveerd. In de volgende paragraaf (5.7.1) gaan we in op de vraag *wat* we zoal concreet kunnen innoveren en in paragraaf 5.7.2 kijken we *hoe* we dit kunnen doen.

5.7.1 Wat kunnen we innoveren?

Alvorens jezelf de vraag te stellen hoe je kunt innoveren, moet je weten wat je concreet wilt innoveren, met als uiteindelijk doel het leveren van waarde. Bij het opstellen van de overkoepelende organisatiestrategie vraagt het management zich drie zaken af, namelijk: a. wat het gaat aanbieden; b. aan wie het dat aanbiedt; en c. hoe het dat gaat aanbieden.[20] In figuur 5.21 staan negen gebieden die een organisatie kan innoveren. Vanwege de vorm van de afbeelding en het belang van innovatie voor een organisatie hebben we dit de innovatiediamant genoemd.

Bedrijfsmodelinnovatie

Een bedrijfsmodel geeft aan op welke wijze de organisatie invulling geeft aan de verschillende onderdelen van de waardecreatie (zie figuur 5.20). Indien meerdere aspecten tegelijk worden geïnnoveerd kun je spreken van bedrijfsmodelinnovatie. Bij een organisatie die eerst vanuit fysieke winkels de producten aanbiedt, maar hiermee stopt om volledig over te gaan op internetverkoop, kun je spreken van bedrijfsmodelinnovatie.

Tabel 5.2 Online ondernemingsmodellen

Hoofdvorm	Toepassing	Kenmerk	Voorbeeld
Makelaarsmodel makelaars brengen kopers en verkopers samen en verdienen meestal door commissie te berekenen	Informatiemakelaar	Geeft informatie over prijzen en producten en biedt soms de mogelijkheid om via de site transacties af te sluiten	bellen.com, internetten.nl, kelkoo.nl
	Kortingmodel	Inkoopcombinatie waarbij prijzen van producten lager worden indien meer afnemers bereid zijn te kopen	Unitedconsumers.com Eigenhuis.nl
	Veilingmodel	• traditionele veiling: kopers bieden op de goederen van verkopers • afslagveiling: koper geeft aan wat hij wil. Een aanbieder kan hierop bieden, degene met de laagste bieding krijgt het product/de opdracht • gesloten veiling: de bieder weet niet wat de anderen bieden en moet 'blind' zijn bod doen	eBay.nl, fundadesign.nl
Advertentiemodel inkomsten zijn traditioneel gebaseerd op banners en andere reclame-uitingen	Portal	• gepersonaliseerd portaal: een beginsite waarin specifieke persoonlijke wensen zijn verwerkt • algemeen portaal: beginsite van waaruit je andere informatie kunt gaan zoeken • horizontaal portaal: verzorgt een groot aantal diensten • verticaal portaal: verzorgt één specifieke dienst, zoals nieuwsgaring • marktplaats: biedt vragers en aanbieders een platform waar ze elkaar kunnen ontmoeten en hun goederen en diensten kunnen aanbieden	• my.Yahoo.com • Ilse.nl, yahoo.com, startpagina.nl • Jobtrack.nl • Nrc.nl • Marktplaats.nl, eBay.nl
	Affiliatemodel	Sites bieden producten van derden aan en ontvangen commissie indien via de site deze producten gekocht worden	Verscheidene sites
Verkopersmodel het initiatief ligt bij de verkoper en die verdient aan verkoop	Pure-play	Winkels die alleen via internet verkopen	Amazon.com, Bol.com
	Clicks-and-mortar	Combineert traditionele winkel met online variant	Bijenkorf.nl, HEMA.nl
	Direct selling	Producenten van goederen en diensten die direct aan de klant verkopen	Nike.com, adidas.com
	Contentaanbieder	Biedt digitale content zoals muziek of foto's	Spotify, Instagram, Vimeo
Virtuele gemeenschappen		Organiseren groepen mensen rondom een specifiek thema	Talloze weblogs, oudersvannu.nl

Productinnovatie

Voor de volledigheid vermelden we hier dat wanneer we het over 'product' hebben, dit betrekking heeft op zowel goederen als diensten. Productinnovatie kan betrekking hebben op een aangepast (verbeterd) product dat voorziet in dezelfde behoefte, of op een nieuw product dat voorziet in een nieuwe behoefte. In beide gevallen dient de productinnovatie een meerwaarde op te leveren voor de afnemer. Bij productinnovaties speelt technologie doorgaans een belangrijke rol.

Figuur 5.21 De innovatiediamant: negen innovatiegebieden

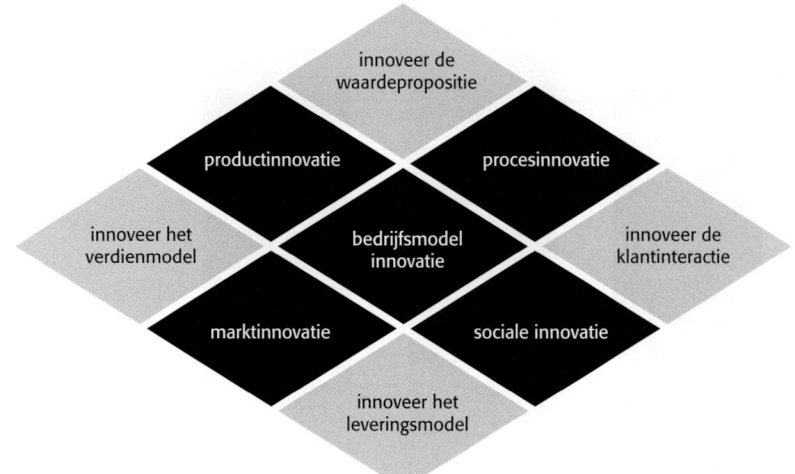

- innoveer de waardepropositie
- productinnovatie
- procesinnovatie
- innoveer het verdienmodel
- bedrijfsmodel innovatie
- innoveer de klantinteractie
- marktinnovatie
- sociale innovatie
- innoveer het leveringsmodel

Procesinnovatie

Bij procesinnovaties gaat het om de nieuwe of vernieuwde wijze waarop goederen en diensten worden voortgebracht en/of aan de afnemer geleverd. Hierbij kun je denken aan snellere levering of het aanbieden van producten waarbij de klant zelf minder moeite hoeft te doen om het product te verkrijgen. Het bedrijf Dell, leverancier van computerapparatuur, is zijn hardware via het web gaan aanbieden, een totaal andere manier dan toentertijd gebruikelijk was, want de verkoop verliep tot dat moment hoofdzakelijk via winkels. Voor procesinnovatie is over het algemeen een goed inzicht in logistieke stromen en de bijbehorende informatiestromen noodzakelijk. In figuur 5.22 kun je voor de diensten- en nijverheidssector zien in welke mate technologie een rol speelt bij de innovatie van producten en processen.

Marktinnovatie

Van marktinnovatie is sprake als een organisatie een voor haar nieuwe doelgroep wil bedienen, nieuwe geografische markten wil betreden of een nieuwe markt wil aanboren. Zo kan een bedrijf in spelcomputers de 60-plussers als een nieuwe doelgroep beschouwen indien het voor deze groep speciaal spellen gaat maken. Een nieuwe geografische markt zou in het buitenland gelegen kunnen zijn, terwijl de markt voor mp3-spelers gecombineerd met spelletjes een nieuwe markt voor deze producent zou betekenen. In dat laatste geval zou er ook gelijktijdig sprake kunnen zijn van een productinnovatie. De rol van technologie is binnen marktinnovaties over het algemeen van minder groot belang.

Sociale innovatie

Het innoveren van de interne arbeidsorganisatie wordt ook wel sociale innovatie genoemd. In hoofdstuk 4 hebben we gesproken over de professional/kenniswerker, over zijn rol in de organisatie en over de consequenties daarvan voor de informa-

Figuur 5.22 Rol van technologie in product- en procesinnovatie[21]

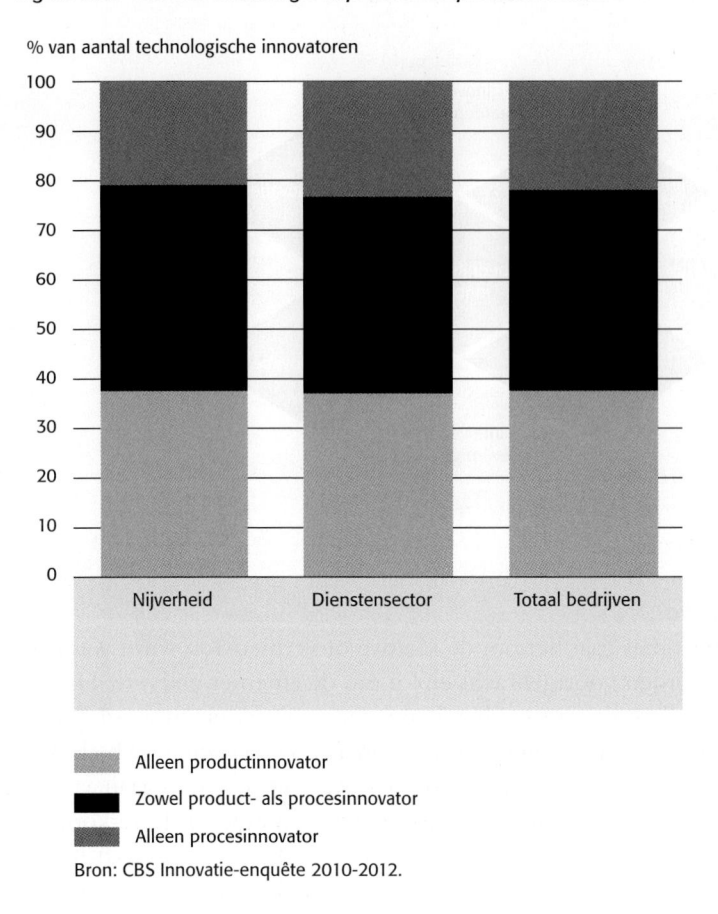

% van aantal technologische innovatoren

[grafiek met categorieën: Nijverheid, Dienstensector, Totaal bedrijven]

- Alleen productinnovator
- Zowel product- als procesinnovator
- Alleen procesinnovator

Bron: CBS Innovatie-enquête 2010-2012.

tiefunctie. Sociale innovatie heeft betrekking op deze kenniswerker. Sociale innovatie kun je zien als de vernieuwing van de arbeidsorganisatie om zodoende de competenties van de medewerkers optimaal te benutten. Beter gebruikmaken van de talenten van de medewerkers resulteert doorgaans in betere bedrijfsprestaties. Technologie kan hierin een ondersteunende rol spelen door bijvoorbeeld keuzes voor wat betreft de secundaire arbeidsvoorwaarden via een intranet mogelijk te maken.

Innoveer de waardepropositie

De waardepropositie is datgene wat de organisatie haar klant beweert te leveren in de vorm van een dienst of goed. Hier dient de organisatie zich af te vragen hoe zij de waarde die zij levert aan de klant kan veranderen. Het probleem is wel dat klantwaarde subjectief is, en daarom zal zij inzicht moeten hebben in de (mogelijke) wensen van haar afnemers. Marktplaats.nl is een voorbeeld van een innovatie in de waardepropositie. Het aan- en verkopen van tweedehandsproducten kon in plaats van via omslachtige advertenties in kranten of prikborden in winkels nu ineens op een goedkope en efficiënte wijze online plaatsvinden.

Innoveer de klantinterface
Hierbij gaat het om de wijze waarop de organisatie communiceert met haar afnemers. Voorheen moesten klanten van banken via een overschrijvingsbewijs of een bankfiliaal transacties uitvoeren. De interface was in dat geval het loket. Nu is het loket voor een groot deel vervangen door een website en heeft internetbankieren een hoge vlucht genomen.

Innoveer het leveringsmodel
Hiermee wordt het proces bedoeld waardoor het product of de dienst tot stand komt. De activiteiten die deel uitmaken van zo'n proces kunnen op een radicaal andere manier uitgevoerd worden dan voorheen. Je kunt hierbij denken aan een schoenenleverancier die klanten via het web in staat stelt om zijn eigen schoenen te ontwerpen en qua kleur en materialen verder te personaliseren. Een voorbeeld hiervan is customshoes.nl. Dit is een wezenlijk andere manier dan dat klanten naar een winkel gaan en daar een min of meer gestandaardiseerd product kopen.

Innoveer het verdienmodel
Dit geeft aan hoe de inkomsten en kosten tot stand komen die gekoppeld zijn aan de levering van het goed of de dienst. Voorbeelden van dergelijke innovaties zie je in tabel 5.2.

5.7.2 Hoe kunnen we innoveren?

Er is aangetoond dat er een positief verband is tussen ICT en innovatie.[22] Daarmee is technologie een van de variabelen (naast humanresourcesvariabelen, structurele variabelen en culturele variabelen) die van invloed zijn op het innovatief vermogen van de organisatie. Het CBS stelt dat 'ICT het voor bedrijven mogelijk maakt om meer informatie te verwerken en te absorberen. Computers kunnen het onderzoekers gemakkelijker maken om data te verzamelen en te bewerken, waardoor de kennisproductie omhoog kan. Innovaties komen in het bedrijfsleven daarnaast tot stand via netwerken, interne en externe relaties van bedrijven. ICT kan daarbij behulpzaam zijn. Het verhoogt de kans op innovatie en langs deze weg kan ICT de productiviteit ook verder bevorderen.'[23]

Figuur 5.23 toont de variabelen die innovaties kunnen stimuleren. Deze variabelen geven daarmee tot op zekere hoogte aan **hoe** een organisatie zou kunnen innoveren. Zo zijn het aantrekken van creatieve mensen en het stimuleren van creativiteit mogelijke manieren om te innoveren. Technologische variabelen, onder andere in de vorm van software, hardware en ICT-kennis, zijn ook van invloed op het innovatief vermogen van de organisatie. ICT zelf is ook het gevolg van jarenlang innoveren, maar kan tegenwoordig ook een oorzaak van innovatie zijn. In dat geval spreken we ook wel over ICT als 'enabler'.

We hebben eerder gezien dat informatiemanagement onder andere een intermediaire functie vervult tussen de business en IT. In dat geval kan het ook een rol spelen in het innoveren van (delen van) de business met behulp van IT. Dat betekent dat informatiemanagement weet welke technologieën en toepassingen de verschillende variabelen op zo'n manier kunnen ondersteunen dat het innovatief vermogen van

Figuur 5.23 Variabelen die van invloed zijn op innovatie[24]

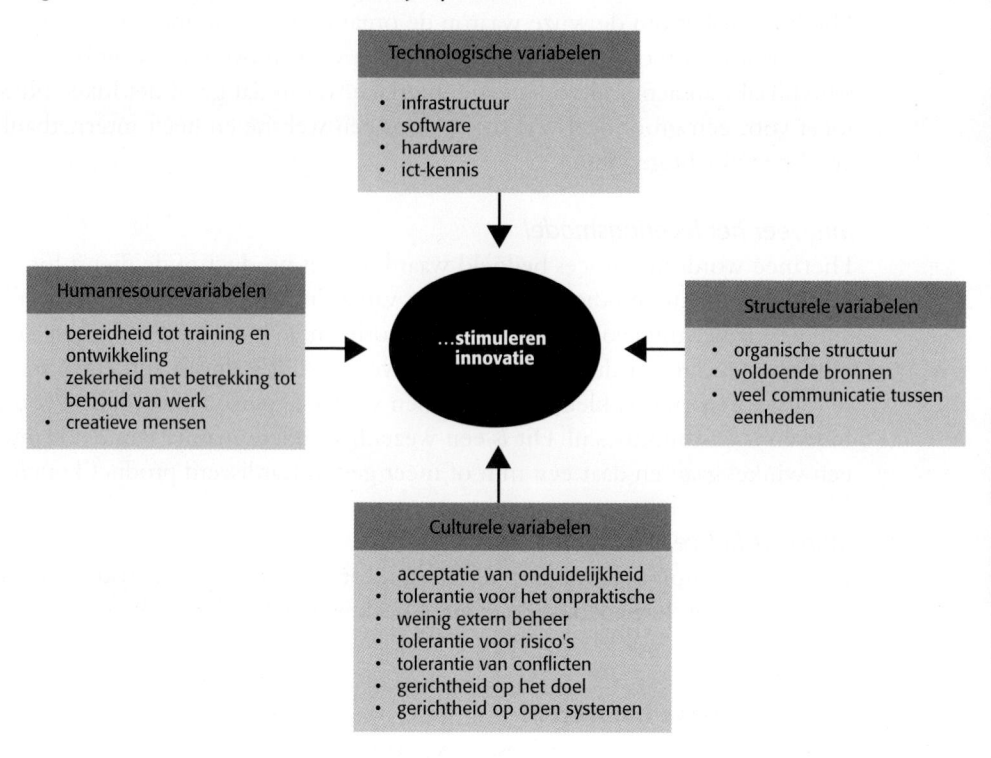

Technologische variabelen
- infrastructuur
- software
- hardware
- ict-kennis

Humanresourcevariabelen
- bereidheid tot training en ontwikkeling
- zekerheid met betrekking tot behoud van werk
- creatieve mensen

...stimuleren innovatie

Structurele variabelen
- organische structuur
- voldoende bronnen
- veel communicatie tussen eenheden

Culturele variabelen
- acceptatie van onduidelijkheid
- tolerantie voor het onpraktische
- weinig extern beheer
- tolerantie voor risico's
- tolerantie van conflicten
- gerichtheid op het doel
- gerichtheid op open systemen

de organisatie toeneemt. Op het gebied van technologische variabelen is het van belang dat informatiemanagement in ieder geval op hoofdlijnen weet welke technologieën er zoal op de markt zijn en welke een toegevoegde waarde kunnen hebben voor de organisatie. Detailkennis van technologie is vooral vereist bij de ICT-afdeling. Bij de humanresourcesvariabelen gaat het er vooral om dat medewerkers zich kunnen blijven ontwikkelen door scholing en training. Daarnaast is het vanuit het oogpunt van creativiteit van belang dat medewerkers kennisnemen van andere vakgebieden of ontwikkelingen binnen de organisatie. In beide gevallen kunnen digitale leeromgevingen of collaboratieve technologieën (chat, discussiegroepen, wiki's) hun nut bewijzen. We zien steeds meer toepassingen die ervoor zorgen dat dergelijke technologieën worden geïntegreerd in één digitale bedrijfsomgeving, zoals bij Microsoft Sharepoint het geval is. Daarnaast zien we toepassingen als Yammer en het initiatief van Facebook met de naam Facebook at Work (zie ook het kader 'Facebook werkt aan Facebook at Work'). Deze toepassingen worden ook wel aangeduid met de term **enterprise social network (ESN)**. Een ESN[25] (ook wel intern sociaal bedrijfsnetwerk of interne social media genoemd) is het digitale interne sociale netwerk dat gebruikt wordt door een organisatie om medewerkers en externen met elkaar te verbinden. Wanneer er uitsluitend door eigen medewerkers gebruik wordt gemaakt van de social media van een bepaald bedrijf, spreekt men van een internal social network. Een enterprise social network maakt deel uit van de sociale bedrijfsprogrammatuur, beter bekend als enterprise social software.

'Facebook werkt aan Facebook at Work'

Facebook werkt momenteel in het geheim aan 'Facebook at Work', een site waarop bedrijven de communicatie tussen hun werknemers gemakkelijker kunnen maken. Hiermee wil het gebruikers van sites als Slack, Yammer, LinkedIn en Google Drive een alternatief aanbieden. Facebook wil nog niets over het project zeggen.
Omdat bijna iedereen die het wil, en ertoe in staat is het te maken, inmiddels een Facebookaccount heeft, is het bedrijf op zoek naar een andere manier om te groeien. Voeg daarbij het gegeven dat veel werkgevers het niet prettig vinden dat hun personeel zich onder werktijd op Facebook begeeft, en het is duidelijk dat er nog een wereld te winnen is voor het sociale netwerk. Volgens de Amerikaanse zakenkrant *Financial Times* moet 'Facebook at Work' gebruikers straks de mogelijkheid geven om hun persoonlijke profiel te scheiden van hun werkidentiteit. Het combineert voorts een nieuwsfeed, de mogelijkheid om groepen aan te maken en het gemak van Facebook Messenger. Daarnaast moet Facebook at Work helpen bij het beheren van professionele contacten (waar vooral LinkedIn nu groot in is) en digitaal samenwerken via chats en documentuitwisseling (Slack, Yammer, Google Drive) makkelijker maken. 'De nieuwe site ziet er hetzelfde uit, maar geeft gebruikers de mogelijkheid om hun persoonlijke profiel – met vakantiefoto's, politieke tirades en dierenfilmpjes – te scheiden van hun werkidentiteit,' verklaart een bron in de *Financial Times*. De tool zou op dit moment worden getest door medewerkers van Facebook. Ook zouden diverse bedrijven al benaderd zijn om er een proefperiode mee te gaan werken. Volgens de *Financial Times* is het de bedoeling dat bedrijven de sociale variant kunnen laten blokkeren, waarna voor hun werknemers alleen Facebook at Work toegankelijk is. LinkedIn heeft zo'n 90 miljoen unieke bezoekers per maand en is groot op het gebied van professioneel netwerken. Met 1,3 miljard gebruikers wereldwijd is Facebook de grootste sociaalnetwerksite.

Bron: Volkskrant.nl, 17 november 2014[26]

Voor wat betreft de structurele variabelen gaat het onder meer over de beschikbaarheid van informatiebronnen en het zorgdragen voor voldoende communicatie tussen eenheden. Het beschikbaar maken van dergelijke bronnen is de verantwoordelijkheid van de informatiefunctie, bijvoorbeeld door middel van een **contentmanagementsysteem (cms)**. Een cms heeft tot doel aanwezige content, kennis en vaardigheden via verschillende manieren (hyperlinks, intranetten of kennisbanken) te communiceren met specifieke medewerkers. Een cms, maar ook de eerder genoemde collaboratieve technologieën, vergemakkelijken de communicatie tussen verschillende organisatorische eenheden en functies. Voor de uiteindelijke communicatie zijn het management en de medewerkers uiteraard zelf verantwoordelijk.

Tot slot heeft onderzoek uitgewezen dat succesvolle organisaties op het gebied van innovaties beschikken over tien eigenschappen:[27]

1. ze hebben een helder strategisch profiel waaraan innovatie verbonden is;
2. ze zijn maatschappijgericht;
3. ze zijn klantgericht;
4. ze tonen ambitie en durf;
5. ze zorgen voor doorontwikkeling van innovaties;
6. ze leren van reële getallen die ertoe doen;
7. ze nemen de beste mensen aan;
8. ze hebben aandacht voor ambiance en een open cultuur;
9. het zijn organisaties met sterke netwerken;
10. ze hebben focus en commitment.

Innovatieve organisaties beheersen niet één of twee maar alle tien onderdelen goed. Organisaties zouden door voortdurend aan de tien punten te werken een innovatieroutine opbouwen, en daarmee is succesvol innoveren te leren.

5.8 Uitdagingen

In deze laatste paragraaf kijken we met welke uitdagingen organisaties zoal te maken hebben of krijgen. We rubriceren deze uitdagingen aan de hand van mensen, middelen en methoden. Het zijn immers mensen die op een bepaalde manier gebruikmaken (methoden) van uiteenlopende middelen. In dat krachtenveld ontstaat een aantal uitdagingen (zie figuur 5.24).

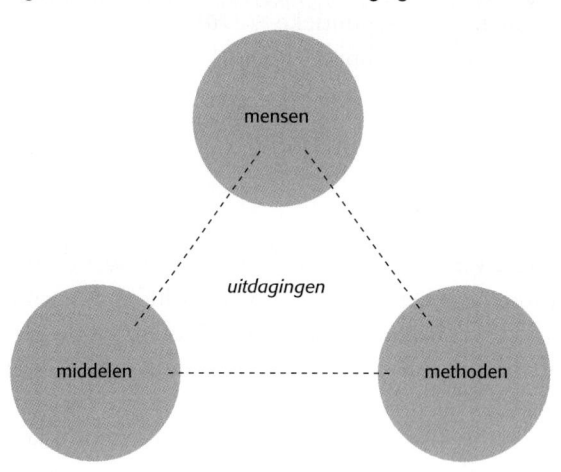

Figuur 5.24 Krachtenveld waarin uitdagingen ontstaan voor de organisatie

5.8.1 Mensen

In deze paragraaf beschouwen we het aspect mens in een tweetal gedaantes beschouwen, namelijk die van medewerker en consument.

Medewerker

Het grote probleem waar we nu mee te maken hebben is dat de menselijke hersenen het enorme groeitempo van data niet kunnen bijhouden. De hoeveelheid data wereldwijd groeit momenteel haast exponentieel. We zagen in paragraaf 5.6 al dat in de afgelopen twee jaren tien keer meer gegevens zijn verzameld dan in de gehele wereldgeschiedenis daarvoor. De zogenoemde data-breinkloof (zie figuur 5.25) is onoverbrugbaar zonder de inzet van technologie. Het paradoxale is dat technologie deze kloof zelf veroorzaakt door een groeiende berg gegevens te produceren, maar tegelijkertijd de enige mogelijkheid is om deze kloof te dichten.

Binnen de dienstverlening is de kwaliteit van de dienst mede afhankelijk van de kwaliteit van de medewerker die de dienst levert. Aandacht voor kwalitatief hoogwaardig personeel is daarom terecht. We zien dat medewerkers steeds vaker kenniswerkers zijn, ofwel medewerkers die beschikken over kennis en informatie als belangrijkste productiemiddel. Doordat de hoeveelheid informatie sterk toeneemt en doordat kennis aan veroudering onderhevig is, speelt scholing van de kenniswerker een belangrijke rol. De organisatie kan ervoor kiezen kennissystemen aan te leggen zodat medewerkers snel en tijdig gebruik kunnen maken van de kennis van anderen en hierop kunnen voortborduren. Anderzijds kan e-learning een adequaat middel zijn om op maat gemaakte scholing aan te bieden. Scholing is tevens een manier om de medewerker bij de organisatie te betrekken. Het impliciete gevaar van het werken met technologie is dat medewerkers vervreemd kunnen raken van de organisatie en haar doelen. Technologie stelt medewerkers in staat om op afstand en zonder intensieve fysieke contacten (een deel van) het werk te doen. Het is aan de manager om dit mogelijke nadeel van technologie te elimineren en de medewerkers bij de organisatie te blijven betrekken en de cultuur te ondersteunen.

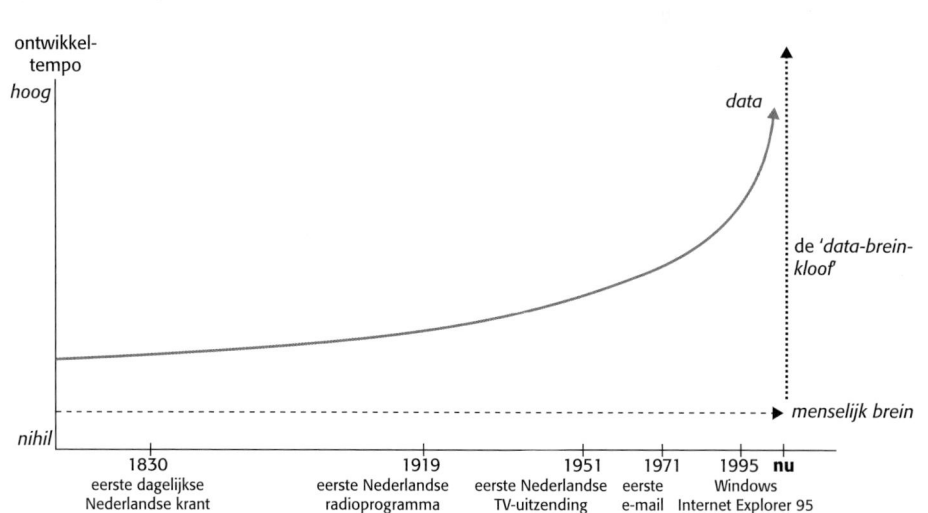

Figuur 5.25 De groeiende data-breinkloof

Naast de genoemde ontwikkelingen zien we de volgende trends:[28]

Trend 1. Mensen houden van mensen
Het leger kenniswerkers groeit met de dag. Geavanceerde technische middelen zorgen ervoor dat we toegang hebben tot alle informatie, die ook nog eens flink toeneemt. Toch zien we dat juist de nieuwste communicatiemiddelen steeds meer gericht zijn op het bij elkaar brengen van mensen. In het persoonlijk contact met mensen zijn we grootgebracht. Zo was het ook in onze eerste baan en zo krijgen we echt belangrijke informatie. In plaats van nog meer technologie zullen mensen elkaar nog meer en eerder gaan opzoeken.

Trend 2. Anders organiseren
De hiërarchie van organisaties bestaat niet meer. In de komende jaren wordt er meer en meer samengewerkt tussen mensen op basis van afspraken die ze met elkaar maken, de doelen en resultaten die ze overeenkomen, en een hoogwaardig onderling vertrouwen. De groei van het aantal zelfstandigen toont aan dat werken ook, juist, gebeurt tussen mensen vanuit verschillende organisatievormen. Daarbij zijn we als maatschappij nog wel zoekende hoe je het best kunt samenwerken, want niet elke taak is outputgestuurd en niet iedereen kan de vrijheid aan om thuis te werken. Ook de instrumenten die managers inzetten in deze nieuwe samenwerkingsvormen moeten nog worden ontwikkeld. Mensen gaan steeds meer samenwerken op basis van onderlinge afspraken en vertrouwen, in vernieuwende samenwerkingsverbanden.

Trend 3. De werknemer centraal
Organisaties gaan steeds meer de werknemer centraal stellen, niet het werk. Vroeger ging het om werken met het hoofd en de handen, nu gaat het om het hoofd en hart. Organisaties huren daarmee een deel van de hersencapaciteit van hun werknemers. De huidige informatiewerker is goed opgeleid. Kenniswerkers willen werken bij organisaties die open zijn. Salaris is niet meer bepalend, maar wel de uitstraling van een bedrijf en het feit dat medewerkers privé en werk goed kunnen combineren. Ze willen hun 'intuïtieve' en 'nieuwe' manier van communiceren en informatie delen ook in hun werk behouden. Informatiewerkers vragen zich vooral af of ze zichzelf kunnen ontplooien bij een organisatie. Het is voor hen erg belangrijk om een wereldwijd virtueel netwerk te hebben, binnen én buiten de organisatie. Daaruit halen ze belangrijke kennis voor hun dagelijkse werk. Meer dan ooit kijken huidige en potentiële werknemers ook naar de gebruikte ICT-middelen van een organisatie. Ze lachen om een leaseauto of een papadag, maar de laatste ICT-gadgets en onbeperkte, wereldwijde toegang tot alle informatie en tot elkaar maken het verschil of ze bij een organisatie komen ... of zelfs blijven. De werknemer komt steeds centraler te staan. Het werk volgt.

Afnemers
Sinds de sterke groei van technologische toepassingen en de komst van het wereldwijde web zien we dat het gedrag van afnemers verandert. Gedurende het proces

van het zoeken naar alternatieven tot de uiteindelijke aankoop van producten en diensten wordt gebruikgemaakt van technologie. Dit stelt eisen aan de manier waarop aanbieders omgaan met de klant. Het is de uitdaging om te zien hoe afnemers zich gedragen, om hier vervolgens adequaat op in te spelen. In figuur 5.26 zie je dat verschillende generaties zijn opgegroeid met verschillende technologieën. Technologie en de manier waarop je daarmee kunt omgaan zijn niet voor iedereen gelijk. Organisaties dienen er daarom rekening mee te houden dat niet iedere afnemer dezelfde competenties of voorkeuren heeft ten aanzien van (het werken met) technologie. Wat voor de jongere generaties volstrekt logisch is, bijvoorbeeld chat, is voor oudere generaties veel minder ingeburgerd.

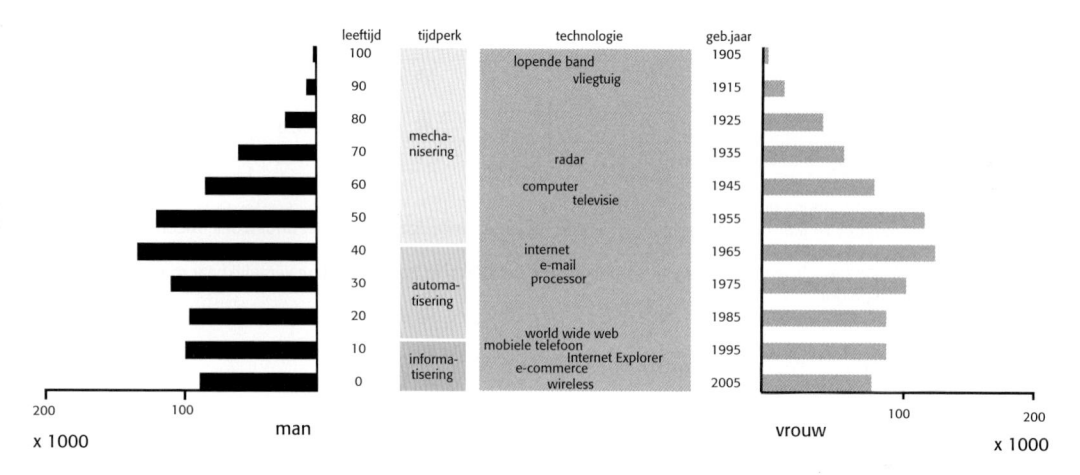

Figuur 5.26   De bevolkingspiramide van Nederland

Het is daarom van belang om te weten welke rol technologie speelt bij afnemers of burgers die proberen te voorzien in hun behoeften. We zetten een aantal feiten op een rij. In tabel 5.3 zie je de activiteiten van internetgebruikers tussen 2005 en 2013 op het gebied van communicatie, informatie en vermaak.
Ongeveer 90 procent van de internetgebruikers is dagelijks op het internet te vinden. De meeste mensen doen dat bij voorkeur thuis (figuur 5.27).
Meer dan 90 procent van de leeftijdscategorie 12-24 jaar is op sociale netwerken te vinden (figuur 5.28). Dit percentage neemt af bij hogere leeftijdscategorieën.
Op die sociale netwerken vinden verschillende activiteiten plaats (tabel 5.4).
We kunnen uit deze feiten concluderen dat ons leven zich in toenemende mate in de digitale wereld afspeelt. Organisaties zullen op basis hiervan moeten beoordelen hoe ze zichzelf zichtbaar kunnen maken voor deze klant en op welke manier ze transacties en relaties wensen aan te gaan.
Een belangrijke vraag is of alles wat technologisch kan en juridisch toegestaan is vanuit sociaal en ethisch oogpunt ook verantwoord is. Ethiek houdt zich bezig met morele kwesties. Ook in het gebruik van technologie in het verkeer tussen mensen hebben we te maken met geoorloofde en ongeoorloofde werkwijzen. In sommige

Tabel 5.3 Activiteiten van internetgebruikers, 2005-2013[29]

	2005	2006	2007	2008	2009	2010	2011	2012	2013
	% van internetgebruikers[a]								
Communicatie									
E-mailen	92	93	94	94	95	96	95	96	95
Telefoneren via internet[b]	6	12	-	13	15	19	25	26	31
Anders, bijvoorbeeld chatten	40	40	35	27	29	28	29	29	30
Informatie en vermaak									
Zoeken naar informatie over goederen en diensten	87	88	89	86	87	90	87	89	86
Luisteren naar radio of kijken naar televisie	26	35	42	52	57	58	60	60	62
Spelen en/of downloaden van spelletjes, afbeeldingen of muziek	50	55	56	65	57	56	59	60	65
Downloaden of lezen van kranten en/of nieuwsbladen	35	43	45	47	49	53	56	59	57
Gebruikmaken van diensten in de reisbranche	49	50	54	55	51	55	52	55	51
Downloaden van software	27	31	34	37	34	32	30	33	36
Solliciteren en/of zoeken naar een baan	19	22	21	18	19	21	20	21	21

Bron: CBS, ICT-gebruik huishoudens en personen 2005-2013.
[a] Personen van 12 tot en met 74 jaar met internetgebruik in drie maanden voorafgaand aan het onderzoek; meer dan één antwoord mogelijk.
[b] De vraagstelling is na 2007 gewijzigd. Hierdoor zijn de uitkomsten in 2008 t/m 2013 onderling vergelijkbaar maar in mindere mate met de periode hiervoor.

Figuur 5.27 Frequentie van plaats en internetgebruik, 2005-2013[30]

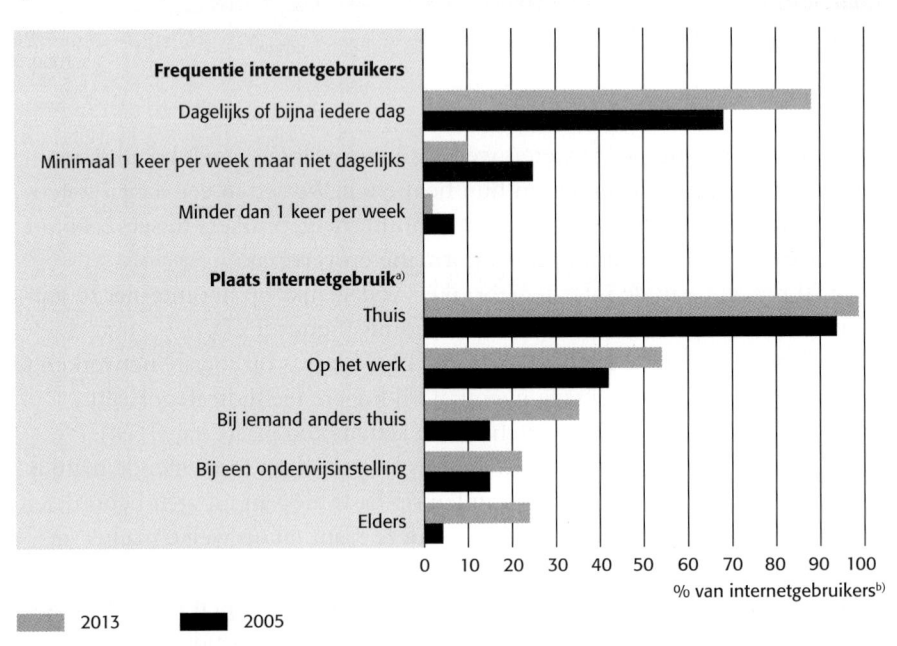

Bron: CBS, ICT-gebruik huishoudens en personen.
[a] Meer dan één antwoord mogelijk.
[b] Personen van 12 tot en met 74 jaar die in de drie maanden voorafgaand aan het onderzoek internet gebruikt hebben.

Figuur 5.28   Gebruik van sociale netwerken, 2011-2013[31]

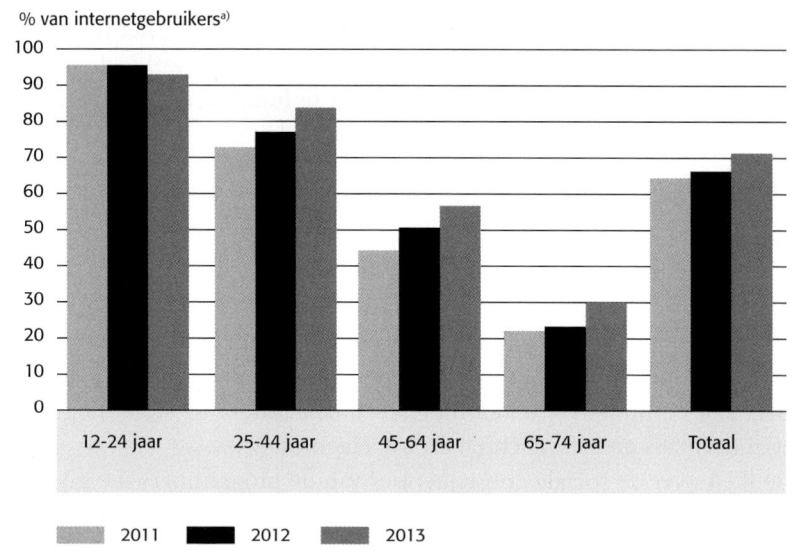

% van internetgebruikers[a]

[Staafdiagram met gegevens voor 2011, 2012, 2013 per leeftijdsgroep: 12-24 jaar, 25-44 jaar, 45-64 jaar, 65-74 jaar, Totaal]

■ 2011   ■ 2012   ■ 2013

Bron: CBS, ICT-gebruik huishoudens en personen, 2011-2013.
a) Personen van 12 tot en met 74 jaar met internetgebruik in drie maanden voorafgaand aan het onderzoek; meerdere antwoorden mogelijk.

Tabel 5.4   Gebruik van social media, 2013[32]

	Berichten plaatsen op chatsite of online discussie-forum	Weblogs lezen of zelf bijhouden	Sociale netwerken				Overige sociale media
			totaal sociale netwerken	tekstberich-ten uitwisse-len (instant messaging, zoals MSN)	professio-neel netwerk (zoals LinkedIn)	ander sociaal netwerk (zoals Facebook of Twitter)	
	% van internetgebruikers[a]						
Totaal	30	23	71	38	25	60	25
Geslacht							
Man	32	24	71	41	30	56	25
Vrouw	28	21	71	36	20	64	26
Leeftijd							
12-24 jaar	48	25	93	58	14	88	5
25-44 jaar	33	27	84	44	38	72	15
45-64 jaar	21	20	57	28	24	43	37
65-74 jaar	11	13	30	11	7	21	62
Opleidingsniveau							
Lager onderwijs	32	15	68	39	6	63	29
Middelbaar onderwijs	27	21	70	37	20	61	26
Hoger onderwijs	32	32	75	39	49	57	20

Bron: CBS, ICT-gebruik bedrijven en personen, 2013.
a) Personen van 12 tot en met 74 jaar met internetgebruik in de drie maanden voorafgaand aan het onderzoek; meerdere antwoorden mogelijk.

gevallen kan de rechter bepaalde praktijken beëindigen, maar in andere gevallen zijn we als mens en consument overgeleverd aan het beoordelingsvermogen van organisaties. Vooral op internet zien we dat aanbieders de grenzen van het toelaatbare opzoeken en er vaak zelfs overheen gaan. Op internet worden wel gedragsregels opgesteld waar de internetgebruiker zich aan heeft te houden, de zogenoemde netiquette. Het Computer Ethics Institute heeft de volgende tien geboden voor computerethiek opgesteld:

1 Gij zult de computer niet gebruiken om anderen te schaden.
2 Gij zult andermans computerwerk niet verstoren.
3 Gij zult niet rondneuzen in andermans bestanden.
4 Gij zult de computer niet gebruiken om te stelen.
5 Gij zult de computer niet gebruiken om een valse getuigenis af te leggen.
6 Gij zult de licentievoorwaarden van uw software respecteren.
7 Gij zult andermans computercapaciteit niet gebruiken zonder toestemming.
8 Gij zult niet andermans geestesvruchten als uw eigen dragen.
9 Gij zult nadenken over de sociale consequenties van de programma's die gij maakt.
10 Gij zult de computer met overleg en respect gebruiken.

5.8.2 Middelen

Technologie kan zowel het resultaat zijn van de evolutie als de impuls voor een revolutie. De komst van het wereldwijde web op internet kunnen we zien als een revolutie. Internet bestond al sinds de jaren zestig, maar het duurde tot de jaren negentig tot Tim Berners-Lee er een wereldwijde toepassing voor bedacht, het www. Het is dus enerzijds de technologie en anderzijds de toepassing ervan die de uitdaging voor het management vormen. Ondanks het feit dat het web inmiddels meer dan twee decennia bestaat, zien we nog steeds nieuwe toepassingen. Het grote dilemma met nieuwe toepassingen is de keuze om er hetzij veel tijd en geld in te investeren, met het risico dat het op een mislukking uitloopt, of juist af te wachten, met het risico door de concurrenten voorbijgestreefd te worden. Met dat spanningsveld moet het management kunnen omgaan. Welke toepassingen neem je over, welke laat je passeren? We kunnen hier onmogelijk een opsomming van alle beschikbare technologieën en toepassingen geven. Daarom kiezen we ervoor er een aantal te noemen zoals deze in het jaarlijks verschijnende *Trends in IT* zijn gepresenteerd.[33] In figuur 5.29 zie je een aantal toepassingen, die overigens deels ook al eerder in dit hoofdstuk genoemd zijn. Ze zijn verwerkt in een matrix die is ontwikkeld door de Boston Consulting Group (BCG). Afhankelijk van het rendement en de groeipotentie kun je de toepassing in een van de volgende vier kwadranten van de BCG-matrix plaatsen:

- Question marks: ontwikkelingen waarvan het nog maar de vraag is of ze in de toekomst zullen doorbreken.
- Stars: ontwikkelingen die met redelijk grote zekerheid een succesvolle toekomst tegemoet gaan.
- Cash cows: dit zijn ICT-concepten die in het verleden hun succes hebben bewezen en nu door veel organisaties worden gebruikt.

Figuur 5.29   Technologieën en toepassingen verwerkt in de BCG-matrix[34]

Groei-potentie

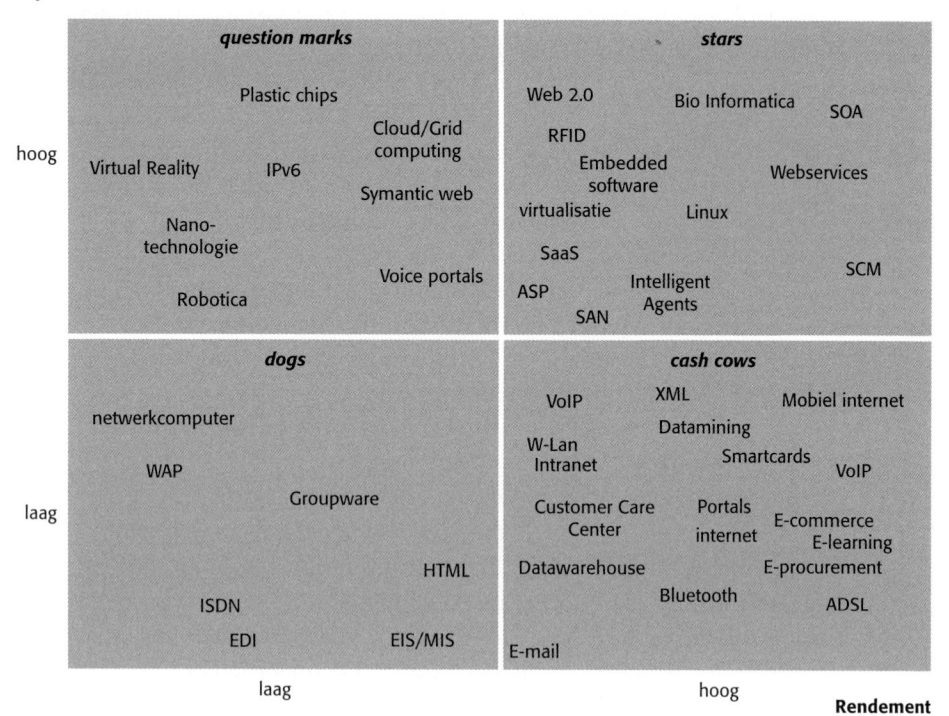

	question marks	stars
hoog	Plastic chips Cloud/Grid computing Virtual Reality IPv6 Symantic web Nano-technologie Voice portals Robotica	Web 2.0 Bio Informatica SOA RFID Embedded software Webservices virtualisatie Linux SaaS ASP Intelligent Agents SCM SAN
	dogs	**cash cows**
laag	netwerkcomputer WAP Groupware HTML ISDN EDI EIS/MIS	VoIP XML Mobiel internet Datamining W-Lan Intranet Smartcards VoIP Customer Care Center Portals internet E-commerce E-learning Datawarehouse E-procurement Bluetooth ADSL E-mail
	laag	hoog **Rendement**

- Dogs: dit zijn concepten die over hun hoogtepunt heen zijn of de belofte nooit hebben kunnen inlossen.

Het model moet ieder jaar aangepast worden omdat oude technologieën en toepassingen zullen verdwijnen en er nieuwe geïntroduceerd worden. Het model geeft al met al een goed inzicht in de dynamische ICT-ontwikkelingen en stelt organisaties in staat om op basis van de specifieke kenmerken van de eigen organisatie keuzes te maken ten aanzien van de aanschaf en het gebruik van technologieën en toepassingen.

5.8.3   Methoden

In een wereld die in toenemende mate wordt gevormd door digitale ontwikkelingen is beveiliging een van de belangrijkste onderwerpen met betrekking tot de informatieverzorging en het werken met digitale technologie. Het is een onderwerp dat zowel een interne als een externe dimensie kent. De eigen bedrijfsgegevens dienen beschermd te worden (zie ook de casus 'Bedrijfsdata vaakst gestolen door jonge mannen'), maar ook de gegevens van de afnemers die werken met toepassingen van de organisatie (bijvoorbeeld creditcardgegevens). Met de toenemende inzet van technologie in tal van bedrijfsprocessen binnen en buiten de organisatie neemt ook de belangstelling voor beveiliging toe. Je kunt met aan zekerheid grenzende waarschijnlijkheid stellen dat ieder gebruik tevens misbruik oproept.

Nu steeds meer bedrijven (een deel van) hun activiteiten via internet laten lopen, bloeit de cybercriminaliteit. Het beveiligen van kritische bedrijfsprocessen en de gegevens is een miljardenindustrie geworden. Kijk maar eens naar de hoeveelheid standaards die financiële instellingen hebben ontwikkeld om betalen via internet veilig te maken. ABN Amro, ING Bank en Rabobank hebben gezamenlijk iDeal ontwikkeld, verified by Visa en Mastercard Secure Code zijn beveiligde omgevingen voor online creditcardbetalingen, Secure Sockets Layer (SSL) is de industriële norm voor een beveiligingsprotocol waarmee persoonlijke gegevens of creditcardgegevens veilig via internet verzonden kunnen worden, en zo bestaan er nog meer standaards. Het is aan het management van de organisatie om te bepalen welke beveiligingsrisico's het werken met diverse (draadloze) technologische toepassingen met zich meebrengt en om de kosten hiervan integraal mee te nemen in de investeringsbeslissing. Met betrekking tot internet kunnen we stellen dat het onderwerp beveiliging de komende jaren boven aan de agenda staat, in ieder geval op die van het W3C (World Wide Web Consortium), dat zich bezighoudt met de ontwikkelingen op en van internet, om vooral de gebruikers het vertrouwen in het medium te laten behouden.

Wanneer het gaat om het beveiligen van bedrijfsgegevens, dan is deze aan wetten gebonden.[35] In de commerciële dienstverlening geldt een normering in de Code voor Informatiebeveiliging (CvIB). De CvIB is niet (direct) te kwalificeren als wet- of regelgeving, maar de informatiebeveiligingseisen van veel ondernemingen en instellingen zijn wel afgeleid van de CvIB. De CvIB wordt daarom wel als best practice voor de informatiebeveiliging beschouwd. De ondernemer moet in ieder geval beveiligingsmaatregelen nemen op grond van diverse wettelijke bepalingen die regelen dat hij verplicht is administratieve gegevens gedurende een bepaalde tijd te bewaren. Bovendien verwerken veel ondernemers persoonsgegevens, en op grond van de Wet bescherming persoonsgegevens (Wbp) moet de ondernemer passende technische en organisatorische maatregelen nemen om die gegevens te beveiligen tegen onder meer verlies daarvan. Verder is de Wet Computercriminaliteit II van belang, die computercriminaliteit uitgebreider en zwaarder strafbaar stelt dan voorheen.

Bedrijfsdata vaakst gestolen door jonge mannen

Mannen tussen 24 en 35 jaar hebben de grootste neiging om bedrijfsgegevens te stelen. Dat wijst een studie uit waarin 150 datadiefstallen werden bestudeerd.
Volgens een studie van het internationale advocatenkantoor Mishcon de Reya maken jonge mannelijke individuen (24-35 jaar) zich het meest schuldig aan gegevensdiefstal. 79 procent van deze diefstallen wordt gepleegd door een alleenstaande dader, 77 procent van deze daders is mannelijk.
De analyse toont verder aan dat slechts 20 procent van de informatiediefstallen gepleegd wordt door een vrouw of een groep vrouwen. In 7 procent van de gevallen opereerden een mannelijke en een vrouwelijke dief samen.
Bij 30 procent van de onderzochte gevallen wilde de dief de data gebruiken om een eigen, concurrerend bedrijf

op te zetten. 65 procent van de daders bezorgde de informatie als een geschenk aan een nieuwe werkgever, een concurrent van de ex-werkgever. Bij de overige 5 procent van de datadiefstallen werd de diefstal ontdekt nog voor de dader er daadwerkelijk iets mee kon doen.

De meest gebruikte methode (56 procent van de onderzochte gevallen) om data te verkrijgen en te behouden, bleek e-mail te zijn. 26 procent printte de data gewoon af en 16 procent gebruikte meer dan één methode om informatie te verkrijgen. Slechts 6 procent zette de bedrijfsgegevens op USB-stick, dvd of cd. Er werden dus geen hoogstaande technieken gebruikt en ex-medewerkers beschikten niet over een zekere IT-expertise om de gegevens te ontvreemden.

Bron: Jobat.be[36]

SAMENVATTING

Het hoofddoel van iedere organisatie is het creëren van waarde voor de afnemers. Deze waarde vertaalt zich voor profitorganisaties bijvoorbeeld in omzet en winst. Vooral als gevolg van technologische ontwikkelingen neemt de marktdynamiek toe. Marktdynamiek kun je zien als de toenemende onvoorspelbaarheid van trends en consumentengedrag, toenemende concurrentie en kortere levenscycli van producten en organisaties. Het creëren van waarde wordt daarom steeds lastiger. Het toepassen van ICT in het kader van waardecreatie neemt aan belang toe en richt zich op de doelmatigheid (efficiency), doelgerichtheid (effectiviteit) en doelbewustheid (kwaliteit) van de organisatie. Ieder van deze aspecten heeft een relatie met respectievelijk de structuur, de strategie en de missie van de organisatie. Gezien het toenemende belang van ICT in de moderne organisatie wordt de organisatiestrategie (hoe gaan we concurreren) steeds vaker gedicteerd door de technologische ontwikkelingen en mogelijkheden. De organisatie- en de IT-strategie smelten als het ware samen tot een business-IT-strategie. Het proces van het in lijn brengen van ICT met de uitgangspunten van de organisatie, business-IT-alignment, is een belangrijke taak van de Chief Information Officer. Informatie- en communicatietechnologie is een hulpmiddel bij de uitvoering van de bedrijfsprocessen; deze moeten adequaat worden ondersteund. Deze ondersteuning vindt plaats door de verschillende activiteiten van correcte informatie te voorzien. We hebben daarbij een onderscheid gemaakt tussen enerzijds interne en externe informatie en anderzijds harde en zachte informatie. De bedrijfsprocessen vormen het hart van de organisatie. We kunnen deze processen onderverdelen in drie groepen: primaire processen – ook wel de corebusiness genoemd –, zoals productie, verkoop en marketing; secundaire of ondersteunende processen, zoals human resources, financiën en ICT; en management- of bestuurlijke processen. Deze processen maken in toenemende mate gebruik van elektronische hulpmiddelen, en dan spreken we ook wel van e-business. Er is tegenwoordig haast geen proces meer waarbij geen digitale technologie wordt gebruikt. In dit hoofdstuk geven we voorbeelden van processen als e-manufacturing, e-commerce, e-hrm enzovoort. Als gevolg van de alom aanwezige digitale technologie worden ook nieuwe kennis en vaardigheden gevraagd van de medewerkers, die deze dan bijvoorbeeld weer via e-learning kunnen aan leren. De grote uitdaging van informatiemanagement is al deze processen en de onderliggende informatiestromen zodanig te verbinden dat managers met de juiste informatie de organisatie in de gewenste richting kunnen sturen. Daartoe kan het management gebruikmaken van een managementinformatiesysteem (MIS), dat managers in staat stelt om op verschillende niveaus (operationeel, tactisch en strategisch) correcte beslissingen te nemen. De informatie die nodig is om te kunnen sturen is niet alleen afkomstig uit de eigen organisatie, maar ook uit de markten en de samenleving. Consumenten en concurrenten maken gebruik van allerlei social media die van invloed kunnen zijn op de bedrijfsvoering. Het is daarom van belang dat er wordt nagedacht over een socialmediastrategie. Hierbij geeft de organisatie aan met welke socialmedia-instrumenten zij wenst te communiceren met welke doelgroepen. Het landschap van dergelijke instrumenten is bijzonder dynamisch, wat het lastig maakt om op langere termijn aan te geven van welke instrumenten gebruik wordt gemaakt. Mede door het intensieve gebruik van social media worden steeds meer data of gegevens geproduceerd. De hoeveelheid gegevens ontwikkelt zich tegenwoordig exponentieel en is te groot om nog door mensen begrepen te worden. Er worden daarom slimme technologische toepassingen gebruikt die de informatieberg voortdurend analyseren, om hier vervolgens patronen uit te kunnen destilleren. Dit noemen we ook wel Big Data analytics. Op basis van de gevonden patronen kunnen organisaties innoveren, zodat zij ook in de toekomst waarde kunnen blijven leveren. Deze innovaties kunnen tot gevolg hebben dat hele business- en verdienmodellen veranderen. Door de technologische mogelijkheden krijgen organisaties de kans om zichzelf opnieuw uit te vinden, bijvoorbeeld door de waardepropositie te innoveren, processen te innoveren en aan sociale innovatie te doen. In totaal onderscheiden we negen gebieden waarop innovaties mogelijk zijn. Tot slot identificeren we een aantal uitdagingen waar organisaties mee te maken hebben of kunnen krijgen. Deze doen zich voor op het snijvlak van mensen, middelen en methoden. Medewerkers zullen meer en vaker geschoold moeten worden, afnemers zullen ander gedrag gaan vertonen door een mix van online en offline activiteiten, nieuwe technologieën waar we nog weinig of geen weet van hebben zullen het licht gaan zien, bedrijfs- en klantgegevens zullen beter beveiligd moeten worden omdat ze anders in de verkeerde handen kunnen vallen, en de wetgeving zal andere eisen gaan stellen aan het gebruik van data door bedrijven.

CASUS

Gamechangen? Gooi je strategie uit het raam en ontwikkel een evolutionair competitief voordeel[37]

Jonas Ridderstråle (48) behoort tot de bekendste managementgoeroes van Europa. Momenteel werkt hij aan een nieuw boek, dat de werktitel *Game Changers* heeft meegekregen. Ridderstråle heeft eerder die dag op prikkelende wijze een zaal IT-professionals in het hotel aan de Dam verteld hoe organisaties volgens hem overeind kunnen blijven in de steeds competitievere wereldeconomie. In die economie is volgens Ridderstråle slechts één constante: razendsnelle verandering. Juist daarom heeft het maken van toekomstplannen steeds minder zin, betoogt hij. Sterker nog, die strategische plannen kunnen zelfs weleens een bedreiging vormen voor de continuïteit van bedrijven.

Neem Nokia. De Finse multinational, in 2007 nog wereldmarktleider op het gebied van smartphones, reageerde niet op de komst van touchscreen mobieltjes van Apple en de opkomst van Android in dat jaar. De Finnen hielden liever vast aan hun eigen strategie en werkten door aan de verbetering van hun eigen besturingssysteem, Symbian. De gevolgen zijn bekend: in vijf jaar tijd maakten de Nokiaverkopen een duikvlucht, het aandeel zakte in die periode van ruim 27 euro naar 1,50 euro en in 2013 werd het restant van het noodlijdende bedrijf overgenomen door Microsoft.

Dus, zegt Ridderstråle: organisaties moeten stoppen met het maken van uitgekiende strategieën. Niet dat hij een voorstander is van anarchie, zeker niet. Maar structuur kan prima zonder strategie. Dat bewijst Ridderstråle tijdens zijn presentatie. Als hij de zaal vraagt om gezamenlijk in een ritme te klappen, gebeurt dat binnen 5 seconden. 'Kijk, daar was geen plan voor nodig', zegt hij triomfantelijk, 'slechts een gezamenlijke taal en feedback van anderen.'

Goede communicatie en snelle feedback zijn niet alleen geschikt om structuur aan te brengen, maar helpen organisaties ook om meer waarde te creëren dan met behulp van een uitgekiende strategie. Om zijn betoog te illustreren, verwijst Ridderstråle naar zijn puberende zoon, thuis in Stockholm. 'Mijn zoon spreekt nooit van tevoren af hoe laat en waar hij in het weekend precies uitgaat. Hij appt op de avond zelf met vrienden, hoort waar het op dat moment leuk is en gaat daarheen. Zo komt hij meestal in de leukste nieuwe kroegen terecht. In mijn tijd was dat wel anders: we spraken ruim van tevoren af waar we uitgingen en ook als het niet leuk was bleven we daar. Dat hadden we immers afgesproken.'

Ook de succesvolle Zweedse bank Svenska Handelsbanken werkt zonder strategie en budget, weet Ridderstråle. 'Zij beschikken over een goed gestructureerd intern communicatiesysteem waarmee best practices worden gedeeld tussen de verschillende branches van de bank. Daarnaast heeft de bank een bonussysteem ingesteld waarbij alle medewerkers dezelfde bonus krijgen als Handelsbanken beter presteert dan andere Zweedse banken.'

Zowel Google als Svenska Handelsbanken weet waarde te creëren, zonder dat ze er een uitgestippelde langetermijnstrategie op na houden. Volgens Ridderstråle moeten bedrijven die langdurig succesvol willen blijven waardecreatie breder definiëren dan puur economisch. De crisis heeft ons geleerd dat bedrijven met hun waarden aan de slag moeten. Door een bedrijfsreligie te creëren waarin een gezamenlijke droom centraal staat, kunnen bedrijven klanten en medewerkers aan zich binden. Die waarden vormen een emotionele barrière voor klanten om over te stappen naar de concurrent of voor medewerkers om te switchen naar een andere baan. De succesbedrijven van de toekomst excelleren in e-commerce, met de E van Emotie.' Om meervoudige waarde te creëren moeten strategieloze organisaties experimenten aanmoedigen, zegt Ridderstråle: 'De opdracht voor bedrijven is niet meer vastomlijnd en eenduidig zoals vroeger. Bedrijven gaan diensten aanbieden en producten maken waar ze van tevoren nooit over hadden nagedacht.' Wie had bijvoorbeeld gedacht dat een internetbedrijf als Google actief zou worden in de autobranche door zelfrijdende auto's te ontwikkelen? Of denk aan het Braziliaanse Semco, van Ricardo Semler, dat oorspronkelijk actief was in de scheepsbouw, maar nu op initiatief van medewerkers succesvol is gediversificeerd naar onder meer horeca, (milieu) advies, webhosting en gebouwenbeheer. Ook het Nederlandse organisatieadviesbureau Dutch weet waarde te creëren door buiten de gebaande banen te treden. Samen met boeren ontwikkelden de consultants bijvoorbeeld 'beebox', een thuisbezorgservice van lokaal geproduceerd voedsel.

Bij experimenteren hoort uiteraard niet alleen succes, maar ook falen. 'Organisaties moeten accepteren dat projecten kunnen mislukken', vindt Ridderstråle. Om een cultuur te creëren waarin trial-and-error geaccepteerd wordt, raadt hij bedrijven aan een 'Major Fuck-Up of the Year'-award in te voeren. In Nederland bestaat zoiets overigens al: het Instituut voor Briljante Mislukkingen reikt sinds 2011 prijzen uit aan goed bedachte projecten in de ontwikkelingssamenwerking die toch zijn mislukt. Sinds 2013 worden ook veelbelovende, maar mislukte experimenten in de zorg beloond door het Instituut voor Briljante Mislukkingen.

Goede communicatie, snelle feedback, verbindend leiderschap, een bedrijfsreligie, experimenten aanmoedigen, falen accepteren. Ridderstråle vraagt nogal wat van organisaties. 'Er zit niet veel anders op', zegt hij. 'Als bedrijven willen overleven moeten ze een evolutionair competitief voordeel ontwikkelen. Een strategie volstaat niet meer.'

Vragen

1. Ga naar de site www.briljantemislukkingen.nl en zoek twee voorbeelden van mislukkingen waarbij technologie een belangrijke rol heeft gespeeld. Geef aan wat daarbij de rol van technologie volgens jou is geweest.
2. Ridderstråle geeft in het artikel aan dat strategie of strategische plannen weleens de continuïteit van de organisatie kunnen bedreigen. Zoek twee voorbeelden van organisaties die door hun uitgekiende business-IT-strategie juist erg succesvol zijn gebleken. Wat is daarbij de rol van IT volgens jou?
3. In het artikel wordt verwezen naar Svenska Handelsbanken. Neem een Nederlandse bank als voorbeeld en geef aan hoe deze bank volgens jou haar primaire processen zo kan veranderen door de inzet van elektronische hulpmiddelen dat jij als klant meer waarde krijgt geleverd.
4. Bezoek de website www.beebox.nl. Hoe heeft deze organisatie/dienst volgens jou traditionele activiteiten geïnnoveerd? Welke rol heeft technologie hierin gespeeld volgens jou? Maak gebruik van de innovatiediamant.
5. Stel, je wilt een eigen bedrijf opzetten die in lijn is met je studie. Geef beargumenteerd aan
    a. welk businessmodel je wilt hanteren (maak gebruik van het Business Model Canvas; zie figuur 5.19);
    b. welk(e) verdienmodel(len) je wilt hanteren (zie paragraaf 5.7);
    c. welke mix van social media je zou willen inzetten om jouw organisatie bekend te maken bij je doelgroep.

KERNBEGRIPPEN

Businessintelligence Een bedrijfskundige definitie luidt: het geheel aan mensen, middelen, taken en verantwoordelijkheden in een organisatie, gericht op het op een systematische wijze verzamelen, analyseren en verspreiden van informatie ten behoeve van de operationele, tactische en strategische besluitvorming. Een technologisch gestuurde definitie luidt: het verzamelen van zo veel mogelijk informatie en het analyseren en rapporteren hiervan met behulp van informatieverwerkende systemen om er voor de bedrijfsvoering intelligente beslissingen mee te nemen.

Business-IT-alignment De afstemming (alignment) van ICT met de business van de organisatie en omgekeerd.

Contentmanagementsysteem (cms) Een cms heeft tot doel aanwezige content, kennis en vaardigheden via verschillende manieren (hyperlinks, intranetten of kennisbanken) te communiceren met specifieke medewerkers.

Crossselling De klant stimuleren andere producten van de organisatie af te nemen.

Customer relationship management (crm) Een ondernemingsstrategie gericht op het opbouwen en onderhouden van langdurige klantrelaties die voor beide partijen economisch gezien voordelig zijn, gebaseerd op het consistent toepassen van actuele kennis over individuele klanten.

Datawarehouse Een datawarehouse integreert, transformeert en aggregeert gegevens uit verschillende systemen tot een eenduidige informatiebron, inclusief de historie van de gegevens. Met behulp van analytische applicaties is het mogelijk de informatie uit het datawarehouse te analyseren, zodat kennis ontstaat waarmee beslissingen kunnen worden genomen. Het datawarehouse vervangt niet de bestaande systemen, maar vormt een nieuwe architectuur, waarin de aanwezige systemen samenwerken. Een datawarehouse levert onder meer de benodigde data voor online analytical processing (OLAP).

Decision support system (DSS) Systemen ter ondersteuning van het tactisch en strategisch management die voorzien in informatie en modellen ter ondersteuning van besluitvorming door bedrijfsresultaten, planningen, prognoses en eenvoudige presentatiemethoden te integreren.

Deepselling De klant stimuleren een groter volume van hetzelfde product af te nemen.

E-hrm Het vormgeven aan strategisch humanresourcesmanagement aan de hand van procesmanagement, gebruikmakend van webtechnologie.

E-learning E-learning heeft als doel om mensen met behulp van digitale hulpmiddelen (meestal via het web) op te leiden. Het uitgangspunt daarbij is 'any time, any place, any path, any pace'.

E-manufacturing Het automatiseren van productieprocessen via webtechnologie.

E-procurement De toepassing van de mogelijkheden van webtechnologie op het inkoopproces met als doelstelling de transacties die plaatsvinden in de verschillende subprocessen (aanbesteding, bestellen en betalen van goederen en diensten) te simplificeren en te optimaliseren.

Efficient customer response (ECR) Situatie waarbij fabrikant en detaillist samenwerken met als doel het serviceniveau richting de consument te verbeteren en de kosten in de waardeketen te verlagen.

Electronic data interchange (EDI) Techniek waarmee organisaties onderling standaardtransacties uitwisselen via de computer, zoals facturen, laadbrieven of bestelformulieren.

Enterprise resource planning (ERP) Een geïntegreerde geautomatiseerde afhandeling van logistieke, administratieve, financiële en commerciële processen.

Enterprise social network (ESN) Een ESN is het digitale interne sociale netwerk dat gebruikt wordt door een organisatie om medewerkers en externen met elkaar te verbinden.

Executive information system (EIS) Een systeem ten behoeve van tactisch of strategisch management dat interne en externe trends en patronen analyseert, vergelijkt en zichtbaar maakt. Het is vooral gericht op ad-hocrapportage.

HR analytics Het inzichtelijk en meetbaar maken van de organisatie-impact van investeringen in menselijk kapitaal.

Kennismanagement Een aanpak die de rol van kennis in en voor de organisatie centraal stelt, en zich ten doel stelt om kenniswerk aan te sturen en te ondersteunen om daarmee de meerwaarde van kennis optimaal te benutten.

Metadata Metadata zijn gegevens die de karakteristieken van bepaalde gegevens beschrijven. Het zijn dus eigenlijk data over data.

Online analytical processing (OLAP) Met OLAP-technologie kan een organisatie grote hoeveelheden gegevens vanuit een datawarehouse op een zeer snelle wijze toegankelijk maken via een combinatie van dimensies. Een dimensie is een invalshoek van waaruit de analyse wordt gestart.

Supply chain management Het management van de keten die onafhankelijke klanten en leveranciers verbindt alsof het een geheel is, met het doel om waarde te creëren en verspilling te reduceren door de vrijwillige coördinatie van de doelen en activiteiten van alle organisaties binnen de keten.

Upselling Klant stimuleren tot het afnemen van een duurdere versie van hetzelfde product.

Workflowmanagement Het plannen, organiseren, uitvoeren en automatiseren van workflows.

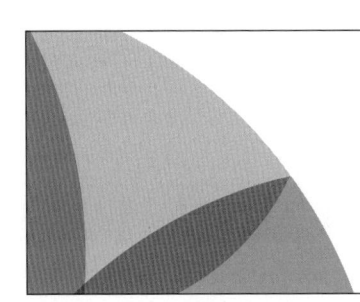

MyLab | Nederlandstalig

Op www.pearsonmylab.nl vind je studiemateriaal en de eText om je begrip en kennis van dit hoofdstuk uit te breiden en te oefenen.

Hoofdstuk 6
INFORMATIEVERZORGING

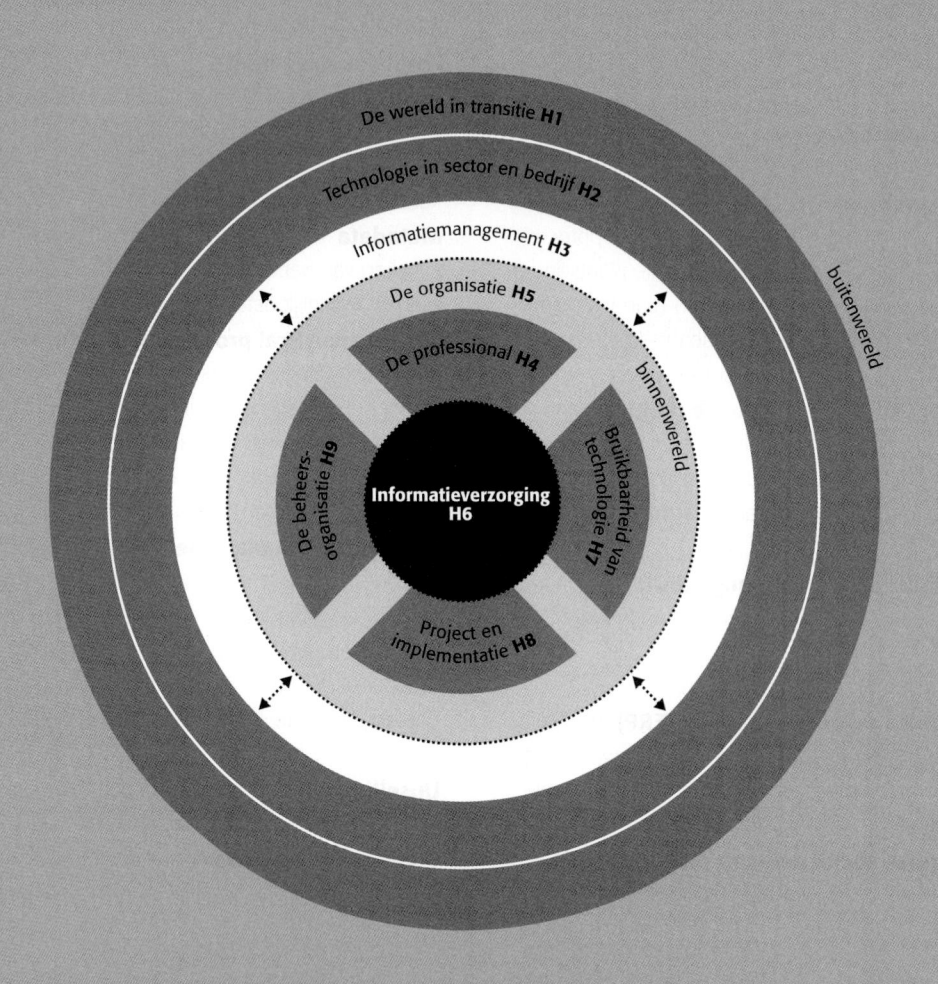

De wereld in transitie **H1**
Technologie in sector en bedrijf **H2**
Informatiemanagement **H3**
De organisatie **H5**
De professional **H4**

Informatieverzorging H6

De beheersorganisatie **H9**
Bruikbaarheid van technologie **H7**
Project en implementatie **H8**

binnenwereld
buitenwereld

6.1 Inleiding

De titel van dit hoofdstuk luidt 'Informatieverzorging'. In andere literatuur wordt in dit verband ook wel gesproken over informatievoorziening. Het is wellicht wat verwarrend, maar de twee termen worden vaak door elkaar gebruikt. De term 'voorziening' geeft in onze ogen vooral aan met welke middelen de informatieverzorging wordt ondersteund, terwijl informatieverzorging juist laat zien dat het 'informatiehuis' van de organisatie op een goede manier verzorgd moet zijn. In hoofdstuk 3 hebben we het gehad over de positie en de taken van informatiemanagement binnen de organisatie. In dat verband hebben we het negenvlaksmodel van Maes, ofwel het Amsterdams Informatiemanagement Model laten zien (zie figuur 6.1). Uit dit model kunnen we opmaken dat IM verantwoordelijk is voor de informatieverzorging. Deze staat centraal in het gearceerde deel van het model.

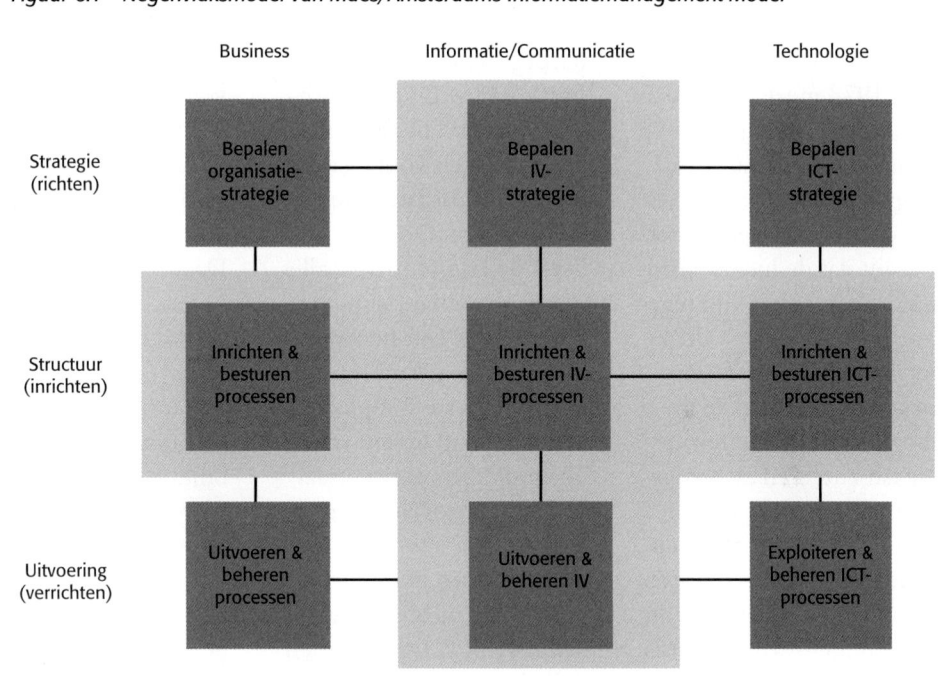

Figuur 6.1 Negenvlaksmodel van Maes/Amsterdams Informatiemanagement Model[1]

	Business	Informatie/Communicatie	Technologie
Strategie (richten)	Bepalen organisatie-strategie	Bepalen IV-strategie	Bepalen ICT-strategie
Structuur (inrichten)	Inrichten & besturen processen	Inrichten & besturen IV-processen	Inrichten & besturen ICT-processen
Uitvoering (verrichten)	Uitvoeren & beheren processen	Uitvoeren & beheren IV	Exploiteren & beheren ICT-processen

Informatieverzorging kun je zien als het systematisch verzamelen en verwerken van gegevens, gericht op het verstrekken van informatie ten behoeve van de bedrijfsprocessen. Het heeft als doel de activiteiten en processen binnen de verschillende niveaus en functies van de organisatie te ondersteunen. Om te kunnen beoordelen welke waarde ICT heeft, moeten we ook kijken naar de uitgangspunten van de organisatie. Deze uitgangspunten komen terug in de doelen, de missie en de strategie van een organisatie. Van hieruit wordt de vertaalslag gemaakt naar de informatieplanning. Paragraaf 6.2 laat deze vertaalslag zien. In paragraaf 6.3 kijken we naar een belangrijk onderdeel van het informatieplan, namelijk de informatieverzorging zelf, de karakteristieken daarvan en de eisen die hieraan gesteld worden. Deze eisen veranderen mede onder invloed van de mate waarin binnen de bedrijfsvoering gebruik wordt gemaakt van het wereldwijde web. In paragraaf 6.4 gaan we daarom in op een aantal aandachtspunten bij het webbased werken. Moderne informatieverzorging kan niet zonder de ondersteuning van uiteenlopende informatiesystemen. Paragraaf 6.5 gaat in op deze systemen en behandelt de eisen die we hieraan stellen. In de afsluitende paragraaf 6.6 wordt het onderwerp beheer en verbetering van informatiesystemen behandeld. In bijgaand artikel 'Hoe de luchtvaartindustrie eindelijk geld wil gaan verdienen' zie je het strategisch belang van een adequate informatieverzorging.

Hoe de luchtvaartindustrie eindelijk geld wil gaan verdienen

De luchtvaartindustrie heeft sinds 1978 meer verlies dan winst gemaakt. Zijn data de heilige graal? Lufthansa hoopt van wel.
Anno 2014 ziet het er niet naar uit dat de luchtvaartindustrie een betere tijd tegemoet gaat. Lufthansa denkt desondanks een gezonde toekomst tegemoet te gaan, door dichter op de reiziger te gaan zitten en ze eerder én langer als klant binnen te houden. Schütz maakt een vergelijking met een warenhuis: 'De gemiddelde website van een luchtvaartbedrijf is als zo'n warenhuis; het is een gevecht om de clicks. Iedereen biedt een makkelijke en complete winkel. Dat is de manier om in de toekomst aandacht te krijgen van klanten.' Binnen die online winkel draait het niet alleen om de aankoop van een vliegticket, maar ook om zaken als autoverhuur, hotels en nazorg. Schütz: 'De klantreis start niet pas bij het opstijgen van een vliegtuig, maar begint weken voorafgaand en eindigt pas twee weken na de vlucht. De vlucht zelf heeft de laagste marge; alles wat je eromheen kunt verkopen heeft een tien keer zo hoge marge. Daarom proberen we een zo compleet mogelijk aanbod te hebben.'
Technologie staat centraal in deze benadering, zegt Schütz: 'Alle cruciale businessprocessen in de luchtvaartindustrie zijn afhankelijk van IT.' Data worden door hem gezien als de heilige graal, om te analyseren en om te correleren. Schütz verwees naar transactiedata, maar ook naar gegevens die afkomstig zijn van de vliegtuigen zelf (van de motoren bijvoorbeeld). Volgens de bestuurder heeft Lufthansa in totaal beschikking over tachtig verschillende databronnen, plus nog eens zes verschillende klantdatabases. 'Die moet je consolideren als je aan de slag wilt met data; ze moeten gegevens met elkaar kunnen uitwisselen. Daarvoor is een hardware-investering nodig, maar verder is het geen rocketscience.'
Schütz gaf een aantal praktijkvoorbeelden waaruit blijkt hoe data kunnen worden toegepast in de luchtvaartindustrie, met de vermelding dat Lufthansa ze zelf (nog) niet allemaal heeft geïmplementeerd. Ze laten zien dat data overal zijn, als je maar goed genoeg zoekt.

1. Een gepersonaliseerde ervaring bieden
Als je gaat vliegen, moet je vooraf invullen wat je naam, adres en geboortedatum is, maar ook kun je zaken delen als je eetvoorkeuren. Schütz: 'Passagiers verwachten dat

luchtvaartmaatschappijen deze gegevens gebruiken om hun service te bieden. In het vliegtuig kunnen we hen individueel benaderen en verkopen wat we hun willen verkopen.'

2. Social media toepassen
De informatieverzorging van luchtvaartmaatschappijen kan verbeterd worden dankzij social media, zegt Schütz. Hij verwijst naar de schietpartij op het vliegveld LAX van november 2013. 'De impact van dit incident was enorm. Er werden honderden vluchten geannuleerd of omgeleid, waardoor er veel vertraging ontstond. Informatie deed slechts langzaam de ronde. Als toen social media waren meegenomen in de mix had er eerder gereageerd kunnen worden en was de business-impact kleiner geweest.'

3. Een betere vluchtvoorspelling geven
Door verschillende databronnen te combineren kunnen luchtvaartmaatschappijen een betere voorspelling geven over vluchtgedrag, aldus Schütz. 'Ze kunnen kijken naar vluchtbewegingen, maar ook vertragingen meenemen en zaken als het weer en de opstoppingen op luchthavens. Als ze dit vergelijken met historische data kan er een betere voorspelling worden gegeven, alsof je het weer voorspelt. Zo kun je proactief inspelen op nieuwe situaties, waardoor luchtvaartmaatschappijen brandstof kunnen besparen en kortere vluchtroutes krijgen.'

4. Onderhoud voorspellen
Door gegevens van vliegtuigmotoren te analyseren kan beter worden voorspeld wanneer een vliegtuig groot onderhoud nodig heeft. Vervolgens kan dan weer de vluchtroute worden aangepast, als er bijvoorbeeld een nieuw onderdeel nodig is waarvan bekend is dat het alleen op een bepaalde locatie te verkrijgen is. 'Zo kun je ook dit onderdeel beter plannen', zegt Schütz.

Bron: mt.nl, 7 oktober 2014[2]

6.2 Informatieplanning

Om te kunnen beoordelen hoe ICT de organisatie nu en in de toekomst in haar functioneren kan ondersteunen, moeten we kijken naar de uitgangspunten van de organisatie. Deze uitgangspunten vinden we doorgaans terug in de visie, de missie, de doelen en de strategie van de organisatie. In paragraaf 5.2 hebben we gezien dat technologie een steeds grotere stempel drukt op de organisatiestrategie. In dat verband spreken we ook wel over een business-IT-strategie om te laten zien dat de business en ICT elkaar wederzijds beïnvloeden en dat ze elkaar ondersteunen. In figuur 6.1 zie je dat de business-IT-strategie een periode van vijftien jaar kan bestrijken. Het geeft daarom niet direct aan hoe dit concreet kan worden omgezet in het dagelijks handelen en de processen. De strategie zal daarom verder ingevuld en geconcretiseerd moeten worden. Dat is de functie van het ondernemingsbeleid. In beleid worden de doelen en middelen van de organisatie in onderlinge samenhang verwoord. Het vormt weer de input voor de verschillende afdelingen of functies, zoals financiën, verkoop, productie en ook ICT, om op die specifieke beleidsgebieden de doelen en middelen concreet vorm en inhoud te geven.

Figuur 6.2 De plaats van het informatieplan binnen de organisatie

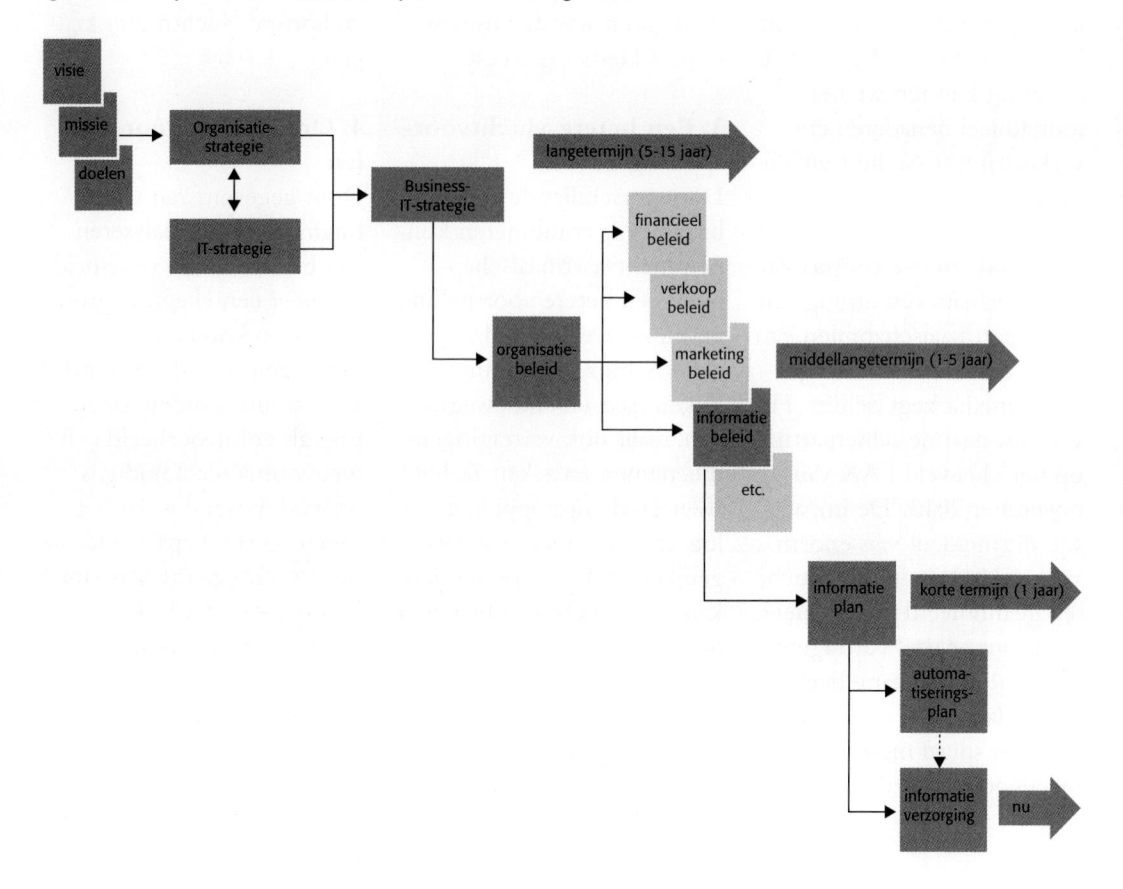

Het informatiebeleid bestrijkt doorgaans een periode van één tot vijf jaar. In de praktijk zul je zien dat dit geen vaststaand gegeven is, maar dat iedere organisatie zelf bepaalt voor welke termijn het beleid zal gelden. Omdat de termijn van één tot vijf jaar best lang is, zal nog verder in detail uitgewerkt moeten worden welke activiteiten uitgevoerd en welke resultaten bereikt moeten worden. Dat is de fase van de planning. Het informatieplan laat voor één jaar zien wat er verwacht wordt op ICT-gebied. Het informatieplan omvat de uitgangspunten en richtlijnen voor de informatiehuishouding: welke eisen stellen we aan informatie en de technologie die we daarbij willen gebruiken? Dat noemen we informatieverzorging. Daarmee zijn we beland bij de dag van vandaag. Het kost in de praktijk veel moeite en energie om de langetermijnkoers van de organisatie te vertalen naar het dagelijks werk. We definiëren het informatiebeleid als een raamwerk van uitspraken en uitgangspunten voor de definitie en uitvoering van het informatieplan.[3] Het beleid geeft daarmee op hoofdlijnen aan waar het informatieplan aan dient te voldoen en welke aspecten specifiek uitgewerkt dienen te worden. Het informatieplan is het resultaat van het informatieplanningsproject, dat jaarlijks of tweejaarlijks herhaald wordt. Op projectbasis wordt de stand van zaken op het gebied van de informatieverzorging geïnventariseerd, zodat de informatiefunctie, die binnen de organisatie verantwoordelijk is voor de informatieverzorging, haar werkzaamheden concreet kan plannen. Het informatieplan geeft onder meer richting aan de specifieke uitwerking van de architectuur van informatie(sub)systemen met daarbij de afstemming, de integratie, de ontwikkeling en organisatie van deze systemen.[4] Tot slot geeft de informatieverzorging ons inzicht in de manier waarop de organisatie met haar medewerkers en informatiesystemen gegevens verzamelt en verwerkt, met als doel informatie ter beschikking te stellen aan diezelfde medewerkers en systemen ten behoeve van een goede uitvoering van de (dagelijkse) werkzaamheden.

Het informatieplan

Het informatieplan is gebaseerd op het informatiebeleid – we spreken uitdrukkelijk over informatiebeleid en niet over ICT-beleid, omdat de inzet van ICT een onderdeel is van het informatiebeleid – van de organisatie en bevat de doelen, uitgangspunten en randvoorwaarden voor de informatiefunctie. Het informatieplan concretiseert het informatiebeleid en geeft een inventarisatie van de huidige en toekomstige stand van zaken op het gebied van de informatieverzorging en automatisering. Het toont de mogelijkheden en knelpunten van de eigen organisatie op dit gebied, rekening houdend met de ontwikkelingen in de markt en de maatschappij. Daarnaast verwoordt het informatieplan de gewenste inrichting van de informatieverzorging in de toekomst. Een analyse van de huidige en de gewenste situatie leidt tot een migratiepad om de gewenste situatie te bereiken, namelijk in de vorm van een projectenportfolio. We merken wel op dat niet iedere organisatie een expliciet informatiebeleid en/of informatieplan wenst te hebben. De keuze om het wel te hebben kan voortkomen uit verschillende aanleidingen, zoals:[5]

1 de marketingafdeling ontwikkelt producten die door de backoffice moeilijk ondersteund kunnen worden als gevolg van starre processen en informatiesystemen;
2 de wetgeving verandert waardoor de organisatie zich moet bezinnen op haar businesspositie;
3 oude informatiesystemen voldoen niet meer en belemmeren toekomstige ontwikkelingen. Dit noemen we ook wel legacyproblematiek. Legacy is het Engelse woord voor erfenis of nalatenschap en staat voor de inmiddels verouderde systemen die de voorgangers in een organisatie hebben aangeschaft;
4 de kosten van ICT zijn te hoog;
5 het management wenst een betere inzet van de huidige ICT;
6 er doen zich nieuwe ontwikkelingen voor in de supply chain die van invloed zijn op de samenwerking met ketenpartners en de informatieverzorging;
7 de organisatie ondervindt knelpunten in de bestaande bedrijfsprocessen en informatieverzorging.

Indien de organisatie ervoor kiest haar informatiebeleid en informatieplan uit te werken, wordt de inhoud hiervan over het algemeen beïnvloed door:[6]
1 het belang van ICT voor de organisatie;
2 de organisatiecultuur;
3 het type organisatie;

4 de kennis van en de ervaring met de toegepaste technologie;
5 de omgeving waarin de organisatie functioneert.

Deze aspecten noemen we ook wel de contingentiefactoren (onzekere of voorwaardelijke factoren) bij de informatieplanning.

Bij de uitwerking van het informatieplan zal het management eigen keuzes maken en is het aan te raden deze thema's of uitgangspunten te benoemen. Mogelijke keuzethema's en uitgangspunten zijn:[7]

1 Bepaal de tijdspanne waarover het informatieplan een uitspraak wil doen. De keuze voor de korte of lange termijn wordt mede bepaald door de urgentie van problemen en de cultuur van de organisatie.
2 Bepaal of de aanpak bottom-up of juist top-down geschiedt. Bij de bottom-up benadering neemt de organisatie de eigen concrete veranderingsideeën als uitgangspunt terwijl de top-down aanpak de overkoepelende strategie als vertrekpunt voor veranderingen neemt.
3 Het opstellen van het informatieplan is meestal een projectmatige aangelegenheid en wordt periodiek herhaald (jaarlijks of tweejaarlijks).
4 Het opstellen van het plan heeft een beperkte doorlooptijd (twee tot vier maanden) om de aandacht van de organisatie vast te kunnen houden.
5 Informatieplanning geschiedt door een multidisciplinair team waarin de relevante specialisten, medewerkers en managers nauw met elkaar samenwerken.
6 Het plan heeft betrekking op de informatiebehoeften zoals geformuleerd door de verantwoordelijke managers.
7 Het plan kan uitgaan van een totaalbenadering of een deelbenadering. Een totaalbenadering houdt in dat het management kiest voor integrale oplossingen (uitgaan van het geheel), een deelbenadering gaat uit van deelproblemen en deeloplossingen (uitgaan van de delen).
8 De organisatie moet de consequenties die voortvloeien uit het informatieplan aankunnen. Het ambitieniveau van het plan dient in overeenstemming te zijn met het ambitieniveau van de organisatie. Verbeteringsvoorstellen kunnen vanuit de bestaande situatie worden gedaan (dit is evolutie), maar kunnen ook georiënteerd zijn op vernieuwing (revolutie). Revolutie vraagt een hoger ambitieniveau dan evolutie.
9 Om draagkracht binnen de organisatie te krijgen is het van belang regelmatig en helder te communiceren met de medewerkers die door de uitkomsten van het plan worden beïnvloed.

Er zijn diverse methoden om een informatieplan op te stellen, waarbij de uitgangspunten die we hiervoor genoemd hebben voor het merendeel van de methoden gelden. De te hanteren methoden zijn te classificeren in vier kwadranten (zie figuur 6.3).[8]

De verticale as laat zien welke aanpak het management hanteert. De **ontwerpaanpak** gaat uit van een model dat dient als blauwdruk en probeert dat model te realiseren. Uitspraken die bij een dergelijke aanpak horen zijn:[9]

- Zonder informatieplan geen informatieproject. Planning, budgetten en projecten dienen naadloos op elkaar aan te sluiten.
- Wij besteden veel aandacht aan gegevensmanagement: gegevensdefiniëring en -beheer zijn de basis voor een succesvolle informatieverzorging.
- Voor wij overgaan tot systeemontwikkeling willen wij een volledig model ontwerpen van ons bedrijf. Dit is noodzakelijk om effectieve afbakeningsbeslissingen te kunnen nemen.
- De raad van bestuur heeft het informatiebeleid vorig jaar vastgesteld. Soms wil men daar nu al van afwijken, maar dat laat ik natuurlijk niet toe. Tussentijdse projectaanvragen worden zo veel mogelijk afgewezen. Deze doorkruisen alleen maar onze strategie.

Figuur 6.3 Methoden om een informatieplan op te stellen

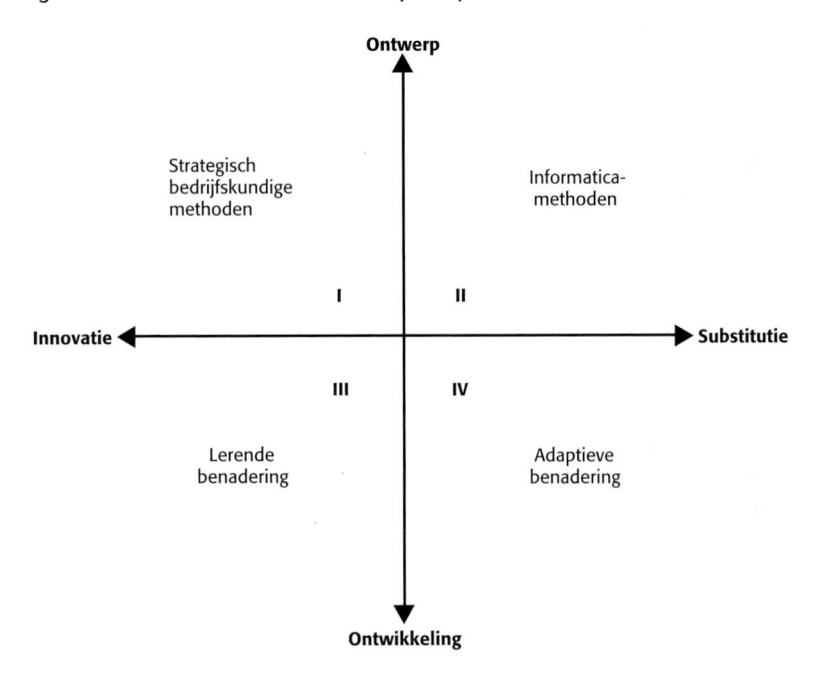

```
                        Ontwerp
                           ▲
                           │
     Strategisch           │          Informatica-
     bedrijfskundige       │          methoden
     methoden              │
                      I    │    II
                           │
Innovatie ◄────────────────┼────────────────► Substitutie
                           │
                     III   │    IV
                           │
     Lerende               │          Adaptieve
     benadering            │          benadering
                           │
                           ▼
                      Ontwikkeling
```

De *ontwikkelaanpak* neemt niet een nieuw te ontwikkelen model als uitgangspunt, maar gaat uit van de natuurlijke groei van de organisatie. Lopende ontwikkelingen binnen de organisatie dienen hier als basis voor het informatieplan. Mogelijke uitspraken in dit verband kunnen zijn:[10]
- De meeste initiatieven tot verbetering van de informatieverzorging zijn afkomstig van de gebruikers en het lijnmanagement. Deze kunnen immers de kwaliteit van de informatieverzorging het best beoordelen.
- Gebruikers kunnen vaak zinvolle toepassingen van informatietechnologie vervaardigen.
- Informatieplanning is zinloos: de ontwikkelingen in ons bedrijf gaan zo snel dat elk plan al vóór voltooiing achterhaald is.

- Wij hebben de architectuurgedachte twee jaar geleden overboord gezet. Architecturen werken als een keurslijf en verstikken de creativiteit en inventiviteit.

De horizontale as geeft aan op welke manier naar het proces van informatieplanning gekeken wordt. Je kunt in eerste instantie uitgaan van **innovatie** (vernieuwing). Uitspraken die hierbij passen zijn onder andere:[11]

- Ons bedrijfsbeleid vereist een ingrijpende verandering van onze informatieverzorging. Wij zullen onze aandacht hier volledig op richten.
- Wij investeren veel in opleidingen. Hierdoor bereiden wij de mensen in onze organisatie voor op de komende veranderingen.
- Onze organisatie is voortdurend in beweging. Wij proberen dit vanuit de informatieverzorging te ondersteunen. Dit betekent concreet dat wij voortdurend zoeken naar mogelijkheden om onze flexibiliteit te verhogen.
- Wij hebben vorig jaar door ons gehele pand een nieuwe bekabelingsinfrastructuur aangelegd. Hoewel de infrastructuur nog maar voor dertig procent wordt benut, hebben wij hiermee een goed fundament voor de toekomst gelegd.

Aan de andere kant is het mogelijk uit te gaan van **substitutie**. Mogelijke uitspraken hierbij zijn:[12]

- Investeringen in ICT moeten een aantoonbaar rendement hebben. Dit is ons belangrijkste beslissingscriterium bij de budgetverdeling.
- Opleidingen zijn meestal gebonden aan applicaties. De gebruikers moeten goed leren hoe zij de verschillende functionaliteiten kunnen benutten.
- Eigenlijk zouden wij een beleidsplan moeten hebben. Maar ja, zolang de gebruikers nog problemen hebben, zullen wij deze eerst moeten oplossen. Misschien dat we voor het beleid een adviseur kunnen inhuren.
- Zolang het lijnmanagement nog geen duidelijke beleidsvisie heeft vastgesteld, kunnen wij van de automatisering natuurlijk geen beleid ontwikkelen.

Op basis van de onderverdeling onderscheiden we vier mogelijke typen methoden. In de eerste plaats zijn dat de **strategisch-bedrijfskundige methoden** die uitgaan van de vraag op welke wijze ICT de organisatie kan ondersteunen. Het beleid van de organisatie is bij deze methoden richtinggevend. De **informaticamethoden** gaan vooral uit van de informatica-aspecten, zoals de systemen en gegevens. De *lerende benadering* gaat primair uit van de autonome groei van de organisatie en probeert op basis van verworven inzichten, bijvoorbeeld door te leren van fouten, vernieuwingen door te voeren. Tot slot gaat ook de *adaptieve benadering* uit van de autonome groei van de organisatie, maar deze probeert zich vooral aan te passen aan de ontwikkelingen zoals deze zich in de praktijk voordoen. De adaptieve benadering is te typeren als reactief, terwijl de lerende benadering gekenmerkt wordt door een (pro)actieve houding van het management.

Er zijn dus verschillende methoden om te komen tot een informatieplan. Iedere organisatie zal een methode kiezen die bij de organisatie past. De gebruikte methode zal in ieder geval een uitspraak moeten doen over een aantal onlosmakelijk met elkaar verbonden aspecten.[13] Deze aspecten staan afgebeeld in figuur 6.4.

Figuur 6.4 Onderdelen van het informatieplan

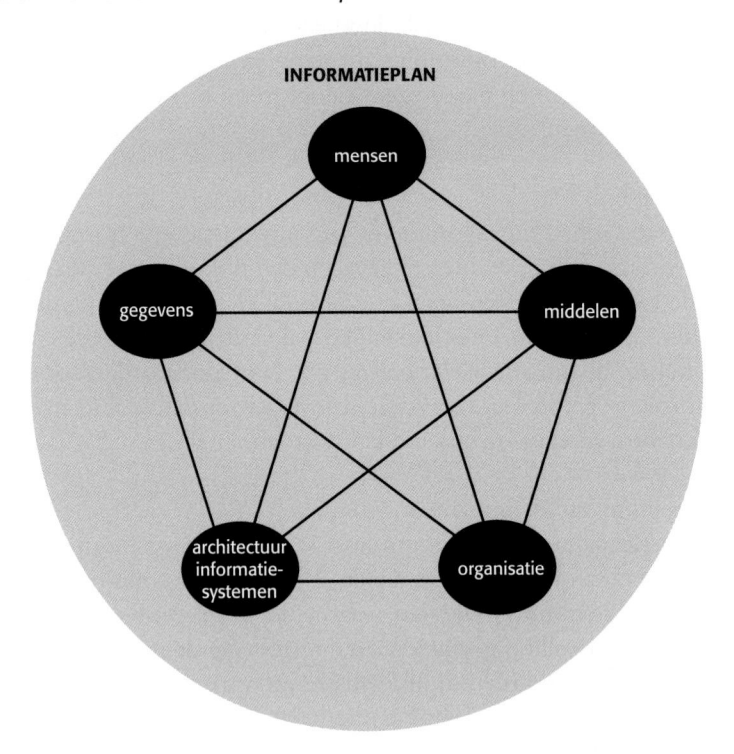

INFORMATIEPLAN
- mensen
- gegevens
- middelen
- architectuur informatiesystemen
- organisatie

1 Mensen
We onderscheiden een aantal 'typen' personeel, te weten de informaticaspecialisten, het management en de eindgebruikers. De informaticaspecialisten zijn de specifiek opgeleide medewerkers die verantwoordelijk zijn voor het ontwerpen, bouwen en beheren van systemen. De eindgebruiker is de persoon die werkt met de systemen en direct of indirect in contact staat met de klant. Het management is verantwoordelijk voor het sturen en besturen van de organisatie met behulp van de uit de systemen afkomstige managementstuurinformatie.

2 Middelen
Het belangrijkste middel is geld. Met geld kan de organisatie beschikken over mensen en de ondersteunende middelen waarmee het personeel zijn werk kan uitvoeren. Ondersteunende middelen bestaan bijvoorbeeld uit computers, netwerken en communicatieapparatuur. De apparatuur dient te voldoen aan de huidige en mogelijke toekomstige eisen die de organisatie aan haar informatieverzorging stelt.

3 Gegevens
Activiteiten vormen de basis van de organisatie en voor een goede uitvoering van de activiteiten zijn kwalitatief goede gegevens noodzakelijk. Gegevens moeten voldoen aan de eisen volledigheid (informatie bevat alle elementen die voor het doel van de gebruiker van belang zijn), relevantie (de informatie moet zinvol zijn voor

het doel van de gebruiker), betrouwbaarheid (informatie zegt iets over de werkelijkheid waarover zij een uitspraak doet) en toegankelijkheid (informatie is door de gebruiker te benaderen). Bovendien dienen gegevens op een gestructureerde wijze te worden opgeslagen en mogen ze idealiter niet vaker dan één keer binnen de organisatie voorkomen.

4 Organisatie
De organisatie is het uitgangspunt voor de informatieverzorging. De informatieverzorging weerspiegelt in de meeste gevallen dan ook de wijze waarop de organisatie zich in de loop van de jaren heeft ontwikkeld. Het is van belang dat er sprake is van een heldere structuur met een duidelijke taakverdeling en goede coördinatie. Een overzichtelijke organisatie is een belangrijke randvoorwaarde voor een overzichtelijke informatieverzorging. Het zorgt er tevens voor dat de informatieverzorging op haar beurt ook goed georganiseerd kan worden.

5 Architectuur van de informatiesystemen
De informatiearchitectuur geeft aan hoe de informatieverzorging er voor de gehele organisatie uitziet of uit moet gaan zien. Net als bij een huis laat de architectuur de contouren van het bouwwerk zien, waarna de details verder ingevuld kunnen worden. De nadere invulling geschiedt aan de hand van de informatie-infrastructuur en de technische infrastructuur. Informatie-infrastructuur kun je zien als de basisvoorzieningen die een organisatie nodig heeft voor de uitvoering en besturing van de primaire bedrijfsprocessen, zoals gebruikersinterfaces en databases. De technische infrastructuur ondersteunt de uitvoering van de informatie-infrastructuur. Je kunt hierbij denken aan netwerken die gebaseerd zijn op de client-servertechnologie (pc's zijn gekoppeld aan centrale servers) of op internettechnologie. Iedere architectuur heeft haar eigen voor- en nadelen.

6.3 Informatieverzorging

Informatieverzorging ondersteunt uiteenlopende bedrijfsprocessen op verschillende niveaus en binnen functies of afdelingen. We hebben informatieverzorging gedefinieerd als 'het systematisch verzamelen en verwerken van gegevens, gericht op het verstrekken van informatie ten behoeve van de bedrijfsprocessen'. Processen vormen de basis van datgene wat de organisatie voortbrengt. In paragraaf 5.4 zagen we al dat er binnen de bedrijfsprocessen een onderscheid kan worden gemaakt tussen primaire, secundaire en bestuurlijke processen. Primaire processen richten zich direct op het leveren van goederen en/of diensten aan de afnemer, terwijl de secundaire processen de primaire processen ondersteunen. Bestuurlijke processen richten zich op de aansturing van zowel de primaire als de secundaire processen. De informatieverzorging heeft betrekking op alle processen. In figuur 6.5 zie je de positie van de informatieverzorging binnen het geheel van de processen die zij ondersteunt.

Voor een goed verloop van de processen zijn gegevens en informatie nodig, maar tegelijkertijd brengen processen ook gegevens en informatie voort. Een commer-

Figuur 6.5   De positie van de informatieverzorging binnen de organisatie

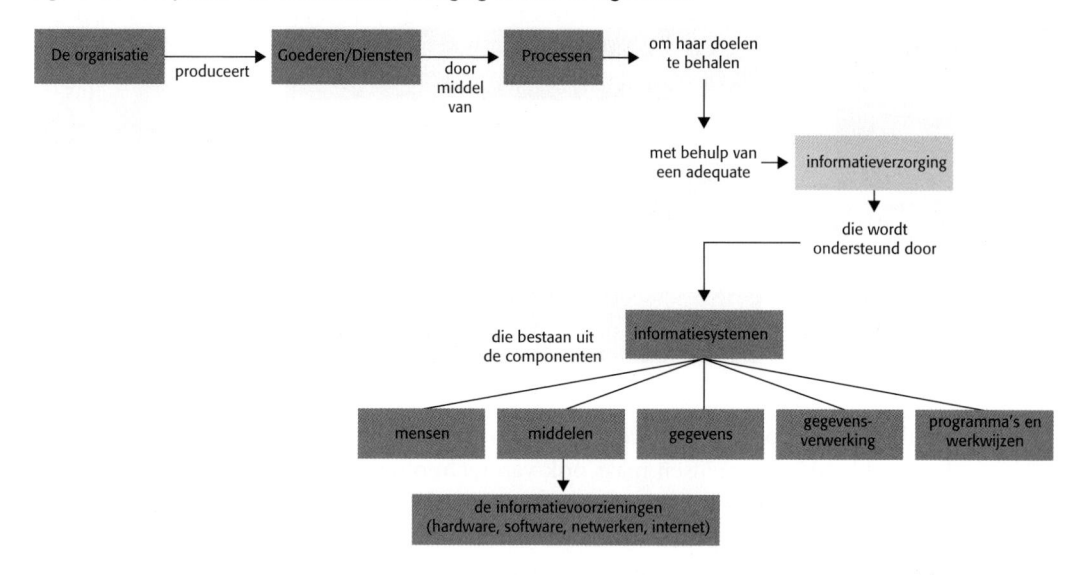

[Figuur 6.5: De organisatie produceert Goederen/Diensten door middel van Processen om haar doelen te behalen, met behulp van een adequate informatieverzorging, die wordt ondersteund door informatiesystemen die bestaan uit de componenten: mensen, middelen, gegevens, gegevensverwerking, programma's en werkwijzen. De informatievoorzieningen (hardware, software, netwerken, internet).]

cieel medewerker die bijvoorbeeld een offerte voor een klant opstelt, zal inzicht moeten hebben in de juiste klantgegevens en de wensen van die klant. De reactie van de klant op de offerte leidt weer tot informatie over klantgedrag en kennis over klanten kan vervolgens weer gebruikt worden om concrete acties te ondernemen. Een adequate informatieverzorging ondersteunt medewerkers en systemen bij het nemen van de juiste beslissingen.

Hierna gaan we verder in op de relatie tussen informatieverzorging en processen. Een belangrijk onderdeel is het visualiseren van de verschillende processen, zodat kan worden beoordeeld hoe de informatiestromen moeten worden georganiseerd (paragraaf 6.3.1). In paragraaf 6.3.2 laten we zien dat er een aantal stappen gezet moet worden om op basis van gegevens daadwerkelijk actie te kunnen ondernemen. Ook informatieverzorging kun je zien als een proces met opeenvolgende stappen. Deze stappen behandelen we in paragraaf 6.3.3. Tot slot kijken we in paragraaf 6.3.4 naar de eisen die we stellen aan een adequate informatieverzorging.

6.3.1   Processen

Processen vormen het hart van een organisatie. Door processen logisch vorm te geven en waar nodig verstandig op elkaar aan te laten sluiten kunnen we efficiënt werken. In figuur 6.6 zie je een vereenvoudigde weergave van de verschillende processen.

Niet ieder proces is even eenvoudig en overzichtelijk; de complexiteit kan variëren. De complexiteit van processen kunnen we beoordelen op basis van een aantal dimensies, zoals uitvoering, tijdsduur, aantal, inzet en niveau. De uitvoering van de activiteiten binnen het proces kan een routinematig karakter hebben maar kan ook veel specialistische kennis eisen. Processen kunnen in de tijd bezien een korte tijdspanne betreffen of juist veel tijd vergen. Daarnaast kan er sprake zijn van een groot

Figuur 6.6 Relatie tussen de verschillende bedrijfsprocessen

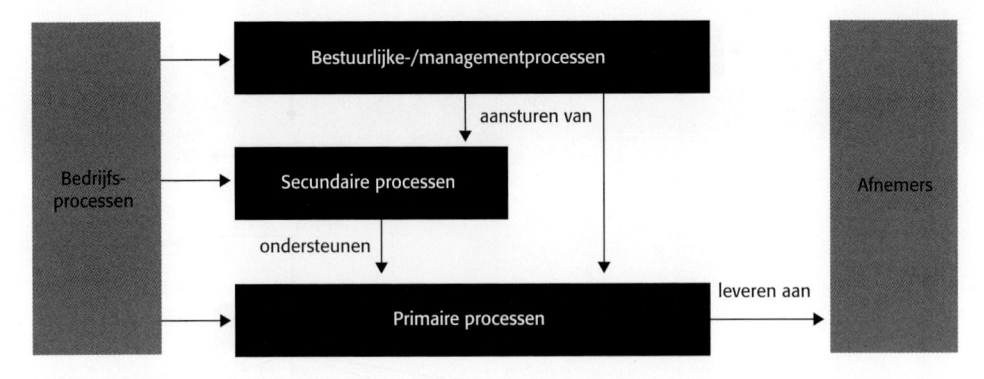

aantal processen of juist van weinig. Tot slot kan de uitvoering van de activiteiten afhankelijk zijn van mensen maar ook van technologische hulpmiddelen. In figuur 6.7 zie je dat er een duidelijk verschil is tussen de procescomplexiteit van een chemieproducent en een groenteboer die op de markt zijn goederen verkoopt.

De complexiteit van de processen zal van invloed zijn op de manier waarop de organisatie haar informatie verzorgt. We kunnen stellen dat naarmate de procescomplexiteit toeneemt, de informatieverzorging over het algemeen ook in complexiteit zal toenemen.

Om een goed inzicht te krijgen in de veelheid van bedrijfsprocessen is het in de eerste plaats van belang een overzicht te maken van de verschillende activiteiten die plaatsvinden. Een beschrijving van de handelingen kan zowel op detailniveau als in meer algemene termen plaatsvinden. Een algemene beschrijving zou kunnen zijn 'het opstellen van een offerte', maar op detailniveau zou deze handeling als volgt luiden: 'printen van de aanvraag, zoeken klantgegevens, prijslijst raadplegen, uittypen offerte, printen offerte, goedkeuring offerte aan leidinggevende vragen, e-mailen offerte'. Een meer gedetailleerde beschrijving van de handelingen geeft

Figuur 6.7 Complexiteit van processen

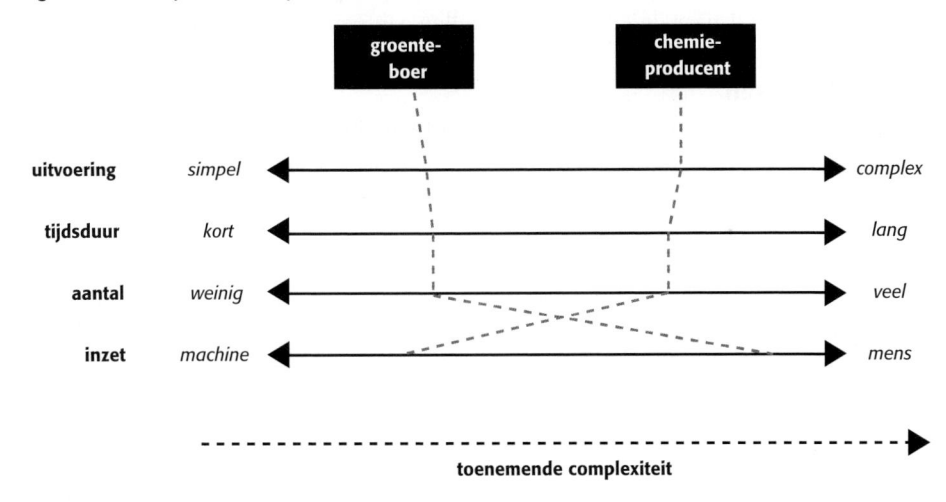

uiteindelijk een beter inzicht in de benodigde gegevens die noodzakelijk zijn om de handelingen te kunnen uitvoeren.

Als de afzonderlijke activiteiten in kaart zijn gebracht, is de volgende stap het opeenvolgend weergeven ervan. In de meeste gevallen zijn de activiteiten op een logische manier geordend. In de praktijk zien we echter dat deze logica niet altijd aanwezig hoeft te zijn, omdat processen in de loop van de tijd op een bepaalde manier zijn gegroeid. Er zijn verschillende manieren om processen te beschrijven. De meeste methoden houden rekening met het niveau waarop de processen worden beschreven. In dit boek gebruiken we de systematiek van process mapping, die processen op drie niveaus beschrijft, namelijk van algemeen naar specifiek.[14] Process mapping maakt gebruik van het procesrelatiediagram, de functieoverschrijdende flowchart en de lineaire flowchart.

Procesrelatiediagram

Het procesrelatiediagram beschrijft de hoofdprocessen van (een deel van) de organisatie. Het geeft inzicht in wat de organisatie produceert, in de spelers die daarbij betrokken zijn en in hoe de verschillende processen met elkaar in verbinding staan. In figuur 6.8 zie je een voorbeeld van een procesrelatiediagram. In dit voorbeeld kun je zien dat de studentenadministratie (proces C) de studenten moet inschrijven voordat de studenten door het roosterbureau ingeroosterd kunnen worden (proces B). Het is de dienst ICT die ervoor zorgt dat de digitale lesmiddelen gereed zijn (proces A) zodat de docenten hun lessen kunnen aanbieden (proces D).

Figuur 6.8   Procesrelatiediagram

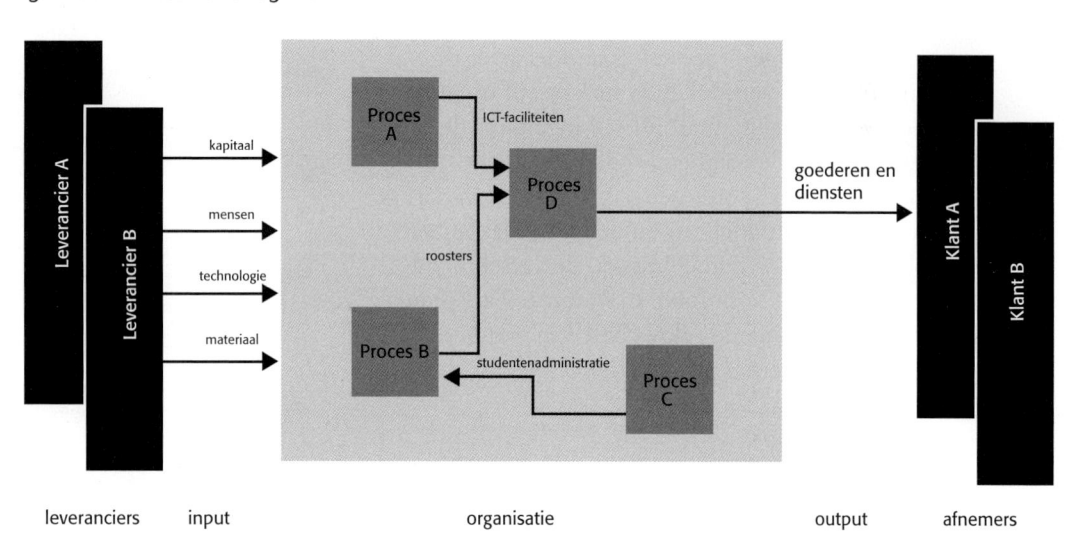

Figuur 6.9 Functieoverschrijdende flowchart

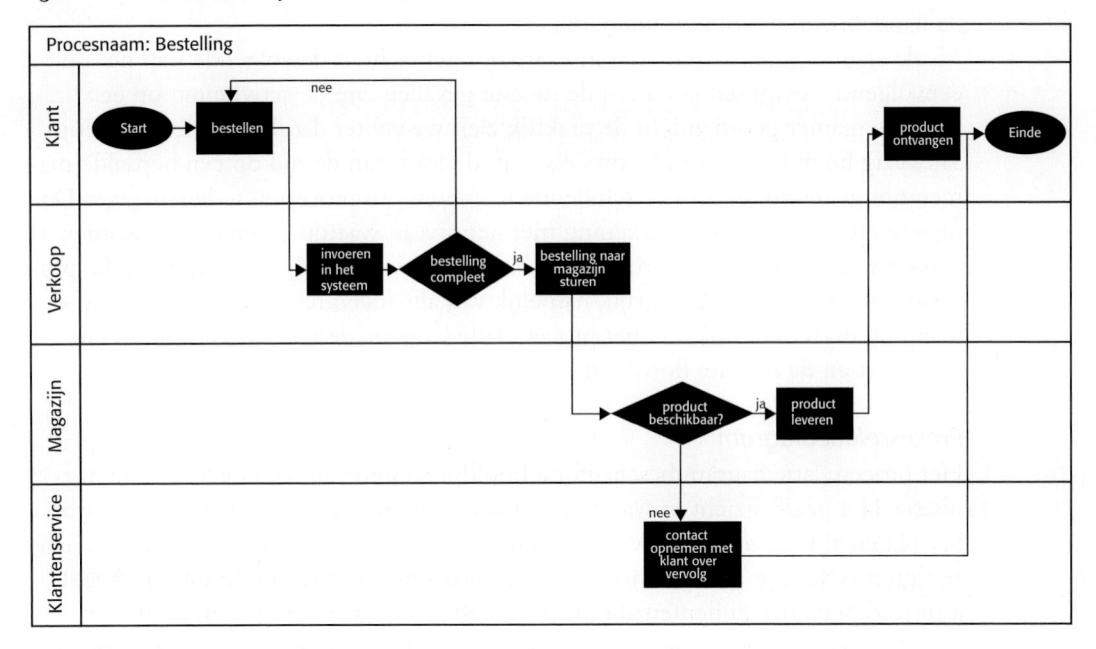

[Flowchart: Procesnaam: Bestelling, met swimlanes Klant, Verkoop, Magazijn, Klantenservice]

Functieoverschrijdende flowchart

De functieoverschrijdende flowchart (ook wel swimlanes genoemd, vanwege de gelijkenis met de banen in een zwembad) is een hulpmiddel om hoofdprocessen op een meer gedetailleerd niveau weer te geven. De processen gaan hier over de grenzen van de verschillende functies of organisatie-eenheden heen, waarbij het mogelijk is de processen te koppelen aan een tijdlijn, zodat de tijdsduur inzichtelijk wordt gemaakt. Deze flowchart is een goed hulpmiddel om duidelijk te maken welke problemen zich eventueel tussen de verschillende functies kunnen voordoen. In figuur 6.9 zie je een functieoverschrijdende flowchart van een bestel- en leveringsproces.

Lineaire flowchart

Een lineaire flowchart (zie figuur 6.10) laat achtereenvolgens de input, de handelingen, eventuele beslissingen gedurende het proces en de output zien. In tegenstelling tot aan de functieoverschrijdende flowchart is aan de lineaire flowchart geen tijdschema verbonden, en ook de functies worden hier buiten beschouwing gelaten. Een lineaire flowchart

Figuur 6.10 Lineaire flowchart

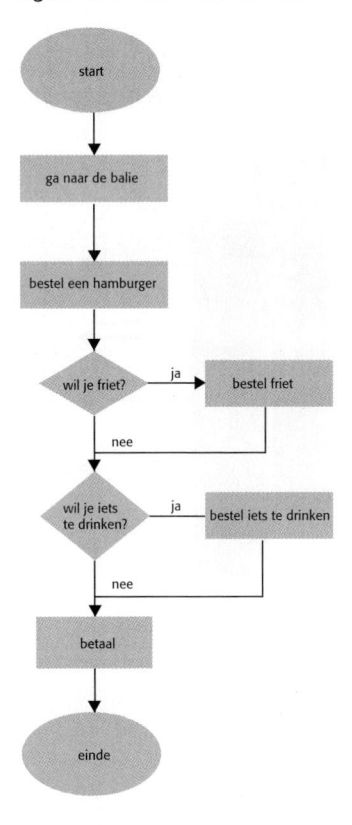

[Lineaire flowchart: start → ga naar de balie → bestel een hamburger → wil je friet? (ja → bestel friet) → wil je iets te drinken? (ja → bestel iets te drinken) → betaal → einde]

162 INFORMATIEMANAGEMENT

brengt de handelingen het meest gedetailleerd in kaart. De lineaire flowchart kun je van boven naar beneden en van links naar rechts lezen.

6.3.2 Van gegevens naar actie

Om een goed inzicht te krijgen in het begrip informatie moeten we eerst kijken naar de bouwstenen van informatie, namelijk gegevens. Gegevens kunnen we definiëren als 'symbolische weergaven van getallen, hoeveelheden, grootheden of feiten'.[15] Zo duiden we de temperatuur aan met graden Celsius, afstand met meters of kilometers, en gewicht met grammen. De temperatuur op een willekeurige dag beschouwen we als een gegeven omdat deze iets zegt over de variabele temperatuur. Een gegeven wordt informatie op het moment dat iemand betekenis toekent aan een gegeven. Zo kan een persoon betekenis toekennen aan een temperatuur van 20 graden Celsius door deze te vergelijken met de temperatuur van gisteren en te concluderen dat het vandaag warmer is. Het vergelijken of koppelen van gegevens ten aanzien van de temperaturen in de afgelopen decennia en eeuwen geeft ons bijvoorbeeld informatie over de mogelijke opwarming van de aarde.

Het verkrijgen van informatie zal voor een kenniswerker of manager geen doel op zich zijn. In het algemeen is het interessanter om deze informatie om te zetten in kennis. Kennis kun je zien als 'iemands vermogen om een bepaalde taak uit te (gaan) voeren door gegevens (van externe bronnen) te verbinden en te laten reageren met eigen informatie, ervaringen en attituden'.[16] Door informatie te koppelen aan eerder opgedane ervaringen en reeds aanwezige kennis, kun je kennis vergaren. In figuur 6.11 zie je dit schematisch weergegeven.

Figuur 6.11   Het proces van gegevens, informatie en kennisgeneratie[17]

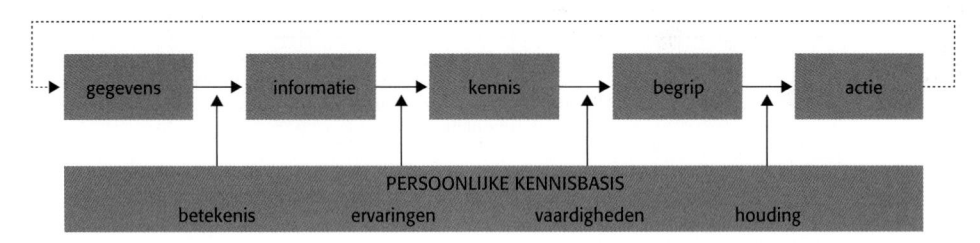

gegevens → informatie → kennis → begrip → actie

PERSOONLIJKE KENNISBASIS
betekenis   ervaringen   vaardigheden   houding

Kennis leidt idealiter tot begrip. Het verschil tussen de twee is dat kennis iets zegt over het 'wat', bijvoorbeeld: 'Wat koopt een klant?' Als je van verschillende klanten met betrekking tot een bepaald product in een bepaalde periode gegevens verzamelt, weet je op een zeker moment wat de klanten gemiddeld besteden aan dat product. Wat je echter nog niet weet is **waarom** klanten een product kopen. Eigenlijk is dat nog veel interessanter, omdat je dan voorspellingen kunt gaan doen over toekomstig koopgedrag, zodat je hier in je bedrijfsproces rekening mee kunt gaan houden en bijvoorbeeld voorraden kunt minimaliseren. Dat scheelt weer in de kosten. Het beantwoorden van de waaromvraag is het terrein van de business-intelligence en Big Data, zoals we gezien hebben in paragraaf 5.6. Een goed begrip van waarom afnemers een bepaald gedrag hebben vertoond en wellicht in de toekomst gaan vertonen is de basis voor concrete en doelgerichte acties. Deze acties leveren vervolgens weer nieuwe data op. We moeten hierbij wel opmerken dat informatie en kennis persoonsgebonden zijn. Wat voor de ene persoon informatie is, zal voor een andere persoon een gegeven blijven omdat hij er als zodanig geen betekenis aan toekent. We kunnen dus niet zonder meer stellen dat gegevens tot informatie, kennis en begrip leiden, mede omdat een stevige persoonlijke kennisbasis kan ontbreken.

Tabel 6.1 Symbolen van het gegevensstroomschema (GSS)

Symbool	Omschrijving
1 Naam proces of activiteit	Het symbool krijgt een unieke naam. Omdat het een activiteit betreft wordt de naam in werkwoordsvorm geschreven. De naam mag maar één keer gebruikt worden. De symbolen worden voorzien van een nummer.
Naam gegevensstroom →	De pijl geeft de richting aan waarin de gegevens stromen. De naam van de gegevensstroom is uniek. Indien dezelfde gegevens ook op een andere plaats voorkomen, dan moet dezelfde naam gebruikt worden.
Naam gegevensopslag	De gegevens worden hier opgeslagen. De naam dient uniek te zijn. De naam mag wel meerdere malen voor hetzelfde doel gebruikt worden.
Naam bron of bestemming	Hieruit blijkt waar de gegevens buiten het proces vandaan komen of naartoe gaan. De naam wordt in enkelvoud geschreven en moet uniek zijn. De naam mag meerdere keren voor hetzelfde doel worden gebruikt.
← Naam gegevensopslag	De gegevensverzameling met een uitgaande pijl maakt duidelijk dat deze geraadpleegd wordt. Het is niet noodzakelijk om de pijl van een naam te voorzien omdat uit de gegevensverzameling blijkt welke gegevens bedoeld worden.
→ Naam gegevensopslag	De gegevensverzameling met een inkomende pijl maakt duidelijk dat de inhoud van de gegevensverzameling gewijzigd wordt. Soms kan deze van een tekst voorzien worden om duidelijk te maken om welke mutatie het gaat.

Bij het uitvoeren van de activiteiten is het van belang om over de juiste gegevens te beschikken. Om te kunnen beoordelen welke data een rol spelen in een bepaald proces is het verstandig dat proces te visualiseren. Er zijn verschillende manieren om dat te doen. In dit boek gebruiken we de methode van het gegevensstroomschema (GSS), ook wel data flow diagram (DFD) genoemd. Het GSS lijkt sterk op de lineaire flowchart uit de vorige paragraaf, maar een GSS laat meer gedetailleerd zien welke gegevens de activiteiten binnen een proces nodig hebben voor de uitvoering. Daarnaast maakt het GSS duidelijk welke gegevens bij de uitvoering van de activiteiten vrijkomen en waar deze worden opgeslagen. Het GSS werkt met een aantal basissymbolen (zie tabel 6.1[18]). Het GSS dient te voldoen aan een aantal basisregels:
- Het is niet mogelijk dat een gegevensstroom van de ene gegevensverzameling naar de andere loopt zonder dat een activiteit deze gegevensstroom activeert.

- Het is niet mogelijk dat een gegevensstroom direct van een gegevensverzameling naar een bestemming loopt zonder dat een activiteit deze stroom in werking zet.
- Het is niet mogelijk dat een gegevensstroom direct van de bron naar de bestemming loopt. In dat geval zou er geen sprake zijn van activiteiten die zich binnen de organisatie voordoen.
- Iedere activiteit en gegevensverzameling heeft minstens één ingaande en minstens één uitgaande stroom.

In figuur 6.12 kun je een voorbeeld zien van een eenvoudig gegevensstroomschema. Je kunt het schema van links naar rechts lezen en van boven naar beneden. De uitleg van het GSS is als volgt: de klant verstuurt een offerteaanvraag. Deze wordt ontvangen door de afdeling die hiermee is belast. Een medewerker gaat de verschillende gegevens van de klant contoleren door de geautomatiseerde debiteurenadministratie te raadplegen. Hierna kan de medewerker de offerte opstellen door de productspecificaties te bekijken met de bijbehorende prijzen. De offerte wordt vervolgens in het offertesysteem opgeslagen. De medewerker verstuurt de offerte naar de klant. Hiermee eindigt het offertetraject.

Figuur 6.12 Gegevensstroomschema van een offerteproces

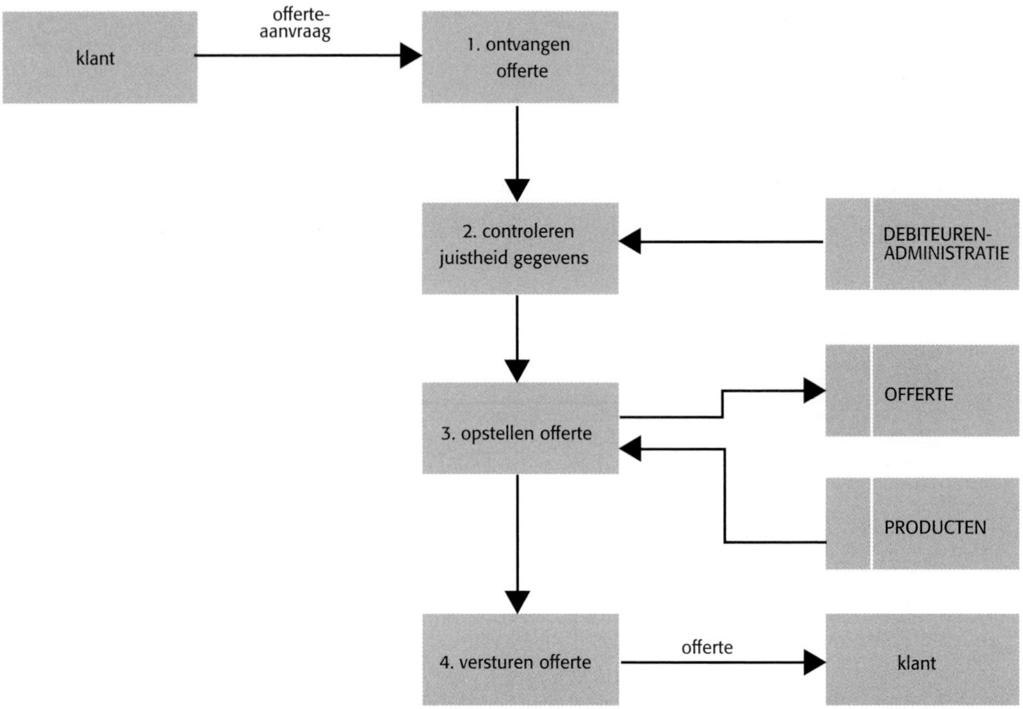

De organisatie zal er over het algemeen voor kiezen de gegevens op te slaan in geautomatiseerde bestanden, zodat deze in een later stadium weer ingezien kunnen worden of om er bewerkingen mee uit te voeren. Het gebruik van een database is hiervoor een goede methode. Een database is een verzameling bestanden, die een logisch en samenhangend geheel vormen, zoals het offertebestand en het productbestand in figuur 6.12. Het grote voordeel van een database is de mogelijkheid om tal van bestanden te koppelen, waardoor je als gebruiker bijvoorbeeld op eenvoudige en overzichtelijke wijze gegevens kunt zoeken of inzicht kunt krijgen in de verkochte aantallen of de klantinformatie. Het bouwen van een dergelijke database luistert erg nauw, omdat we moeten voorkomen dat we dezelfde gegevens in verschillende bestanden opslaan. Dit wordt ook wel redundantie genoemd en dan is er sprake van een dubbele set van gegevens. In paragraaf 6.5 gaan we hier verder op in. Het gevaar van redundantie is dat een gegeven in een bepaald bestand wel wordt aangepast maar in een ander bestand niet. Op die manier raken bestanden vervuild, wat afbreuk doet aan de betrouwbaarheid van de informatie.

We gaan in dit boek niet verder in op het ontwerpen van databases, maar we kijken in dit kader nog wel naar het zogenoemde entiteit-relatiediagram (ERD). Een entiteit in een database is een persoon, plaats, ding of gebeurtenis waarover we informatie verzamelen. Zo is een offerte een entiteit in het offertebestand. Deze offerte bestaat vervolgens weer uit tal van gegevens, zoals de naam van de klant en de producten die de klant eventueel wil aanschaffen. Dit noemen we de attributen en dit kun je zien als de eigenschappen van de entiteit. In het ERD kun je nu de relaties (verbanden) tussen entiteiten (met hun attributen) aangeven. Dat vormt de basis voor het latere ontwerp van de database.

In een ERD wordt een entiteit afgebeeld als een rechthoek (al of niet met afgeronde hoeken). In de rechthoek staat de naam van de entiteit. Een relatie wordt afgebeeld als een lijn die twee entiteiten met elkaar verbindt. Omdat de relatie twee richtingen kent, hebben beide kanten van de relatie een naam.

Diagram 1

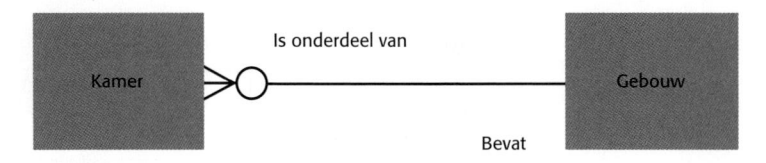

In diagram 1 zijn de twee entiteiten Gebouw en Kamer opgenomen en de relatie daartussen.[19] De relatie geeft aan dat een gebouw nul, één of meer kamers bevat. Het rondje dat aan Gebouw vastzit, geeft aan dat de relatie vanuit Gebouw geredeneerd niet verplicht is; er hoeven dus geen kamers aanwezig te zijn. Het vorkje dat aan Kamer vastzit, geeft aan dat er meer dan één kamer kan voorkomen. Vanuit Kamer geredeneerd, is een kamer altijd onderdeel van één gebouw. Indien er geen nulletje aan Kamer vastzit, is er dus een verplichte relatie, dat wil zeggen altijd minstens één; indien er geen harkje aan Gebouw vastzit, is er dus niet meer dan één. De relatie wordt in beide richtingen benoemd. Een gebouw bevat kamers, een kamer is onderdeel van een gebouw. Bij ingewikkelder diagrammen zijn de beschrijvingen van de relaties vaak vervangen door nummers. De beschrijvingen van de relaties zijn dan aan de hand van deze nummers terug te vinden in een tabel met relatiebeschrijvingen. Diagram 1 is een voorbeeld van een een-op-veelrelatie (1:N). Dit type relatie komt het meest voor. Daarnaast bestaan er een-op-eenrelaties (1:1) en veel-op-veelrelaties (N:M).

Diagram 2

De veel-op-veelrelatie is de lastigste soort relatie. Diagram 2 is een voorbeeld van een veel-op-veelrelatie tussen projecten en medewerkers. Verschillende medewerkers kunnen werken aan meer projecten, terwijl diverse projecten kunnen bestaan uit verschillende medewerkers.

Veel-op-veelrelaties kunnen, door beperkingen in het databasesysteem, niet zomaar omgezet worden in databasetabellen. Daarom moet dit type relaties opgelost en omgezet worden in twee een-op-meerrelaties. Daarbij wordt een nieuwe entiteit in het model opgenomen, die elke gewenste combinatie van beide originele entiteiten mogelijk maakt. Het model wordt dan zoals weergegeven in diagram 3.

Diagram 3

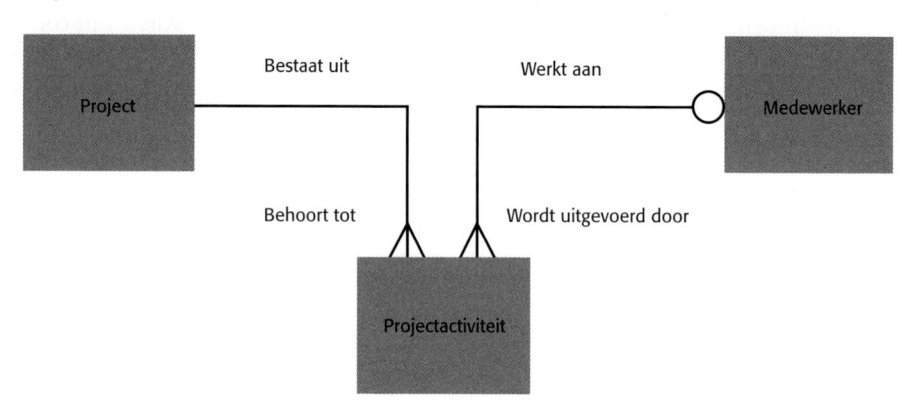

Elk project bestaat altijd uit een of meer projectactiviteiten, waarbij een projectactiviteit altijd behoort tot één project. Een medewerker kán werken aan een of meer projectactiviteiten, terwijl een projectactiviteit altijd wordt uitgevoerd door één medewerker. Om elke projectactiviteit uniek te kunnen onderscheiden van andere projectactiviteiten, moet minstens één identificerend attribuut worden opgenomen, bijvoorbeeld een projectactiviteitnummer. Andere benodigde attributen, zoals geplande tijd enzovoort, kunnen worden toegevoegd.

Indien je een database gaat bouwen, is het vanuit het oogpunt van een betrouwbare informatieverzorging noodzakelijk dat je je aan bepaalde richtlijnen houdt en gebruikmaakt van specifieke methoden. Het opstellen van een ERD is een van die methoden.

6.3.3 Stappen binnen de informatieverzorging

In het voorbeeld van figuur 6.12 zie je dat de gegevens worden opgeslagen in verschillende geautomatiseerde gegevensverzamelingen die de medewerker in de correcte uitvoering van zijn activiteiten ondersteunen. Het ondersteunen van de taakuitvoering is een belangrijk doel van de informatieverzorging. Een ander belangrijk doel is het voorzien in de informatiebehoeften van managers. Een manager kan op basis van het aantal aangevraagde offertes per dag, week of maand en de daaruit voortgekomen orders beoordelen of bepaalde acties ondernomen moeten worden. Dat is alleen mogelijk als de nieuwe en reeds aanwezige gegevens binnen een gegevensverzameling bewerkt worden. De offertes worden bij elkaar opgeteld, de hoeveelheid offertes per periode kan worden bepaald, en ook het gemiddelde bedrag per offerte. Deze berekeningen zijn nodig om de benodigde informatie te genereren. Het proces waarin gegevens worden verwerkt tot informatie met de mogelijkheid om die gegevens vanuit verschillende invalshoeken te analyseren ten behoeve van de beheersing en besturing van de organisatie noemen we **bestuurlijke informatieverzorging**.

In figuur 6.5 hebben we gezien dat de informatieverzorging wordt ondersteund door informatiesystemen. Deze systemen bestaan uit een samenhangend geheel van mensen, middelen, gegevens, de gegevensverwerking, programma's en werkwijzen. De technische hulpmiddelen die deel uitmaken van de systemen noemen we hier de informatievoorzieningen. Het zijn voorzieningen in de vorm van onder andere hardware (computers, printers), software (de programma's), netwerken en internet. Het omzetten van gegevens naar informatie noemen we het **transformatieproces**. Door gegevens te bewerken, door er bijvoorbeeld berekeningen mee uit te voeren, worden ze omgezet (getransformeerd) in informatie. Informatie wordt in het huidige tijdperk gezien als een van de belangrijkste bezittingen van de organisatie. Dit bezit kan alleen veiliggesteld worden door de juiste (hoeveelheid) gegevens te verzamelen, te verwerken en te bewerken, en deze vervolgens in de vorm van informatie aan de betrokken verantwoordelijken ter beschikking te stellen, kortom door een adequate informatieverzorging. Informatieverzorging is een proces dat bestaat uit een aantal stappen. Deze worden hierna behandeld.

Stap 1. Gegevens verzamelen
Voordat je gegevens gaat verzamelen, is het verstandig je af te vragen welke informatie je uiteindelijk wilt hebben. De informatiebehoefte bepaalt welke gegevens je verzamelt en dient vooraf duidelijk omschreven te zijn om doelgericht te kunnen zoeken. Bij het verzamelen van gegevens dien je een aantal afwegingen te maken (zie figuur 6.13). In de eerste plaats kan er sprake zijn van gestructureerde en ongestructureerde data. Naarmate de data meer gestructureerd zijn, zal het verzamelen en bewerken ervan eenvoudiger zijn. Klantgegevens van bestaande klanten kun je

Figuur 6.13   Gegevens verzamelen

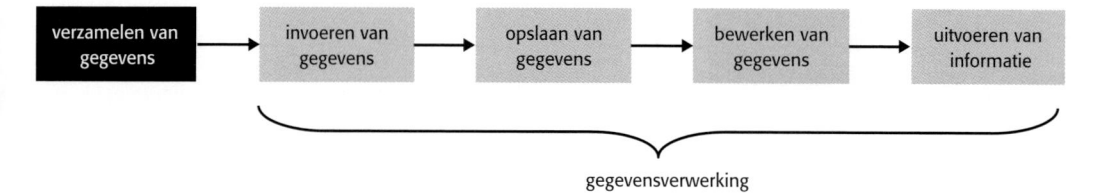

verzamelen van gegevens → invoeren van gegevens → opslaan van gegevens → bewerken van gegevens → uitvoeren van informatie

invoeren, opslaan, bewerken en uitvoeren vallen onder: gegevensverwerking

eenvoudig rubriceren naar verschillende klassen, zoals grote of kleine klanten. Het vinden van goede leveranciers of klanten in een willekeurig land zal daarentegen een stuk lastiger zijn, omdat een rubricering hiervan in de meeste gevallen niet voorhanden is. In de tweede plaats is er een verschil tussen het structureel en het eenmalig (ad hoc) vergaren van gegevens. In het eerste geval is er sprake van een zekere routine, wat de kans op fouten maken verkleint. Bij het ad hoc verzamelen van gegevens is er minder sprake van routine, is de kans op fouten groter en zal er over het algemeen meer moeite gedaan moeten worden om de gegevens te verkrijgen. In de derde plaats onderscheiden we nieuwe en bestaande gegevens. Bestaande gegevens zijn ergens opgeslagen en bekend voor de organisatie. Het zal in de praktijk niet veel moeite kosten deze gegevens te verzamelen. Het verzamelen van nieuwe gegevens zal meer moeite kosten, omdat ze als zodanig onbekend zijn. Bovendien kan het onduidelijk zijn waar deze gegevens verkregen kunnen worden en wat de betrouwbaarheid ervan is (zie voor de verschillende soorten informatie ook paragraaf 5.3).

Figuur 6.14   Afwegingen ten aanzien van het verzamelen van data

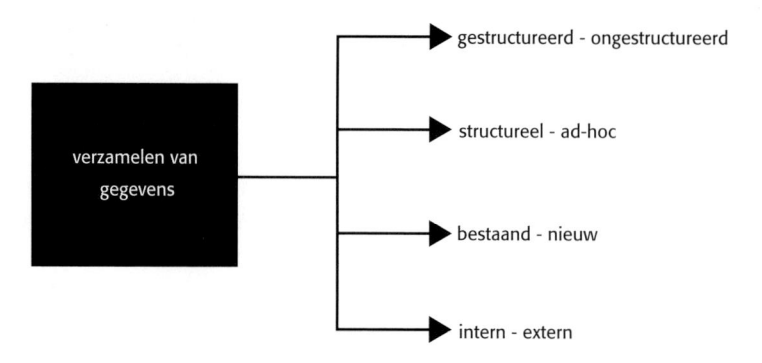

verzamelen van gegevens:
- gestructureerd - ongestructureerd
- structureel - ad-hoc
- bestaand - nieuw
- intern - extern

Tot slot kunnen data afkomstig zijn uit twee soorten bronnen. Alle gegevens die binnen de organisatie aanwezig zijn, behoren tot de interne bronnen, en gegevens van buiten de organisatie zijn afkomstig uit externe bronnen. Interne bronnen zijn over het algemeen eenvoudiger te ontsluiten dan externe bronnen, en bovendien kun je hierover beter uitspraken doen ten aanzien van de betrouwbaarheid. Iedere afweging ten aanzien van het verzamelen van de verschillende soorten gegevens uit uiteenlopende bronnen heeft consequenties voor de tijd en de kosten van het verzamelen alsmede voor de kwaliteit van de verkregen data.

Figuur 6.15   Gegevens invoeren

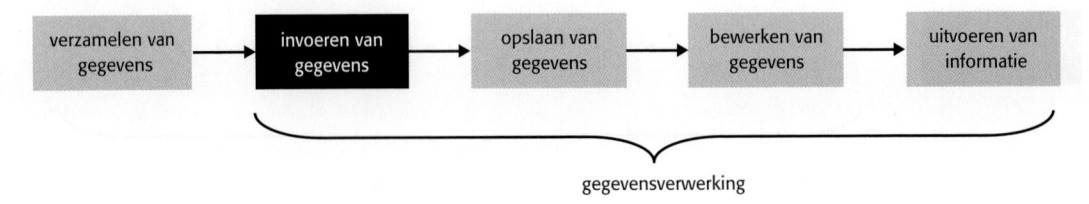

```
verzamelen van  →  **invoeren van**  →  opslaan van  →  bewerken van  →  uitvoeren van
gegevens            **gegevens**         gegevens        gegevens         informatie
                    ⎵_____⎵
                                      gegevensverwerking
```

Stap 2. Gegevens invoeren

Het invoeren of inlezen van gegevens kan gebeuren door mensen, door computers of door mensen met behulp van computers. Het nadeel van menselijke betrokkenheid is de grotere kans op fouten en het voordeel is dat mensen verschillende soorten gegevens kunnen invoeren. Medewerkers kunnen data vanaf een handgeschreven formulier of willekeurige andere analoge data omzetten in digitale gegevens. Met de technologische ontwikkelingen zien we wel dat computers, ondersteund door randapparatuur, deze vertaling ook steeds beter kunnen maken. Dankzij OCR (optical character recognition – optische tekenherkenning) kan apparatuur specifieke tekens vertalen in een digitale vorm. Een voorbeeld hiervan is het inlezen van barcodes. Daarnaast zien we digitale scanners die teksten en afbeeldingen digitaal omzetten, speciale pennen die het geschrevene direct digitaal opslaan, en technologieën die gesproken teksten inmiddels steeds beter kunnen vertalen in digitale bestanden (spraakherkenning). Bij het invoeren van de gegevens is het van groot belang dat deze voldoen aan vooraf vastgestelde eisen. Deze eisen zijn deels te programmeren, zoals het formaat van de gegevens in de vorm van extensies (.docx of .xls), de lengte (de invoer dient te voldoen aan een bepaalde hoeveelheid tekens) of tekens (een getal is bijvoorbeeld gedefinieerd als numeriek). Daarnaast zijn er niet-geprogrammeerde controles. Dit zijn controles die de mens uitvoert, bijvoorbeeld in de vorm van een visuele controle.

Stap 3. Gegevens opslaan

Nadat gegevens zijn ingevoerd, zal de organisatie deze in de meeste gevallen willen bewaren om ze later te kunnen bewerken. Het bewaren van gegevens kan zowel analoog als digitaal. Het nadeel van analoge gegevensverzamelingen ('op papier') is dat bewerkingen later erg tijdrovend zijn. Zo zal het een huisarts die papieren dossiers van tweeduizend patiënten heeft erg veel tijd kosten om inzicht te krijgen in

Figuur 6.16   Gegevens opslaan

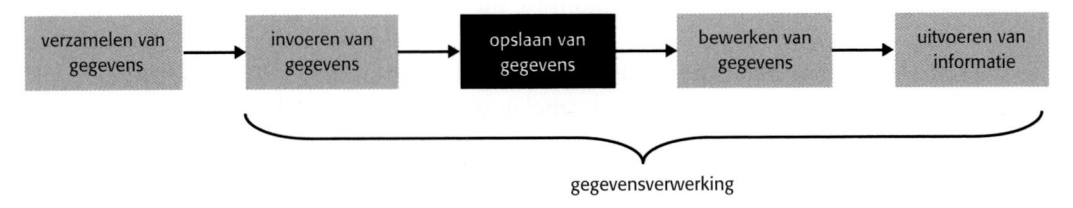

```
verzamelen van  →  invoeren van  →  **opslaan van**  →  bewerken van  →  uitvoeren van
gegevens           gegevens          **gegevens**        gegevens         informatie
                   ⎵_____⎵
                                      gegevensverwerking
```

de gemiddelde leeftijd van zijn patiënten of in de meest voorgeschreven medicijnen in zijn praktijk. Vooral wanneer het gaat om grote hoeveelheden gegevens heeft het de voorkeur om deze digitaal op te slaan. Er zijn verschillende manieren om gegevens op digitale wijze op te slaan en te bewaren. Hiervoor kan bijvoorbeeld de harde schijf van een computer worden gebruikt. De opslagcapaciteit van verschillende soorten computers (pc, microcomputer, mainframe, tablet) wordt steeds groter, terwijl de prijs ervan niet in dezelfde mate toeneemt. Het nadeel van deze opslag is dat je een computer nodig hebt om de gegevens te kunnen inlezen en te bewerken. Daarnaast is het mogelijk om mobiele gegevensdragers te gebruiken. Dit zijn media die niet gebonden zijn aan een specifieke plaats, zoals de harde schijf van een computer dat wel is. Voorbeelden hiervan zijn cd's, dvd's, USB-sticks of externe harde schijven. Dankzij de ontwikkelingen op dit gebied is het mogelijk om tegen een relatief lage prijs steeds grotere hoeveelheden data op te slaan.

Het is een onmiskenbaar feit dat organisaties en particulieren steeds meer digitale gegevens produceren. Schattingen hieromtrent geven aan dat de hoeveelheid nieuwe digitale informatie iedere drie jaar wereldwijd verdubbelt, waarmee het belang van adequate opslag steeds groter wordt. Aangezien het om enorme hoeveelheden gaat, zijn er bedrijven die zich specialiseren in de opslag van digitale gegevens. Dergelijke bedrijven noemen we storage service providers (SSP). Naast de opslag van bedrijfsgegevens kunnen zij additionele diensten verlenen, zoals het op afstand bewaken van bedrijfssystemen en ingrijpen als dat noodzakelijk mocht zijn. Dit gaat steeds vaker via de cloud. Dankzij de cloud, oftewel de 'internetwolk', kun je via diensten als Dropbox, Google Drive, iCloud en OneDrive altijd en op elk apparaat bij je data; je weet zelf niet meer waar je gegevens fysiek opgeslagen zijn. Aangezien de meeste organisaties tegenwoordig over een netwerk beschikken, zien we ook steeds vaker netwerkgebaseerde oplossingen ten aanzien van gegevensopslag. We spreken hier ook wel over een storage area network (SAN). Een SAN is een voor opslag toegerust hogesnelheidsnetwerk dat verschillende opslagapparaten met elkaar verbindt. Het SAN zorgt voor de centrale opslag en toegankelijkheid van gegevens.

Stap 4. Gegevens bewerken

In de literatuur zien we weleens begripsverwarring betreffende bewerking en verwerking van gegevens. Zoals je in figuur 6.17 kunt zien, verstaan de auteurs onder gegevensverwerking 'de invoer, opslag, bewerking en uitvoer van gegevens en informatie'. Alvorens je kunt spreken van informatie is het noodzakelijk de gegevens op de een of andere manier te bewerken; we spreken hier ook wel van gegevens-

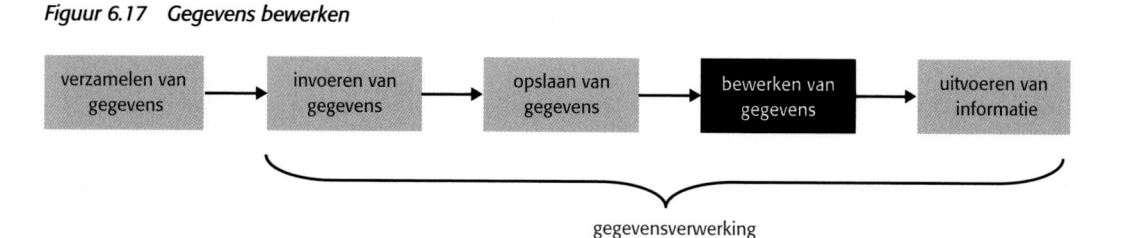

Figuur 6.17   Gegevens bewerken

verzamelen van gegevens → invoeren van gegevens → opslaan van gegevens → **bewerken van gegevens** → uitvoeren van informatie

gegevensverwerking

verrijking of gegevensveredeling. Gegevens kun je bewerken door ze bijvoorbeeld te koppelen aan andere gegevens, ze bij elkaar op te tellen of te sorteren.

Voor de bewerking van gegevens kunnen we verschillende programma's of tools gebruiken. Bekende gebruiksvriendelijke tools zijn toepassingen als Excel en Access binnen het programma MS Office. Met behulp van onder andere spreadsheets en databases kun je opgeslagen gegevensverzamelingen bewerken om ze te transformeren tot (management)informatie.

Het is van belang met welke snelheid gegevens bewerkt dienen te worden. Een supermarkt zal op basis van de verkochte artikelen een bevoorradingsschema willen maken en kan daarmee niet wachten tot het eind van de dag, omdat anders het risico ontstaat dat de schappen leegraken. Voor een organisatie als de Belastingdienst daarentegen is het veel minder relevant om de gegevens van belastingplichtigen direct in de systemen te verwerken, want het proces loopt geen risico als dit later gebeurt. Als gegevens direct verwerkt of bewerkt dienen te worden ten behoeve van een adequate procesgang spreken we van een realtimeverwerking. Het verwerken van vooraf geordende of gesorteerde gegevens, bijvoorbeeld op alfabetische volgorde, noemen we batchverwerking. Het proces dicteert min of meer de wijze van gegevensverwerking en -bewerking.

Stap 5. Informatie uitvoeren

De laatste stap binnen de gegevensverwerking is het tonen/presenteren van de informatie. Deze informatie dient idealiter overeen te komen met de informatiebehoefte van degene die de informatie wil gebruiken. De vorm waarin de informatie wordt gepresenteerd dient derhalve ook overeen te komen met de wensen van de gebruiker. Vorm en inhoud zijn twee belangrijke aspecten van de informatieverstrekking. In de huidige dynamische omgeving gaat ook snelheid een steeds belangrijkere rol spelen.

De inhoud moet natuurlijk kloppen. Of informatie correct is, is afhankelijk van de vooraf geformuleerde informatiebehoefte en de kwaliteit van de gegevens die verwerkt zijn. Op de gegevenskwaliteit komen we in de volgende paragraaf terug. Het formuleren van de informatiebehoefte kan in de praktijk een lastige opgave zijn, indien de gebruiker niet weet wat hij wil weten of zou moeten willen weten. In dat geval kan het gebeuren dat weliswaar de juiste informatie is verzameld, maar dat deze niet aansluit op de behoefte van de gebruiker. Een commercieel manager die een onderverdeling wil maken in goed, middelmatig en slecht renderende klanten zodat hij zijn accountmanagers concreet kan aansturen en begeleiden, moet inzicht

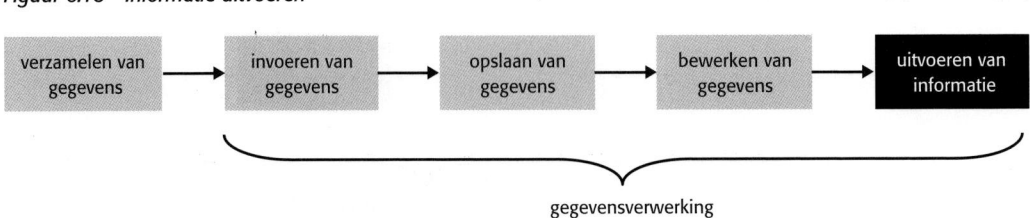

Figuur 6.18   Informatie uitvoeren

verzamelen van gegevens → invoeren van gegevens → opslaan van gegevens → bewerken van gegevens → **uitvoeren van informatie**

gegevensverwerking

hebben in de winstmarges die per klant behaald zijn. De concrete informatiebehoefte is dan 'toon mij de winstmarges per klant'. Het informatiesysteem verzamelt en bewerkt daartoe gegevens ten aanzien van de kosten en opbrengsten per klant. Maar stel nu dat de commercieel manager besluit om zijn accountmanagers aan te sturen op basis van resultaten per geografisch gebied; zijn opdracht zou dan kunnen luiden 'geef mij de resultaten per provincie'. De uitvoer is dan correct, maar hij kan er zijn verkoopstaf minder direct mee aansturen. De commercieel manager is dan onvoldoende in staat gebleken zijn werkelijke informatiebehoefte te formuleren, en dat staat los van de kwaliteit van de informatieverzorging en de bijbehorende informatiesystemen.

Ten aanzien van de vorm waarin de gevraagde informatie is te tonen, kunnen we ruwweg twee manieren onderscheiden, namelijk de passieve en de interactieve. We kunnen stellen dat alle rapportages op papier passief zijn. De gebruiker neemt de informatie tot zich via het geschreven woord en kan eventueel mondelinge of schriftelijke aanvullingen krijgen.

In een dynamische omgeving is het van belang dat het management van de organisatie direct adequaat kan reageren op ontwikkelingen. Op basis van de verstrekte informatie zullen zich nieuwe vragen opwerpen; de informatiebehoefte verandert. In dat geval zal het informatiesysteem de informatie 'just in time' aan de gebruiker moeten leveren. Er is dan sprake van interactie tussen de gebruiker en het informatiesysteem. Veel toepassingen leveren tegenwoordig dan ook de optie om op

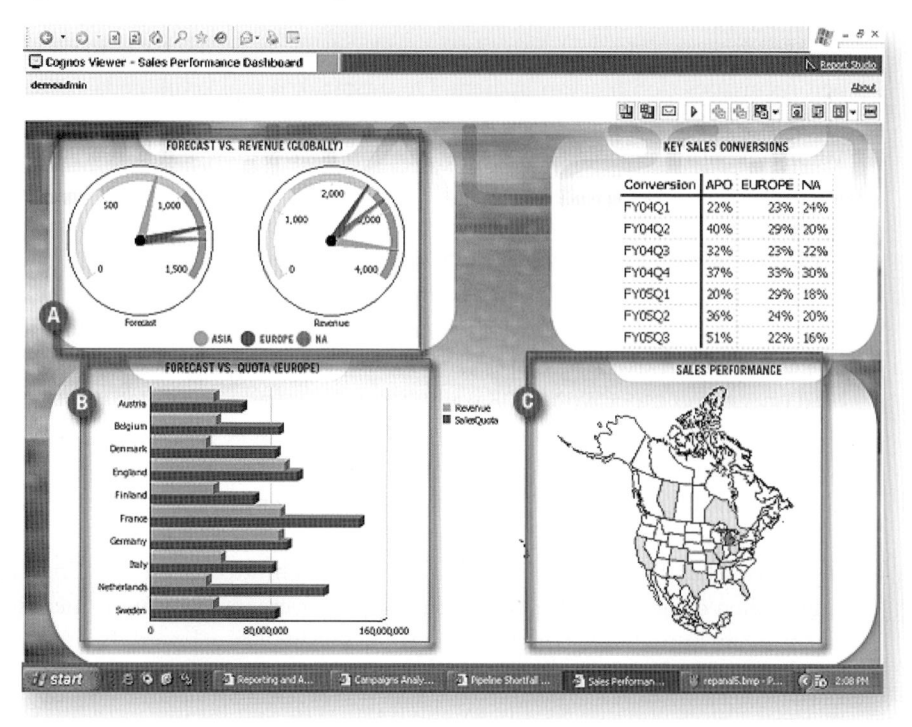

Figuur 6.19   Voorbeeld van een digitaal dashboard[20]

ad-hocbasis vragen te stellen. Een voorbeeld hiervan is de vraagtaal SQL (Structured Query Language). Met behulp van SQL kunnen direct koppelingen tussen verschillende gegevensbestanden worden aangebracht, waarbij de bestanden worden doorzocht op basis van de specifieke vraag van de gebruiker. Een voorbeeld van een dergelijke vraag zou kunnen zijn 'geef mij alle afnemers van de afgelopen twee maanden in de provincie Gelderland waarop we een ROI hebben behaald van meer dan 15 procent'. Het programma toont het antwoord min of meer realtime aan de gebruiker. Deze werkwijze is vooral geschikt voor standaardrapportages. Aangezien ontwikkelingen zich ieder moment van de dag voltrekken, is het geen overbodige vraag om de organisatie realtime aan te kunnen sturen. We zien dan ook dat het sturen van de organisatie trekjes gaat vertonen van het besturen van een auto. Een auto beschikt over een dashboard dat op ieder moment inzicht geeft in een aantal belangrijke zaken, zoals snelheid en brandstofverbruik. Op basis van deze gegevens vormt de bestuurder zich een beeld van de feitelijke situatie, waarop hij zijn gedrag vervolgens aanpast. In navolging hiervan kunnen bedrijven kiezen voor een digitaal dashboard. Dit digitale dashboard (zie figuur 6.19) toont de actuele prestaties (performance) van de organisatie waarop het management zijn beslissingen kan baseren. We moeten hierbij wel opmerken dat het vooral de besturing op operationeel niveau betreft. Realtimebesturing op tactisch en strategisch niveau is momenteel bijzonder tijdrovend, kostbaar en complex.

6.3.4 Kwaliteit van de informatieverzorging

In een tijdperk waarin bedrijven elkaars producten ogenschijnlijk met het grootste gemak kopiëren, kan het leveren van kwaliteit een belangrijke onderscheidende factor zijn. Het voeren van de slogan 'beste prijs-kwaliteitverhouding' is in de ogen van de afnemers echter niet altijd onderscheidend meer, omdat het merendeel van de organisaties zich hiervan bedient. De uitspraak is makkelijk gedaan, maar klopt die ook?

Wat betekent nu eigenlijk kwaliteit? Pas als we dat weten, kunnen we de consequenties ervan beoordelen voor de informatiefunctie. Kwaliteit kent vele definities, die we hier niet allemaal gaan opsommen. Een mooie uitspraak ten aanzien van het kwaliteitsaspect is de volgende: 'Op het hoogste niveau is kwaliteit een toepassing van de "gouden regel", een erkenning van het feit dat de producent of de dienstverlener ook consument, klant en burger is; dat ieder goed en iedere dienst een kunstwerk is dat met trots gecreëerd, met liefde afgewerkt en in dankbaarheid ontvangen moet worden. Kwaliteit is een uitdrukking van respect voor jezelf als de persoon die iets creëert.[21] Het probleem van deze uitspraak is dat die geen direct meetbare richtlijnen bevat voor de informatiefunctie, en daarom zullen we het kwaliteitsbegrip moeten operationaliseren om er een concrete invulling aan te kunnen geven.

In dit boek beschouwen we kwaliteit als het verschil tussen verwachting en ervaring. Indien de afnemer datgene ervaart wat in overeenstemming is met zijn verwachtingen, kunnen we concluderen dat er kwaliteit is geleverd. Indien er een negatief verschil ontstaat tussen de verwachting en de ervaring, heeft de aanbieder in de ogen van de afnemer slechte kwaliteit geleverd; een positief verschil levert een extra gunstige kwaliteitsperceptie op. Dat houdt in dat de organisatie op de hoogte moet zijn van de klantverwachtingen, alsmede van de uiteindelijke ervaring die de afnemer heeft opgedaan met het product.

De veronderstelling is nu dat een kwalitatief goede organisatie een grotere kans heeft om kwaliteit te leveren. Er zijn talloze modellen en methoden die voorschrijven hoe je een kwalitatief hoogwaardige organisatie kunt creëren. Om hiervan kennis te nemen verwijzen we je graag naar de daarvoor bestemde literatuur met betrekking tot kwaliteitsmanagement. In dit boek maken we gebruik van het EFQM-model en de balanced scorecard.

EFQM-model

Het model in figuur 6.20 is ontworpen door de European Foundation for Quality Management. Dit EFQM-model bestaat uit negen aandachtsgebieden, onderverdeeld in vijf organisatiegebieden en vier resultaatgebieden.

Ieder aandachtsgebied heeft zijn eigen meetinstrumenten waarmee de organisatie kan vaststellen hoe goed de organisatie op dat gebied presteert. Naar aanleiding van metingen kunnen scores worden toegekend en gewogen. Hierna volgt een optelling van de scores. De totaalscore geeft aan hoe de totale kwaliteit van de organisatie wordt beoordeeld. Deze beoordeling valt in een van de volgende vijf fasen van volwassenheid: activiteit-/productgericht (fase 1), procesgericht (fase 2), systeemgericht (fase 3), ketengericht (fase 4) of maatschappijverbonden (fase 5). Hoe hoger de organisatie scoort, hoe hoger de volwassenheid en hoe hoger ook de kwaliteit van de organisatie zal zijn.

Wanneer we kijken naar het EFQM-model zien we dat de informatiefunctie een wezenlijke rol speelt in de aandachtsgebieden 'management van middelen' en 'management van processen'. Vooral op het gebied van proceskwaliteit in relatie tot

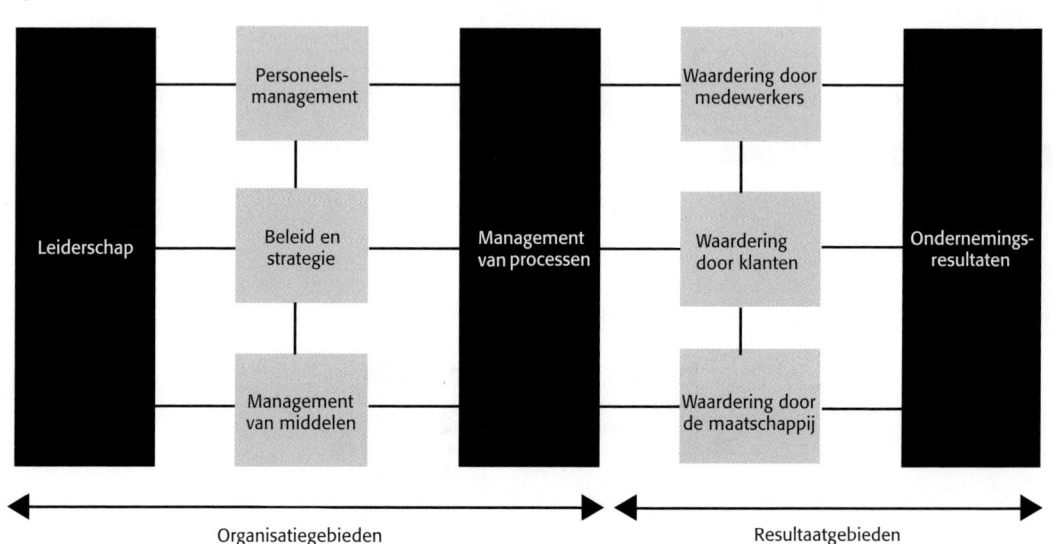

Figuur 6.20   Het EFQM-model

ICT en de informatiefunctie is een aantal methoden ontwikkeld. We noemen hier kort het Capability Maturity Model Integration (CMMI) en PRINCE2® (Projects In Controlled Environments). Het laatste model is ontwikkeld voor het opzetten en managen van projecten voor softwareontwikkeling. De PRINCE2-aanpak staat borg voor het duidelijk inrichten van de projectbesturing en het zorgvuldig definiëren van het te bereiken resultaat. Het CMMI is een hulpmiddel dat gebruikt kan worden voor het stapsgewijs verbeteren van processen. Het CMMI streeft naar een organisatie waarin ontwikkelingsprocessen en -projecten ten behoeve van het ontwikkelen en uitvoeren van informatiesystemen en/of infrastructurele componenten in een dynamische omgeving op een gestructureerde wijze worden uitgevoerd, bestuurd en ondersteund.[22]

Balanced scorecard

De balanced scorecard (BSC) is ontwikkeld door Kaplan en Norton, die zich voornamelijk bezighouden met management accounting. Dit vakgebied richt zich op het verwerken van gegevens over kosten en opbrengsten die voor de leiding van de organisatie van belang zijn voor het nemen van beslissingen. Kaplan en Norton constateerden dat het eenzijdige gebruik van financiële instrumenten voor de besturing van de organisatie onvoldoende voldeed. Financiële meetgegevens zeggen namelijk vooral iets over de prestaties in het verleden en minder over toekomstige prestaties. De BSC komt tegemoet aan dit bezwaar door uit te gaan van

Figuur 6.21   De balanced scorecard

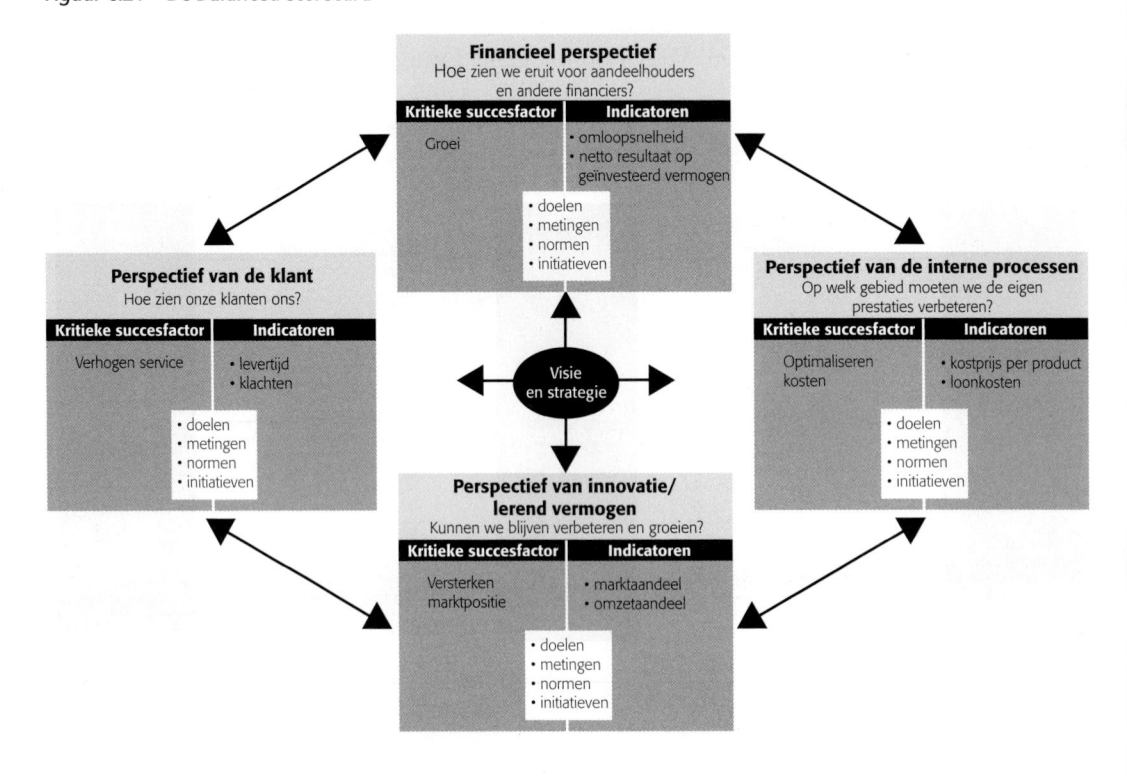

Financieel perspectief
Hoe zien we eruit voor aandeelhouders en andere financiers?

Kritieke succesfactor	Indicatoren
Groei	• omloopsnelheid • netto resultaat op geïnvesteerd vermogen

• doelen
• metingen
• normen
• initiatieven

Perspectief van de klant
Hoe zien onze klanten ons?

Kritieke succesfactor	Indicatoren
Verhogen service	• levertijd • klachten

• doelen
• metingen
• normen
• initiatieven

Visie en strategie

Perspectief van de interne processen
Op welk gebied moeten we de eigen prestaties verbeteren?

Kritieke succesfactor	Indicatoren
Optimaliseren kosten	• kostprijs per product • loonkosten

• doelen
• metingen
• normen
• initiatieven

Perspectief van innovatie/ lerend vermogen
Kunnen we blijven verbeteren en groeien?

Kritieke succesfactor	Indicatoren
Versterken marktpositie	• marktaandeel • omzetaandeel

• doelen
• metingen
• normen
• initiatieven

vier perspectieven, namelijk het financiële, het klant-, het interneprocessen- en het leer-en-groeiperspectief, die op basis van indicatoren een beeld geven van mogelijk toekomstig succes. Ieder van de perspectieven moet voorzien worden van doelstellingen, metingen, normen en initiatieven die zijn gebaseerd op de visie en de strategie van de organisatie. Hiermee concretiseert het management de volgende hoofdvragen: hoe zien onze klanten ons, op welk gebied moeten we de eigen prestaties verbeteren, hoe zien we eruit voor aandeelhouders en andere financiers, en kunnen we blijven verbeteren en groeien? In figuur 6.21 zie je een voorbeeld van een dergelijke concretisering, waarin ieder perspectief voorzien is van een mogelijke kritische succesfactor (doelstelling) en een indicator (zegt iets over de mate waarin de doelstelling is bereikt).

De BSC kan gebruikt worden voor de gehele organisatie maar ook voor afzonderlijke functies of afdelingen. Iedere afdeling kan haar eigen visie en doelen hanteren en deze in meetbare termen vertalen naar de vier genoemde perspectieven. Het opstellen van een ICT-BSC blijkt in de praktijk niet altijd even eenvoudig te zijn, maar zou er bijvoorbeeld als volgt uit kunnen zien:[23]

- *Financieel perspectief*: Hoe ziet het management, als belangrijkste stakeholder, de ICT-afdeling?
- *Klantperspectief*: Hoe zien de klanten (en gebruikers) de ICT-afdeling?
- *Interne processen*: Hoe kan de interne operatie worden verbeterd teneinde de aan de klant geleverde diensten te verbeteren?
- *Leer-en-groeiperspectief*: Wat moet de ICT-afdeling doen om ook in de toekomst succesvol te zijn?

Op basis van deze hoofdvragen kan de ICT-afdeling of ICT-functie doelen formuleren met daaraan gekoppeld de indicatoren die aangeven in welke mate de doelstellingen behaald worden. Omdat iedere organisatie anders is en daarom ook iedere ICT-afdeling zal in de praktijk de invulling van de specifieke ICT-BSC weer anders zijn.

We hebben vastgesteld dat de informatiefunctie een belangrijk onderdeel van de organisatie vormt. Met behulp van het EFQM-model en de balanced scorecard kunnen we invulling geven aan de kwaliteit van de informatiefunctie. In figuur 6.22 zie je dat de onderdelen waarvoor de informatiefunctie verantwoordelijk is, ingekaderd worden door het kwaliteitsbeleid van de organisatie. Als we specifiek kijken naar de verschillende onderdelen, kunnen we ten aanzien van informatie de volgende kwaliteitseisen of -kenmerken formuleren:

- volledigheid: de informatie bevat alle elementen die voor het doel van de gebruiker van belang zijn;
- relevantie: de informatie is zinvol voor het doel van de gebruiker;
- betrouwbaarheid: de informatie zegt iets over de werkelijkheid waarover zij een uitspraak doet;
- toegankelijkheid: de informatie is door de gebruiker te benaderen;
- beschikbaarheid: de informatie is op het juiste moment op de gewenste plaats aanwezig.

Ten aanzien van de informatiesystemen kunnen we onder andere de volgende kwaliteitseisen formuleren:[24]

- flexibiliteit: het systeem moet in de loop van de jaren aan de (informatie)behoeften van de organisatie aangepast kunnen worden;
- onderhoudbaarheid: het systeem moet tegen acceptabele kosten onderhouden kunnen worden;
- connectiviteit: de verschillende systemen moeten met elkaar kunnen communiceren om onderling gegevens te kunnen uitwisselen;
- testbaarheid: de systemen moeten getest kunnen worden voordat ze ingezet worden ten behoeve van bedrijfsprocessen.

Tot slot noemen we een aantal kwaliteitseisen met betrekking tot de informatieverzorging:[25]

- continuïteit: de informatieverzorging moet een zekere duurzaamheid bezitten, zodat ook op langere termijn kan worden voldaan aan de informatiebehoeften;
- betrouwbaarheid: de informatieverzorging moet juist, tijdig en volledig voorzien in de informatiebehoeften van de organisatie;
- efficiëntie: de inspanningen met betrekking tot de informatieverzorging moeten in een zekere verhouding staan tot het doel waarvoor deze wordt ingezet;
- effectiviteit: de informatieverzorging draagt bij aan het behalen van de organisatiedoelen.

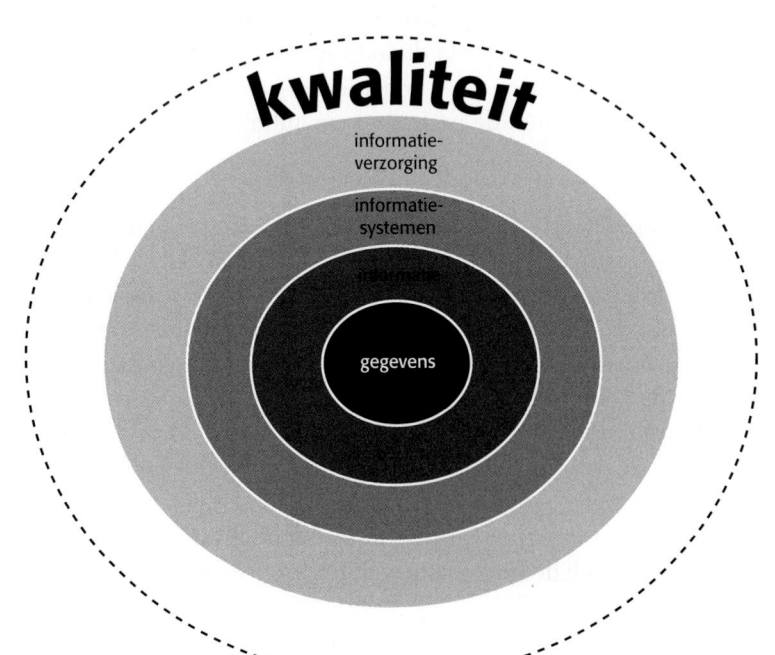

Figuur 6.22 Kwaliteit in relatie tot de informatiefunctie

6.4 Informatieverzorging en het wereldwijde web

In de verschillende hoofdstukken van dit boek vind je voortdurend verwijzingen naar het wereldwijde web (kortweg het web). De ontwikkelingen op het web gaan erg snel. We hebben het gevoel dat het er altijd is geweest, terwijl we als consumenten en bedrijven eigenlijk pas sinds 1995 echt goed toegang hebben tot de digitale snelweg. Dit is vooral te danken aan de internetbrowser Internet Explorer van Microsoft, die was ingebouwd in het besturingssysteem Windows 95. Ondanks de nog jonge leeftijd van het web, is dit niet meer weg te denken uit ons leven en de bedrijfsvoering van organisaties. Voordat we hier verder op ingaan, willen we, om spraakverwarring tegen te gaan, aangeven waarover we het eigenlijk hebben als we termen als het web en internet gebruiken. Hierbij maken we gebruik van figuur 6.23.

In de eerste plaats is het bestaan van internet van belang. Afhankelijk van welk boek, welk artikel of welke website je bekijkt, varieert het ontstaansjaar. In de tweede helft van de jaren vijftig van de vorige eeuw werden computers met elkaar verbonden tot simpele netwerken. Het doel was meestal wetenschappelijk van aard. Er ontstonden verschillende netwerken die vervolgens weer met elkaar werden verbonden. Zo ontstond een netwerk van netwerken die digitaal met elkaar in contact stonden. Dat netwerk van netwerken met alle technische infrastructuur

Figuur 6.23 Internet, het web en social media

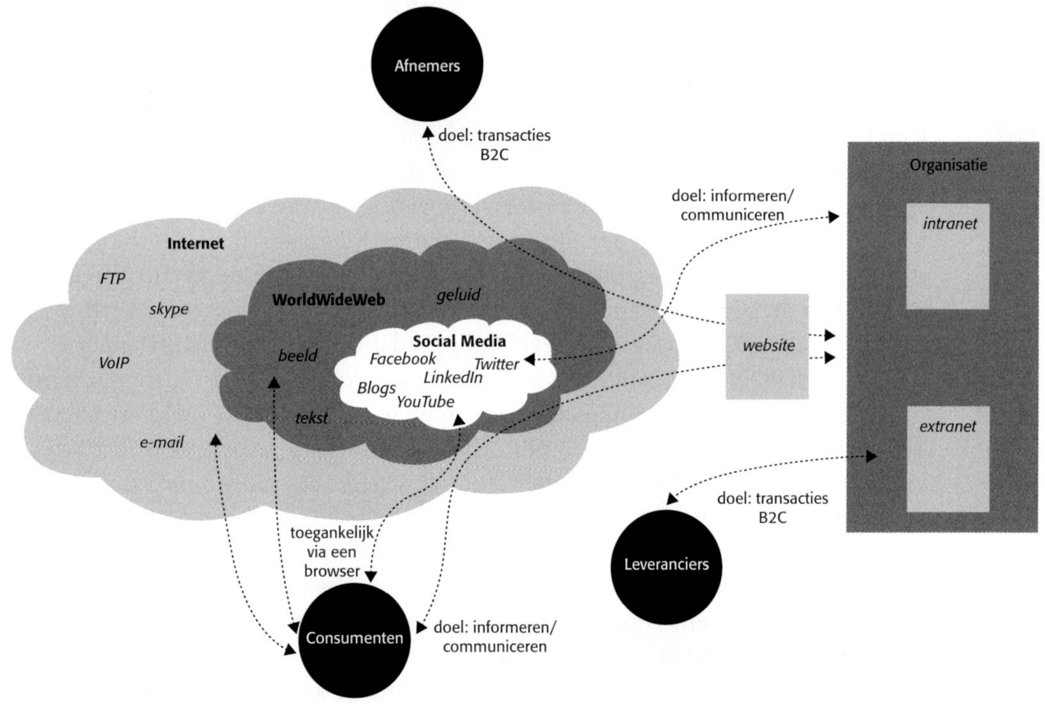

Internet omvat de technische infrastructuur die het mogelijk maakt om via het **World Wide Web** teksten, beelden en geluiden aan te bieden en te delen en om via **Social Media** interactie met elkaar te hebben

(kabels, glasvezel, netwerkapparatuur, satellieten) daaromheen noemen we internet. Via dat netwerk kunnen we elkaar bijvoorbeeld e-mails versturen of via Skype bellen. Internet maakt op die manier allerlei toepassingen mogelijk, waaronder het wereldwijde web. Het www en internet zijn dus geen synoniemen. Het wereldwijde web is een uitvinding van Tim Berners-Lee. Deze wetenschapper schreef de eerste programmatuur van het wereldomvattende web waarmee gebruikers teksten, beelden en geluiden met elkaar konden uitwisselen via internet. In zijn boek *De wereld van het World Wide Web* (2000) schrijft hij dat op eerste kerstdag van het jaar 1990 zijn '*WorldWideWeb*-browser/editor' werkt. Dat markeert het begin van het www. Hoewel in eerste instantie weinigen iets zagen in zijn idee, zijn de ontwikkelingen rondom het web in een stroomversnelling geraakt, waardoor onze levens tegenwoordig verregaand zijn beïnvloed. Waar het web in het begin nogal statisch was, is daar door ontwikkelingen op het gebied van de social media een nieuwe dimensie aan toegevoegd, namelijk dat we realtime met elkaar kunnen communiceren, ongeacht waar we ons bevinden op deze aarde. Het web is van een statisch geheel geëvolueerd tot een dynamische en interactieve plek waar we inmiddels een belangrijk deel van ons (werkzame) leven doorbrengen.

IIE-netten

In figuur 6.23 zien we dat organisaties op het web met klanten en consumenten communiceren met uiteenlopende doelen. Een website kan dienen om mensen te informeren, maar kan tevens gebruikt worden om transacties mogelijk te maken. Deze websites draaien allemaal op het wereldwijde web. Daarnaast zien we dat er intranetten en extranetten zijn. Deze noemen we samen de IIE-netten (Internet, Intranet, Extranet). Een intranet is het gebruik van internet binnen een organisatie. Deze draait op dezelfde protocollen (technische afspraken) als internet, maar is alleen toegankelijk voor mensen binnen de organisatie. Een intranet kun je zien als een overkoepelende laag met links naar onderlinge, afzonderlijke applicaties. Een voorbeeld hiervan is een intranet op een opleiding waarbij je toegang kunt krijgen tot het roosterprogramma, de cijferadministratie of lesmaterialen. Het voordeel is dat de gegevens alleen beschikbaar zijn voor degenen die bevoegd zijn. Op deze manier kan de communicatie binnen een organisatie versterkt en verbeterd worden. Een belangrijk aspect is de beveiliging, zodat niet iedere buitenstaander er zomaar bij kan. Naast het intranet bestaan er ook extranetten. Een extranet is min of meer hetzelfde als een intranet, alleen kunnen externen zoals toeleveranciers bij een extranet wel toegang krijgen om bepaalde informatie te bekijken of te wijzigen. Ook hier geldt dat beveiliging cruciaal is: gegevens mogen niet zomaar op straat komen te liggen.

Na deze korte uiteenzetting over de geschiedenis van internet en over het verschil tussen internet, het web en social media, is het van belang om te kijken wat webbased werken betekent voor de informatiehuishouding van een organisatie en het managen daarvan. Zoals we eerder hebben gezien is het creëren van waarde het hoofddoel van iedere organisatie. Deze waardecreatie kent drie belangrijke aspecten, namelijk efficiency, effectiviteit en kwaliteit. De drie aspecten beïnvloeden elkaar en moeten derhalve ook in hun onderlinge samenhang aangestuurd worden.

Figuur 6.24   Aandachtspunten ten aanzien van webbased werken

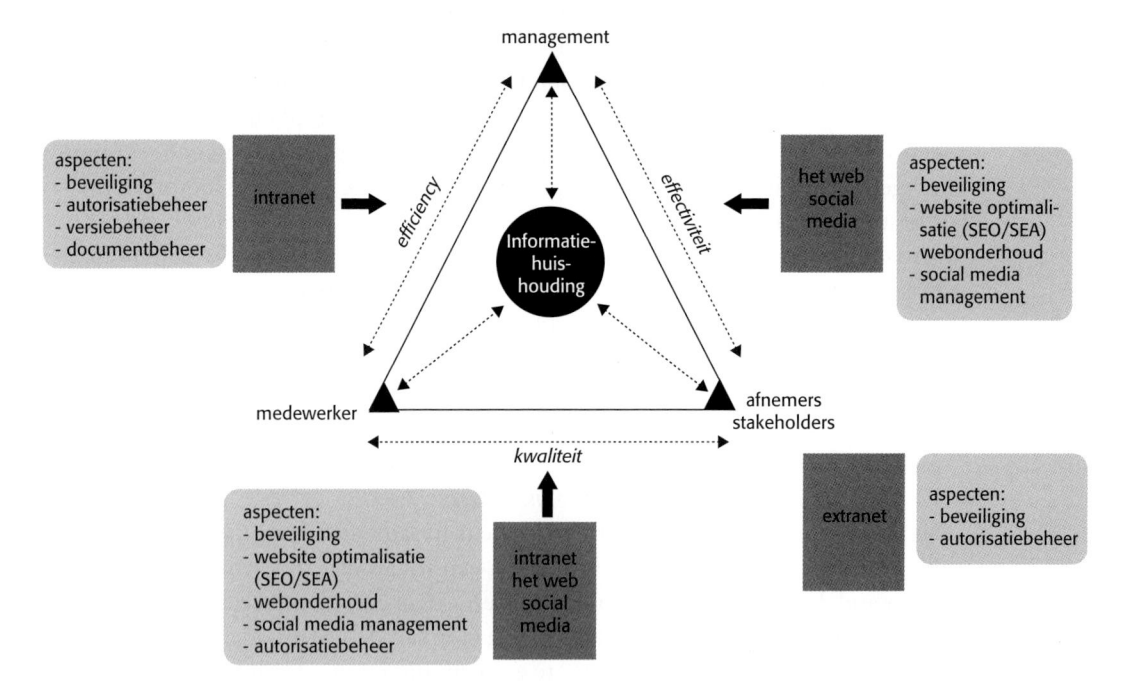

De essentie is dat we met inzet van schaarse middelen (efficiency) doelen willen bereiken voor de klant en de organisatie (effectiviteit) op een bepaald kwaliteitsniveau (kwaliteit). Uiteindelijk vormen het management, de medewerkers en de afnemers/stakeholders de belangrijkste partijen in het creëren van waarde. Dit hebben we in figuur 6.24 nog eens gevisualiseerd.

Voor ieder van de drie hiervoor genoemde aspecten en de partijen die daarbij een belangrijke rol spelen kan nu worden aangegeven welke aandachtspunten van belang zijn voor de informatiefunctie en de informatiehuishouding in het geval de organisatie ervoor kiest om webbased te werken. We lopen ze kort langs.

- Efficiency: *management en medewerkers*
  Hierbij is het van belang dat medewerkers weten wat de koers is van de organisatie, hoe zij hun bijdrage kunnen leveren en welke faciliteiten ter beschikking worden gesteld door het management om goed te kunnen functioneren. Het is cruciaal dat medewerkers in de uitoefening van hun werk kunnen beschikken over tijdige en correcte informatie. Hiervoor is een intranet een geschikt middel. De aandachtspunten hierbij zijn dat medewerkers geautoriseerd worden om bepaalde informatie te plaatsen/in te zien, beveiliging om bijvoorbeeld vanuit huis of bij een klant op het intranet in te loggen, de juiste documenten moeten aanwezig zijn zonder allerlei dubbelingen hierin (documentbeheer), en het moet voor iedereen duidelijk zijn welke versie van een document het is of welke informatie het betreft (versiebeheer).
- Effectiviteit: *management en afnemers/stakeholders*
  Het contact tussen organisatie en (mogelijke) afnemers verloopt steeds vaker

via een website. Het is daarom van belang dat een website vindbaar is door bij zoekmachines hoog in de ranking te komen. Dit is het domein van SEO (search engine optimization) en SEA (search engine advertising). Deze activiteiten vallen meestal onder de verantwoordelijkheid van de marketingfunctie en worden daarom samen ook wel search engine marketing genoemd. Dit is inmiddels een van de belangrijkste webactiviteiten geworden en beslaat een geheel nieuw vakgebied. Daarom verwijzen we graag naar relevante literatuur hieromtrent. Naast deze activiteiten is het onderhouden van websites op technisch gebied, actualiteit en attractiviteit belangrijk. In het kader van socialmedia-activiteiten moeten er duidelijke richtlijnen en protocollen zijn wie in de organisatie ervoor verantwoordelijk is om bijvoorbeeld op Twitter, LinkedIn of Facebook namens de organisatie berichten te plaatsen en interactie te hebben met consumenten of klanten. Inmiddels zijn er bedrijven die zelfstandige professionals inhuren om dergelijke activiteiten op social media uit te voeren, omdat is gebleken dat dit toch wel een vak apart is.

- Kwaliteit: *medewerkers en afnemers/stakeholders*
Steeds vaker vindt de dienstverlening plaats in samenwerking met afnemers. Hierbij spelen dezelfde aandachtspunten een rol als die in de vorige alinea zijn genoemd. Daarnaast kan een medewerker tijdens het dienstverleningsproces (bijvoorbeeld als een klant met het callcenter van de organisatie belt) terugvallen op het intranet om informatie te zoeken. Indien een klant zijn gegevens wil wijzigen, moet de medewerker wel geautoriseerd zijn om bijvoorbeeld via het intranet deze gegevens in te zien en eventueel te wijzigen indien een klant dit niet zelf kan of mag doen via een website. Indien klanten of leveranciers zelf toegang hebben tot een beveiligd deel van de website, via een extranet, is beveiliging een aandachtspunt. Is iemand wel echt de persoon die hij beweert te zijn? En wie mag welke gegevens in het kader van het autorisatiebeheer wel of niet wijzigen? Bij fraudegevoelige informatie zoals bankrekeningen en burgerservicenummers wordt nog vaak een door de klant ondertekende brief geëist als extra slot op de deur.

De genoemde aandachtspunten vormen slechts een kleine greep uit een grote hoeveelheid aspecten waaraan de organisatie en specifiek informatiemanagement aandacht zouden moeten schenken in geval van webbased werken.

Het zal duidelijk zijn dat het web grote invloed heeft op de bedrijfsvoering. Om de kwaliteit en snelheid hiervan te kunnen garanderen maken organisaties gebruik van informatiesystemen. In de volgende paragraaf gaan we hier verder op in.

6.5 Informatiesystemen

Een **informatiesysteem** is een systeem waarmee informatie over objecten of personen beheerd kan worden. Tot het beheer behoort het verzamelen, bewerken, analyseren, integreren en presenteren. Tot een informatiesysteem in ruime zin rekenen we naast de data, de technieken en faciliteiten om data te ordenen en te interpreteren vaak ook de ermee verbonden organisatie, personen en procedures. Het gebruik van informatiesystemen leidt in de meeste gevallen tot een vergroting van de doelmatigheid en levert op die wijze een bijdrage aan de duurzaamheid en winstgevendheid van de onderneming. De cruciale vraag is echter waar we ICT *moeten* inzetten, waar we die *kunnen* inzetten, en waar we beslist *niet* ICT willen toepassen. De inzet van ICT wordt bepaald door de functie en de procesgang. Vele bedrijven zijn gespecialiseerd in een deel van de functies. Zo zijn er automatiseerders voor winkelautomatisering met daarbinnen weer verdeling naar weegautomaten, kassasystemen, voorraadregistratie, bestelsystemen enzovoort. Op kantoren bestaan aparte systemen voor administratie en het archief daarvan, klantcontactsystemen, boekhouding en goederenstroombeheersing. In deze tijd van integratie van activiteiten kunnen we streven naar convergentie. Zet één informatiesysteem neer dat alle activiteiten dekt. Er is dan geen onnodige overlap meer, maar de kwetsbaarheid van het overall informatiesysteem neemt toe. Bovendien kan de complexiteit van het geheel leiden tot een grote onoverzichtelijkheid. De beperkte efficiencywinst wordt dan tenietgedaan door onoverzichtelijkheid.

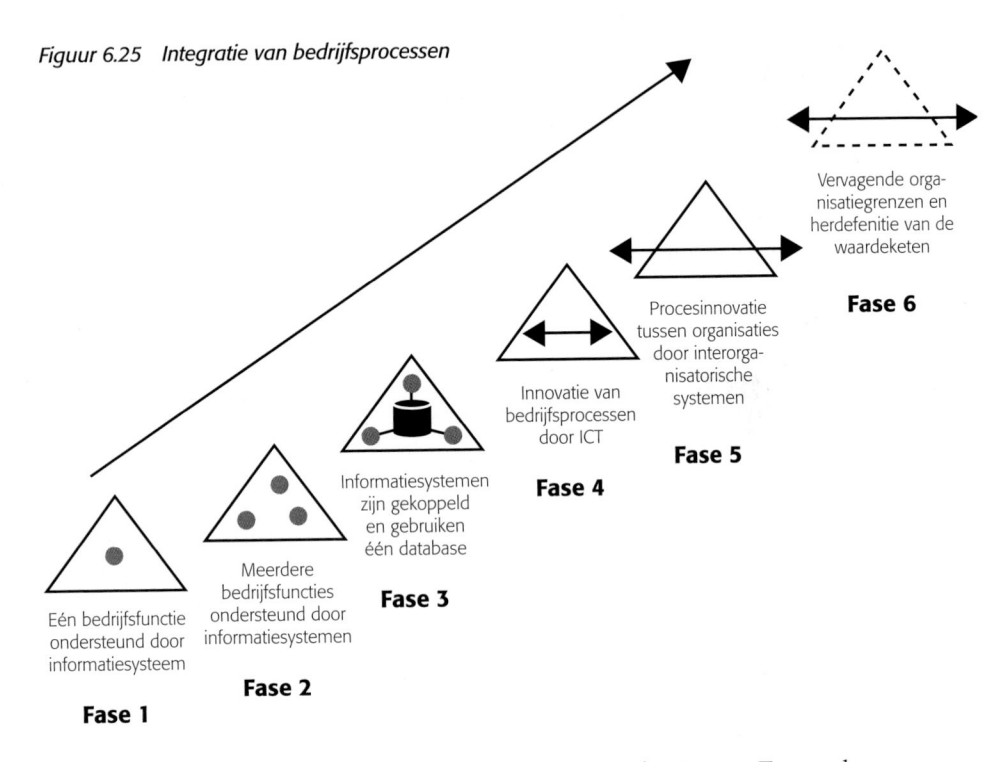

Figuur 6.25 Integratie van bedrijfsprocessen

Eén bedrijfsfunctie ondersteund door informatiesysteem
Fase 1

Meerdere bedrijfsfuncties ondersteund door informatiesystemen
Fase 2

Informatiesystemen zijn gekoppeld en gebruiken één database
Fase 3

Innovatie van bedrijfsprocessen door ICT
Fase 4

Procesinnovatie tussen organisaties door interorganisatorische systemen
Fase 5

Vervagende organisatiegrenzen en herdefenitie van de waardeketen
Fase 6

Nieuwe informatiesystemen zullen vaak aan de basis beginnen. Er wordt een bedrijfsproces uitgelicht waar een ICT-oplossing voor gebouwd wordt. Elke bestaande organisatie heeft dat al een aantal keren meegemaakt. De oplossingen zijn kleinschalig, worden vaak door één persoon ontwikkeld en zijn soms, maar lang niet altijd, tijd- en kostenbesparend (fase 1). Na de eerste toepassing volgen er meer. Er ontstaat een lappendeken van toepassingen (fase 2). Dezelfde gegevens worden op verschillende plaatsen geregistreerd. Er ontstaat behoefte aan een gemeenschappelijke database (fase 3). Tot dit punt betekent de toepassing van ICT een efficiencyverbetering binnen de bestaande werkwijze. De computer zorgt ervoor dat bedrijfsprocessen sneller verlopen en met minder fouten, maar met behoud van de oude werkwijzen. Het voorkomen van redundantie en inconsistentie is al een groot winstpunt. Redundantie is het naast elkaar bestaan van dubbele sets gegevens; inconsistentie ontstaat als dubbele sets gegevens onderling verschillen vertonen. Nog steeds worden bedrijfsprocessen in feite op dezelfde manier en na elkaar uitgevoerd. Ontvangst van goederen wordt nog steeds eerst in het magazijn ingeboekt, waarna de inkoopafdeling de match tussen pakbon en factuur uitvoert. Daarna gaat de gefiatteerde factuur naar de boekhouding, waar opnieuw inboeken plaatsvindt en later de betaling. Rond 1990 ontstaat een doorbraak in de kantoorautomatisering. Het is door automatisering niet meer nodig om alle processen na elkaar uit te voeren. De ICT-toepassing maakt het mogelijk om de diverse bedrijfsprocessen aan te sturen. Geld-, goederen- en informatiestromen worden bestuurd vanuit de ICT-toepassing. De bedrijfsprocessen moeten zich hieraan aanpassen (fase 4). In deze fase is ook de C van ICT, die staat voor communicatietechnologie, de belangrijkste factor. Beroepsrollen zoals inkoper of magazijnbeheerder ontdekken dat er ook andere afdelingen bestaan en dat samenwerking met die mensen leidt tot een grotere effectiviteit binnen het werk. Nog mooier wordt het als ook de toeleverende en afnemende bedrijven binnen het informatiesysteem zichtbaar worden (fase 5). Levertijden worden beter voorspelbaar en klantwensen kunnen besproken worden met de toeleverancier. Uiteindelijk kan dit leiden tot een herdefinitie van de waardeketen. Sommige bedrijfsprocessen zullen verdwijnen of overgenomen worden door andere organisaties in de waardeketen (fase 6).

Ov-chipkaart

In 2005 is de ov-chipkaart ingevoerd in het Nederlandse openbaar vervoer. De opzet was vanaf het begin om al het openbaar vervoer te kunnen gebruiken met één vervoerbewijs waarbij slechts één keer het instaptarief werd berekend, en dat juist bij reizigers die gebruikmaakten van diverse vormen van openbaar vervoer de reiskosten lager zouden uitvallen. De invoering van de ov-chipkaart ging niet zonder horten en stoten.

Elk vervoerbedrijf heeft zijn bedrijfsprocessen en tarieven moeten aanpassen. Er zijn opdrachten verstrekt aan leveranciers van apparatuur en software en iedereen is enthousiast aan de gang gegaan om zijn eigen automatisering van kaartverkoop en -controle vorm te geven binnen de door de overheid gestelde kaders. Er is uitgegaan van een verbeterd bedrijfsproces. De fraudegevoelige strippenkaarten zijn vervangen door een ov-chipkaart, de afrekening van de reisgelden naar de aangesloten vervoerbedrijven is aanzienlijk verbeterd en Nederland moet wat betreft reisgemak een voorbeeld zijn voor de rest van de wereld. De werkelijkheid is anders. Ook met de ov-chipkaart is fraude mogelijk. Gaandeweg zijn de chipkaarten door meer fraudebestendige kaarten vervangen, maar daarmee zijn de problemen nog niet opgelost. De kaarten zijn duur en gaan snel kapot, de apparaten in het openbaar vervoer vertonen geregeld storingen, en van een probleemloze overstap tussen verschillende vervoerders was in 2014 nog lang niet overal sprake. Daarnaast hebben veel openbaarvervoergebruikers afgehaakt. Voor incidentele gebruikers als toeristen is de drempel hoog. Er moet een ov-chipkaart gekocht worden, deze moet opgeladen worden en restantsaldo's op de kaart zijn moeilijk terug te ontvangen. Veel vervoerders erkennen deze problemen en verkopen naast de ov-chipkaart tegen hoge prijs hun eigen vervoersbiljetten. Ook abonnementhouders hebben problemen. Abonnementen worden namelijk door elke vervoermaatschappij afzonderlijk uitgegeven. Als vervoerbedrijven niet samenwerken, zal voor elk onderdeel van de verbinding een apart abonnement aangeschaft moeten worden. Wat is hier nu fout gegaan? Door de overheid is gekeken naar bestaande ov-chipkaartconstructies in het buitenland. Vervolgens is de regie bij een nieuw bedrijf gelegd, een combinatie van integratie van bedrijfsprocessen in fase 3 (databasekoppeling), fase 4 (innovatie met behulp van ICT) en een ongelukkige implementatie van fase 5. Het systeem functioneert nog steeds niet optimaal, terwijl het inmiddels feitelijk al door technologische innovatie is achterhaald.

6.5.1 Eisen aan informatiesystemen

We willen dat informatiesystemen vlekkeloos en snel werken. Dat klinkt simpel en realistisch, maar in de praktijk is het niet zo eenvoudig. Hoe bepalen we de kwaliteit van het informatiesysteem? Er zijn drie kwaliteitseisen te benoemen:

1. Doet het informatiesysteem alles wat het behoort te doen?
2. Is het informatiesysteem volgens de regels en afspraken gebouwd?
3. Voldoet het informatiesysteem aan de eisen en wensen van de gebruikers?

Voor de ingebruikname van een informatiesysteem zal dit op de hiervoor genoemde aspecten getest moeten worden. Bij moderne softwareontwikkeling zal in elke fase van de ontwikkeling getest worden. De eerste eis is te beoordelen als alle onderdelen geregeld gebruikt worden en geen fouten te zien geven. In de meeste applicaties worden echter enkele onderdelen zeer frequent gebruikt, terwijl andere onderdelen een meer of minder slapend bestaan leiden. Zo zullen er tijdens het gebruik soms ongewenste situaties ontstaan waarvoor er een aanpassing in de software gemaakt moet worden. Daarnaast zullen tijdens het gebruik van het informatiesysteem nieuwe wensen ontstaan. Voor een deel is dit het gevolg van het gebruik, voor een ander deel een kwestie van gewijzigde omstandigheden.

Dit sluit aan bij de tweede eis. De aanpasbaarheid is een kwaliteitsonderdeel dat staat of valt met de wijze waarop het informatiesysteem gebouwd is. Als de applicatie netjes gebouwd is, is het ook mogelijk om de applicatie aan te passen. Soms blijkt echter pas als de aanpassingen gedaan moeten worden, dat van een nette opbouw geen sprake is. De applicatie is bijvoorbeeld zo slecht geconstrueerd dat alleen de oorspronkelijke applicatiebouwer er mogelijk nog aanpassingen aan kan doen. Het komt ook voor dat applicaties uitgeleverd worden met slechts een deel van de technische documentatie. Het wordt voor anderen onmogelijk om de software aan te passen als het functioneel en technisch ontwerp van de applicatie ontbreekt.

De derde eis gaat over de toegang door de gebruiker. Daarbij wordt soms vergeten wie de feitelijke gebruikers zijn. Een voorbeeld. Uitgaansgelegenheden verkopen toegangskaarten. Steeds vaker is het mogelijk die kaarten online te kopen en deze als een bericht op de telefoon te ontvangen. De gebruikers van dit systeem zijn niet alleen de kaartverkopende instantie, maar ook de klant die tickets koopt en de controleurs bij de ingang van de uitgaansgelegenheid. Dan is er ook nog de financiële afhandeling en de boekhouding. De kaartverkoop kan uitbesteed zijn aan een ticketverkooporganisatie, en de betaling kan ook via een derde partij plaatsvinden. Er zijn dus veel meer gebruikers dan alleen die in de eigen organisatie.

Een van de testonderwerpen zijn de bewerkingen die al die gebruikers verrichten. Er worden testscenario's geschreven die tot een correcte uitvoer moeten leiden. Testscenario's dekken nooit alle mogelijke handelingen, maar slechts de meest voorkomende. Als de testscenario's goed ontworpen zijn, zullen daarin ook te verwachten foute handelingen opgenomen zijn.

6.5.2 Ontwikkelingen in de technische architectuur

De wijze waarop een informatiesysteem is opgebouwd, verandert in de loop der tijd. De automatisering gebeurde in de jaren tot 1980 vaak centraal. Er was één computer en een groot aantal terminals met toegang tot die computer. Geautomatiseerd werd er alleen in de heel grote bedrijven. Vanaf de komst van de personal computer werd er steeds meer lokaal ontwikkeld en bewaard. De komst van de goedkope local area networks (LAN) zorgde weer voor het delen van bronnen en gegevens. Toen na 1990 internet voor grote groepen toegankelijk werd, kwam aan de fysieke scheiding tussen de eigen organisatie en de buitenwereld een einde. Dat leidde en leidt nog steeds tot grote discussies over de bronnen die een werknemer mag gebruiken. In veel organisaties is nog altijd de toegang tot internet afgeschermd en slechts beschikbaar voor een klein deel van het personeel. Aan de andere kant willen steeds meer bedrijven zichtbaarheid van hun organisatie op internet.

De wijze waarop gegevens beheerd worden, is in veel kleine bedrijven bedroevend. Een back-up van de gegevens wordt nog wel regelmatig gemaakt, maar de controle op de kwaliteit van de back-up, de bewaarplaats van de back-up en de beveiliging ervan is meestal niet goed geregeld. Ook is vaak niet goed geregeld van welke gegevens nu precies een back-up gemaakt wordt. Veel midden- en kleinbedrijven hebben ook geen (of te weinig) gespecialiseerd personeel in dienst om de computerapparatuur en de toepassingen goed te beheren.

Het is de vraag hoelang internet nog buiten de organisatie gehouden moet worden. Clouddiensten maken het mogelijk om zowel de software als de opslag buiten het bedrijf te houden. De aanbieder van clouddiensten biedt tevens de beveiliging van de gegevens, de software-updates en de back-ups. Is zo'n clouddienstenaanbieder echter te vertrouwen? Uiteindelijk brengt men zijn kritische bedrijfsgegevens buiten het bedrijf onder. Mocht de internettoegang uitvallen, dan zijn de bedrijfsgegevens niet toegankelijk. Men kan dan niet even terugschakelen naar het oude vertrouwde eigen netwerk, want zelfs als de gegevens er nog zijn, dan zijn ze in ieder geval geruime tijd niet bijgewerkt.

6.6 Beheer en verbetering

Het beheren van informatiesystemen is een complexe taak. Veel gebruikers denken niet aan beheer. Zij gaan ervan uit dat informatiesystemen bedrijfszeker zijn. Het komt niet bij ze op dat computers stuk kunnen gaan, dat gegevensbestanden plotseling niet meer toegankelijk zijn of dat computers, compleet met gegevens, gestolen kunnen worden. Daarbij komt dat beheer tijd en organisatie-inzicht vraagt. In vele gevallen zal de geïnvesteerde tijd zich niet terugverdienen, want als alles wél goed werkt, hoeven de noodvoorzieningen niet te worden aangesproken. Het beheren van informatiesystemen wordt vaak in drieën gesplitst. Het onderscheid wordt gemaakt in technisch beheer, applicatiebeheer en functioneel beheer. In kleine organisaties worden alle taken door één afdeling uitgevoerd, in grotere organisaties zijn dit vaak drie aparte afdelingen. Soms worden functioneel beheer en applicatiebeheer samen door een afdeling geregeld, terwijl een andere afdeling het technisch beheer doet.

6.6.1 Technisch beheer

Het technisch beheer is gericht op het werken en het werkend houden van de apparatuur. Dit gaat zowel over de fysieke apparaten als over het netwerkbeheer. Gebruikers die problemen hebben met hun computergebruik, komen meestal terecht bij deze afdeling. Technisch beheer beschikt vaak over een servicedesk of helpdesk. Er wordt vaak gebruikgemaakt van procedures uit de ITIL-bibliotheek. In hoofdstuk 9 wordt hier verder op ingegaan.

6.6.2 Applicatiebeheer

De meeste gebruikers werken slechts met een deel van de software die in het bedrijf beschikbaar is. Applicatiebeheer zorgt ervoor dat alleen de te gebruiken programma's gekoppeld zijn aan de gebruiker en dat deze de juiste rechten, dus niet te weinig maar zeker ook niet te veel, heeft om deze toepassingen te gebruiken. De afdeling zorgt ook voor het rechtenbeheer in relatie tot de leverancier. Voor hoeveel gebruikers is de software aangeschaft, en worden deze licenties optimaal benut? Van applicaties komen bovendien geregeld nieuwe versies en updates uit. Voordat deze in gebruik genomen worden, zullen zij in het bedrijf getest moeten worden. Vaak is het verstandig om met vernieuwingen te wachten totdat deze in meerdere bedrijven zijn geaccepteerd. Nieuwe versies van software veroorzaken grote onrust in bedrijven. De software werkt net even anders en de vertrouwde schermen zijn veranderd. Applicatiebeheer kan ook te behoudend zijn. Windows XP was bijvoorbeeld een vaste waarde in veel bedrijven. Toen de leverancier aankondigde de ondersteuning voor dit product te stoppen, bleven veel bedrijven toch dit besturingssysteem gebruiken. Nu staat Windows 7 aan het einde van zijn gebruikscyclus. Na Windows 7 zijn Windows 8 en 8.1 op de markt gezet. Veel applicatiebeheerders hebben ervoor gekozen deze versies niet te implementeren. Windows 10 is de nieuwste versie. Welke keuze gaan applicatiebeheerders maken? Alsnog naar Windows 8 of 8.1, direct doorspringen naar 10, of Windows 7 zo lang mogelijk behouden? De tijd zal het leren. Ook voor applicatiebeheer zijn er procedures beschreven, bijvoorbeeld in de Application Service Library (ASL).

6.6.3 Functioneel beheer

Functioneel beheer is de nieuwste beheerafdeling. Hier is het uitgangspunt om de optimale functionaliteit binnen de IT-voorzieningen te bereiken. Daartoe wordt uiteraard gebruikgemaakt van applicaties en apparatuur, dus is er veelvuldig contact met de andere beheerafdelingen. Functioneel beheer zal vooral overleg hebben met het management voor de bedrijfsprocessen. Immers, de functionaliteit van de IT is een gezamenlijk belang.

6.6.4 Service level agreement

Omdat beheer een moeizame taak is, zullen in grotere organisaties aparte afdelingen voor de beheertaken ingericht zijn. Deze afdelingen houden zich onder meer bezig met het maken van back-ups, het controleren van de gemaakte back-ups, en eventueel het terugzetten van deze back-ups. Daarnaast wordt veelal het beheer van de hardware en de netwerkverbindingen door deze afdelingen geregeld, alsmede de upgrade naar nieuwe versies van de gebruikte programmatuur. Ook reparatie en vervanging van hardware en software valt onder deze afdeling. Wat kost deze afdeling en wat levert die de organisatie op? Dat blijkt moeilijk te calculeren. Een beheerorganisatie die zijn zaken goed onder controle heeft, hoeft niet al te duur te zijn, maar zal in noodgevallen onderbezet zijn. Verder heeft het management de neiging om de budgetten van alle ondersteunende activiteiten, dus ook het beheer, steeds verder te laten krimpen. Steeds vaker zien we dat het beheer overgelaten wordt aan een externe partij. De organisatie kan zich dan richten op haar kernactiviteiten en betaalt een vast bedrag aan servicekosten aan een externe partij. Wat deze partij aan activiteiten gaat uitvoeren, wordt vastgelegd in een **service level agreement (SLA)**. In het Nederlands noemen we dit ook wel dienstenniveau-overeenkomst (DNO). Het opstellen van een SLA is een gecompliceerde zaak. In het SLA wordt precies omschreven welke beheeractiviteiten binnen dit contract vallen. Andere activiteiten kunnen wel uitgevoerd worden (indien de capaciteit dit toelaat), maar worden dan afzonderlijk in rekening gebracht.

Vergeten in het SLA

Na maanden onderzoek dachten wij het SLA met onze beheerorganisatie compleet te hebben. Ook het bedrag dat we aan beheerkosten gingen betalen, viel mee. Kostte onze beheerafdeling eerst € 800.000, nu betalen we per jaar € 650.000. Daarbij krijgen we de garantie dat alle problemen binnen werktijd binnen vier uur opgelost worden. In eerste instantie liep alles perfect, maar toen namen wij twee nieuwe medewerkers aan. Deze moesten natuurlijk een inlogcode hebben. Onze beheerorganisatie weigerde deze aan te maken, omdat het aanmaken van nieuwe accounts niet in het SLA voorkwam. Het kon wel via een aparte opdracht, tegen een betaling van € 300 per login. Ook het beschikbaar stellen van een nieuwe applicatie op het netwerk kost veel geld, maar liefst € 2.800. Nu we een jaar verder zijn, hebben we nacalculaties van ruim € 200.000 ontvangen. We zijn duurder uit dan eerst. We hebben er echter wel een beheersbare situatie voor teruggekregen met een grotere stabiliteit. Wel jammer is dat we elke keer andere mensen zien bij de beheerorganisatie, die telkens weer vreemd aankijken tegen de wijze waarop we onze werkzaamheden uitvoeren. Onze nieuwe SLA ziet er heel anders uit dan de vorige. Weinig voorkomende werkzaamheden zijn geschrapt, terwijl de vergeten geregeld voorkomende taken toegevoegd zijn. Verder hebben we een **service level manager** aangesteld die vanuit onze organisatie de samenstelling en de uitvoering van het SLA gaat bewaken.

Een SLA omvat een groot aantal elementen, waaronder:
- het doel van het service level agreement;
- de looptijd van de dienstverlening;
- de betrokken partijen;
- de relatie tussen de betrokken partijen;
- de verantwoordelijkheid van de betrokken partijen;
- de rapportagemethode;
- de te leveren diensten;
- de prestatiecriteria;
- de te betalen prijs;
- de bijstellingsprocedure.

Een kwalitatief goede SLA is gebaseerd op een degelijk opgebouwde beheerorganisatie. In West-Europa wordt deze vaak gestoeld op de ITIL-bibliotheek. Deze wordt besproken in hoofdstuk 9.

6.6.5 Onderhoud

Informatiesystemen moeten onderhouden worden. Dat geldt zowel voor de hardware als voor de software. Hardware is op zich het eenvoudigst te onderhouden. Zeker in de wereld van de personal computer heeft 'upgraden' weinig zin: alhoewel de meeste personal computers modulair opgebouwd zijn en er eenvoudig onderdelen te vervangen of bij te plaatsen zijn, is de economische levensduur van deze apparaten kort. Gerekend moet worden op vervanging na drie tot vijf jaar. Na deze tijd komen er vaker storingen voor, maar zijn onderdelen door de veranderde hardware moeilijk verkrijgbaar. Personal computers zijn in de organisatie vrij goedkope apparaten met vrij veel storingen. In diverse onderzoeken blijkt dat de aanschafprijs slecht 20 tot 30 procent van de totale kosten uitmaakt. Er zijn ook kosten voor onderhoud en reparatie, scholing van de medewerkers, beheer en zorg voor updates en upgrades. Het totaalbedrag noemen we de **total cost of ownership (TCO)**. Overigens gelden voor randapparaten zoals printers en beeldschermen ook gebruikstermijnen van drie tot vijf jaar. Bij grotere computers is de gebruiksduur vele

Figuur 6.26 Kosten van onderhoud van software

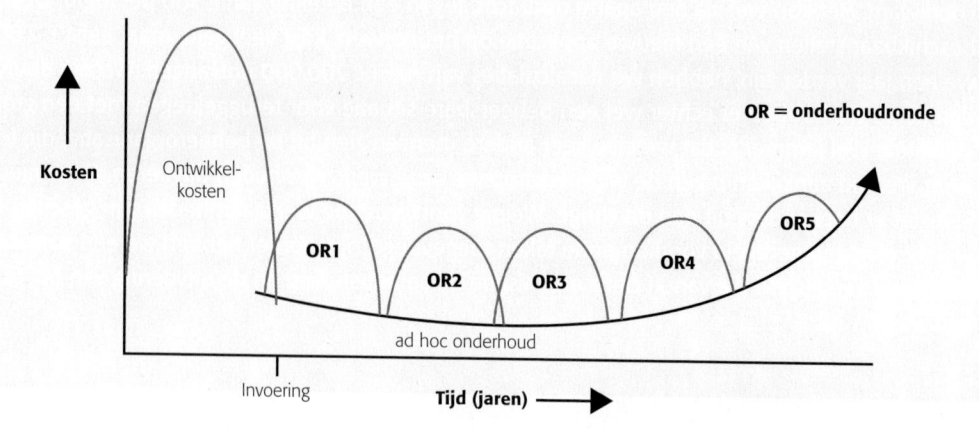

jaren langer. Dit hangt samen met de wijze waarop deze apparaten gebonden zijn aan servicecontracten met de leverancier. Zolang de leverancier tegen een redelijke vergoeding onderhoud wil plegen en de organisatie niet uit haar jasje groeit, is er geen reden tot vervanging. Zo blijven mainframes en minicomputers vaak tien tot twintig jaar in bedrijf.

Bij software zijn de kosten van het gebruik ook aanzienlijk hoger dan de feitelijke aanschaf. Na een initiële grote uitgave voor de applicatie met scholing voor de gebruikers, zullen er met grote regelmaat aanpassingen moeten plaatsvinden. Na een aantal aanpassingen is de applicatie zodanig uitgebreid dat het beheer moeilijk wordt. We zijn dan aan het einde van de softwarelevenscyclus en zullen moeten zorgen voor vervanging. Ook hier geldt in de wereld van de personal computer een tijdvak van drie tot vijf jaar; bij grotere computers kan dit oplopen tot meer dan twintig jaar.

6.6.6 Verbetering

Uit de vorige paragraaf blijkt dat het onderhoud op bestaande informatiesystemen eindig is. Niet alleen veranderen de behoeften van de organisatie, ook de overige software verandert. Op een gegeven moment is het nodig ook goed functionerende software te vervangen, omdat de omgeving veranderd is.

Een nieuw studenteninformatiesysteem

Een aantal universiteiten en een hogeschool besloten begin 2005 dat hun studentenadministratie ernstig verouderd was en dat een gezamenlijke aanbesteding voor een nieuw maatwerk softwarepakket voor de studentenadministratie zinnig was. Het studenteninformatiesysteem zou uiterlijk 2008 in bedrijf moeten zijn.

De projectleider van deze opdracht, Bureau Berenschot, schrijft op zijn website[26] onder meer over dit nieuwe studenteninformatiesysteem (SaNS): 'Het nieuwe geza-

menlijke studenteninformatiesysteem was bedoeld voor de Universiteit van Amsterdam, Hogeschool van Amsterdam, Universiteit Leiden, Radboud Universiteit en Universiteit van Tilburg. Het moest vele nieuwe mogelijkheden bieden: selfservice, uitwisselbaarheid van gegevens, studievoortgangsrapportages, studentenprofielen en managementinformatie. Studenten moeten zich in de toekomst online kunnen inschrijven en hun voortgang evalueren. Docenten en studieadviseurs kunnen de studenten effectiever begeleiden. Tot slot zal het moderne integrale systeem ook de studentenadministratie een veel beter overzicht geven. Uit de selectieprocedure kwam uiteindelijk "Campus Solutions" als geschiktste oplossing naar voren. Nadat de contractbesprekingen positief waren afgerond, was de selectie van het studenteninformatiesysteem voor de vijf samenwerkende hoger onderwijsinstellingen een feit.'
In 2013 werd na grote vertraging, met veel aanpassingen en tegen veel meer dan de geraamde kosten het hoofddeel van dit informatiesysteem opgeleverd. Waarom ging dit zo moeizaam? De evaluatiecommissie van de Hogeschool van Amsterdam en de Universiteit van Amsterdam verwoordt dit als volgt: 'De leidende gedachte achter gemeenschappelijke projecten zoals gerealiseerd in het SaNS-samenwerkingsverband was dat verschillende onderwijsinstellingen in essentie sterk op elkaar (zouden moeten) lijken. Op een hoog abstractieniveau lijken alle instellingen inderdaad op elkaar. Men schrijft studenten in, doceert, examineert en verstrekt diploma's. Maar op microniveau blijken er toch essentiële verschillen te bestaan, die verregaande invloed hebben op de vormgeving van een studenteninformatiesysteem als SIS. Die verschillen doen zich niet alleen voor tussen instellingen, maar ook binnen instellingen. Als niet eerst alle procedures en regels worden geharmoniseerd voordat een systeem wordt gebouwd, dan leidt dat tot één systeem in naam, maar met veel varianten, afgestemd op de verschillen tussen instellingen en binnen instellingen. Voor die harmonisatie tussen instellingen (vooraf) is niet gekozen, ook niet binnen de UvA en de HvA, met een wildgroei aan aanpassingen als gevolg.'[27]

Er is veel kritiek geleverd op zowel de procesgang als het resultaat van dit vernieuwingstraject. Het had veel beter gekund, maar doorgaan met de oude software was zeker geen optie. Als een softwareproduct sterk verouderd is, helpt onderhoud niet meer. Wat vooral misgegaan is in dit project, is dat het nieuwe product van zoveel toeters en bellen voorzien is, dat het product veel te groot en veel te complex geworden is. Daarnaast is het een systeem met veel codes, branchevreemde benamingen als 'winkelwagen' en onbegrijpelijke verwijzingen.

Figuur 6.27 Illustratie bij het artikel 'Duur, laat en matig' uit Folia Magazine, beeld Pascal Tieman[28]

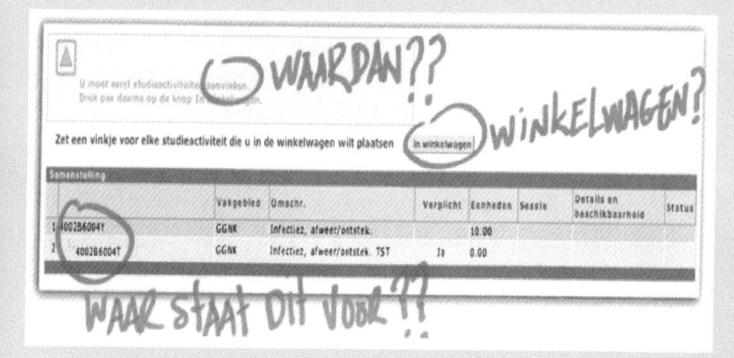

SAMENVATTING

Iedere functie binnen een organisatie, zoals verkoop, inkoop en ICT, heeft een eigen bestaansgrond. Deze bestaansgrond is gebaseerd op het strategisch plan en de relatie met de andere organisatiefuncties. Het strategisch plan schetst de lijnen waarlangs de organisatie zich de komende jaren zal gaan ontwikkelen. Ontwikkeling is alleen maar mogelijk indien de activiteiten voldoende (maatschappelijke) opbrengsten genereren in verhouding tot de gemaakte kosten. Activiteiten maken deel uit van processen die zich binnen en tussen de functies van de organisatie afspelen.
De complexiteit van processen kun je classificeren op basis van dimensies als tijdsduur, aantal en de benodigde inzet van mensen en machines. Omdat processen de basis van de organisatie vormen, is het visualiseren van deze processen een belangrijke activiteit. Het geeft inzicht in de logica en de mogelijke verbeterpunten die je kunt realiseren. Afhankelijk van het niveau waarop je processen beschrijft, kun je gebruikmaken van verschillende methoden. Om de activiteiten te kunnen uitvoeren zijn gegevens noodzakelijk. Gegevens zijn als het ware de 'brandstof' voor de benodigde informatie, die vervolgens weer de basis vormt voor kennis en actie. Het proces van verzamelen en verwerken van gegevens, gericht op het verstrekken van informatie ten behoeve van de bedrijfsprocessen noemen we informatieverzorging. Binnen ieder van de vijf deelstappen waaruit de informatieverzorging bestaat, worden specifieke activiteiten uitgevoerd. Deze activiteiten dienen te voldoen aan de kwaliteitseisen die de organisatie en de klant stellen. Het is mogelijk kwaliteit te borgen met behulp van modellen als het EFQM-model en de balanced scorecard. Specifieke kwaliteitseisen met betrekking tot de informatieverzorging zijn onder andere betrouwbaarheid, continuïteit en efficiency. Het voldoen aan deze eisen wordt steeds complexer als gevolg van de ontwikkelingen op internet en het wereldwijde web. In de bedrijfsvoering wordt steeds meer gebruikgemaakt van webbased toepassingen, wat weer consequenties heeft voor de informatiesystemen van de organisatie. Informatiesystemen kunnen voor diverse doelen worden ingezet en afhankelijk hiervan onderscheiden we bijvoorbeeld productiesystemen, klantcontactsystemen en administratiesystemen. De wijze waarop deze systemen zelfstandig en in relatie tot elkaar functioneren, komt tot uiting in de architectuur.
Een organisatie beschikt doorgaans over verschillende informatiesystemen. Deze systemen moeten beheerd, onderhouden en liefst verbeterd worden. Aan deze activiteiten wordt het grootste deel van het ICT-budget uitgegeven. Het gebruik van informatiesystemen kent een groeipad. In fase 1 wordt gestart met eilandautomatisering van afzonderlijke bedrijfsprocessen. Bij fase 2 worden meer bedrijfsprocessen ondersteund. In fase 3 kennen we een gemeenschappelijke database voor de gekoppelde informatiesystemen. Pas in fase 4 wordt ICT gebruikt voor de innovatie van de bedrijfsprocessen. In fase 5 en 6 vindt een koppeling plaats tussen het eigen informatiesysteem en systemen buiten de organisatie, met als doelen interorganisatorische procesinnovatie en het verleggen van de organisatiegrenzen. Ontwikkeling van informatiesystemen is slechts een klein deel van de totale kosten van een informatiesysteem. Met beheer, onderhoud en verbetering zijn veel grotere bedragen gemoeid. Steeds vaker zullen organisaties hun beheertaken uitbesteden aan andere bedrijven. Deze outsourcing moet begeleid worden door afspraken, vastgelegd in een service level agreement.

CASUS

Een internationaal opererende organisatie heeft een intern reisbureau dat de dienstreizen voor haar medewerkers organiseert. Vanuit tijdsoverweging vinden de meeste reizen nu nog plaats per vliegtuig. In verband met het budget wordt gekeken of de medewerkers binnen Europa eventueel ook per trein kunnen reizen. Om inzicht te krijgen in de kostenverschillen is het noodzakelijk om de verschillende vervoersmogelijkheden met elkaar te kunnen vergelijken. Het is jouw taak om dit te doen. Je zult daarom verschillende boekingssystemen waarmee je vervoer per spoor of door de lucht kunt reserveren, met elkaar vergelijken.

Vragen

1. Kies twee boekingssystemen op internet waarmee je vervoer per spoor kunt reserveren en twee systemen waarmee je vliegreizen kunt boeken. Geef aan waarom je deze boekingssystemen hebt gekozen.
2. Geef het routeplan voor de route Amsterdam–Lyon per vliegtuig en per trein, inclusief de bijbehorende kosten.
3. Geef je mening over de door jou beoordeelde boekingssystemen. Geef aan op basis van welke criteria je het systeem beoordeelt.
4. Indien je zelf een boekingssysteem zou moeten bouwen, aan welke eisen zou dit systeem moeten voldoen en waarom?
5. Maak een presentatie voor het management waarin je de keuze voor het vervoersmiddel toelicht. Baseer je presentatie op berekeningen in een spreadsheetprogramma.

KERNBEGRIPPEN

Bestuurlijke informatieverzorging Het proces waarin gegevens worden verzameld en verwerkt tot informatie, met de mogelijkheid om die gegevens vanuit verschillende invalshoeken te analyseren ten behoeve van de beheersing en besturing van de organisatie.

Informatiesysteem Het geheel van mensen, middelen, procedures en regels dat de informatieverzorging uitvoert.

Informatieverzorging Zie Bestuurlijke informatieverzorging.

Service level agreement (SLA) Een stelsel van afspraken over het kwaliteitsniveau en de kwantiteit van diensten.

Total cost of ownership (TCO) De totale kosten die gemaakt worden tijdens de gebruiksperiode van een apparaat, inclusief installatie, beheer, onderhoud, reparatie en scholing van de gebruiker.

Transformatieproces Het omzetten van gegevens naar informatie door middel van gegevensbewerking.

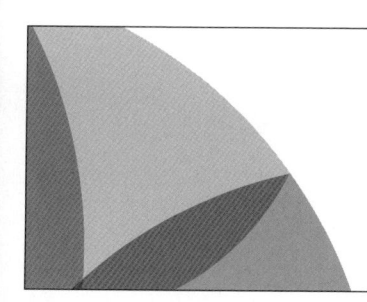

MyLab | Nederlandstalig

Op www.pearsonmylab.nl vind je studiemateriaal en de eText om je begrip en kennis van dit hoofdstuk uit te breiden en te oefenen.

Hoofdstuk 7
BRUIKBAARHEID VAN TECHNOLOGIE

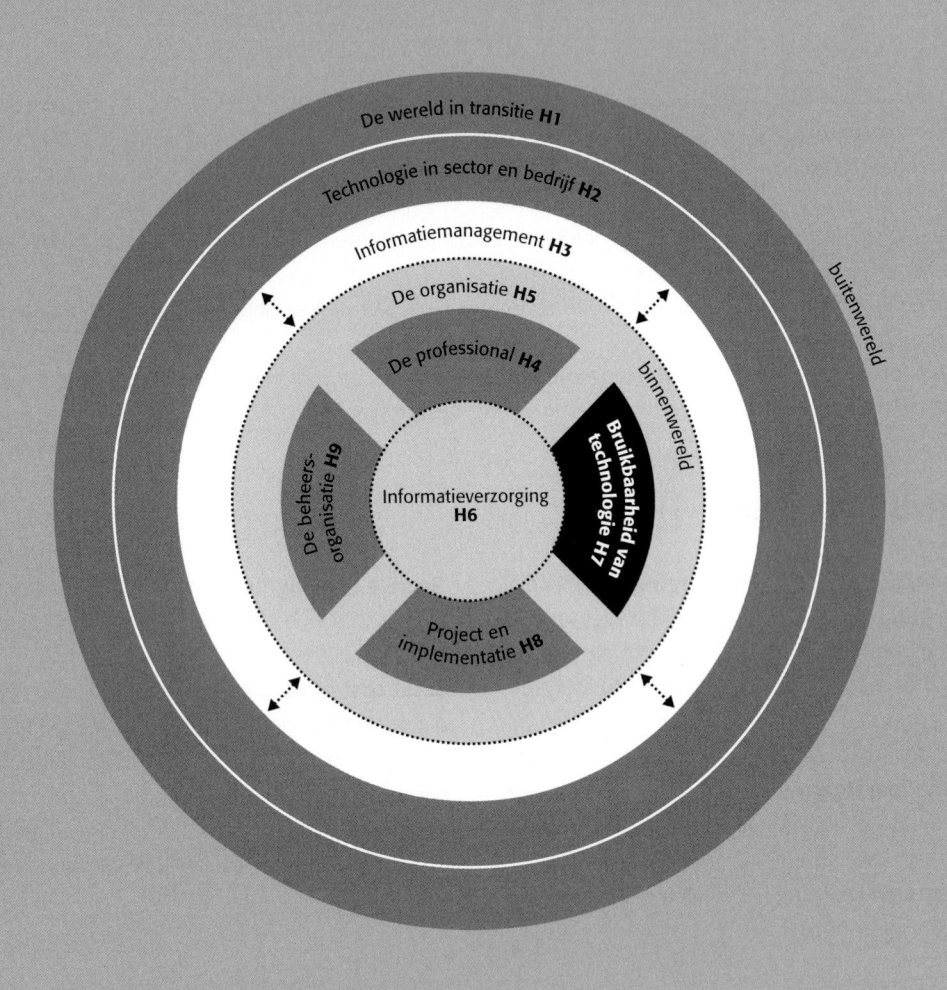

7.1 Inleiding

Technologie is niet meer weg te denken uit deze tijd. Veel bedrijfsprocessen kunnen alleen nog maar met behulp van technologie uitgevoerd worden. Het lijkt of we onze werkomgeving al grotendeels geautomatiseerd hebben. We zijn er echter nog lang niet. Technologie zal ook in de komende jaren een belangrijk stempel drukken op ontwikkelingen in het bedrijfsleven. De rol van technologie als mysterieuze wonderdoener zal wel veranderen. Op veel plaatsen wordt technologie steeds meer geaccepteerd. De kunst is om technologie zo te verpakken dat de gebruiker de ontwikkeling gemakkelijk oppikt en zelfs gaat vragen om automatisering. Er komt in snel tempo steeds nieuwe elektronische apparatuur en steeds nieuwe vormen van software. Vele daarvan kunnen afgedaan worden als gadget, leuk voor dit moment, maar zonder toekomstwaarde. Andere apparatuur en toepassingen hebben echter wel een doorslaggevende rol in de toekomstige bedrijfsontwikkeling. Dit betekent dat we een voortdurende belangstelling moeten hebben voor technologische ontwikkelingen.

De Appstore

Sinds de komst van de Apple iPhone is het voor softwaremakers mogelijk om voor deze iPhone software te ontwikkelen en deze te verspreiden via de Apple Appstore. Gebruikers kunnen dan tegen een vaak geringe vergoeding toepassingen downloaden. Apple betaalt vervolgens 70 procent van de inkomsten uit aan de ontwikkelaar. Apple opende de Appstore op 10 juli 2008. In 2014 omvatte de Appstore meer dan 1,3 miljoen applicaties. Apple ziet er scherp op toe dat de aangeboden applicaties van voldoende kwaliteit zijn, passen binnen de normen van Apple en ook niet concurrerend zijn met de eigen producten van Apple. Dit betekent wel dat als Apple een nieuwe versie van zijn besturingssysteem iOS aanbiedt, alle apps aangepast moeten worden en opnieuw ingediend.
Voor Android is er Google Play, een wat meer open omgeving met minder strenge kwaliteitsbewaking. Google Play heeft een vergelijkbaar aantal applicaties, die tezamen meer dan 50 miljard keer gedownload zijn. Daarnaast zijn voor Android ook apps uit andere bronnen te laden. Andere besturingssystemen, zoals Windows Mobile, hebben ook hun eigen stores. Het aantal verkrijgbare apps is echter aanzienlijk kleiner.

De Appstore is een mooi voorbeeld van technologie die gebruikers stimuleert om nieuwe technologie te gebruiken. Vaak zijn de toepassingen heel eenvoudig, zoals een kompas. Andere voorbeelden uit de Appstore zijn een groot aantal spelletjes, van bowling tot voetbal, een benzineprijsvergelijker, dienstregelingen voor open-

Figuur 7.1   Voorbeeld van een app: ikenteken[1]

© iKenteken, Finnik onderdeel van VWE

baar vervoer, een afstandsbediening voor huisautomatisering enzovoort. Een ander mooi voorbeeld van de toepassing van technologie is het Nederlandse navigatieproduct TomTom. Na veertien jaar experimenteren met navigatiesoftware heeft TomTom een product op de markt gezet dat eerst tot een enorme vraag in Europa heeft geleid en daarna de Verenigde Staten bestormd heeft. Het geschikt worden van het gsm-net voor veel dataverkeer heeft ertoe geleid dat navigatiesystemen nu voortdurend online kunnen zijn. Op basis van de gps-informatie in het navigatiesysteem kan de provider van de navigatiesoftware de snelheid van het voertuig uitlezen en door combinatie van deze gegevens met die van andere voertuigen registreren waar vertraging ontstaat en de gebruikers daar direct over informeren. Het verzamelen en interpreteren van verkeersgegevens kan zelfs leiden tot voorspellingen over verkeersdrukte. Zo kan de bezetting van de parkeerplekken in een parkeergarage een voorspellende waarde hebben voor de verkeersdrukte over enkele uren.

Figuur 7.2   Moderne navigatiesystemen geven 3D-afbeeldingen en realtime verkeersinformatie[2]

7.2 Welke technologie is beschikbaar?

Technologie wordt gebruikt om sneller, doelmatiger, met minder inspanning en minder fouten te werken. Het ligt dus voor de hand om technologie te gebruiken. Aangezien steeds meer technologie beschikbaar komt en tegen steeds lagere prijzen, zal technologie ook steeds vaker toegepast worden. Daarbij ontstaan wel nieuwe hindernissen, zoals bescherming van de persoonlijke levenssfeer (privacy). Op dit gebied zal nog veel onderzoek nodig zijn, net als een alerte overheid. Vaak gaat de invoering van nieuwe technologie schoksgewijs. Het begint met scepsis en soms een ongebreideld enthousiasme. Pas na veel teleurstellingen zal aanvaarding plaatsvinden, gevolgd door zichtbaar nut. Uiteindelijk wordt de technologie onmisbaar. De eenentwintigste eeuw zorgt voor nieuwe denkbeelden. Vroeger volgde het gebruik van techniek de ontwikkelingen in de techniek. In de recente geschiedenis was het bijvoorbeeld lange tijd niet praktisch om mobiel te telefoneren, vanwege de grote accu's van de apparaten. Toch waren er al vanaf 1958 in Europa mobiele telefoons in gebruik. De aanschafprijs was echter hoog en het storingsvrije bereik van de toen nog analoge telefoons was uiterst beperkt. Inmiddels zijn al deze problemen overwonnen. De technische ontwikkeling is niet langer meer de rem op de gebruiksmogelijkheden. Vaker is de gebruiker de remmende factor. Omdat gebruikers te weinig nadenken over hun wensen en de techniek zelden in staat is de wensen van de gebruikers waar te nemen, blijken er telkens weer verrassende ontwikkelingen mogelijk. Niet de techniek is de rem op de ontwikkelingen, maar de creativiteit van de markt. Zowel gebruikers als ondernemers hebben de taak om deze nieuwe ontwikkelingen te ontdekken. Een derde belemmerende factor kan de overheid zijn. Voor het gebruik van mobiele telefoons moesten de Nederlandse en ook de Europese wetten een aantal keren aangepast worden. Bij deze ontwikkelingen geldt ook de tweede wet van Nicholas Negroponte:[3] de introductietijd van nieuwe technologie wordt steeds korter.

Opvallend bij mobiele telefonie is dat het menselijk gedrag door deze apparaten behoorlijk veranderd is. Bij vaste telefonie bellen we immers naar een plaats (waar het toestel staat), bij mobiele telefonie naar een persoon (die het toestel bij zich draagt). We verwachten daarbij dat de gebruiker zijn telefoon altijd bij zich heeft in gebruiksklare staat. In landen waar het vaste telefonienetwerk slecht ontwikkeld was, werd mobiele telefonie razendsnel geaccepteerd. Landen als India en Italië hadden daardoor al gauw een uiterst florerend mobiel netwerk. In de Verenigde Staten, waar een uitgebreid en goedkoop bekabeld netwerk is, brak de mobiele telefoon pas vanaf 2002 door.

7.2.1 Hardware

Nog steeds is de computerhardware het centrum voor informatiesystemen. Hardwareontwikkelingen zorgen ervoor dat er allerlei nieuwe keuzes gemaakt kunnen worden binnen de organisatie. De eerste keuze is die voor de hardwarearchitectuur. Gaan we computers standalone, dus zelfstandig, of in verbinding met elkaar, dus via een netwerk, gebruiken? Waar gaan we de gegevens bewaren en waar de applicaties? Gaan we gebruikmaken van gemeenschappelijke voorzieningen zoals printers of internettoegang? Deze vragen en nog vele andere bepalen de architectuurkeuze.

Veel computeropstellingen gaan uit van het **client-servermodel**. De gebruiker beschikt over een **client**computer op zijn werkplek. Deze staat in verbinding met een servercomputer. De server is in de regel in een beschermde afgesloten ruimte geplaatst. De serverruimte kent een aantal voorzieningen om de servercomputer in de lucht te houden. Onder de beschermingsmaatregelen rekenen we airconditioning, noodstroomvoorziening, systemen die de beheerder automatisch waarschuwen bij storingen, en soms automatische back-upsystemen. Er kunnen allerlei types server zijn, afhankelijk van de behoeften van de organisatie. Zo kunnen we denken aan fileservers waarop de bestanden bewaard worden en applicatieservers die de toepassingen verstrekken aan de clientcomputers. Ook zijn er webservers, printservers en back-upservers. Met de toename van goedkope en snelle internetverbindingen worden servers steeds vaker geplaatst in datacenters van gespecialiseerde bedrijven. Daarmee wordt ook een groot deel van de beveiligingsmaatregelen voor de server verplaatst naar het bedrijf dat het datacenter beheert.

In deze paragraaf bespreken we enkele willekeurige hardwareontwikkelingen die veranderingen in de organisatie teweeg kunnen brengen.

SmartCard

Veel nieuwe computers zijn voorzien van een SmartCard als toegangsmiddel. De SmartCard heeft de vorm van een betaalpas en is voorzien van een magneetstrip of een chip. De SmartCard wordt gelezen door een SmartCardlezer in de systeemkast of in het toetsenbord. Niet alleen biedt de SmartCard een betere bescherming tegen ongewenste toegang dan de combinatie login en wachtwoord, ook kan de SmartCard de situatie aan het einde van de sessie vastleggen. Bij het vervolgens inloggen op een andere (geautoriseerde) plaats verschijnt het scherm zoals het achtergelaten was, dus met dezelfde geopende applicaties en documenten. Verder kunnen op de SmartCard gewenste instellingen (profielen) vastgelegd worden. Een Duitse medewerker ziet dus op zijn scherm een Duitse versie van de software, een Japanse medewerker ziet de Japanse variant. De SmartCard zorgt dus niet alleen voor een betere beveiliging, maar ook voor het gemakkelijker inrichten van flexibele werkplekken.

RAID (redundant array of inexpensive disks)

Personal computers zijn redelijk betrouwbaar, maar hun gebruikers helaas niet. Het maken van een back-up van belangrijke gegevens wordt maar al te vaak vergeten. Natuurlijk zou dit de taak van de afdeling automatisering moeten zijn, maar veel gebruikers zijn graag zelfredzaam en werken bij voorkeur standalone. Dat wat op de eigen computer bewaard wordt, ontsnapt meestal aan de aandacht van de back-upoperator. Een van de mogelijkheden om standalonesystemen minder kwetsbaar te maken is de toepassing van **redundant array of inexpensive disks** (RAID). Deze techniek wordt al vele jaren toegepast bij **servers**. Door de lage kosten kunnen nu ook standalonesystemen met RAID uitgerust worden. Er bestaan diverse vormen van RAID, met ook verschillende kenmerken. RAID 1 (mirroring) en RAID 5 (disk striping with parity) zorgen voor een betere bescherming van gegevens en als extra een versnelling van gegevensdoorvoer. De kosten beperken zich tot iets duurdere moederborden en een of meer extra harde schijven. De bescherming tegen gegevensverlies beperkt zich tot dat wat op de harddisk is opgeslagen. Als een harddisk defect raakt, is een automatische kopie beschikbaar op de tweede harddisk (bij RAID 1) of kunnen de gegevens van de defecte harddisk gereconstrueerd worden op een vervangende harddisk (bij RAID 5). Andere problemen, zoals virusinfecties of per ongeluk gewiste bestanden, worden door RAID-toepassing niet opgelost. RAID kan dus geen back-up vervangen. Een back-up kan ook nodig zijn in geval van diefstal of brand.[4]

NAS en SAN (network attached storage en storage area networks)

Behalve dat door lokale opslag van gegevens doelmatig beheer moeilijk wordt, zijn al die lokale harddisks ook verspilling van ruimte. Veel gebruikers zullen de ruimte grotendeels ongebruikt laten, terwijl anderen juist ruimte tekortkomen. Een overschot aan ruimte zorgt er ook voor dat de gebruiker zijn oude gegevens niet opruimt. We zien een tendens om alle gegevens op netwerkschijven te bewaren. De schijfruimte wordt doelmatiger gebruikt en back-ups zijn eenvoudig te maken. Een **NAS**-systeem is in feite schijfruimte die via het netwerk bereikt wordt en waar de beheerder via het besturingssysteem aangeeft wie toegang heeft tot welke bestanden en mappen en hoeveel ruimte gealloceerd kan worden door een bepaalde gebruiker. **SAN**'s zijn geavanceerder en werken grotendeels zelfstandig. Zo kunnen automatisch back-ups gemaakt worden tijdens het gebruik van een SAN. Ook zijn er softwarematige opslagoplossingen via het internet. Later in dit hoofdstuk komt dit aan de orde onder het kopje 'Clouddiensten'.

Internet of things

Hardware voor informatiesystemen bestaat niet alleen uit computers. Toch nemen computers een belangrijke plaats in. Een van de oprichters van microprocessorfabrikant Intel, Gordon Moore, stelde in de jaren zestig: 'Het aantal transistors op een microprocessor zal elke achttien maanden verdubbelen.' Zelfs die voorspelling was nog negatief. Het lijkt erop dat zeker tot het jaar 2020 de wet van Moore[5] van toepassing blijft. Het betekent dat er steeds snellere processors met steeds meer rekenkracht zullen verschijnen. Daarnaast is er een grote vraag naar minder krachtige, maar vooral energiezuinige microprocessors. In eerste instantie zijn die gebruikt voor bijvoorbeeld mobiele telefoons en tablets, maar langzamerhand zullen die overal in de woon- en werkomgeving worden gebruikt. Het belangrijkste probleem is dat wij niet weten waar we deze processors willen toepassen. Zitten we te wachten op computers in de gordijnbediening die automatisch gordijnen dichtdoen bij binnenvallend zonlicht, duisternis, kou van buiten of als de televisie aangaat? Doen we niet liever zelf de gordijnen dicht en open? We hebben allemaal dromen, maar willen we wel dat die verwezenlijkt worden? In de woonomgeving zijn dit duidelijke gebruikersvragen, in de bedrijfsomgeving gelden andere stuurmechanismen. Vast staat dat de komende jaren de markt overspoeld zal worden met zinnige en onzinnige computergestuurde toepassingen.

FROLIC studio[6] is een in Amsterdam gevestigd bedrijf, dat eens per maand in 24 uur een idee uitwerkt tot een prototype. Het probleem van de maand mei 2014 was: ik kan mijn fiets niet terugvinden in de fietsenstalling bij het station.
Het ontwerpbureau maakte een fietsbel, Pingbell, die met behulp van gps en bluetooth kon bellen op afstand. Daarnaast werd een app gemaakt die de afstand tot de fiets in meters aangeeft en een bediening bevat om de bel op afstand te laten bellen. Zinnig of niet, een van de auteurs zou de bel graag op zijn fiets zetten.

Figuur 7.3   Een van de fietsenstallingen bij Amsterdam Centraal Station

Figuur 7.4   Het prototype van de Pingbell en de app op de smartphone

© FROLIC, frolicstudio.com

RFID (radio frequency identification)

Alhoewel de oorsprong van **RFID** terug te voeren is tot de Tweede Wereldoorlog, waarin geallieerde vliegtuigen voorzien waren van RFID om te voorkomen dat zij bij terugkeer uit vijandelijk gebied door het eigen afweergeschut werden neergeschoten, is de toepassing in de zakenwereld pas kortgeleden begonnen. RFID-kenmerken kunnen nu op een goedkope chip geplaatst worden. Deze chip is kleiner dan een rijstkorrel en past dus overal in. De antenne die aan de chip bevestigd is, heeft echter een behoorlijke omvang. De grootte van de antenne hangt af van de radiofrequentie waarop chip en chiplezer werken en van de afstand die daarbij overbrugd moet worden. Bij de chips zijn er goedkope passieve uitvoeringen die één keer beschreven en vele keren gelezen kunnen worden (WORM = Write Once Read Many). Zij hebben ook geen eigen voeding nodig. Deze chips kosten maximaal 0,50 euro per stuk, maar in grote aantallen nog slechts enkele centen. Duurdere actieve uitvoeringen, voorzien van eigen stroombron, kunnen meermalen beschreven worden. Bij deze chips zijn er veel meer mogelijkheden. RFID-chips met antennes kunnen bijvoorbeeld op een sticker geplakt worden. We noemen ze dan RFID-tags.

Figuur 7.5 Voorbeeld van een RFID-tag. Het zwarte blokje is de chip, alle lijnen eromheen de antenne.

De toepassingen van RFID-tags zijn legio. Zo kunnen ze de streepjescodes op verpakkingen vervangen. De barcode verwijst naar een record met informatie in een database. In de RFID-tags kunnen veel meer gegevens opgeslagen worden dan in een streepjescode. Zo zou bijvoorbeeld de houdbaarheidsdatum erin kunnen staan of een beveiligingskenmerk. De gegevens worden dus in de chip opgeslagen en zijn lokaal uitleesbaar. Uiteraard kan er nog steeds een verwijzing naar de database aanwezig zijn. Ziekenhuizen gebruiken RFID-tags om patiëntgegevens op te slaan. De patiënt krijgt een polsbandje met RFID-tag om. De diverse diensten in het ziekenhuis kunnen de tag gebruiken om bijvoorbeeld de toediening van medicijnen te registreren, het dieet uit te lezen en de meetgegevens op te slaan, zoals temperatuur, gewicht en bloeddruk.

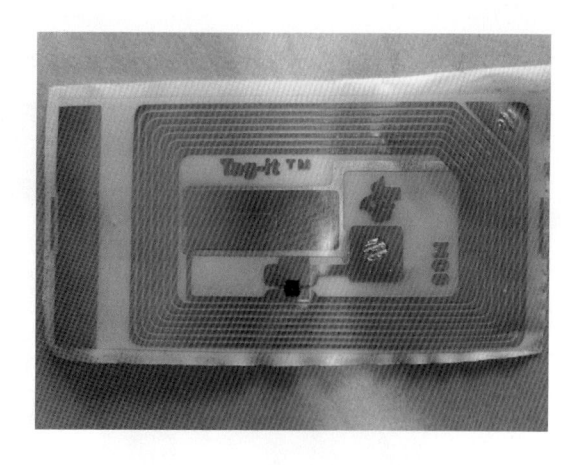

QR-code en NFC-tags

QR-codes (QR staat voor quick response) zijn tweedimensionale barcodes waarin informatie opgeslagen kan worden. Deze informatie kan van alles zijn, maar ze worden vooral veel toegepast om te verwijzen naar websites. Voor smartphones zijn diverse apps beschikbaar die via de camera van de smartphone de QR-codes uitlezen en de opdrachten uit de QR-code direct uitvoeren. Voordeel van een QR-code is dat hij eenvoudig te printen is; nadelen zijn dat de informatie beperkt en statisch is en dat voor het aflezen altijd een app op de smartphone geïnstalleerd moet zijn.

NFC-tags (NFC staat voor near field communication) zijn elektrostatisch geladen stickers, schijfjes, armbandjes of sleutelhangers. In feite kunnen NFC-tags aangebracht worden op elk materiaal, ook op metaal. Op de tags wordt de informatie voor ons onzichtbaar vastgelegd. Afhankelijk van de mogelijkheden kosten deze tags enkele centen tot enkele euro's. Er bestaan eenmalig en meermalig beschrijfbare tags. De maximale opslagcapaciteit is meestal 128 of 256 bytes, maar ook grotere tags komen voor. In principe kunnen hele reeksen handelingen geprogrammeerd worden. NFC-tags kunnen gelezen worden door daarvoor geschikte apparaten. Veel nieuwere smartphones, maar ook digitale camera's zijn uitgerust met een NFC-tag. Door het apparaat tegen de tag te houden, wordt het programma gestart. NFC-tags kunnen voor hetzelfde doel gebruikt worden als de QR-code, maar ook voor heel andere toepassingen.

Figuur 7.6 Bushaltereclame voorzien van QR-code en NFC-tag

7.2.2 Software

Software valt onder te verdelen in systeemsoftware en applicatiesoftware (toepassingen). De systeemsoftware, zoals Windows en Linux, zorgt ervoor dat de computer en zijn randapparaten kunnen werken. De toepassingen zijn de programma's waarmee de gebruiker zijn teksten bewerkt, zijn spreadsheets invult, zijn internettoegang krijgt enzovoort. Toepassingen worden geschreven voor bepaalde systeemsoftware. Bij verandering van systeemsoftware, bijvoorbeeld van Windows naar Linux, zal ook de selectie van toepassingen wijzigen. Microsoft levert bijvoorbeeld het Officepakket wel voor Windows en het Mac-besturingssysteem, maar niet voor Linux. Bij een overstap naar het besturingssysteem Linux kan dan bijvoorbeeld overgestapt worden naar LibreOffice of StarOffice. Deze pakketten kunnen ongeveer hetzelfde als Microsoft Office, maar werken toch net even anders.

De softwarewereld is voortdurend in beweging. Daarbij is het verschil in ontwikkeling in veel organisaties opvallend. Daar waar sommige gebruikers, zoals reisbureaus, massaal en voortdurend veel computers met interne en externe verbindingen gebruiken, zien we bijvoorbeeld op veel advocatenkantoren een zeer moeizame entree tot informatiesystemen. Blijkbaar aanvaardt men computergebruik nog niet overal. Ook zien we dat organisaties die al jarenlang wel informatiesystemen gebruiken, maar niet tijdig vernieuwen, opeens sprongsgewijs naar volkomen nieuwe automatiseringsvormen overstappen. In deze paragraaf wordt een aantal nieuwe ontwikkelingen besproken. Daarbij houden we in het achterhoofd dat er vaak al een enigszins verouderde vorm van automatisering aanwezig is.

Ketenintegratie

We noemden het al even: het reisbureau. Er zijn weinig plaatsen waar zoveel uit de voorraad van de aanbieders verkocht wordt. Tot voor kort waren reisbureaumedewerkers voortdurend aan het telefoneren om beschikbare plaatsen op reizen te reserveren. Tegenwoordig is het bij de meeste grote reisorganisaties mogelijk om direct in de database met beschikbare plaatsen een boeking te doen. Daarmee wordt door het reisbureau een enorme snelheidswinst in de boekingen behaald. Een minpuntje voor het reisbureau is dat een aantal touroperators deze boekingsmogelijkheid ook openstelt voor de consument, waardoor de reisbureaus klanten verliezen. Consumenten boeken standaardpakketreizen steeds vaker online bij de touroperator, waardoor de klandizie bij reisbureaus fors afneemt. De moeilijke reisproducten blijven echter een belangrijk terrein voor de reisbureaus. Dit heeft zijn gevolgen voor de vereiste kwaliteit van de reisbureaumedewerkers.

Het systeem waarbij toegang gegeven wordt tot databanken van anderen is een voorbeeld van ketenintegratie van software. De techniek waarmee dit op websites gebeurt, kennen we ook als deeplinken. Zonder dat de gebruiker van de website het doorheeft, wordt hij doorgeschakeld naar een achterliggende database bij een andere website.[7]

Een mooi voorbeeld van deeplinken is de website www.gaspedaal.nl. Op deze website worden veel gebruikte auto's aangeboden. Echter, de auto's staan feitelijk niet op deze website, maar op een of meer andere websites. Op het moment dat je op het aanbod klikt, krijg je een verwijzing naar een andere website.

Figuur 7.7 De website van gaspedaal.nl (oktober 2014)

Veel aanbieders vinden het bestaan van dergelijke websites prima, want hun aanbod wordt zo op meer plaatsen zichtbaar. Zij zijn dan ook graag bereid per doorverwijzing daarvoor een gering bedrag te betalen. Er zijn ook aanbieders die een dergelijke site juist afbreuk vinden doen aan hun goede naam. Een grote aanbieder stapt soms naar de rechter om het deeplinken te voorkomen. De vraag voor de rechter is dan of openbaar beschikbare gegevens wel of niet overgenomen mogen worden. Dit is natuurlijk een centraal probleem in informatiemanagement.

Opensourcesoftware

Software veroudert vrij snel. Leveranciers van software brengen geregeld verbeteringen in hun software aan die soms gratis (updates, service packs en hotfixes), maar vaak ook betaald (upgrades) aangeboden worden. Software wordt vaak verkocht in licenties per aangesloten computer, zodat een upgrade voor een bedrijf vol computers aardig in de papieren kan lopen. Vaak ontvangt de systeembeheerder dan ook de vraag of al die nieuwe versies wel nodig zijn. Sommige bedrijven vinden het zelfs geldklopperij. Als we naar de softwareproducenten luisteren, horen we ook geregeld signalen over softwarepiraterij. De softwaregebruikers betalen niet voor alle programma's die ze gebruiken.

Steeds meer software komt beschikbaar als **opensourcesoftware**. Deze software wordt ontwikkeld door vele vakmensen en hobbyisten, en heeft als belangrijkste kenmerk dat de software gratis gebruikt en aangepast kan worden, mits het copyright gerespecteerd wordt. Er zijn diverse licentiebeschrijvingen, waarbij geldt dat de vrij verkregen software door de ontvanger niet onder copyright van de ontvanger geplaatst mag worden, ook niet na aanvulling of verbetering. Voorbeelden van opensourcesoftware zijn bijvoorbeeld Linux (als alternatief voor Windows), Apache (vervangt bijvoorbeeld de Internet Information Services), MySQL (een databaseomgeving) en PHP (een programmeertaal). Samen worden deze programma's de LAMP-suite genoemd. Ook de programmeertaal Java is opensourcesoftware. Denk niet dat uitsluitend kleine aanbieders en kleine afnemers actief zijn met opensourcesoftware. Zo zijn IBM en Sun verspreiders van Javasoftware, en zijn veel grote bedrijven en veel overheden afnemers van opensourcesoftware. Als deze software gratis is en verspreid wordt via grote bedrijven, wat zijn dan de nadelen?

Nadelen opensourcesoftware

Het belangrijkste nadeel van opensourcesoftware is dat de organisatie zelf haar computersystemen zal moeten opbouwen en onderhouden, inclusief stuurprogramma's, beveiliging en dergelijke. Bovendien zullen door de veelheid aan programmaonderdelen uit diverse bronnen er mogelijk allerlei verschillend geconfigureerde systemen naast elkaar bestaan. Natuurlijk zijn er serviceproviders. Diverse leveranciers van bijvoorbeeld Linuxsoftware leveren een compleet softwarepakket inclusief installatiebestanden. De klant betaalt dan niet voor de software, maar voor de samenstelling van het pakket en de ondersteuning. Ook komen er steeds meer gestandaardiseerde opleidingen. Eigenlijk is de belangrijkste vraag of de automatiseringsafdeling zelf de verantwoording voor installatie en gebruik van de software wil nemen of toch graag de problemen wil doorsturen naar de softwareleverancier.

.NET versus open ontwikkelomgevingen

Ook als we zelf programma's willen (laten) schrijven, moeten we kiezen voor een besturingssysteem. Veel ontwikkelomgevingen bestaan binnen veel besturingssystemen, maar werken niet in elk besturingssysteem helemaal hetzelfde. Een opensourceprogrammeertaal als Java heeft het voordeel dat die gebruikt kan worden binnen allerlei besturingssystemen. Het omzetten van een Javaprogramma van Windows naar Linux of omgekeerd is vrij eenvoudig. Javaprogramma's werken goed samen met andere Javaprogramma's, maar vaak niet met programma's die in een andere programmeertaal geschreven zijn. Om die reden heeft Microsoft het .NET Framework (spreek uit: DOTNET) uitgebracht. Binnen dit framework kunnen programmaonderdelen uit verschillende programmeertalen eenvoudig met elkaar samenwerken. Het is dus mogelijk om bijvoorbeeld één programma te maken met onderdelen die geprogrammeerd zijn in Visual Basic (.NET) en C#.NET. Bij deze ontwikkeling is weer een ander nadeel: .NET-toepassingen zijn uitsluitend bedoeld voor het Windowsplatform. Natuurlijk zijn er weer inventieve lieden die proberen .NET-toepassingen draaibaar te krijgen op andere platforms. Een voorbeeld hiervan is het opensourceproject Mono (www.mono-project.com), dat bedoeld is om .NET-toepassingen te laten werken op het Linuxplatform. We zien dat het maken van de keuze voor een ontwikkelomgeving nog niet zo eenvoudig is.

Android versus IOS

Ook bij mobiele toepassingen zijn er twee of eigenlijk drie omgevingen. Voor apparaten die gemaakt worden door Apple, zoals de iPhone, de iPad en de smartwatch moeten apps gemaakt worden voor het besturingssysteem IOS. De programmeertaal daarvoor is Objective C. De meeste andere smartphones en tablets hebben als besturingssysteem Android en gebruiken als programmeertaal vaak Java. De smartphones en tablets van Microsoft hebben hun eigen besturingssysteem.

Agile

Voor veel ondernemers blijkt automatisering een schimmig en vooral duur iets. Vaak ontbreekt het aan begrip over de complexiteit van op maat gesneden ICT-toepassingen. Ervaringen uit het verleden met langdurige implementatieprocessen en uitgelopen projecten zijn daar mede debet aan. Software werd en wordt vaak gebouwd in procesgangen die bekend zijn uit de wereld van de bouw. Als een gebouw ontwikkeld wordt, worden er eerst tekeningen gemaakt. Deze passeren bij allerlei instanties en overheden. Na beoordeling en verwerking van eventuele aanpassingen worden de tekeningen omgezet in een bouwplan. Er vinden calculaties plaats en uiteindelijk wordt overgegaan tot de bouw. In de planning staat dan wie er op een bepaald moment van de bouw zijn onderdeel moet uitvoeren. Na langdurige voorbereiding en achtereenvolgende werkzaamheden zal het gebouw, afhankelijk van de grootte en complexiteit, enkele tot vele jaren na de eerste tekening opgeleverd worden. Ook het bouwen van complexe software kan vele jaren in beslag nemen. Dat kan anders. Een huis kan in twee maanden gebouwd en opgeleverd worden. Ook softwareontwikkeling kan veel sneller. In februari 2001 kwam een aantal prominente softwareontwikkelaars bij elkaar in een skiresort in Utah. Daar werkten zij aan het zogeheten Agile Manifesto.[8] In dit manifest werd voor het eerst het belang van de onderneming centraal gesteld. Hoewel er dagen over vergaderd werd, past de conclusie bijna op een bierviltje.

Manifesto for Agile Software Development

We are uncovering better ways of developing software by doing it and helping others do it. Through this work we have come to value:
- Individuals and interactions over processes and tools
- Working software over comprehensive documentation
- Customer collaboration over contract negotiation
- Responding to change over following a plan

That is, while there is value in the items on the right, we value the items on the left more.

De strekking van het manifest is helder; het gaat niet om papier, maar om goed werkende software. Dit is alleen te bereiken door de klant bij alle fasen van het softwareontwikkelingstraject te betrekken. Alle moderne softwareontwikkelingsmethodieken, zoals Extreme Programming (XP), DSDM, Scrum, Feature Driven Development en Crystal, volgen de regels uit dit manifest. Door de gebruikers stelselmatig te betrekken bij de softwareontwikkeling ontstaat er een iteratief proces. Stukjes software worden ontwikkeld, de gebruikers bekijken de ontwikkeling en geven hun feedback. Daarna gaan de ontwikkelaars een stapje terug en verwerken de opmerkingen in de nieuwe versie. Deze herhalingen (iteraties) zorgen uiteindelijk voor een sneller acceptabel product.

SOA (service-oriented architecture)

Al voor het Agile Manifesto werd opgesteld, waren veel softwareontwikkelaars overgestapt naar objectgeoriënteerd ontwerpen. In het klassieke systeemontwerp gebruikte men procedures om tot resultaat te komen. Het vervelende daarbij was dat vaak weer op dezelfde manier begonnen werd. Bij objectoriëntatie gebruikt men objecten die een aantal attributen en operaties kennen. Objecten kunnen deze eigenschappen overerven van andere objecten. In plaats van het telkens opnieuw in een wiskundige formule definiëren van bijvoorbeeld een cirkel, kiest men nu het object cirkel en geeft als attribuut de maat mee. Met een beetje handige definitie kan men met hetzelfde object ook een ovaal maken. Door gebruik te maken van bibliotheken met voorgedefinieerde objecten kan de ontwikkeltijd verkort worden. **Component-based development** gaat uit van een aantal standaardcomponenten die een bepaald gedrag aannemen op basis van de invoer. Er vindt veel hergebruik van componenten plaats. Ook hiermee wordt het ontwikkelproces verkort. Nog een stap verder gaat de servicegeoriënteerde architectuur. We willen graag dat allerlei toepassingen, gemaakt door verschillende ontwerpers in verschillende omgevingen, vlekkeloos met elkaar samenwerken. Er zijn altijd afhankelijkheden tussen deze toepassingen. Helaas zijn niet alle afhankelijkheden ook reëel. Soms zijn afhankelijkheden zelf weer afhankelijk van hun omgeving.

Als je naar het buitenland reist, kun je behoorlijk wanhopig worden van alle verschillende soorten stekkers. Eigenlijk is ons enige probleem hoe we onze apparaten van stroom kunnen voorzien. Dat is de echte afhankelijkheid. Al die verschillende stekkers zijn een afgeleide van onze werkelijke behoefte. Als we de stekkers vergelijken, zien we bovendien variaties van praktisch en compact tot onhandig en groot. Met een reisstekkerset kunnen we het afgeleide probleem omzeilen, zodat alleen de kern (het verkrijgen van stroom) overblijft. Overigens was er vroeger nog een afgeleid probleem: het voltage van de beschikbare stroom. Tegenwoordig zijn alle apparaten die op reis meegaan, voorzien van zelfschakelende adapters. Ook hier is het afgeleide probleem opgelost.

Door het inperken van onze afhankelijkheden tot reële afhankelijkheden wordt de koppeling tussen toepassingen ook losser (loose coupling). Met dit begrip kunnen we komen tot een definitie van SOA: SOA is een vorm van softwarearchitectuur die als doel heeft te komen tot losse koppelingen tussen samenwerkende software-agents.[9]

Wat hebben we nodig om te komen tot SOA?
1 Een gereedschapskist met kleine overal voorkomende interfaces die toegang tot de applicatie geven.
2 Beschrijvende boodschappen die deze interfaces kunnen passeren en begrepen worden door de toepassing.
3 Uitbreidbaarheid van zowel de interfaces als de boodschappen.
4 Een mechanisme waarmee een gebruiker zelf een serviceprovider kan vinden die de gewenste service kan leveren.

Om nog even terug te komen op het stekkervoorbeeld. De reisstekkerset is de verzameling interfaces. Op elke stekker staat in welk land deze toepasbaar is (boodschap). Als er nieuwe aansluitingen gebruikt gaan worden, kan de reisstekkerset uitgebreid worden. En ten slotte mogen we van de gebruiker verwachten dat hij zelf de verbinding kan maken.

Het hele verhaal van SOA lijkt nog erg abstract, maar we passen het al veelvuldig toe in een webomgeving. De interfaces worden gemaakt met bijvoorbeeld het HTTP-, FTP- of SMTP-protocol en de boodschappen zijn geformuleerd in XML. Als we bijvoorbeeld een website willen voorzien van statistieken of een actueel weerbericht, dan zoeken we een serviceprovider die dit aanbiedt en maken we met XML een koppeling met de webpagina.

Figuur 7.8 De website van Amazon.com. Bij de pijlen staan voorbeelden van services die door andere serviceproviders worden aangeboden

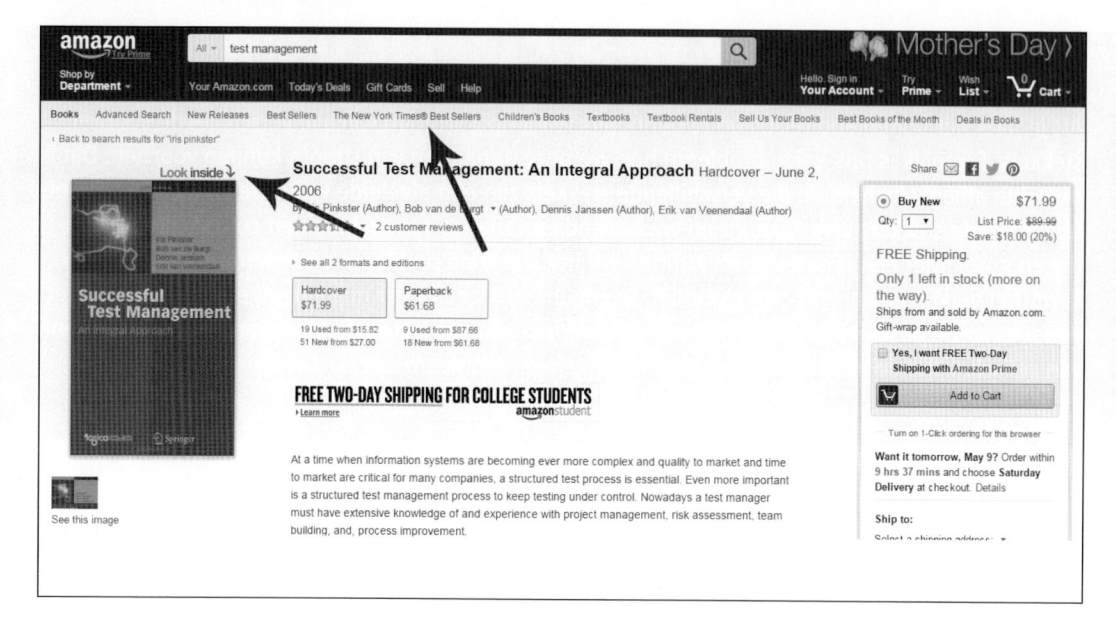

SOA is een krachtige ontwikkeling bij softwareontwerp. Het slechte nieuws is dat veel aanbieders met deze ontwikkelingen bezig zijn, maar daarbij nog geen standaard hebben ontwikkeld. Bekende ontwikkelingen zijn de UDDI- en SOAP-webservices met het WSDL-protocol en de REST-webservices met het HTTP-protocol. Ook is veel literatuur te vinden over BPEL (Business Process Execution Language), een op XML gebaseerde taal voor de SOA-omgeving. Diverse belangrijke aanbieders bieden al een SOA-lijn. Onder deze aanbieders zijn IBM, BEA Systems, Compuware, Microsoft en Oracle.

ASP (application service providing)

Application service providing (ASP) is alleen het in beheer geven van gestandaardiseerde applicaties, zoals ERP-pakketten (SAP, JDEdwards, Peoplesoft enzovoort). De ASP-leverancier doet dit voor diverse opdrachtgevers. Daardoor wordt het beheer van de IT efficiënter. Vaak neemt de leverancier ook het applicatiemanagement over. De ASP-leverancier zorgt dan ook voor versiebeheer en upgrades van de software. Hij zal hiervoor een service level agreement met de opdrachtgever sluiten. Gezien de wereldwijde groei van bandbreedte op wide area networks hoeft de ASP-leverancier niet in de buurt gevestigd te zijn. Het is heel goed mogelijk om deze taken bijvoorbeeld in India uit te voeren.

Clouddiensten

Eigenlijk is het hopeloos ouderwets om gegevens en informatie op de eigen computer te bewaren als we altijd en overal internet ter beschikking hebben. Het is onhandig om op de ene computer iets te bewaren wat we later op een andere computer weer nodig hebben. Verder wordt steeds vaker door meer mensen tegelijk aan hetzelfde document of spreadsheet of in dezelfde database gewerkt. Het is daarom veel eenvoudiger om alle gegevens op het internet, dus in de cloud te bewaren. Waar de gegevens staan is niet relevant, als we er maar altijd en overal bij kunnen. Natuurlijk moeten deze gegevens optimaal beveiligd zijn tegen misbruik. Veel mensen zien dit nog als een bezwaar, maar gespecialiseerde aanbieders bieden in de regel een veel betere beveiliging dan die het eigen netwerk heeft. Dan is er nog de angst voor kaping van de gegevens door een overheidsinstelling, en dan met name de Amerikaanse overheid. Dit is een reëel gevaar, dat niet is af te dekken door clouddiensten buiten Amerika in te kopen. De cloud is immers ook vanuit Amerika te bereiken en dus weet de Amerikaanse overheid daar indien nodig zich ook toegang te verschaffen. Waar gegevens ook bewaard worden, beveiliging van de gegevens blijft nodig.

7.2.3 Connectivity

Ubiquitous networks

We kunnen veel over hard- en software praten, maar de belangrijkste ontwikkelingen zijn er op het gebied van netwerken. Er wordt in de vakmedia gesproken over ubiquitous networks: netwerken die overal, altijd en voor alles wat aan te sluiten is, aanwezig zijn. Kortom, alles wat digitaal te maken is, wordt digitaal en is overal aanwezig.[6710]

De gegevens die we voor onszelf willen houden staan ook op het netwerk. Het zal steeds moeilijker worden om deze gegevens af te zonderen en vreemden de toegang ertoe te ontzeggen. Zoekmachines als Google weten ook interne documenten te vinden en te doorzoeken en leveren links waardoor buitenstaanders deze documenten kunnen bekijken. Natuurlijk willen we dit niet, maar hoeveel bedrijven kunnen met zekerheid verklaren dat hun documenten wel op het interne netwerk staan, maar absoluut niet vindbaar zijn voor buitenstaanders? Een ander verhaal is dat van de commerciële aanbieders. Steeds meer bedrijven willen online inhoud leveren, maar wel elk gedownload exemplaar apart afrekenen. Een van de systemen daarvoor is het **digital rights management (DRM)**. Dit is een soort kopieerbescherming op bijvoorbeeld dvd's en e-books. DRM levert zowel verzet als misbruik op. Daar waar consumenten claimen gebruiksrecht op digitaal beschikbare gegevens te hebben, zullen de leveranciers trachten elk gebruik afzonderlijk af te rekenen. We zien veel voorbeelden van door consumenten geëxploiteerde digitale netwerken, denk maar aan peer-to-peernetwerken als TOR en BitTorrent. Ook Usenet met zijn nieuwsgroepen wordt veel gebruikt voor het delen van gegevens. Men denkt vaak dat dergelijke programma's en protocollen illegaal en verwerpelijk zijn, maar niets is minder waar.

Het protocol BitTorrent, dat gebruikt wordt om bijvoorbeeld films te downloaden, leent zich ook om bètaversies van software razendsnel te verspreiden. Met dit protocol kun je namelijk in korte tijd een gigantische hoeveelheid kopieën verspreiden, iets wat met conventionele verspreidingswijzen niet lukt. En dit is nog maar het begin van ubiquitous networks, want er kan veel meer digitaal gedeeld worden. Zomaar wat voorbeelden. De moderne centraleverwarmingsketels worden digitaal bestuurd. Op een paneel verschijnen de stuurcodes, maar in geval van storingen ook codes die de aard van de storing weergeven. Bij het opbellen naar de reparateur wordt deze diagnosecode doorgegeven, zodat de reparateur weet wat hij zal moeten herstellen. Een kleine toevoeging kan betekenen dat de cv-installatie wordt voorzien van een netwerkverbinding waarbij de cv-ketel zelf aan de reparateur doorgeeft welke storing er is. Stel je voor dat je 's morgens door de storingsmonteur uit bed wordt gebeld omdat de cv-ketel de storing heeft doorgegeven.

Als kleding voorzien is van RFID-tags, is het logisch dat in deze tags ook de wasinformatie is opgenomen. Met een RFID-lezer in de wasmachine wordt het onmogelijk om kleding met het verkeerde wasprogramma te wassen. Als levensmiddelen voorzien zijn van RFID-tags en de koelkast voorzien is van een RFID-lezer, kan de koelkast aangeven van welke producten de houdbaarheidsdatum nabij is of overschreden. Zo kunnen ongewenste schimmelculturen in de koelkast voorkomen worden. Ook kan de koelkast bestellijstjes voor het supermarktbezoek maken of zelfs via een netwerkverbinding automatisch de voorraad laten aanvullen.

Ook studieboeken kunnen online staan, en zelfs via een huur- of leenopdracht tijdelijk beschikbaar zijn, zonder dat het volledig downloaden mogelijk wordt. Kaartjes voor attractieparken en concerten kunnen via sms-berichten besteld en afgerekend worden. De toegang tot park of concert wordt via het uitlezen van het bericht uit de mobiele telefoon geregeld. Het is duidelijk: er zijn al vele digitale toepassingen en er zullen er nog veel meer komen. Drempels zijn de maatschappelijke aanvaarding, de privacy en de grote groep mensen die deze technologische sprong nog niet kunnen of willen nemen.

Mobiel

Mobiele toepassingen zijn niet meer weg te denken uit onze maatschappij. De moderne vertegenwoordiger heeft niet alleen een mobiele telefoon, maar ook een tablet, een iPod en een laptop bij zich. De plekken waar hij komt, beschikken vaak over draadloze toegangspunten voor internet, zodat hij geen moment zonder verbinding met de zaak hoeft te zitten. Veel toepassingen zijn overlappend en lang niet alles werkt overal. Eigenlijk is de vertegenwoordiger de ontdekkingsreiziger in de mobiele maatschappij. De komende jaren zullen de blackspots in kaart gebracht worden en wordt de wereld steeds meer voorzien van hotspots. Hotspots zijn de plaatsen waar publieke toegang tot internet beschikbaar is. Met het beschikbaar komen van hotspots is ook het lot van internetcafés bezegeld.

Diverse werkgevers bieden hun gepensioneerde medewerkers die collectief verzekerd zijn bij ziektekostenverzekeraar Achmea Zilveren Kruis, regelmatig een medische check-up aan. De gepensioneerden kunnen zich uitsluitend registreren via een website. De respons is met name bij oudere gepensioneerden bedroevend laag. Is de juiste conclusie dat gepensioneerden weinig belangstelling hebben voor dit aanbod? Of zou inloggen op een website technologisch een brug te ver zijn voor vele bejaarden?

Convergentie

Eigenlijk is het vreemd dat we zoveel verschillende netwerken naast elkaar in gebruik hebben. Dat is historisch gegroeid. Het oudste netwerk in bedrijven is het telefoonnetwerk. Het oude analoge netwerk – dat in veel publicaties POTS (plain old telephone service) of PSTN (public switched telephone network) genoemd wordt – is in veel bedrijven vervangen door het digitale ISDN. Vaak hebben bedrijven nog analoge lijnen aangehouden voor faxapparaten en modems. Deze analoge lijnen zijn echter allang niet meer nodig, omdat ADSL-verbindingen een veel sneller en beter internetverkeer mogelijk maken en er inmiddels ook faxapparaten voor aansluiting op digitale lijnen bestaan. Naast het telefoonnetwerk liggen de kabels voor het netwerkverkeer. Dat betekent niet alleen een dubbele bekabeling, maar ook een veelheid aan aansluitkasten zoals accesspoints, firewalls en switches.

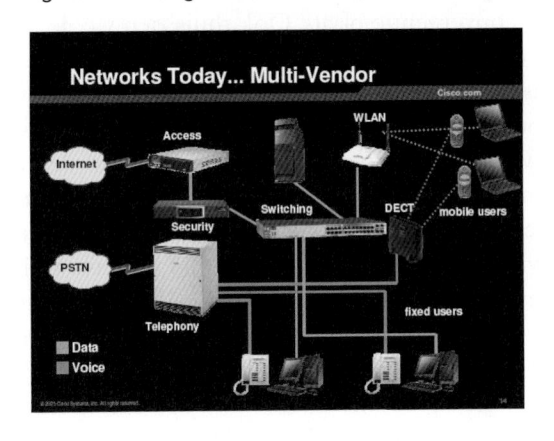

Figuur 7.9 Huidige situatie van netwerkaansluitingen in bedrijven volgens Cisco

Ook draadloos zijn er afzonderlijke systemen voor telefoon- en netwerkverkeer. Inmiddels is het samenvoegen van diverse soorten netwerkverkeer geen probleem meer. Deze samenvoeging van diverse diensten noemen we **convergentie**. Diverse aanbieders leveren full service solutions. Een schakelkast integreert alle verbindingen, er is slechts één set kabels nodig en ook het draadloze verkeer kent slechts één verzendpunt. Een dergelijk netwerk is natuurlijk veel eenvoudiger op te

Figuur 7.10 Gewenste situatie van netwerkverbindingen in bedrijven volgens Cisco

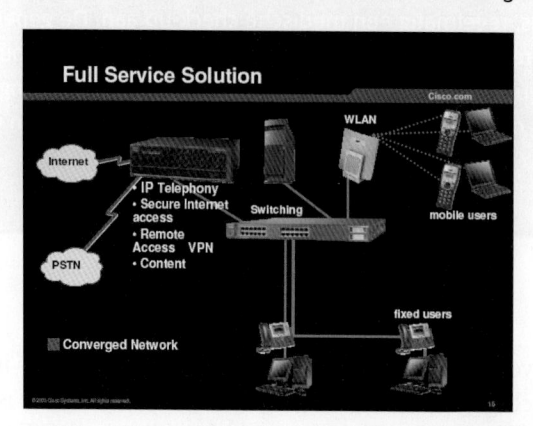

zetten. Als er echter al diverse netwerken liggen, zal de bereidheid tot overstappen gering zijn. Netwerken kunnen erg lang meegaan. Pas op het moment dat apparatuur niet meer leverbaar is of de storingsgevoeligheid te groot wordt, zullen bedrijven overgaan naar een nieuwe situatie. Daarbij komt dat veel bedrijven last hebben van plankenkoorts. Een nieuwe netwerksituatie leidt altijd tot onrust in het bedrijf. Werkt na de conversie alles nog wel op dezelfde manier? Is de nieuwe toestand wel beter dan de oude? Hoelang blijft het systeem down? Er zijn genoeg voorbeelden van migraties die niet vlekkeloos verlopen zijn.

HTPC

Niet alleen in bedrijven vindt convergentie plaats. Ook thuis zien we de integratie van beeld, geluid en data. Na de grootschalige acceptatie van homecinema als integratie van beeld en geluid is nu de beurt aan de koppeling met de computer. We zien dvd-recorders met ingebouwde harddisk op de markt verschijnen en vragen ons terecht af of de harddisk van de computer ook niet als personal videorecorder gebruikt kan worden. Waarom zouden we bovendien met Divx, Xvid of anders gecomprimeerde films niet gewoon via de dvd-speler van de televisie kunnen afspelen? Kunnen we de televisie niet gewoon in het (draadloos) netwerk hangen? Natuurlijk zijn zowel de fabrikanten van televisie- en radioapparatuur als de computerfabrikanten met deze ontwikkelingen bezig. Het blijken echter moeilijke markten om te veroveren. Zelfs fabrikanten die op beide markten actief zijn, trekken zich terug. Bij de smart-tv's die op de markt komen, is de beveiliging van de internetverbinding niet of nauwelijks geregeld. Het wachten is op de hackers die er brood in zien de tv te kapen. De oplossing ligt niet bij de hardwarefabrikanten, maar bij de bouwers van netwerkverbindingen. Opvallend is dat daarbij de fabrikant van processors, Intel, het initiatief genomen heeft. Met het op de markt brengen van het VIIV-platform claimt Intel de computer een plaats te geven als huiskameronderdeel. Opvallend kenmerk van het VIIV-platform is de geruisloosheid ervan. De in de desktopapparaten toegepaste mobiele processors gebruiken maar weinig stroom en daardoor zijn minder koelventilatoren nodig. Daarbij streeft men ook naar kleinere kasten, gelijkend op de gangbare audioapparaten. Verder zijn de VIIV-apparaten voorzien van allerlei draadloze aansluitingen voor netwerk- en de bedieningsapparaten. Op korte termijn wordt een intelligente afstandsbediening verwacht die ook voor tekstinvoer gebruikt kan worden. Microsoft verkoopt inmiddels al draadloze toetsenborden en muizen die met gemak op twee meter afstand van de computerkast gebruikt kunnen worden. Veel fabrikanten van computerkasten bouwen nu HTPC-kasten (Home Theater Personal Computer), soms uitgerust met aanraakschermen, maar in ieder geval altijd met een afstandsbediening.

Figuur 7.11 Voorbeeld van een HTPC

Foto: William Hook

7.3 Kosten van aanschaf en gebruik

7.3.1 ICT economics en waardecreatie

Leidt het gebruik van ICT tot vergroting van de winst? Hoewel de vraag eenvoudig te beantwoorden lijkt met ja, is het antwoord niet gemakkelijk te geven. Behalve de kosten van aanschaf van hardware en software en de aanpassingen om het informatiesysteem bruikbaar te maken, zijn er nog vele verborgen kosten. De waardecreatie die ICT-hulpmiddelen moeten voortbrfengen, is niet zo eenvoudig in geld uit te drukken. Behalve de aanschafkosten zijn er aanzienlijke bedragen gemoeid met onderhoud en beheer. Bovendien kent de hardware en vooral ook de software een beperkte levensduur. Bij microcomputers moet gerekend worden op een vervanging van hardware en software na drie tot vijf jaar. Bij steeds meer apparaten wordt in de specificaties de MTBF (mean time between failures) aangegeven. Met deze MTBF is het eenvoudiger om reële kostenberekeningen te maken.

7.3.2 ICT-kengetallen

De **TCO (total cost of ownership)** is het bedrag dat men verwacht uit te geven aan aanschaf, inrichting, scholing, onderhoud, beheer, reparatie en overige kosten over de gehele levensduur van de apparatuur. Voor een microcomputer bedraagt de TCO volgens Gartneronderzoeken vier à vijf maal de aanschafprijs. Daarvan is de helft van de kosten toe te rekenen als directe kosten en de andere helft als indirecte kosten.

Figuur 7.12   Total cost of ownership (bron: Gartner)

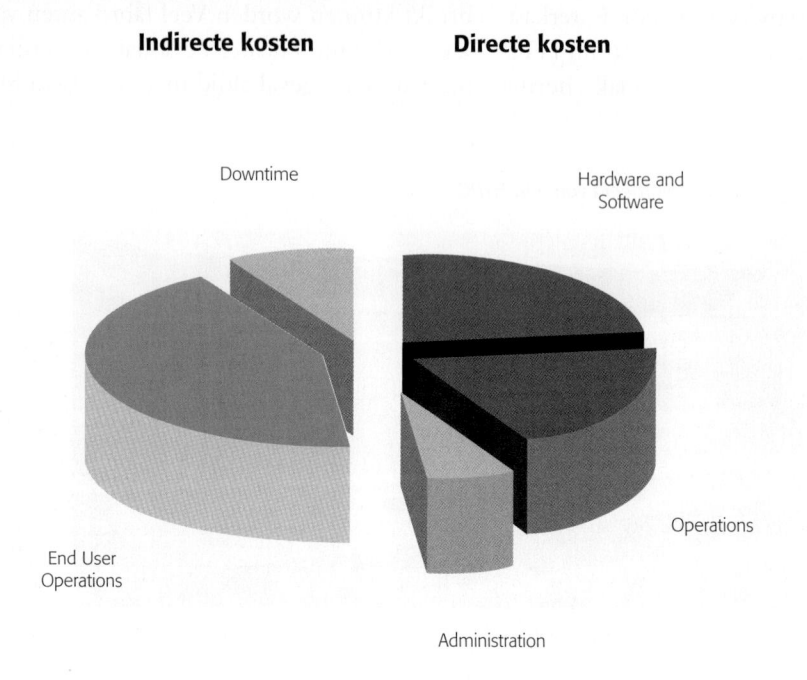

Indirecte kosten   **Directe kosten**

Downtime

Hardware and Software

Operations

End User Operations

Administration

Het zal duidelijk zijn dat de organisatie grote invloed kan uitoefenen op de omvang van met name de indirecte kosten. Zo zal een doelmatige scholing van gebruikers de kosten van de end user operations kunnen beperken en zelfs invloed hebben op alle kosten van operations.

7.3.3 Vervangingsstrategie

De TCO kent ook een belangrijke kostenpost voor downtime. Waarom gaat een informatiesysteem down? Deels is dat afhankelijk van externe factoren, zoals de stroomvoorziening, maar een veel groter aandeel wordt gegenereerd door defecte hardware, interne verhuizingen en softwareproblemen. Zowel bij hardware als bij software geldt de badkuipkromme. Direct na aanschaf en installatie bestaat een grote kans op misfunctioneren en defecten. Na een inloopperiode wordt het systeem stabiel. Na enkele jaren neemt de kans op fouten en defecten weer toe. Bij hardware treedt slijtage en veroudering op. Er gaat bijvoorbeeld een keer een harddisk of condensator kapot. Bij software komen updates uit, zodat de software ook met nieuwe computeropstellingen kan samenwerken of oplossingen biedt voor systematische fouten. In eerste instantie zijn de problemen beperkt, maar algauw merkt men dat de onderhoudskosten sterk toenemen. We bereiken dan het einde van de technische levensduur. Wanneer die bereikt wordt is onduidelijk; dit hangt deels samen met de hoeveelheid van het gebruik, en deels met de zorgvuldigheid en deskundigheid van de gebruikers. Naast de technische levensduur moet er ook aandacht zijn voor de economische levensduur. Toepassingen maken steeds zwaarder gebruik van de processorkracht en de opslagcapaciteit. IT-ontwikkelingen gaan razendsnel. Op een gegeven moment levert een computer geen acceptabele prestaties meer. Als het koffiegebruik in een bedrijf toeneemt doordat gebruikers zo vaak moeten wachten op computerhandelingen, wordt het tijd voor bezinning.

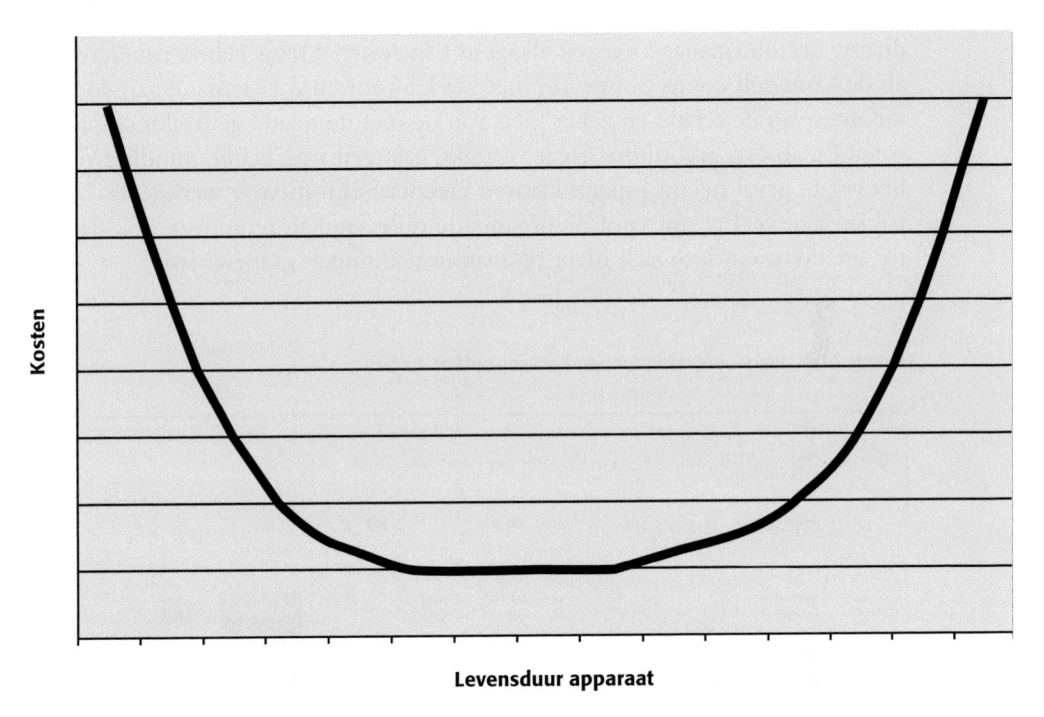

Figuur 7.13 De badkuipkromme

[Grafiek met as "Kosten" (verticaal) en "Levensduur apparaat" (horizontaal), met een badkuipvormige kromme]

Wellicht dat vervanging door nieuwe en snellere computersystemen de arbeidsproductiviteit weer laat toenemen. Personal desktopcomputers worden in de regel na vier tot vijf jaar vervangen, draagbare computers (laptops) die veel meegesjouwd worden meestal na drie jaar. De grotere kantoorcomputers gaan langer mee: tien tot vijftien jaar is vrij gebruikelijk. Overigens zijn deze computers vaak in een servicecontract geplaatst bij een leverancier. De leverancier zal uit zichzelf al een vervangingsstrategie aanbieden op basis van de hoeveelheid dienstverlening op het informatiesysteem.

7.4 Communicatietechnologie

Een belangrijk deel van ICT-ontwikkelingen is te vinden in de communicatietechnologie. In de steeds onpersoonlijker wordende contacten tussen en met bedrijven wordt de behoefte aan persoonlijke benadering steeds belangrijker. ICT-toepassingen kunnen een belangrijke ondersteuning bieden voor effectieve communicatie.

7.4.1 Customer relationship management

Er zijn veel pakketten voor **customer relationship management (crm)** op de markt. Zij bieden allemaal dezelfde basisfunctionaliteit. Het gaat om het registreren van de contacten met klanten en de opvolging van de uitkomsten van deze contacten. Crm is het werkgebied van iedereen die met de klant in verbinding staat, dus bijvoorbeeld de vertegenwoordiger en de accountmanager, maar ook de aftersalesservice. Deze beroepsrollen zijn vanouds aan individuele personen gebonden. Deze bouwen hun eigen netwerk op en houden dat voor zichzelf. Op zich is dat logisch als de beloningsstructuur voor deze mensen gekoppeld is aan de orders die zij binnenhalen. Ook de manager vindt het prettig, omdat hij dan de prestaties van de diverse accountmanagers tegen elkaar af kan zetten. Het is echter minder plezierig als de klant zelf contact opneemt met het kantoor en daar iemand aan de lijn krijgt die niets van de relatie en zeker niets van de met de relatie gemaakte afspraken af weet. En als een accountmanager vertrekt, gaat een stuk klantenbinding verloren. In het ergste geval neemt hij zijn klanten mee naar zijn nieuwe werkgever. Een crm-pakket kan veel profijt voor de organisatie opleveren als tenminste ook de organisatie verandert en deze zich meer op teaminspanningen gaat richten.

Figuur 7.14   Relatieoverzicht binnen het crm-pakket Archie

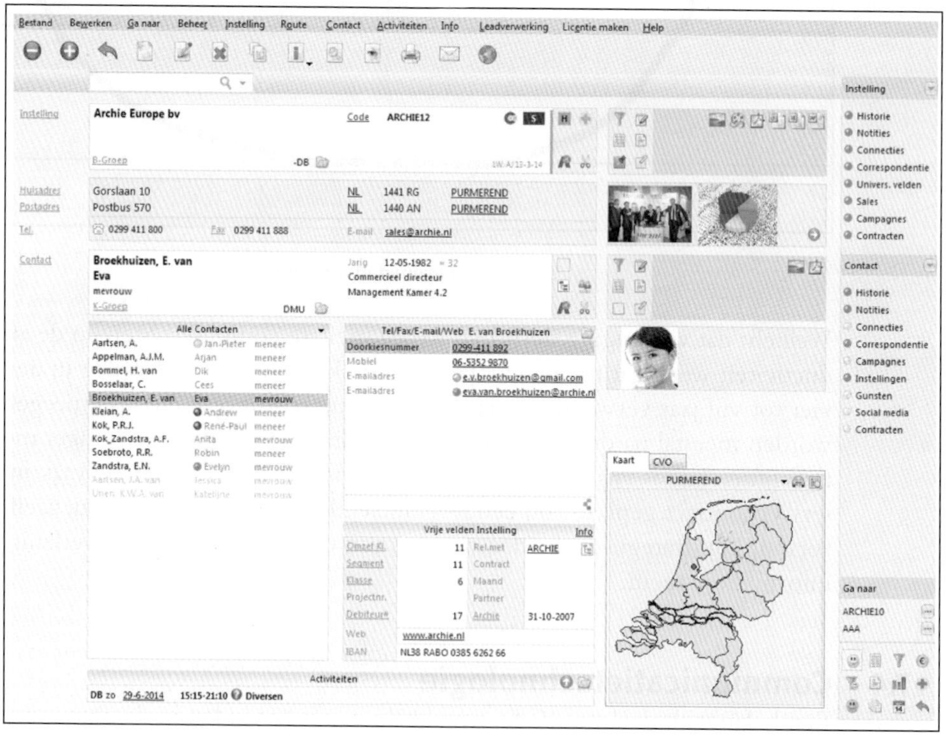

© Archie Europe bv

Figuur 7.15   Een aantal analyses in het crm-pakket Archie

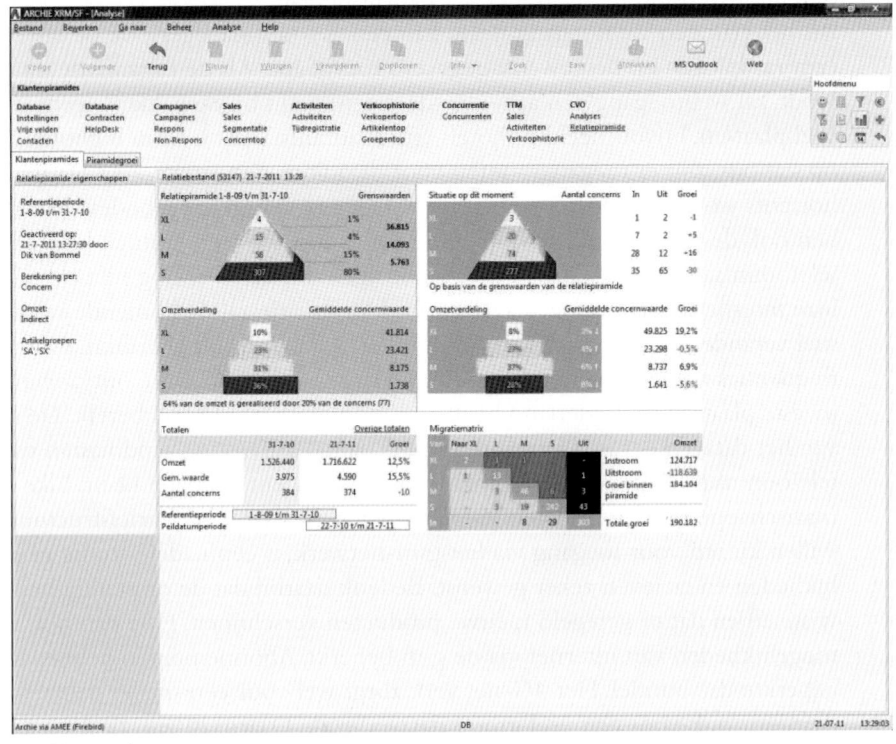

© Archie Europe bv

Behalve deze operationele aspecten van crm bestaan er ook analytische aspecten. De organisatie wil graag meten welke resultaten haar inspanningen hebben. Crm-pakketten bieden een heel scala aan analysemiddelen.

Er zijn veel aanbieders van crm-software. Om een crm-pakket te selecteren, zullen eerst de specifieke behoeften van de eigen organisatie moeten worden vastgelegd. Daarbij is een aantal organisatievragen van belang. Bijvoorbeeld: is een relatie gekoppeld aan een bepaalde accountmanager? Mag een relatie ook te woord gestaan worden door een vervanger? Hoelang is de maximale reactietijd? Moet de manager zelf zicht hebben op het aantal contactmomenten met een bepaalde klant, of wacht hij op de rapportage van de accountmanager? Hoe signaleert men een verwaarloosde klant? Ook op analyseniveau zijn er genoeg vragen te stellen. Als de belangrijkste vragen met hun gewenste antwoorden geregistreerd zijn, kan op basis daarvan een pakketselectie gemaakt worden. Blijven er vragen openstaan, dan kan gekeken worden naar maatwerkmodules als aanvulling op het standaardpakket. Eventueel kan zelfs een eigen maatwerkoplossing gebouwd worden, want een standaardpakket heeft ook veel onderdelen die het bedrijf niet zal gebruiken.

7.4.2   Mobiele verbindingen met laptop en tablet

In de vorige paragraaf kwamen deze vragen al ter sprake: 'Wie mag er contact met de klant opnemen?' en 'Hoelang mag de responstijd zijn?' Met de huidige stand van de communicatietechnologie is het mogelijk dat buitendienstmedewerkers voortdurend in verbinding staan met het bedrijfsbureau.

Als het crm een webtoegang heeft, kan een accountmanager ook op afstand het crm raadplegen en desgewenst gegevens toevoegen. Als de organisatie dit praktisch vindt, zal webtoegang een aanvullende vereiste zijn bij de pakketselectie. Op erg veel plaatsen, bijvoorbeeld in hotels en restaurants, maar ook in bibliotheken en op stations, zijn er toegangspunten voor draadloos netwerkverkeer via wifi. Deze hotspots worden door het bedrijf (vaak tegen betaling) aangeboden. Daarnaast hebben ook de telefoonmaatschappijen hotspots ingericht en kunnen klanten van die telefoonmaatschappij via wifi toegang krijgen. Helaas is er nog niet overal draadloze internettoegang mogelijk, maar in deze situatie zal de komende jaren mogelijk snel verandering komen. Daarnaast kunnen we natuurlijk gebruikmaken van de frequenties voor mobiele telefonie om data te verzenden en te ontvangen. Op de meeste plaatsen in Nederland heeft een mobiele telefoon wel bereik. De snelheid van het dataverkeer is afhankelijk van het aantal aanwezige zendmasten van de telefoonmaatschappij waarvan men een abonnement gekozen heeft. Elke telefoonmaatschappij heeft haar eigen mogelijkheden en haar eigen tariefstructuur. Als we willen kiezen voor toegang via het gsm-netwerk, is een nadere studie naar mogelijkheden en tarieven zeker gewenst. Bedenk daarbij dat de omstandigheden snel wisselen en dat er geregeld nieuwe producten verschijnen. Hoe dan ook zijn de mogelijkheden van internet via de gsm beperkt. Abonnementen hebben slechts een beperkte databundel. Het 4G-netwerk zorgt wel voor een sneller dataverkeer, maar daardoor ook voor een veel groter dataverbruik. Daarnaast zijn de meeste datapakketten slechts nationaal te gebruiken. Zodra we de grens overgaan, wordt het dataverkeer via gsm meestal erg prijzig. In een Verenigd Europa zou dit niet zo moeten zijn. Er wordt op Europees niveau hard aan gewerkt om grensoverschrijdend tot een gelijke tariefstructuur te komen. In Nederland en België kan dat alleen maar tot een sterke verbetering van het dataverkeer via de mobiele telefoon leiden. Overigens is de mobiele telefoon ook als hotspot voor de laptop te gebruiken. Daarmee wordt werken onderweg steeds gemakkelijker.

Een ander aspect is de beveiliging van mobiel dataverkeer. Zeker als met de laptop onderweg contact gezocht wordt met het kantoor, is het van belang dat het dataverkeer versleuteld wordt. Gebeurt dit niet, dan wordt het afluisteren van data wel heel eenvoudig. Dat geldt met name voor algemeen toegankelijke wifihotspots. Een veelgebruikte mogelijkheid is een VPN-tunnelverbinding. VPN staat voor virtual private network. In feite wordt er via de wifihotspot een eigen verbinding opgebouwd die voor anderen niet bereikbaar is. Uiteraard vereist dit installatiewerk op de server en op de laptop van de gebruiker, maar een systeembeheerder zal daar weinig moeite mee hebben.

7.4.3 Het Nieuwe Werken

Door de installatie van nieuwe communicatiemiddelen wordt het ook voor binnendienstmedewerkers aantrekkelijker om op andere plaatsen dan op kantoor te werken, bijvoorbeeld thuis of in een werkruimte dicht bij huis. Ook kan er op andere tijden dan binnen de openingstijden van het gebouw gewerkt worden. Het gebruiken van de communicatiemiddelen voor het werken op een zelfgekozen werkplek wordt Het Nieuwe Werken genoemd. Anywhere, anytime en anyhow zijn de basiscomponenten hiervan. Werkgevers moeten nog wel overtuigd worden. Wordt er wel genoeg, effectief en efficiënt gewerkt? Hoe houd je je medewerkers in de gaten? Gebruiken de werknemers wel de middelen die hun ter beschikking zijn gesteld? Menig werknemer gebruikt liever zijn eigen smartphone dan die van de baas. Meer mogelijkheden, meer gebruiksgemak en soms meer uitstraling kunnen belangrijke factoren in het gebruik zijn. Gebruikers beschikken vaak privé over betere apparaten dan de werkgever aanbiedt. Steeds meer bedrijven hanteren daarom het BYOD-systeem: bring your own device.[11] De gebruiker zoekt zelf zijn hardware en software uit en zorgt ook zelf voor het beheer van zijn toepassingen. Voor bedrijven is dit gunstig, omdat het beheer van met name mobiele systemen complex en duur is. Als gebruikers zelf hun apparatuur kunnen uitzoeken, zijn zij tevredener (het is hun eigen keuze) en zijn zij ook zuiniger op deze apparatuur; het vergeten van de laptop in de trein bijvoorbeeld komt dan nog hoogst zelden voor. Ook Het Nieuwe Werken leidt tot besparing, want er is minder kantoorruimte nodig.

7.4.4 Gebruik van e-mail, messaging

E-mail heeft heel wat briefpost en telefoonverkeer verdrongen. Het is lastig om via de telefoon allerlei gegevens door te geven en een brief is langzaam. Geen wonder dat e-mail een succes werd. Helaas gaat e-mail min of meer ten onder aan zijn eigen succes. Buiten het omvangrijke zakelijke e-mailverkeer worden er ook veel spamberichten verstuurd. Voeg daaraan de mails toe die mogelijk schade aan de computersoftware toebrengen (virussen) of de toegang van buitenaf tot de computer mogelijk maken (trojans, trojan horses), en we zouden bijna overwegen om e-mailverkeer te verbieden. E-mailverkeer is handig als al die onzin er niet tussen zat, maar kent toch ook zijn beperkingen. Ten eerste zullen we op antwoord moeten wachten. Wanneer leest de ontvanger zijn e-mail? Sommige gebruikers weten de afhandeling van e-mail wel een week (of nog langer) uit te stellen. Verder kan een e-mail tijdens verzending of na ontvangst zoekraken. E-mail is sneller, maar sommige verzenders zijn te snel en vergeten bijvoorbeeld de bijlagen. Ook vervelend zijn verkeerd geadresseerde e-mails: niet alleen omdat ze dan niet of niet op de juiste plaats aankomen, maar vooral omdat ze dan bij een ontvanger terecht kunnen komen die niets met de boodschap te maken heeft.

Doelmatig gebruik van e-mail vereist een goede organisatie. Daarbij valt te denken aan een spamfilter, viruscontrole op zowel inkomende als uitgaande e-mails, richtlijnen voor de gebruikers, en het beschikbaar stellen van regels om de e-mail direct bij binnenkomst te ordenen.

Een laatste storende factor is de aan alle betrokken collega's gerichte mail, liefst met een ergernis of een verbeteringsvoorstel, waarbij elke collega afzonderlijk via 'Allen beantwoorden' reageert op de vorige reactie. Voordat we het weten, hebben we uit zo'n actie opeens tientallen e-mails ontvangen. Voor dergelijke acties is een messengerprogramma veel geschikter. Volkomen ten onrechte wordt een messengerprogramma vrijwel uitsluitend geassocieerd met een babbelbox voor kinderen die zich vervelen. Messaging kan echter in een bedrijfsomgeving een uitermate nuttige toevoeging zijn, al vraagt het wel wat discipline. Sommige callcenters gebruiken bijvoorbeeld de messengerfunctie om lastige problemen van klanten even aan de collega's voor te leggen. Wellicht heeft een van hen een oplossing paraat.

7.4.5 Social media

Het is al eerder gezegd: social media als Facebook en Twitter hebben gezorgd voor een geheel nieuw communicatielandschap. Informatie wordt eerder gedeeld, overgenomen en georganiseerd. Grote bedrijven gebruiken social media om meer tevreden klanten te krijgen. Bij vliegmaatschappij KLM kun je via social media selecteren naast welke vreemde je in het vliegtuig komt te zitten op basis van gedeelde profielen, kun je op elk moment je ontevredenheid kenbaar maken, en kun je gebruikmaken van speciale aanbiedingen die KLM via social media verspreidt. Een dergelijke dienstverlening staat of valt met goede moderatie. Er zal voortdurend een voldoende bevoegde KLM-medewerker ingelogd moeten zijn om te reageren. Social media is kansloos als een reactie te lang uitblijft.

SAMENVATTING

Technologie is belangrijk voor het uitvoeren van bedrijfsprocessen. Er komt steeds weer nieuwe technologie beschikbaar. Vaak zijn gebieden die technologisch slechter ontwikkeld waren, koplopers bij vernieuwing.

Hardware

Computersystemen zijn in toenemende mate via netwerken aangesloten op internet. De vorm van personal computers is aan het veranderen. Er komen steeds meer laptops en tablets die de plaats van de desktop innemen. Ook de toegang tot computersystemen verandert. Logins en wachtwoorden worden steeds vaker vervangen door SmartCards. Gegevensopslag wordt veiliger door toepassing van RAID-systemen en gecentraliseerde opslag. Er komen steeds meer draadloze verbindingen. RFID-tags zorgen via radiogolven voor datacommunicatie met computersystemen. Er zijn vele toepassingen voor te bedenken. QR-codes en NFC zorgen voor gegevensuitwisseling op korte afstand.

Software

Er is een onderscheid tussen besturingssystemen en applicaties.
Het gebruik van softwaretoepassingen gaat steeds vaker ook buiten de eigen organisatie plaatsvinden. Het is normaal om de aanwezige voorraad bij de leverancier te controleren en om op levering op afroep te kunnen rekenen. Naast maatwerksoftware wordt er steeds vaker standaardsoftware gebruikt. Opensourcesoftware wordt steeds populairder. Het ontwikkelen van software gebeurt steeds meer iteratief en in samenwerking met de uiteindelijke gebruikers. Iteratief betekent dat het ontwikkelproces diverse malen doorlopen wordt, waarbij steeds meer verfijning van het product ontstaat.
Nieuwe softwareontwikkelmethodieken werken iteratief met objectoriëntatie en ontwikkeling van componenten. Bij softwareontwikkeling voor internet zien we ook servicegeoriënteerde architectuur.

Internet of things

Binnen netwerken zullen steeds meer elektronische apparaten aangesloten worden. Denk daarbij bijvoorbeeld aan cv-ketels, stofzuigers en alarmsystemen. Netwerken zijn ook steeds vaker draadloos. Bij mobiele netwerken is er veel ontwikkeling te verwachten. Daarbij is vooral de wijziging van bedrijfsprocessen van groot belang. Het is nog niet duidelijk hoe het dataverkeer het handigst afgerekend kan worden.

Convergentie

Steeds meer computertoepassingen worden geïntegreerd in netwerken. Er ontstaan koppelingen tussen spraak- en dataverkeer, draadloos en bedraad, zakelijke en consumentenelektronica. Voor de fabrikanten betekent dit dat hun doelgroep groter wordt, maar ook dat zij meer concurrenten uit andere marktsegmenten krijgen.

ICT-waardecreatie

Met de aanschaf van computers is slechts een klein deel van de exploitatiekosten gemoeid. Het beheer wordt duurder naarmate de computer ouder wordt.

Customer relationship management

Een crm-systeeem houdt alle relaties met klanten bij. Crm kent een operationele kant waarin de contacten met de klant bijgehouden worden en een analytische kant waarmee resultaten meetbaar worden. Ook bij crm wordt mobiel dataverkeer steeds belangrijker.

CASUS

Stichting Rustpunt

Missie van Stichting Rustpunt: het op bestaande erven, langs routestructuren in het buitengebied, aanbrengen van laagdrempelige voorzieningen waar deze niet aanwezig zijn, en deze in stand houden.[12]

Gelegen aan een fiets- of wandelroute, treffen passerende fietsers of wandelaars, herkenbaar aan het rustpuntbord tussen eikenhouten palen, een – uit inlands hout vervaardigde – robuuste picknickset en een typisch boomstam-fietsrek, een vaak onverwachte en mooi gelegen plek aan waar gepauzeerd kan worden en waar men een kop koffie, thee of beker limonade kan nuttigen met iets lekkers erbij; dit tegen een vrijwillige bijdrage. Ook kan van het toilet gebruikgemaakt worden. Rustpunten zijn een initiatief van Heemskerk Advies- en Ontwikkelingsbureau en neergelegd in de Stichting Rustpunt. Meestal zijn Rustpunten ingericht bij bebouwing (een boerderij of 'landhuis') en bieden ze de recreant een plek om even op adem te komen, een kopje koffie te drinken en

Figuur 7.16 Een herkenningsbord voor een rustpunt

eventueel een elektrische fiets op te laden. In heel Overijssel en Groningen, Laag Holland (NH), de Achterhoek en op de Veluwe bestaan inmiddels bijna 500 Rustpunten. In West-Friesland en een gedeelte van Utrecht komen er binnenkort ook een aantal.

Op de meeste locaties kun je een kijkje nemen op het erf zelf en iets opsteken over de cultuurhistorie van het pand en de streek, of over de passie van de bewoner zelf. Op enkele Rustpunten zullen tevens eigen agrarische producten te koop aangeboden worden; in sommige gevallen kan de bezoeker de boerderij, een beeldentuin of museum bekijken of een *bed and breakfast*-overnachting boeken. Op elk Rustpunt is een gedetailleerde kaart aanwezig van het gebied, waarop alle punten, inclusief naam, adres en woonplaatsgegevens, vermeld staan.

Er is vaak informatie aanwezig over welke horecagelegenheid of belevingsplek een mogelijke volgende stop kan zijn. Voor smartphones zijn alle locaties gratis te downloaden vanaf de website rustpunt.nu, terwijl ook een digitale fietsrouteplanner en de Rustpuntzoeker op die site aanwezig zijn.

Figuur 7.17 Rustpunten in de buurt van Otterlo

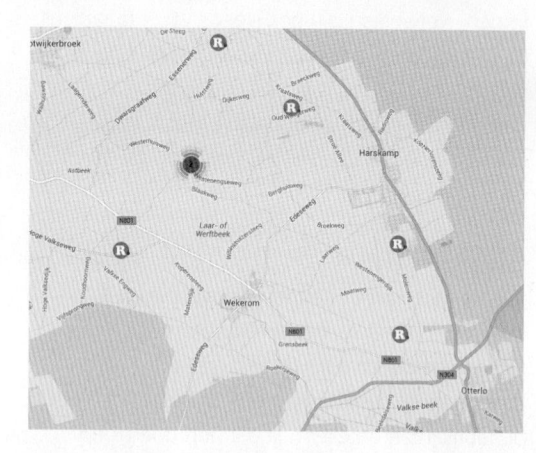

Vragen

Rustpunt is zowel op de fiets als te voet te gebruiken en maakt gebruik van gps-data.

1 Welke beperkingen zijn er juist door het gebruik van gps?
2 Rustpunt claimt gebruiksvriendelijk te zijn. Vind je die claim terecht? Verklaar.
3 Geef aan aan welke technische randvoorwaarden voldaan moet worden om dit product te exploiteren.
4 Welke extra eisen moeten er gesteld worden aan het gebruik van Rustpunt door fietsers?
5 Geef de commerciële beperkingen van deze oplossing aan.
6 Is dit product ook gemakkelijk op andere plaatsen in te zetten (bijvoorbeeld in een stad als Maastricht of Brussel, of in een watersportgebied)?
7 Rustpunt is duidelijk gepositioneerd als dienstverlening aan toeristen. Zijn er andere doelgroepen mogelijk?
8 Het product maakt zowel gebruik van waypoints (gps-locaties op de kaart) als landmarks (herkenbare punten in het landschap). Welk van de twee is leidend in het gebruik?
9 Rustpunt geeft een aantal plaatsen aan waar bepaalde voorzieningen zoals een toilet, verse koffie en een oplaadpunt voor elektrische fietsen aanwezig zijn. Het is duidelijk gericht op fietsende toeristen. Automobilisten die voor hun werk onderweg zijn, zouden ook behoefte kunnen hebben aan dergelijke rustpunten. Nu zijn deze er wel bij tankstations en wegrestaurants langs de snelwegen, maar hoe is dit geregeld langs binnenwegen?

Vragen

1 Stel een lijst van eisen op waaraan een navigatiesysteem voor professionele automobilisten moet voldoen.
2 Splits die lijst op in functionele en technische eisen.
3 Bij vraag 8 hiervoor werd al een onderscheid gemaakt tussen waypoints en landmarks. Welk van de twee is voor automobilisten het belangrijkst?

4 Tot voor kort reden deze automobilisten op benzine, diesel of lpg. Er zijn echter inmiddels een aantal alternatieven. Zouden hiervoor ook voorzieningen in het informatiesysteem moeten worden opgenomen? Geef argumenten voor je keuze.

KERNBEGRIPPEN

Application service providing (ASP) Het aanbieden van de mogelijkheid om via internet bepaalde software te gebruiken. De klant betaalt niet voor de software zelf, maar voor het gebruik ervan.
Client Een werkstation of computer voor de eindgebruiker.
Client-servermodel Een computerarchitectuur waarbij clients (werkstations zoals pc's) applicaties gebruiken die hun gegevens halen van en brengen naar een server.
Component-based development Het idee achter CBD is om geprefabriceerde stukjes software (componenten) te maken en deze in een bibliotheek te plaatsen, waarna gebruikers deze stukjes kunnen kiezen en samenstellen. De geprefabriceerde softwarecomponenten moeten op verschillende computers én besturingssystemen kunnen werken.
Customer relationship management (crm) Werkwijze en techniek waarbij het optimaliseren van alle contacten met de klant centraal staat en er wordt getracht elke klant een individuele waardepropositie aan te bieden op basis van zijn persoonlijke wensen.
Digital rights management (DRM) Een techniek om digitale rechten van makers of uitgevers (de 'rechthebbenden') van werken (bijvoorbeeld muziek, afbeeldingen, teksten) digitaal te beheren. De rechthebbenden kunnen met deze techniek de omvang en wijze van gebruik bepalen of beperken.

Network attached storage (NAS) Opslagmedium dat op het computernetwerk aangesloten is.
Opensourcesoftware Software die gratis gebruikt en aangepast kan worden, mits het copyright gerespecteerd wordt. Voorbeelden van opensourcesoftware zijn: Linux, Apache, MySQL en PHP.
RAID (redundant array of inexpensive disks) Serie methodieken waarbij gegevens verdeeld over verschillende schijven bewaard worden. Doel is om de snelheid van schrijven en lezen te vergroten en/of de kwetsbaarheid van de opgeslagen gegevens te verkleinen door het vastleggen van controlegetallen of het gelijktijdig maken van schaduwkopieën.
RFID Identificatie met behulp van radiogolven waardoor op afstand RFID-tags gelezen kunnen worden.
Server Een computer die diensten verleent aan clientcomputers. Die diensten bestaan bijvoorbeeld uit opslagcapaciteit en het verstrekken van applicaties.
Storage area network (SAN) Koppeling tussen netwerkservers en opslagapparatuur, meestal in gebruik in grotere organisaties.
Total cost of ownership Heeft betrekking op alle kosten (in bestede tijd en geld) die het implementeren en onderhouden van een computersysteem met zich meebrengt. Dit gaat om alle kostenposten die gealloceerd kunnen worden naar het systeem.

LITERATUUR

- Ambler, Scott W.; *Agile modelling*; New York: John Wiley and Sons; 2002
- Negroponte, N. P.; *Being digital*; New York: Vintage Books; 1999
- Wiech, Dean; *The Benefits And Risks Of BYOD*; Manufacturing Business Technology; 2013

Hoofdstuk 8
PROJECT EN IMPLEMENTATIE

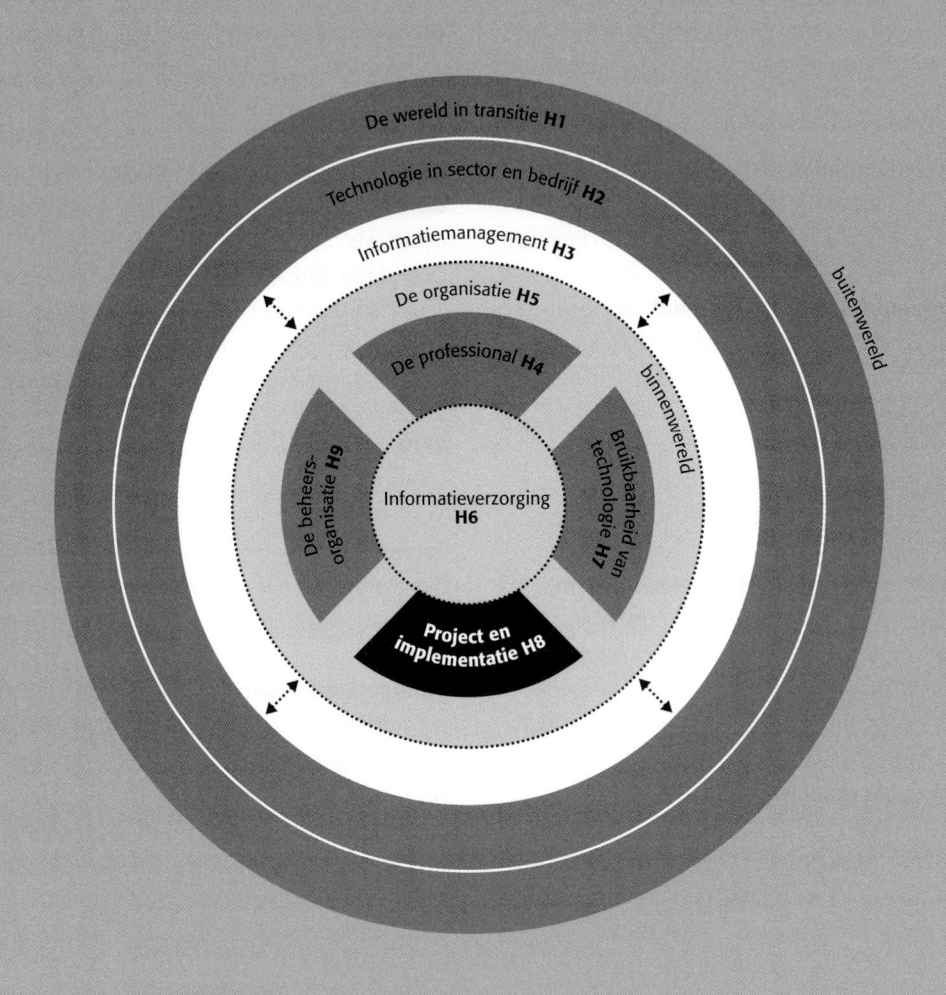

8.1 Inleiding

De wereld verandert, de organisatie verandert mee. Elke organisatie is dus aan verandering onderhevig. De hulpmiddelen die de organisatie gebruikt, dus ook de ICT-middelen, verouderen en moeten aangepast worden aan nieuwe situaties. Soms kan men door kleine aanpassingen bijblijven, maar soms zal men ook het roer volledig moeten omgooien. Kleine aanpassingen vallen onder het beheer, nieuwe ontwikkelingen zullen vaak in projectvorm aangepakt moeten worden. Aan het begin van dit hoofdstuk gaan we in op de projectmatige aanpak; verderop bespreken we beheer van informatiesystemen.

De luchthaven Schiphol behoort als het gaat om transitverkeer tot de top vijf van West-Europa. Veel reizigers komen op Schiphol aan met een intercontinentale vlucht en stappen over op een Europese bestemming, of andersom. Veel van die transitreizigers kunnen ook kiezen om over te stappen in Londen, Parijs of Frankfurt, maar kiezen voor Schiphol vanwege het winkel- en horeca-aanbod, de eenvoud van overstappen of de duidelijke bewegwijzering. Een ander belangrijk aspect is of hun ruimbagage wel op tijd in het aansluitende vliegtuig komt. Niets is zo vervelend als aankomen op de bestemming en dan niet over je koffer te kunnen beschikken. In 2008 opende London Heathrow een nieuwe terminal. Daar ging toen van alles fout met de kofferafhandeling. Volgens veel reizigers zijn zelfs nu de problemen nog niet opgelost.

De Heathrowhel: 900 koffers per dag kwijt

Heathrow is het vliegveld from hell. Uren vertraging en lange rijen zijn niet de enige kwalen die de zakenreiziger teisteren. Het vliegveld raakt 900 koffers per dag kwijt in terminal 5.

Chaos
Het gebouw is drie maanden open en kostte 5,3 miljard euro -- maar dan heb je ook niets. Het bagagetransportsysteem is één grote chaos. Eén op de twaalf reizigers die overstapt op Heathrow wordt daar gescheiden van zijn koffers.

Het werkt! O, toch niet.
Toen de terminal drie maanden geleden met veel bombarie opening, moest British Airways direct 500 vluchten schrappen omdat het bagagesysteem toch niet bleek te werken. Vliegtuigen vol koffers bleven wel gewoon landen, waardoor er op een gegeven moment 20.000 koffers op hun eigenaars lagen te wachten. 'Datzelfde systeem draait nu nog steeds, waardoor een behoorlijk aantal mensen ook vandaag nog hun koffers kwijtraakt,' aldus een oud-medewerker in The Guardian. De kosten voor British Airways lopen door de eigenwijze bagagecomputer op tot 20 miljoen euro.

Bron: 925.nl, 10 juli 2008

Schiphol bouwt nu weer nieuwe pieren. Werden er in 2012 70 miljoen stuks bagage per jaar afgehandeld, na voltooiing van de nieuwe pieren zal dat oplopen tot tegen de 100 miljoen stuks. Bij het overstappen zal de bagage binnen 30 minuten van het ene vliegtuig naar het andere gebracht moeten zijn. Bedenk daarbij dat de bagage tussen de vliegtuigen een afstand tot wel 15 kilometer aflegt. Dit is een logistieke uitdaging die alleen mogelijk is met ondersteuning van uitgekiende software. De uitbreiding zal uiteraard projectmatig moeten gebeuren, waarbij allerlei projectmanagementmethoden gebruikt zullen worden.

Elk project kent een aantal vragen:
- Waarom wil je dit project uitvoeren?
- Wat is het doel van het project?
- Wie zullen van het resultaat gebruik gaan maken?
- Wat levert het op? (in kosten en baten, terugverdientijd)
- Welk voordeel heeft het project?
- Wie gaan het project uitvoeren?
- Hoe pak je het project aan?
- Hoe lang ga je erover doen?

Al deze vragen worden beantwoord in de businesscase en later in de projectdefinitie.

8.2 De businesscase

Op basis van het informatieplan en het daaraan gekoppelde automatiseringsplan kan blijken dat de huidige situatie niet overeenkomt met de gewenste situatie. Het informatieplan kan een impuls zijn om te investeren in automatisering. Het management kan vervolgens besluiten investeringsvoorstellen te (laten) doen om de gewenste situatie te realiseren. Niet ieder voorstel is bij voorbaat geschikt om uit te voeren. Er kunnen tal van oorzaken zijn waardoor het juist niet verstandig is om de investering te doen. Soms zijn het steekhoudende argumenten, en soms zijn de beslissingen gebaseerd op ervaring of 'onderbuikgevoelens'. In deze paragraaf introduceren we de **businesscase** als een methode waarmee je kunt bepalen in hoeverre het wel of niet verstandig is om te investeren in automatisering. We behandelen hierbij de volgende aspecten:

1 Het unieke aan ICT-investeringen.
2 Typologie van ICT-investeringen.
3 Doel van de businesscase.
4 De businesscase als oplossing.
5 Inhoud van de businesscase.
6 Stappenplan voor een businesscase.

8.2.1 Het unieke aan ICT-investeringen

Investeringen zijn noodzakelijk om in de hedendaagse, maar vooral ook de toekomstige, nationale en internationale markten te kunnen overleven. Het vrijmaken en inzetten van financiële middelen is niet voor iedere organisatie even eenvoudig. Het is daarom van belang om te kunnen beoordelen of de beschikbare gelden op een zinvolle manier ingezet worden. Het doel van investeringen is het behalen van een zeker rendement. Profitorganisaties formuleren het belangrijkste financiële doel dan ook meestal in termen van rendement op het geïnvesteerde vermogen (ROI). Voor non-profitorganisaties is ROI minder belangrijk in termen van financiële baten, maar vooral in termen van maatschappelijk rendement. Het meten van de kosten en de baten bij ICT-investeringen is van oudsher niet altijd even voor de hand liggend gebleken, en dat heeft grotendeels te maken met het feit dat investeringen in ICT afwijken van 'gewone' investeringen.

In de eerste plaats is niet altijd duidelijk wat de toegevoegde waarde van ICT is in financiële termen. Het rendement van ICT is vaak moeilijk direct toewijsbaar. De waarde van een extra accountmanager is direct meetbaar, maar in het geval van bijvoorbeeld investeringen in het netwerk is deze waarde minder goed of zelfs niet toe te wijzen. Bovendien is er vaak sprake van immateriële opbrengsten, zoals het prettiger kunnen werken, een betere bereikbaarheid van informatie of een verbeterde interactie met de klant. Deze immateriële baten zijn in veel gevallen niet financieel te waarderen.

In de tweede plaats is het zo dat de ICT-industrie een relatief jonge industrie is die (nog) niet gewend is om haar prestaties inzichtelijk te maken. Mede door de enorme snelheid waarmee de technologie zich momenteel ontwikkelt, lijkt het haast onmogelijk om te komen tot een zekere volwassenheid waarbij het meten van prestaties een belangrijk agendapunt binnen de ICT-branche wordt. De accountabilityfunctie is nog onvoldoende ontwikkeld.

Ten derde zien veel externe ICT-dienstverleners en ICT-functies binnen bedrijven zich geplaatst voor het probleem van de 'gescheiden werelden'. Dit uit zich voornamelijk in het spreken van een verschillende taal. De gebruikers en beslissers spreken vaak niet dezelfde taal als de ICT'er, die zich bedient van een eigen jargon. De ICT'er gaat daarnaast vooral uit van de technische mogelijkheden, terwijl de beslisser en de gebruiker vooral kijken naar de waarde voor de organisatie en de klant. Dit probleem lijkt met het verstrijken van de tijd minder groot te worden, omdat beide werelden langzaam naar elkaar toe groeien. Met dit boek proberen we daar ons steentje aan bij te dragen.

8.2.2 Typologie van ICT-investeringen

We weten nu dat ICT-investeringen enigszins 'anders' zijn dan de andere investeringen. Dat is echter nog geen doorslaggevende reden om het rendement van de investeringen in ICT daarom maar helemaal niet te bepalen. Om meer grip te krijgen op deze investeringen kunnen we ze categoriseren, waardoor we zicht krijgen op het belang van ICT-investeringen.

Het type investering wordt aan de ene kant bepaald door de mate waarin deze een concurrentievoordeel oplevert, terwijl er anderzijds sprake kan zijn van een noodzaak om de investering te doen. In ieder van de vier kwadranten kunnen we de volgende vragen stellen:

- Onderhoud. Levert de investering efficiencyvoordeel op?
  Hier ligt de focus vooral op lagere kosten ten opzichte van de bestaande situatie, terwijl de bedrijfsvoering beperkt wordt beïnvloed.
- Bedrijfskritisch. Is het project nu absoluut noodzakelijk om te overleven?

De focus ligt op de directe verbetering van de bedrijfsvoering. Dit aspect lijkt enigszins op het vorige, onderhoud, met het verschil dat het functioneren van de organisatie direct op het spel staat als de investering niet gedaan wordt. Je kunt hier denken aan investeringen als onderhoudscontracten, telefoonabonnementen of contracten met internetproviders. Het is hier niet de vraag óf er geïnvesteerd wordt, maar met wie je zaken doet.

- Strategie. Levert het project nu strategisch voordeel op?
  In dit geval ligt de focus op een verhoging van de strategische baten. De kosten gaan hier ver voor de baten uit en er is dus sprake van onzekerheid omdat niet duidelijk is of de investeringen terugverdiend kunnen worden. In de businesscase dient het management vooral rekening te houden met de risico's, en daarom is een stevige risicoanalyse van belang.
- High potential. Kan het project in de toekomst strategisch voordeel opleveren?
  Het accent ligt op het in kaart brengen van de toekomstige mogelijkheden en onmogelijkheden van ICT als strategisch wapen. In de businesscase gaat het vooral om het verkennen van de mogelijke toekomstige baten en in mindere mate om de kosten. In de businesscase dient aandacht te zijn voor verschillende scenario's.

Samenvattend kunnen we stellen dat de businesscase zich bij onderhoud en bedrijfskritisch vooral richt op de kosten, en bij strategisch en high potential vooral op de baten. De complexiteit neemt toe op het moment dat de focus van kosten naar baten verschuift, zoals de pijl in het midden van het kwadrantenstelsel laat zien. Van linksonder naar linksboven neemt de complexiteit toe omdat er een verschuiving optreedt van relatief overzichtelijke kosten bij onderhoud naar relatief onoverzichtelijke toekomstige baten bij high potential.

8.2.3 Doel van de businesscase

De businesscase is bedoeld om inzicht te krijgen in de volgende aspecten:

1 Inzicht met betrekking tot de te behalen productnormen. Worden met het voorstel wel de vereiste productnormen gehaald?
2 Een verbinding leggen tussen de business en ICT.
3 Het kwantificeren van de baten. Hoeveel kosten bespaart de oplossing en/of hoeveel extra inkomsten kan de oplossing genereren?
4 Risico's bij de invoering van het voorstel. Indien het voorstel wordt ingevoerd dient bekend te zijn welke risico's de organisatie loopt.
5 Haalbaarheid van de oplossing. Bij de invoering dient bekend te zijn of de oplossing überhaupt haalbaar is.
6 De kosten die verbonden zijn aan de invoering, bijvoorbeeld omdat een project opgestart moet worden of omdat er sprake is van productieverlies.
7 Inzicht in de financiële haalbaarheid. De organisatie dient over voldoende geld te beschikken om de oplossing, ook bij tijdsoverschrijdingen, door te kunnen voeren.
8 Haalbaarheid vanuit veranderkundige invalshoek. Hier moet blijken of de medewerkers in staat zijn hun oude werkwijzen los te laten en zich nieuwe methoden eigen te maken.

9 Technische haalbaarheid. Het betreft hier de keuze tussen het aanpassen van het bestaande enerzijds en het ontwikkelen van iets nieuws anderzijds.

8.2.4 De businesscase als oplossing

Een belangrijke doelstelling van de businesscase is het leggen van een verbinding tussen de business van de organisatie en ICT. In het verleden is vooral een verbinding gelegd tussen ICT en de kostenkant van de business. De belangrijkste vraag was dan ook in hoeverre ICT in staat was om de kosten te verlagen en de efficiency te verhogen, wat alles te maken had met de mogelijkheden die ICT op dat moment bood. Tegenwoordig is ICT een stuk gereedschap dat het management kan gebruiken om in het kader van de business de opbrengsten te verhogen en zelfs geheel nieuwe organisatievormen te creëren. Denk maar eens aan de virtuele onderneming.

In de wetenschap dat de potentie van ICT als gereedschap voor de business steeds groter wordt, neemt ook het risico om ICT in te zetten toe. Het kan de business maken, maar tot op zekere hoogte ook breken. Kortom, het belang van ICT voor de business neemt toe, en daardoor neemt ook het belang van de businesscase toe, omdat die de kosten, baten en risico's inzichtelijk maakt.

Andere redenen om de businesscase te gebruiken zijn:

- Het expliciet maken van het zogenoemde onderbuikgevoel. Je hebt wel een idee, maar kunt het niet goed onder woorden brengen. De businesscase helpt je met het beschrijven van de relaties en de criteria die een belangrijke rol spelen bij de uiteindelijke beslissing. Je kunt aan de hand van de resultaten uit de case een weloverwogen beslissing nemen, die is gebaseerd op argumenten en niet op een vaag gevoel.
- Door bij het maken van de case verschillende mensen te betrekken, kun je gaandeweg draagvlak creëren voor toekomstige beslissingen en alvast een vruchtbare bodem leggen voor toekomstige samenwerking.

8.2.5 Inhoud van de businesscase

De 'inhoudsopgave' van de businesscase ziet er als volgt uit:

1 Managementsamenvatting

In de managementsamenvatting publiceer je de belangrijkste conclusies en aanbevelingen. De lezer krijgt zo op een snelle manier inzicht in de problematiek en de mogelijke oplossingen daarvoor.

2 Inleiding

In de inleiding schets je de context waarbinnen het probleem zich afspeelt. De context bestaat uit de aanleiding en de achtergrond van het probleem. Verder geef je hier aan wie de opdrachtgever is, je beschrijft de opdracht, je noemt de namen, afdelingen en functies van de opdrachtgever(s) en de overige opstellers van de businesscase, en tot slot geef je aan wat de doelstelling is van de businesscase.

3 Onderwerp

In het derde hoofdstuk werk je de achtergrondinformatie bij het onderwerp verder uit en licht je het onderwerp toe. Je beschrijft op gedetailleerde wijze welke ontwikkelingen zich nu en in de toekomst mogelijk voordoen ten aanzien van het onderwerp.

4 Investeringskader

In dit hoofdstuk baken je de investering af. Je kijkt in de eerste plaats naar wat de opdrachtgever met de investering wil bereiken: wat is het doel van de investering? Het is van belang om te weten wat voor 'soort' investering het betreft. Je kunt daartoe de investering in een van de vier kwadranten van figuur 8.1 plaatsen. Het dwingt je ook om aan te geven of het hier een technisch of een organisatorisch probleem betreft, of dat het gaat om een mix van beide. In de tweede plaats bepaal je samen met de opdrachtgever de relevante beoordelingscriteria voor de businesscase en je licht toe waarom deze criteria van belang zijn. Besef dat criteria subjectief, dus persoonsgebonden, zijn en dat de keuze voor criteria de uiteindelijke uitkomst kan beïnvloeden. Het zo veel mogelijk objectief maken van de criteria kan van belang zijn, en dat kun je doen door verschillende betrokkenen te vragen naar hun criteria. Je kunt aan de criteria eventueel een wegingsfactor toekennen, waarmee je het relatieve belang van ieder criterium aangeeft.

Figuur 8.1   Categorieën ICT-investeringen

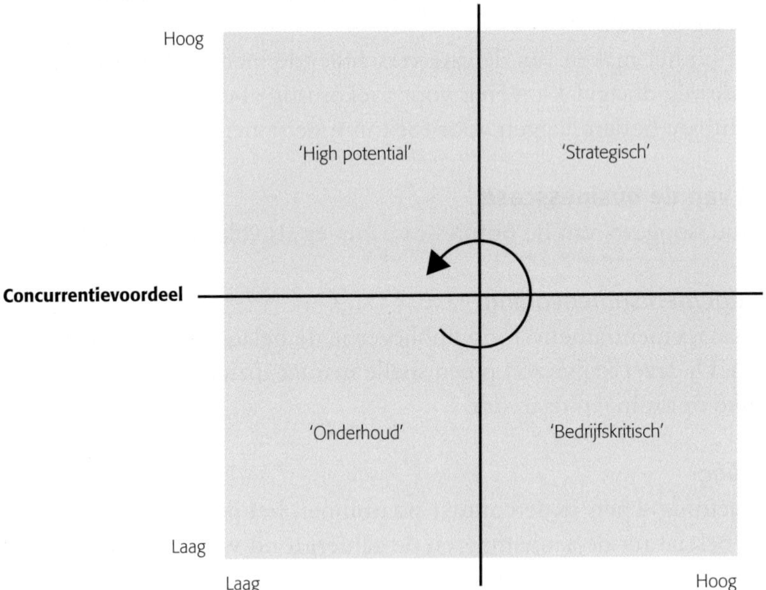

	Noodzaak Laag	Noodzaak Hoog
Concurrentievoordeel Hoog	'High potential'	'Strategisch'
Concurrentievoordeel Laag	'Onderhoud'	'Bedrijfskritisch'

In de derde plaats geef je in het investeringskader concreet aan wat de reikwijdte is van de case. Hiermee wordt duidelijk:

- op welke periode de analyse betrekking heeft;
- op welke onderdelen van de organisaties de case betrekking heeft (producten, processen, organisatieonderdelen);
- op welke techniek de case betrekking heeft;
- op welke locaties de case betrekking heeft.

Omdat iedere case betrekking heeft op een (deels onvoorspelbare) toekomst, is het raadzaam om een aantal vooronderstellingen (bijvoorbeeld ten aanzien van klantvolumes, prijspeil of tarieven) te doen; hiermee vereenvoudig je de toekomst en krijg je er meer grip op. Het is van belang om deze vooronderstellingen goed vast te leggen, zodat hier achteraf geen onduidelijkheid over kan bestaan. Het documenteren van de vooronderstellingen is het vierde onderdeel in het investeringskader.

In de vijfde plaats ga je alle mogelijke investeringsalternatieven schetsen, de zogenoemde scenario's. Er zullen immers verschillende manieren zijn om te komen tot een investering. Je beschrijft in de eerste plaats het nulalternatief. Dit kun je zien als een scenario op basis van de huidige situatie van de organisatie. Het geeft min of meer aan welke consequenties de organisatie kan verwachten als je de bestaande situatie doorvertaalt naar de toekomst (dit noemen we extrapoleren). Om het nulalternatief in kaart te kunnen brengen zul je bij het ontbreken van de noodzakelijke details een nulmeting moeten doen.

Tot slot voer je een quickscan op de scenario's uit aan de hand van de volgende aspecten: security, communicatie, organisatie, personeel, administratieve organisatie, financiën, informatievoorziening, juridisch, technologie, en huisvesting (SCOPAFIJTH). Op deze manier maak je de verschillen en overeenkomsten tussen de scenario's inzichtelijk. Op basis van de vergelijking kun je bepalen welke scenario's je verder gaat uitwerken. Je licht toe waarom je bepaalde scenario's niet verder uitwerkt.

5 Bijdrage bedrijfsdomein

In het vijfde hoofdstuk leg je een relatie tussen de investeringsscenario's uit het vorige hoofdstuk en de organisatiedoelstellingen. Je geeft aan hoe de investering kan bijdragen aan het behalen van de doelstellingen. Je kunt hiertoe een hiërarchie van doelstellingen opstellen of doelen clusteren. Het hoogste organisatiedoel, bijvoorbeeld 15 procent ROI, zou je als uitgangspunt kunnen nemen, maar in de praktijk zal het lastig zijn om de bijdrage van de ICT-investering hieraan te koppelen. Je kunt daarom ook uitgaan van de functionele doelen, zoals verkoopdoelen, inkoopdoelen of productiedoelen. Op die manier is het eenvoudiger aan te geven hoe ICT kan ondersteunen in het behalen van de doelen. In plaats van uit te gaan van functionele doelen kun je ze ook clusteren door bijvoorbeeld doelen te onderscheiden die enerzijds gericht zijn op opbrengstverhoging (percentage hogere verkopen, percentage hogere marge) en anderzijds doelen die gericht zijn op kostenverlaging (percentage lagere verkoop-, inkoop- of productiekosten). Ook in dat geval is het eenvoudiger om te bepalen hoe de verschillende scenario's kunnen bijdragen aan het bereiken van deze doelen. Bijdragen aan het bedrijfsdomein, de baten, kun je beschrijven in meetbare, financiële termen en in kwalitatieve termen.

In het laatste geval beschrijf je de baten in termen van toegenomen flexibiliteit, extra gemak, toegenomen werkplezier, verbeterde toegankelijkheid of hogere tevredenheid. Uiteindelijk is het zaak om ook de kwalitatieve baten zo veel mogelijk te vertalen in financiële baten, omdat het objectieve maatstaven zijn op basis waarvan je kunt beslissen.

6 Impact en risico's

Bij de impact kijk je naar de invloed die de verschillende scenario's kunnen hebben op de bedrijfsvoering en de techniek. Bij de impact op de bedrijfsvoering beschrijf je in ieder geval de gevolgen voor:
- de procesinrichting;
- de procesbeheersing;
- de bemensing;
- het functioneel beheer van systemen (wie is de 'eigenaar'?).

Ten aanzien van de gevolgen voor de techniek beschrijf je onder meer:
- de continuïteit (kun je de procesgang waarborgen?);
- de mate van innovatie (is het nieuw voor de organisatie?);
- de beveiliging (hoe is de technologie te beveiligen?);
- de levenscyclus van de technologie (hoe oud is de technologie?).

De impact kun je meten met behulp van een zogenoemde wat-als-analyse, een kwalitatieve methode waarbij je je afvraagt 'wat gebeurt er als…?' Op deze manier krijg je door middel van beredenering inzicht in mogelijke oorzaak-gevolgrelaties. Daartoe geef je voor ieder risico aan wat de kans is dat het risico zich voordoet (hoog-midden-laag) en welke impact het risico zou hebben als het zich werkelijk voordoet (hoog-midden-laag). Vervolgens kun je alle risico's per scenario in schemavorm overzichtelijk presenteren. Risicomanagement (riskmanagement) is een apart vakgebied en heeft tot doel om in een vroeg stadium de relevante risico's te onderkennen en om vervolgens maatregelen te nemen waardoor de risico's tot een aanvaardbaar niveau worden teruggebracht.

7 Financiële impact

De objectiefste vergelijkingsgrond is die van de financiële kosten en baten. Daartoe moet je de kosten en de baten per scenario inzichtelijk maken. Deze kun je vervolgens weergeven in een kasstroomoverzicht, zoals afgebeeld in tabel 8.1.
Er zijn verschillende methoden om de kosten en de baten te calculeren. Het is van belang om in te zien dat een investering niet eenmalig is maar dat de totale kosten en inkomsten die ermee gemoeid zijn zich over een aantal jaren uitstrekken. De businesscase houdt rekening met de gehele verwachte levenscyclus (dit kun je zien als de levensduur) van de ICT-investering. Gedurende deze levenscyclus is er op verschillende momenten sprake van kosten en baten. We spreken in dit verband ook wel over total cost of ownership (TCO).

Tabel 8.1   Voorbeeld kasstroomoverzicht (alleen de kosten)

Uitgaven (× 1000 euro)	2010	2011	2012	2013	2014	Totaal
Scenario 1						
uitgavensoorten:						
Hardware	200	25	25	25	25	300
Software	60	15	15	15	15	120
Training	15	7	7	3	3	35
Totaal	275	47	47	43	43	455
Cumulatief	275	322	369	412	455	
Scenario 2						
uitgavensoorten:						
Lease	150	30	30	30	30	270
Licenties	25	5	5	5	5	45
Maatwerk	200	125	125	100	100	650
Totaal	375	160	160	135	135	965
Cumulatief	375	535	695	830	965	

8 Conclusies en aanbevelingen

Op basis van de informatie in de voorgaande hoofdstukken van de businesscase volgt in het laatste hoofdstuk de vergelijking van de relevante scenario's. Op basis van deze vergelijking (zie ook tabel 8.2) worden de conclusies per scenario getrokken en de aanbevelingen gedaan. Uit de aanbevelingen komt naar voren welk scenario de voorkeur verdient. Bovendien geef je aan welke mensen en middelen benodigd zijn voor het bereiken van de doelstelling.

Tabel 8.2   Vergelijking van de scenario's

Scenario Aspect	1.	2.	3.
Eenmalige kosten	3 miljoen euro	2,5 miljoen euro	3,7 miljoen euro
Doorlooptijd implementatie	1 jaar	5 maanden	1,5 jaar
Kosten beheer en onderhoud	0,3 miljoen euro	0,2 miljoen euro	0,5 miljoen euro
Flexibiliteit	+	+	++
Past in strategie	++	-	+
Gebruiksvriendelijkheid	+	+	-
Samenvatting	goede investering	goedkoopste oplossing	duurste oplossing

9 Bijlage informatiebronnen

Hier vermeld je de informatiebronnen die als achterliggend feitenmateriaal hebben gediend voor het opstellen van de businesscase. Op die manier is voor iedereen terug te halen hoe je tot je oordeel bent gekomen.

8.2.6 Stappenplan voor een businesscase

De activiteiten die je tijdens de businesscase uitvoert hoeven niet parallel te lopen met de structuur van de inhoudsopgave, zoals we die hiervoor hebben besproken. De inhoudsopgave is opgebouwd volgens een bepaalde logica die de leesbaarheid en de begrijpelijkheid van de inhoud ten goede komt. De feitelijke uitvoering van de stappen hoeft in de praktijk niet altijd even logisch te zijn, maar een duidelijk stappenplan is wel noodzakelijk om de businesscase uit te kunnen voeren (zie ook figuur 8.2).

Stap 1. Intake
Als opsteller van de businesscase start je met een intakegesprek met de opdrachtgever. Hierin verken je de reikwijdte van de case, leg je de vraagstelling en opdrachtformulering vast en maak je afspraken over de taken, verantwoordelijkheden, randvoorwaarden, doorlooptijd en te besteden mensdagen.

Stap 2. Vaststellen baseline
Vervolgens breng je de huidige organisatie in kaart. Je kijkt hierbij naar de overkoepelende organisatiestrategie en naar alle operationele, technische, organisatorische en financiële aspecten. Bovendien leg je alle vooronderstellingen en aannames vast. De baseline is het vertrekpunt van waaruit je de case gaat uitwerken. De 'businesscase-eigenaar' of opdrachtgever moet hierop zijn akkoord geven.

Figuur 8.2 Stappenplan voor de businesscase

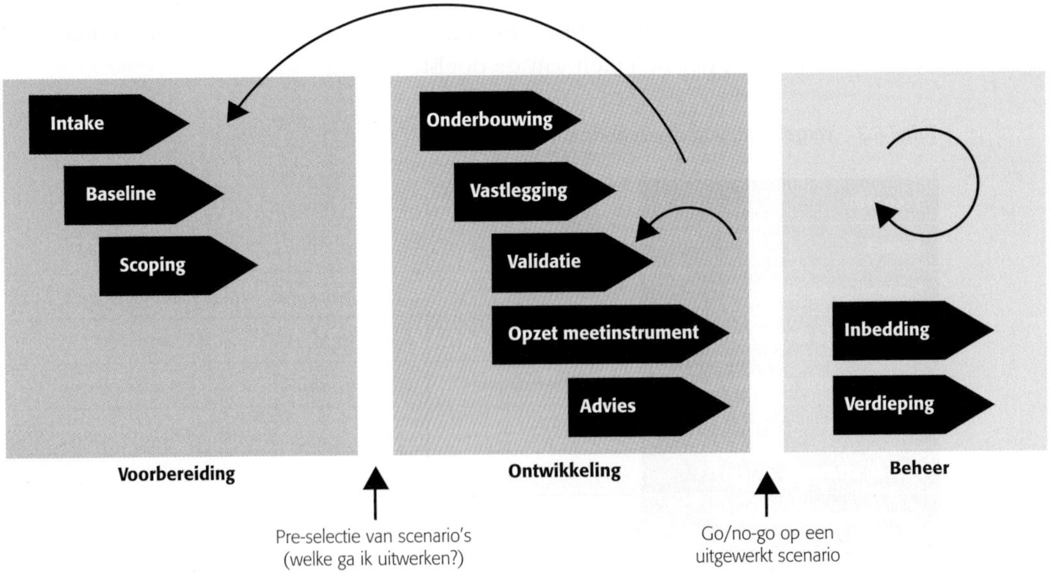

Voorbereiding: Intake, Baseline, Scoping
↑ Pre-selectie van scenario's (welke ga ik uitwerken?)

Ontwikkeling: Onderbouwing, Vastlegging, Validatie, Opzet meetinstrument, Advies
↑ Go/no-go op een uitgewerkt scenario

Beheer: Inbedding, Verdieping

Stap 3. Identificeren verbetergebieden en beoordelingscriteria (scoping)

In deze stap inventariseer je op welke gebieden je verbetering kunt boeken. Je redeneert daarbij primair vanuit de organisatiestrategie, waarbij je kunt denken aan het uitvoeren van een SWOT-analyse (sterkte-zwakteanalyse) of brainstormsessies. Vanuit de huidige situatie (baseline) probeer je de problemen te herkennen die de organisatie kan elimineren. Concrete technieken om dit te doen zijn onder andere **benchmarking** en **activity-based costing**. Je kijkt niet alleen naar mogelijke verbeteringen maar ook naar vernieuwingen die door de technologie ingegeven kunnen worden.

Naar aanleiding van de eerste drie stappen moet de opdrachtgever de scenario's kiezen die in het verdere verloop van de businesscase uitgewerkt gaan worden. De argumentatie voor het wel of niet kiezen van scenario's wordt in de businesscase vastgelegd.

Stap 4. Onderbouwen van scenario's

Nu de verbetergebieden in kaart zijn gebracht, dien je de scenario's zo veel mogelijk te kwantificeren. Zorg ervoor dat je kwantificeert in duidelijke grootheden als tijd, aantallen of geld. De gekwantificeerde baten uit de verbetergebieden kun je nu doorrekenen voor wat betreft hun financiële gevolgen.

Stap 5. Schematiseren van uitgaven, ontvangsten en risico's

Nadat je de uitgaven en ontvangsten in kaart hebt gebracht, zul je moeten aangeven wanneer deze bij benadering gerealiseerd gaan worden. Je controleert de samenhang tussen de diverse kosten en baten en kijkt welke activiteiten noodzakelijk zijn om de kosten en baten te realiseren.

Stap 6. Validatie van de businesscase

De opdrachtgever erkent met het geldig maken van de case, het valideren, dat de verbeteringen haalbaar zijn. Je gaat terug naar de bestaande situatie en je toetst de aannames. Hiermee creëer je draagvlak voor de gekozen oplossingsrichting(en).
In deze stap koppel je de businesscase aan een eigenaar, bijvoorbeeld de leidinggevende van een bepaalde afdeling of een lid van het managementteam die de portefeuille beheert.

Stap 7. Ontwikkelen van een monitoringinstrument

Bij het verder uitwerken van de case moet je inzichtelijk kunnen maken dat je de kosten en baten realiseert en de risico's beheerst. Je ontwikkelt daarvoor een meetinstrument, bijvoorbeeld een spreadsheet. Dit instrument toont de vooruitgang die je maakt ten opzichte van de baseline.

Stap 8. Advies

In de adviesfase trek je conclusies, deel je ervaringen en adviseer je de opdrachtgever over de te nemen vervolgstappen. Een vervolgstap zou de keuze voor een concreet scenario kunnen zijn.
Na de voorgaande stappen besluit de opdrachtgever over het wel of niet doen van

de investering en over het mogelijk uit te voeren scenario. In veel gevallen wordt de businesscase formeel ondertekend door de betrokken partijen.

Stap 9. Inbedden in de cyclus van Planning & Control
De verschillende kosten- en batenelementen uit de case krijgen nu een plaats in de financieel-administratieve procedures en systemen van de organisatie.

Stap 10. Verdiepen, aanvullen en aanpassen van de businesscase
De interne en de externe omgeving van de organisatie zijn aan verandering onderhevig en als gevolg daarvan kan de context van de businesscase veranderen gedurende de periode waarin je eraan werkt. Gedurende het traject van de case zul je moeten bijsturen en veranderingen in de case moeten aanbrengen als de context daarom vraagt. Het betreft hier bijvoorbeeld het bijstellen van de aannames of het verbreden van de case indien je nieuwe kosten of baten identificeert.

8.3 Projectmanagementmethoden

Vernieuwingstrajecten worden vaak in **project**vorm uitgevoerd. In de regel zullen deze vernieuwingen geïnitieerd worden naast een bestaande situatie. Een andere mogelijkheid is uitbreiding van activiteiten. De projectvorm kent een eigen begroting in geld en tijd. Hierdoor kan het project onafhankelijk van de gewone bedrijfsresultaten beoordeeld worden. Projecten ontstaan uit ideeën. Vaak zijn deze nog niet uitgekristalliseerd. Een project kenmerkt zich bij aanvang vaak door prachtige dromen en vage opdrachten. Projecten moeten zo veel mogelijk onafhankelijk van de bestaande situatie uitgevoerd kunnen worden. Toch is er in eerste instantie geregeld weinig speelruimte: maar al te vaak bestaat de wens om al gedurende het project te profiteren van de deelresultaten daarvan. Ook komt het voor dat de omgeving verandert tijdens de uitvoering van het project, waardoor de spelregels aangepast moeten worden. Het is een hele klus om een project te voltooien, maar een project goed beginnen is nog moeilijker. Om te voorkomen dat een project zonder enige structuur uitgevoerd wordt, zijn er allerlei projectmethodieken beschikbaar, zoals Projectmatig creëren en PRINCE2®. In elke projectmethodiek vindt er onderweg en na afloop een verantwoording plaats van bestede gelden en tijd. De mate waarin er rapportering plaatsvindt en hoe is afhankelijk van de gekozen projectmethodiek. Naast de algemene projectmethodieken bestaan er ook methodieken specifiek voor IT-projecten. Bij softwareontwikkeling wordt vaak gebruikgemaakt van methodieken voor Rapid Application Development (RAD). Het doel van dergelijke methodieken is om, zoals de naam al aangeeft, in korte tijd software te ontwikkelen. De hoge ontwikkelsnelheid wordt bereikt door met voortdurende gebruikersparticipatie, workshops, prototyping en binnen vastgestelde time-boxes iedere keer gedeelten van het project te realiseren. Telkens wordt weer een voltooid deel toegevoegd. We noemen dit incrementeel werken. Een tweede principe is de iteratie (de herhaling). Ontwikkelstappen zullen verfijnd worden herhaald. Door van globaal naar specifiek te werken wordt het ontwikkelproces weliswaar verschillende malen doorlopen, maar worden fouten in een vroeg stadium voorkomen. Deze ontwikkelmethoden zijn ook uitermate geschikt voor de tegenwoordig veel toegepaste objectgeoriënteerde systeemontwikkeling. Daarbij worden programmaonderdelen als herbruikbare objecten ontwikkeld. Het goed gebruiken van deze objecten leidt weer tot een verkorting van de ontwikkeltijd. Voorbeelden van op RAD gebaseerde ontwikkelmethoden zijn RUP (Rational Unified Process), XP (extreme programming), Scrum en DSDM (Dynamic System Development Methodology). Oudere systeemontwikkelingsmethodieken gebruiken een stap-voor-stapuitvoering. Dit noemt men lineaire systeemontwikkelingsmethoden of watervalmethoden. Deze methoden zijn overzichtelijker omdat telkens één ontwikkelstap genomen wordt. Pas na afsluiting en accordering kan de volgende stap genomen worden. Nadeel hiervan is dat de volgende ontwikkelgroep pas kan starten als de vorige klaar is met het werk. Bovendien vertrekken de voorgangers, zodat het doorgeven van aanvullende informatie vaak moeilijk zal verlopen. Een voorbeeld van een lineaire systeemontwikkelingsmethode is SDM2. Het gaat te ver om hier een hele projectmethodiek of een softwareontwikkelingsmethodiek te behandelen of de verschillen tussen verschillende methodieken. We beperken ons tot een aantal kernzaken die in een of andere vorm altijd terug te vinden zijn in een methodiek. Elk project kent ook een ik-, wij-, zij- en een het-kant. Ik, wij en zij gaan vooral over de menselijke kant in het project, maar daar gaan wij hierna niet verder op in. In dit hoofdstuk gaat het voornamelijk over de het-kant: het feitelijke product en hoe tot dit product te komen.

8.4 Scrum

De laatste jaren worden steeds vaker onderdelen van Scrum gebruikt in projectmanagement van IT-processen. Scrum is een ontwikkelmethode die gebaseerd is op het Agile Manifesto (zie paragraaf 7.2.2). Een voorbeelden van een gereedschap uit Scrum is de indeling van een project in kleinere onderdelen, de zogenoemde SPRINTS. Elke sprint start met een stand-up meeting waarbij alle betrokkenen hun inzet en planning aangeven. De projectgroep komt regelmatig bij elkaar om de voortgang te bespreken. Vaak gebeurt dit in een kwartier aan het begin van elke dag. Problemen kunnen snel gesignaleerd worden en oplossingen kunnen ter plekke bedacht worden. Na afronding van een sprint start de volgende.

Scrumpoker

Een techniek die bij ontwikkelen met Scrum wel gebruikt wordt, is planning poker. Alle deelnemers krijgen genummerde kaarten en kunnen voor een sprint een van hun kaarten gesloten op tafel leggen. De hoogte van de kaart geeft aan hoe moeilijk en/of tijdrovend zij deze sprint vinden. Als iedereen zijn kaart heeft neergelegd, worden de kaarten omgedraaid. De deelnemers kunnen vervolgens aangeven waarom zij deze sprint als makkelijk of moeilijk ervaren. Doel van deze werkwijze is het bereiken van consensus over de omvang en tijdsbelasting van een sprint. De methode heeft een aantal voordelen. Als er zonder scrumpoker gesproken wordt over een bepaalde sprint, kan een deelnemer de anderen sterk beïnvloeden. Als een gerespecteerde deelnemer stelt dat een sprint erg eenvoudig

Figuur 8.3   Binnen Scrum worden projecten opgedeeld in kleinere deeltaken. Foto: Fotalia, liubomirt.

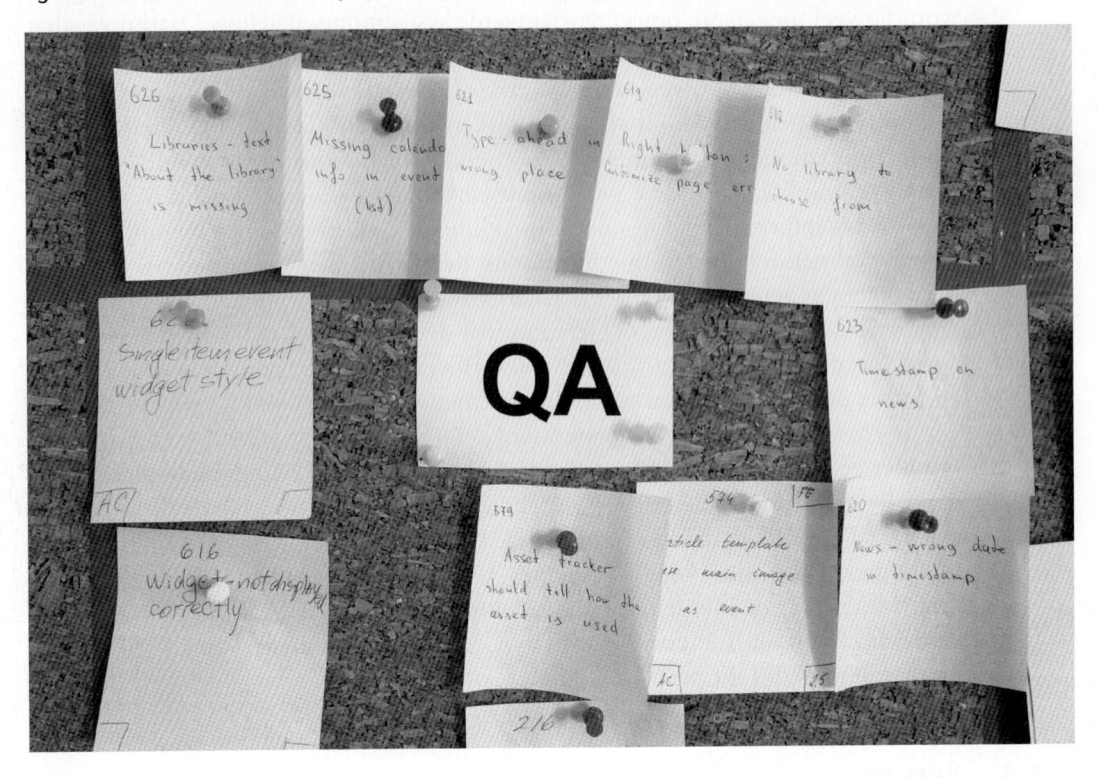

lijkt, kunnen de anderen gemakkelijk overtuigd worden. Andersom kan vooraf een sprint ook als erg zwaar ervaren worden. Verder leert men veel over de ervaring van de andere deelnemers en hun onderschatting of overschatting van hun capaciteiten. Men kan scrumpoker zelfs gebruiken om de deelnemers aan een sprint te selecteren.

8.5   De projectdefinitie

Een project staat of valt met de projectdefinitie. Wat is het uitgangspunt van het project? Wat moet er bereikt worden door de voltooiing van het project? Welke partijen spelen mee? Dit zijn heel directieve vragen, die de opdrachtgever/manager vaak in enkele zinnen wil beantwoorden. Daarbij wordt voorbijgegaan aan de waaromvraag. Waarom wil de opdrachtgever dit project starten? Wat wil hij met dit project bereiken? Vaak heeft de opdrachtgever een beter beeld van het product dat hij wil hebben dan van hoe hij dit product wil inzetten in zijn organisatie. Hij heeft de hoevraag al globaal beantwoord bij het verstrekken van de projectopdracht. Door een degelijke projectdefinitie kan ook ruimte gereserveerd worden voor een creatief proces. In plaats van te komen met een kopie van wat de branchegenoten al gerealiseerd hebben, kan er sprake zijn van echte vernieuwing en verbetering.

Supermarkten zoeken nieuwe wegen

Dat tussen supermarktketens grote concurrentie bestaat, is bepaald geen nieuws. Supermarktketens moeten zich profileren om hun concurrentiepositie te handhaven of te verbeteren. Elke keten is op het idee gekomen om zich via een website te profileren. Waarom wil je als supermarkt een website beginnen en onderhouden. Wat wil je je klanten aanbieden en met ze delen?

Als we kijken naar de website van de Belgische winkelketen Colruyt, dan zien we veel dynamiek en veel activiteiten naast de gebruikelijke supermarktinformatie. We vinden nieuwsrubrieken, recepten voor voedselbereiding, speciale thema's gekoppeld aan een tijdelijk assortiment, webshops, een giftshop en een thuisbezorgservice. De website is niet alleen een ondersteuning van de supermarktactiviteiten, maar ook een uitbreiding daarop. Er is onderzoek gedaan naar nieuwe mogelijkheden en deze zijn in de website geïmplementeerd. Een sterk punt is ook, maar dat ligt voor de hand in België, dat de website zowel in het Nederlands als in het Frans beschikbaar is. Helaas is het aanbod aan mogelijkheden nu al zo groot, dat het allemaal niet meer op de pagina past. Andere supermarktketens, zoals Albert Heijn en Jumbo bieden ook steeds meer op hun website, en proberen ook de dynamiek te vinden. Ook hier geldt ruimtegebrek waardoor er een minder overzichtelijke website ontstaat. Andere supermarktketens timmeren minder aan de weg. Hun websites geven vooral de weekfolder weer zoals die ook huis-aan-huis verspreid wordt. Zij beperken de website zoveel mogelijk om de kosten te beperken, maar mogelijk ook omdat zij niet weten wat zij verder zouden moeten presenteren om klanten te werven en behouden. Vergelijk maar eens verschillende supermarktwebsites.

De projectopdracht moet in het algemeen voldoende ruimte bieden voor creativiteit van de opdrachtnemers. De projectgroep wordt ingehuurd om vernieuwing of verbetering gestalte te geven en niet alleen om een opdracht uit te voeren. Aan het begin van een opdracht is doorgaans hooguit 20 procent van het verwachte resultaat benoemd. Dat is een vrij normale situatie. De rest leeft wel ergens, maar wordt niet aan de projectgroep bekendgemaakt. Dat is geen onwil, maar eerder een communicatieprobleem. Zo wordt het wel erg moeilijk om de vraag te begrijpen. Moderne projectmanagementmethoden hebben gereedschappen om de verwachte resultaten helderder te krijgen. Een hulpmiddel om inzicht te krijgen in de achtergronden van de te verbeteren situatie is de **Ishikawa-analyse** (visgraatanalyse).

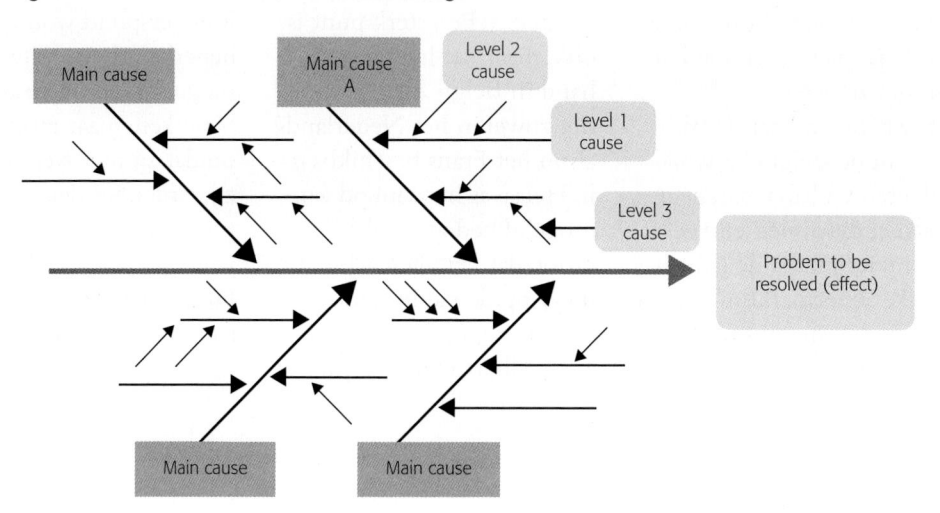

Figuur 8.4 Het raamwerk van een Ishikawadiagram

Bij een Ishikawa-analyse zetten we het probleem bij een horizontale pijl. De belangrijkste oorzaken komen te staan bij pijlen die naar de centrale pijl wijzen. Achterliggende oorzaken (Level 1) wijzen weer naar de vorige pijlen en zo kunnen vertakkingen doorgaan.

Uiteindelijk geeft de projectdefinitie een heldere uiteenzetting van de volgende onderdelen:
- de achtergrond van de opdrachtgever;
- de aanleiding tot het project;
- de probleemstelling (de huidige niet-wenselijke situatie);
- de doelstelling (de toekomstige wenselijke situatie);
- het verwachte resultaat;
- de afbakening van het resultaat;
- de relatie met andere projecten;
- de gebruikers van de uitkomsten van het project;
- de effecten;
- de randvoorwaarden.

Figuur 8.5   Voorbeeld van een Ishikawa-analyse

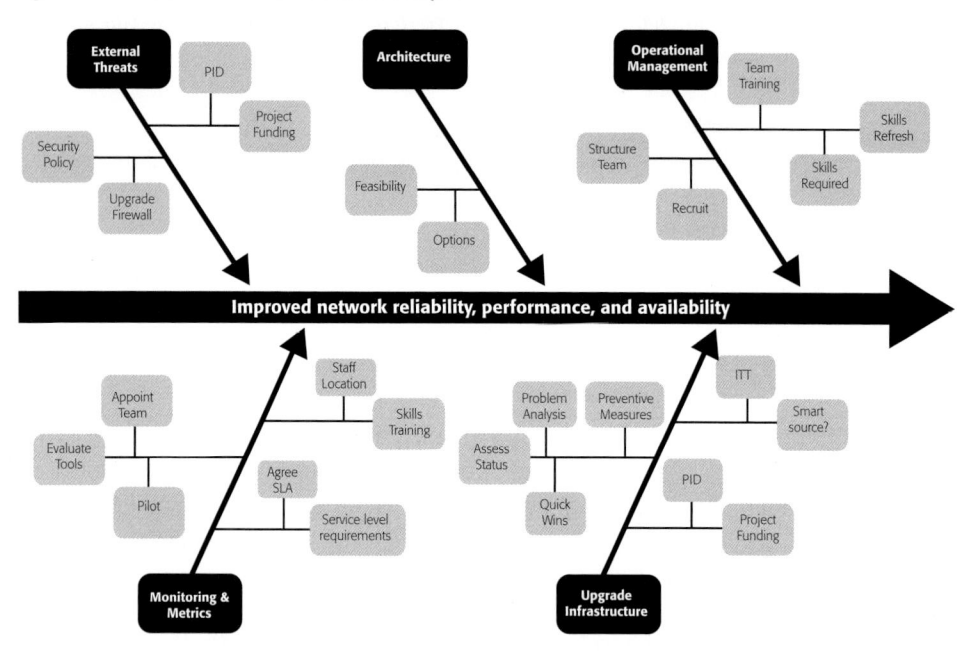

Op enkele belangrijke onderdelen gaan we in dit hoofdstuk nader in. Andere onderdelen worden in boeken over projectmanagement uitgebreid beschreven.

8.5.1   De doelstelling

De doelstelling van een project is een beschrijving van de zin van het project. In feite geeft het de ambitie van de organisatie weer. Vaak wordt de doelstelling nogal abstract en royaal geformuleerd. Termen als 'bijdragen aan' of 'bevorderen van' zijn veelvoorkomende zinsneden bij de formulering van de doelstelling. De doelstelling van een project moet niet verward worden met het projectresultaat. Wat in het projectresultaat vermeld staat, is dat wat de projectgroep moet opleveren. De projectleider is verantwoordelijk voor het realiseren van het resultaat. De doelstelling is een abstracter begrip; de projectleider zorgt door het behalen van het projectresultaat dat de doelstelling van de onderneming dichterbij komt. Juist omdat de zingeving van een project een vaag begrip is, formuleert bijvoorbeeld PRINCE2® deze heel scherp. 'De businesscase in de uitgangssituatie beschrijft de doelstelling van het project. Deze vindt zijn weerslag in het projectmandaat.' Er zijn veel verschillende definities voor de businesscase. Vaak wordt de businesscase geassocieerd met de winstgevendheid van een plan, bijvoorbeeld uitgedrukt in de ROI of de netto contante waarde. De businesscase kan daarnaast ook inzicht in aanpak, planning, relaties met en bijdragen aan andere activiteiten en kwalitatieve baten omvatten. De businesscase levert bij de aanvang van een project in ieder geval een goed beeld op van de projectscope, de benodigde mensen en middelen, de planning en de te realiseren kwantitatieve en kwalitatieve baten.

Voorbeeld van een doelstelling:
Een onderneming wil haar marktpositie versterken door een verbreding van haar verkoopkanaal en het aantrekken van nieuwe klantgroepen.

We zien hier een algemene beschrijving met een verfijning naar twee aspecten ervan, maar de totale beschrijving blijft erg oppervlakkig. Beter zou al zijn:

Voorbeeld van een doelstelling:
Een onderneming wil haar marktpositie versterken door een verbreding van haar verkoopkanaal en het aantrekken van nieuwe klantgroepen. Binnen twee maanden na de lancering moet tien procent meer nieuwe klanten een eerste aankoop hebben gedaan via het nieuwe verkoopkanaal zonder aantasting van de bestaande verkoopkanalen.

Op deze wijze is de doelstelling toch kwantificeerbaar. Ze voldoet daarmee aan de SMART-regels: de doelen zijn Specifiek, Meetbaar, Acceptabel, Realistisch en Tijdgebonden. De doelstelling geeft wel een richting aan de ontwikkelingen, maar nog geen mogelijke oplossing. Die vinden we terug in de beschrijving van het projectresultaat.

Voorbeeld van de beschrijving van het projectresultaat:
We maken een interactieve website waarop een assortiment van duizend artikelen aangeboden wordt. Klanten moeten door een eenvoudige gebruikersinterface een bestelling van één artikel kunnen plaatsen binnen twee minuten (voor een nieuwe klant) en in vier muisklikken (voor een bestaande klant). De klant moet de orderbevestiging binnen vijf minuten per e-mail ontvangen. Op deze orderbevestiging staat ook de levertijd. Een afdruk van de order met magazijnlocaties moet in het magazijn komen op het moment dat de totale order ingepakt kan worden.
Het projectresultaat is specifiek benoemd en valt onder de verantwoordelijkheid van de projectmanager. Hij verbindt zich hiermee om overeenkomstig de beschrijving producten te leveren. De weg om tot die producten te komen is lang en onzeker. Als de projectgroep alle onderdelen volgens beschrijving levert, behaalt deze een positief projectresultaat. Het zal duidelijk zijn dat het maken van een goede resultaatbeschrijving een secuur werk is, waarvoor meermalen met de opdrachtgever onderhandeld moet worden. Overigens, als het projectresultaat volgens specificaties gerealiseerd wordt, is dit nog geen garantie dat ook de doelstelling bereikt is. Die is immers ook afhankelijk van een groot aantal factoren buiten de scope van het project. Zo zal er ook een doelgerichte marketingactie moeten komen om de website te promoten.

8.5.2 Afbakening van het resultaat

Opdrachtgevers verwachten vaak te veel. Zij raken geïrriteerd door projectleiders die een verfijnd projectresultaat willen beschrijven. Als de projectleider vervolgens ook gaat beschrijven wat **niet** tot de scope van het project behoort, kan de sfeer echt vervelend worden. Bedenk dat deze sfeer beter aan het begin van het project (even) kan bestaan, dan aan het einde. Als de verwachting van de opdrachtgever is dat het hiervoor beschreven projectresultaat inclusief de marketingactiviteiten bedoeld is om nieuwe klanten te werven, dan zal de teleurstelling aan het einde van het project groot zijn. De verwachtingen worden niet gehaald en dus wordt de rekening ook niet betaald. Geef dus duidelijk aan wat niet tot het project behoort.

8.5.3 Situationeel specifiek projectmanagement

In specifieke situaties kan het gebeuren dat de weg belangrijker is dan het projectresultaat. Er kan wel een projectdiagnose uitgevoerd worden, maar het projectresultaat kan bij de aanvang van het project nog niet vastgesteld worden. Er kunnen zich situaties voordoen waarbij de interne of externe dynamiek zo groot is dat de projectafbakening uiterst moeilijk is. Hoewel de bestuurbaarheid van het project hiermee in het geding komt, kan een op RAD gestoelde methodiek toch gebruikt worden. De inzet van een sterke gedelegeerde gebruiker uit de organisatie zorgt niet alleen voor de legitimatie van het project, maar ook voor het tijdig bijstellen van het te verwachten projectresultaat. Lijnmanagers met weinig ervaring met ICT-projecten of met slechte ervaringen met ICT-projecten zullen een dergelijke projectgang niet (kunnen) toelaten. Lijnmanagers in sterk innovatiegerichte ondernemingen met ervaren ICT-projectteams accepteren deze vorm van projectmanagement vaak zonder problemen.

8.6 Projectcontract

Het **projectcontract** bevat niet alleen de **projectdefinitie**, maar ook het **activiteitenplan** en het beheerplan. De opdrachtgever wil namelijk niet alleen beschreven zien wat hij aan resultaat gaat ontvangen, maar ook met welke planning het tot stand komt. Uiteindelijk stelt hij geld, mensen, ruimte en tijd beschikbaar. Deze inzet moet verantwoord kunnen worden. De omvang en de complexiteit van een project bepalen mede de omvang van het projectcontract. Bij heel grote projecten huurt de opdrachtgever een projectbureau in om de projectcontracten voor de projectonderdelen te bewaken. Voor de aanleg van de Noord-Zuidlijn van de Amsterdamse metro, een project van tien jaar waarbij vele duizenden personen in honderden bedrijven betrokken zijn, is een projectbureau van tientallen personen voortdurend actief met uitsluitend het bewaken van de projectcontracten en het tussentijds aanpassen daarvan. Hoewel de gemeente Amsterdam beslist capabele mensen in dienst heeft, is dit project zo groot dat het beter uitbesteed kan worden. De ervaring leert dat bij dergelijke grote projecten een degelijke projectbewaking onmisbaar is. Voor kleine projecten is een omvangrijke organisatie niet nodig en kan ook het projectcontract beknopt gehouden worden. Een goed opgesteld projectcontract levert een goede werksituatie op waarin ook tegenvallers opgevangen kunnen worden.

8.7 Activiteitenplan

Het activiteitenplan geeft aan wanneer er door wie waaraan gewerkt gaat worden. Daarbij ontstaat er direct een valkuil. Een te grote detaillering betekent veel werk aan het projectcontract, waardoor er weinig tijd overblijft voor de feitelijke uitvoering. Bovendien ontstaan er snel kleine afwijkingen, die stuk voor stuk gerapporteerd moeten worden en waardoor er aanpassingen aan de planning gedaan moeten worden. Een te vrije activiteitenplanning daarentegen zorgt voor een ophoping van activiteiten in de buurt van de eindstreep, en daarmee neemt de kans op overschrijding van de deadline toe.

Het projectteam maakt gebruik van diverse instrumenten voor zijn activiteitenplan. Deze instrumenten vallen uiteen in drie groepen:

1 structuur;
2 fasering;
3 planning.

8.7.1 Structuur

De structuur wordt bepaald door het benoemen van de deelproducten of van de activiteiten. In het eerste geval is er sprake van een **PBS (product breakdown structure)**, in het tweede van een **WBS (work breakdown structure)**.

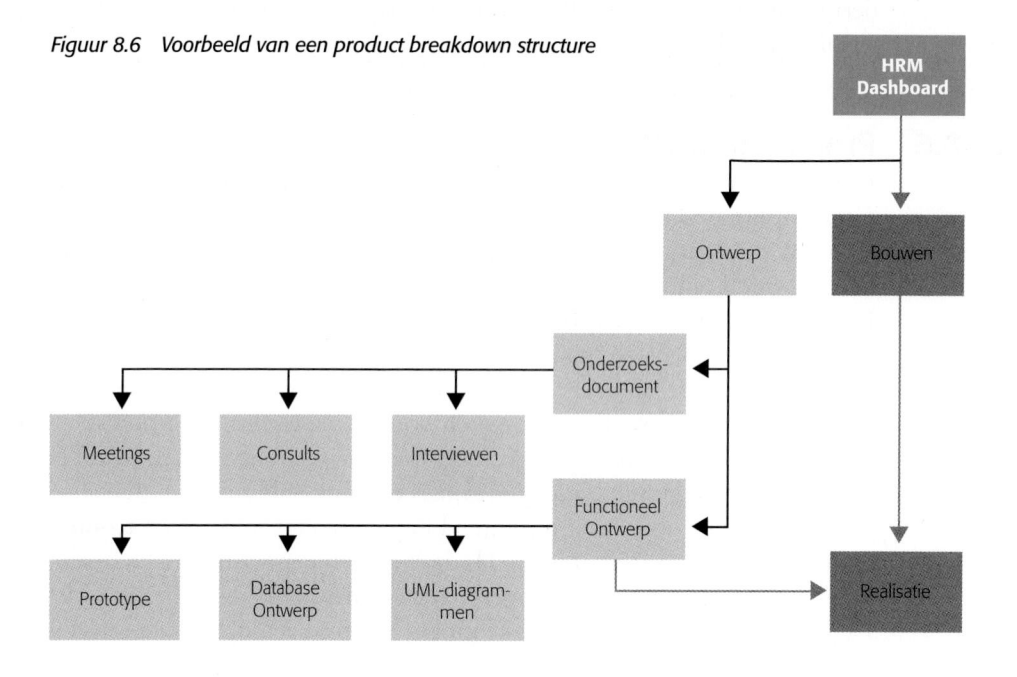

Figuur 8.6   Voorbeeld van een product breakdown structure

Soms worden activiteiten en producten beide benoemd in de structuur. Zo zien we in figuur 8.6 het product 'interviewen'. Is dit nu een product of een activiteit? Het mengen van producten en activiteiten leidt tot onoverzichtelijke en dus ongewenste situaties. Als er al een combinatie van een PBS en een WBS gemaakt wordt, dan volgt de WBS uit de PBS en niet andersom. We benoemen dus eerst de producten in het PBS, en leiden daarvan de activiteiten af die in het WBS benoemd worden. Zowel bij PBS als bij WBS moeten de benoemde producten of activiteiten van vergelijkbare grootte zijn. Desgewenst kunnen producten of activiteiten op lagere niveaus verder gedetailleerd worden. Zo ontstaat een hele boom van producten of activiteiten. In kleinere automatiseringsprojecten zijn de producten vaak helder te benoemen. Daarom geeft men daar meestal de voorkeur aan een PBS en werkt men deze niet verder uit in een WBS.

8.7.2 Fasering

Bij de fasering gaat het om tijd en het beheersen van het ontwikkeltraject. Het geeft iedereen en vooral de opdrachtgever een goed gevoel als er weer een deelresultaat opgeleverd wordt. Door het benoemen van mijlpalen (milestones) in het projectcontract weet de opdrachtgever dat het project voortgang vertoont. De mijlpalen kunnen bovendien gelden als beslismomenten (go/no go). Deze momenten kunnen het einde van een project betekenen, maar vaker zullen het momenten zijn waarin gewacht moet worden op een verbetering van het deelresultaat voordat verdergegaan kan worden. De mijlpalen kunnen een groot effect hebben op de planning, en dit kan betekenen dat de deadline verschuift. Het aantal fasen in een project is afhankelijk van de omvang ervan. In een eenvoudig ICT-project kan een lineaire fasering bestaan uit:

1 initiatie en definitie (van idee tot projectcontract);
2 onderzoek;
3 analyse en ontwerp;
4 implementatie;
5 testen;
6 opleveren projectresultaat;
7 projectevaluatie.

Gebruiken we een methode die gestoeld is op **Rapid Application Development (RAD)**, dan zal de planning er anders uitzien. Er blijven mijlpalen bestaan, maar deze geven de resultaten van iteratieslagen aan en de incrementele oplevering van deelproducten.

8.7.3 Planning

Om een project zo snel mogelijk tot een goed einde te brengen, is een goede planning noodzakelijk. Omdat in een project verschillende mensen samenwerken, is het van belang om per deelnemer aan te geven wat hij op een bepaald moment gedaan moet hebben. Als een taak niet op tijd afgerond is, kan dit immers vertraging voor andere onderdelen van het project opleveren. De meeste mensen zijn geneigd om lineair te werken, dus stap voor stap. Moderne systeemontwikkelingsmethoden werken iteratief. Onderdelen van een project worden als bouwstenen ontwikkeld, geëvalueerd en in de volgende ontwikkelslag verbeterd. Per onderdeel wordt dus het product getest (unit test). Iteratieve processen controleren dus zichzelf. Voorafgaand aan de mijlpaalmomenten worden de opbrengsten samengevoegd tot een integraal geheel en ook dit wordt weer getest (integration test). Om tot een goede planning te komen, moet een aantal stappen worden doorlopen:

1 Stel de afhankelijkheden tussen de projectonderdelen vast.

2 Verdeel de projectonderdelen onder de teamleden.
3 Bepaal de mijlpaalmomenten.
4 Bepaal de doorlooptijden van de afzonderlijke projectonderdelen.
5 Bereken het kritieke pad, ofwel de totale doorlooptijd van het project.
6 Vergelijk de planning met de afgesproken start- en einddata. Bekijk nogmaals of de afhankelijkheden tussen de projectonderdelen geen belemmering vormen voor de voortgang van het project.

Voor de planning van een project zijn er verschillende hulpmiddelen. Veelgebruikt zijn de GANTT-planning, de Critical Path Analysis en de PERT-chart.

Figuur 8.7 Voorbeeld van een Critical Path Analysis

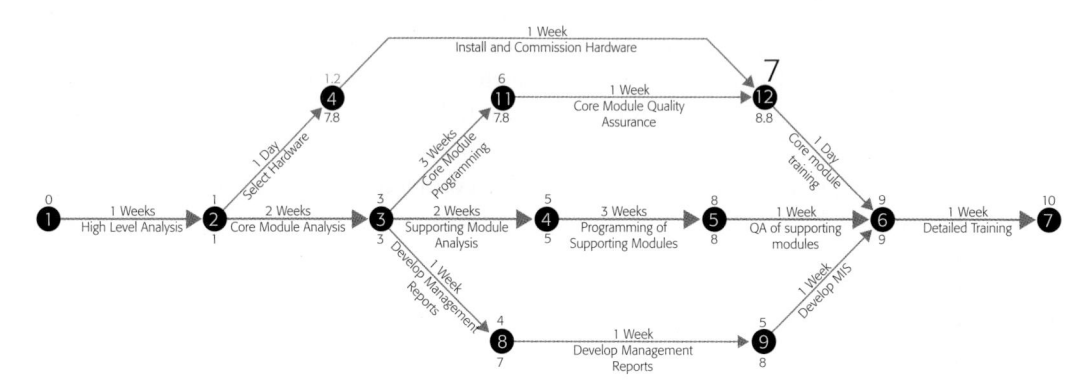

8.8 Beheersfactoren

Kenmerkend voor een project is dat het een beperkte periode omvat. Elk project kent een begin en een einde. Projectbeheersing is een belangrijk onderwerp. We moeten bewaken dat een project volgens de afspraken uitgevoerd wordt. Elke **projectmethodiek** kent daarvoor een aantal instrumenten als procesbewaking. Voor ICT-projecten geldt binnen **systeemontwikkelingsmethodieken** ook een productbewaking. Daarbij bestaat een spanningsveld tussen kwaliteit, ontwikkeltijd en middeleninzet. DSDM stelt dat de tijdige oplevering een eerste voorwaarde is. Eventueel zal slechts een deel van de functionaliteit geïmplementeerd zijn. Van tevoren moet dan een prioritering van de functionaliteiten afgesproken zijn. Omdat DSDM verschillende oplevermomenten kent, waarin steeds een deel van de functionaliteit incrementeel wordt toegevoegd aan de al opgeleverde functionaliteit, is reeds in een vroeg stadium een werkend en (binnen de oplevering) bruikbaar systeem aanwezig. Hierdoor wordt het afbreukrisico verkleind. Als door de opleveringen aanpassing in de ontwikkeleisen (requirements) of prioritering gewenst wordt, kan er tijdens de uitvoering van het project gevolg gegeven worden aan deze herzieningen. Uiteraard heeft dat consequenties voor de procesbewaking. Procesbewaking kent een aantal facetten, benoemd in het acroniem GOCKIT:

- geld;
- organisatie;
- communicatie;
- kwaliteit;
- informatie;
- tijd.

8.8.1 Geldbeheersing

Ondernemingen streven ernaar hun activiteiten meetbaar te maken. Er zijn budgetten voor de activiteiten en er zal verantwoording over de bestede middelen worden afgelegd. Dat geldt ook voor projecten. Er moet van tevoren gebudgetteerd worden. We moeten vooraf weten wat ongeveer de kosten van het project zullen zijn. Tijdens het project moeten de investeringen in geld, maar ook in inzet van mensen bewaakt worden. Na afloop van het project vindt een nacalculatie plaats. Bij veel projecten kijken we niet alleen naar de kosten, maar ook naar de verwachte opbrengsten. We spreken van de terugverdientijd (ROI = return on investment) als we aangeven hoelang het duurt voor de investeringen in het project terugverdiend zijn. Afwijkingen van de begroting moeten gemeld worden, inclusief de maatregelen (issue-handling) om het project toch succesvol af te ronden. Bij automatiseringsprojecten blijkt de geldbeheersing vaak onvoldoende, door onderschatting van het op te lossen probleem. Daarom wordt er soms tegen een vaste aanneemsom (fixed price) of met boeteclausules bij te late oplevering gewerkt. Ook in dergelijke situaties blijft geldbeheersing natuurlijk een belangrijk gegeven, alleen is het probleem van de opdrachtgever verlegd naar de uitvoerende organisatie.

8.8.2 Organisatiebeheersing

Organisatie binnen een project zorgt voor het optimaliseren van de samenwerking tussen de betrokken partijen. Welke mensen nemen we op in de projectgroep? Hoe coördineren we hun werkzaamheden? Welke rolverdeling is er binnen het projectteam? Kunnen alle taken door het projectteam uitgevoerd worden of moeten ook externe partijen ingeschakeld worden? Bij de organisatiebeheersing beschrijven we dus de inzet van mensen en middelen in de projectgroep en de onderlinge rolverdeling. Vaak worden er hiervoor twee organigrammen gemaakt, een voor de interne rolverdeling binnen de projectgroep en een voor de organisatie.

8.8.3 Communicatiebeheersing

Projectgroepen hebben de neiging om zich na de start van het project af te sluiten van de opdrachtgever. Traditionele ontwikkelmethoden ondersteunen deze afzondering. Pas als het resultaat (bijna) klaar is, wordt de projectgroep weer zichtbaar. Eigenlijk heeft iedereen daar vrede mee, totdat het beoogde resultaat gepresenteerd wordt. Dan blijken de opvattingen van de opdrachtgever vaak af te wijken van die van de projectgroep.

Zo ontstaat een tunneleffect (figuur 8.8). Moderne projectmethodieken stellen regelmatige communicatie met de opdrachtgever verplicht. Daarvoor bestaan verschillende instrumenten. Zo kent DSDM gefaciliteerde workshops en een zich met het project mee ontwikkelend prototype. De opdrachtgever ziet dan regelmatig hoe het project zich ontwikkelt, vormt zich een beeld van het uiteindelijke product en kan sturen naar een beter op de onderneming toegespitst resultaat. Ook het vaststellen van mijlpalen in een project dwingt opdrachtgever en projectgroep tot regelmatig, bijvoorbeeld wekelijks, overleg. Een laatste mogelijkheid is de voortgangsrapportage (zie paragraaf 8.10.1).

Figuur 8.8 Het tunneleffect. Bij traditionele softwareontwikkeling verdwijnt het ontwikkelteam na het vaststellen van de projectopdracht uit het zicht van de opdrachtgever om pas weer te verschijnen bij de oplevering. Moderne softwareontwikkelmethoden pleiten juist voor een regelmatige inhoudelijke beoordeling van de projectvoortgang, eventueel met tussentijdse aanpassingen van de opdracht.

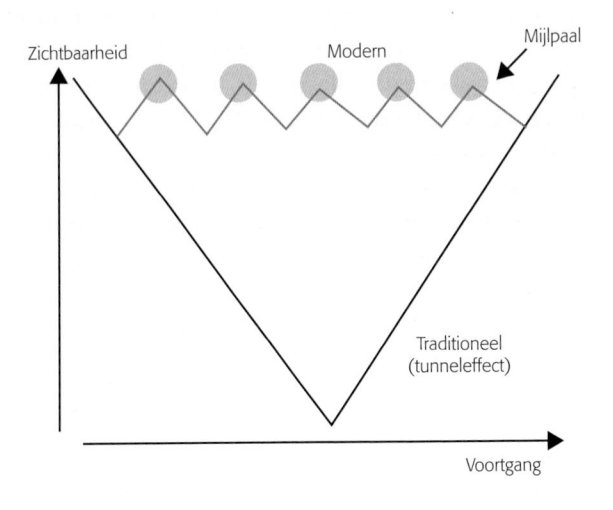

8.8.4 Kwaliteitsaspecten

Waarschijnlijk is kwaliteitsbeheersing de moeilijkste beheersingsfactor. In feite gelden bij kwaliteitsbeheersing de stelregels: 'Goed is goed genoeg' en 'We leveren wat afgesproken is en niets meer dan dat'. Zowel projectgroepen als opdrachtgevers komen tijdens het project extra mogelijkheden, uitbreiding van de opdracht, veranderende omstandigheden en voortschrijdend inzicht tegen. Het is erg verleidelijk om aan deze signalen toe te geven en af te wijken van de oorspronkelijke opdracht. Dit soort afwijkingen leidt echter tot hogere kosten en een langere looptijd van het project. Bovendien ontstaat het gevaar voor inconsistentie. Mogelijk wordt de applicatie minder stabiel, worden gegevens dubbel opgeslagen en ontstaan er verschillen tussen de verschillende programmaonderdelen. De kwaliteitsbeheersing moet ervoor zorgen dat aan de oorspronkelijke opdracht voldaan wordt zonder verdere toeters en bellen. Afwijkingen zijn wel mogelijk, maar moeten dan via een verandermanagementproces met duidelijke en goedgekeurde specificaties vastgelegd zijn.

8.8.5 Informatiebeheersing

Bij een project worden veel teksten geproduceerd. Zo zijn er vergaderverslagen, onderzoeksresultaten, de projectboekhouding, gemaakte afspraken en nog veel

Figuur 8.9   Voorbeeld van een eenvoudige informatiematrix (V = vaststellen, AD = advies geven, TK = ter kennisname ontvangen, O = opstellen, AR = archiveren, VR = verspreiden)

	Opdracht-gever	Gedelegeerd opdrachtgever	Projectleider	Projectteam-leden	Projectsecre-taris	Lijnmanager
Projectcontract	V	AD TK	O	O	O AR VR	TK
Beslisdocument	V	AD TK	O	O	O AR VR	TK
Voortgangs-rapportage	TK	TK	V	O	O AR VR	TK
Besluitenlijst projectteam		TK	V	TK	O AR VR	

meer. Informatiebeheersing zorgt ervoor dat alles goed gearchiveerd wordt. Bovendien zorgt informatiebeheersing mede voor het onderhouden van de interne projectrelaties. De projectsecretaris (een rol van een van de projectleden) moet zorgen voor de verspreiding van de documenten. Niet elk document zal voor elke deelnemer even relevant zijn. Een informatiematrix zorgt ervoor dat de deelnemers juist geïnformeerd worden. Een andere mogelijkheid is, dat er een centrale opslagplek is waar alle documenten door de betrokkenen op te vragen zijn. Gebruikers kunnen aanpassingen in documenten aanbrengen en deze daarna weer terugplaatsen. Een risico daarbij is, dat deze betrokkenen ook per abuis documenten kunnen verwijderen. Een goed beheersysteem met aangewezen beheerder is daarom een verplichting bij deze manier van werken.

8.8.6   Tijdbeheersing
Tijdbeheersing binnen een project kent twee facetten:
1   doorlooptijd;
2   bewerkingstijd.

De doorlooptijd zorgt voor het op tijd opleveren van het projectresultaat. Voortdurend zal de werkelijke projectvoortgang vergeleken moeten worden met de projectplanning. De belangrijkste meetinstrumenten hierbij zijn de afgesproken mijlpalen en de opleverdata van deelresultaten. Bij de bewerkingstijd houden we het aantal mensuren bij dat in het project wordt besteed.

8.9   Risicoplanning en risicomanagement
Beheersfactoren zijn er om een project smetteloos te laten verlopen. Er zijn echter altijd tegenslagen. Sommige projectmethodieken wapenen zich tegen tegenslagen door bufferweken in te roosteren, andere gaan uit van een eventuele geringere functionaliteit van het product. Er wordt dus alvast rekening gehouden met problemen. Om **risicoplanning** goed toe te kunnen passen, is het noodzakelijk om al

bij de start van het project onderzoek te doen naar de te verwachten risico's en de kans in te schatten dat deze zich zullen voordoen.

Een voorbeeld van risicoplanning: in de bouw kan bij vorst niet gemetseld worden. Er zijn dan zogenoemde niet-werkbare dagen. Het is redelijk goed in te schatten in welke periode er vorstdagen voorkomen. Daarmee kan rekening gehouden worden bij de planning van activiteiten, hetzij door het metselen buiten die mogelijke vorstperiode te doen, hetzij door de tijd voor metselen in die periode ruimer te plannen.

Risicomanagement is het aanvaardbaar en beheersbaar maken van onzekerheden binnen een project. Daarvoor kunnen de volgende drie stappen ondernomen worden:

1 de gevoeligheidsanalyse;
2 de risicoanalyse;
3 de risicobeheersing.

Bij de gevoeligheidsanalyse onderzoeken we bij de start van het project wat de kwetsbaarste onderdelen van het project zijn. Analoog aan de product breakdown structure maken we een risk breakdown structure. Zo kunnen we bijvoorbeeld risico's benoemen op het vlak van techniek, marktontwikkelingen, conflicterende belangen van afdelingen in de organisatie, en tijdige aanlevering van gegevens.

In de risicoanalyse werken we deze risico's verder uit en benoemen we de kritieke beheersfactoren voor elk risico. Zo kan een technisch probleem in het project mogelijk opgelost worden door het inhuren van een externe expert. Er moet dan wel een budget beschikbaar zijn om deze expert in te huren. Dit heeft invloed op de beheersfactor geld.

Bij de risicoanalyse gaan we uit van de formule 'kans × effect'. Als zowel de kans dat een risico optreedt als het effect van dit risico groot is, moeten uitgebreide voorzorgsmaatregelen genomen worden. De kans schatten is echter moeilijk. Historische gegevens of statistieken kunnen helpen bij het schatten van kansen. Door de uitkomst van de formule 'kans × effect' ontstaat er een rangschikking van de risico's.

Uiteraard zijn de risico's met de hoogste scores de eerste waarvoor risicobeheersmaatregelen genomen moeten worden. Dit doen we in risicobeschrijvingen.

Risicomanagement is het omgaan met geplande risico's. Als men immers risico's kan benoemen, kan men ook aangeven hoe men handelt als een risico zich voordoet. Bij risicomanagement legt de projectgroep verschillende oplossingen vast die benut kunnen worden op het moment dat het risico optreedt. De maatregelen kunnen heel divers zijn. Voorbeelden van deze maatregelen zijn:

- Risico's ombuigen of afkopen: dit kan door het risico te verzekeren of het als uitsluitingsclausule in het projectcontract op te nemen.
- Een rampenplan opstellen: bijvoorbeeld een eventuele fasegewijze invoering.
- Marges inbouwen bij de formulering van het resultaat.
- Het stopzetten van het project.

Een andere methode om te gebruiken bij risicoplanning is de SWOT-analyse. SWOT staat voor Strengths, Weaknesses, Opportunities en Threats. In deze analyse legt de projectgroep relaties tussen de interne sterke en zwakke kanten van het project en de externe kansen en bedreigingen. Hiervoor is wel een goed inzicht in het krachtenveld van de organisatie nodig.

8.10 Projectvoortgang

Met alle goede afspraken vooraf en het inschatten van problemen en risico's zijn we er nog niet. Gedurende het project kunnen er allerlei afwijkingen ontstaan. Er zijn onverwachte risico's, bijstellingen op de projectinhoud en op de projectaanpak, tegenvallers en meevallers. Om deze zichtbaar te maken, bestaan er instrumenten als de voortgangsrapportage.

8.10.1 Voortgangsrapportage

In het projectcontract hebben we de normen en marges van het project vastgelegd. In het vervolg van het project rapporteren we regelmatig (bijvoorbeeld eens per twee weken) de voortgang van het project afgezet tegen de norm. Zo zien de betrokken partijen of het project op schema ligt, of dat de feitelijke voortgang afwijkt van de verwachte. Als er afwijkingen zijn, is dit ook de plaats om de maatregelen te benoemen waarmee de planning toch gehaald gaat worden. Dit is ook de plaats om opgetreden risico's te melden, inclusief de verwerking ervan. Uiteraard moet de informatie in de **voortgangsrapportage** betrouwbaar zijn. Het lijkt erg aantrekkelijk om telkens te rapporteren dat alles goed gaat, maar als dit in strijd met de werkelijkheid is, komt de straf vanzelf. Op een gegeven moment is een achterstand namelijk niet meer in te halen.

8.10.2 Aanpassingen in de planning

De voortgangsrapportage kan aanleiding zijn om de planning te wijzigen. Er zijn legio oorzaken te bedenken voor een wijziging van de planning. Zo kan het gebeuren dat een deel van het project vertraging oploopt door externe factoren, zoals het niet beschikbaar zijn van iemand die geïnterviewd moet worden of een nog niet geleverd softwareonderdeel. Ook kan er een wijziging in de opdracht komen of kan de scope wijzigen. Uiteraard moeten deze wijzigingen geaccepteerd worden door de opdrachtgever.

8.11 Projectoplevering

Uiteindelijk zal het project tot een resultaat leiden. Het product wordt opgeleverd onder bijvoeging van de projectdocumentatie. In deze projectdocumentatie bevinden zich onder meer het projectverslag, een programmeurshandleiding en een gebruikershandleiding. Het projectverslag beschrijft de processen tijdens het project en bevat dus ook een samenvatting van de hiervoor besproken beheersfactoren. Ook wordt de businesscase beschreven en de wijze waarop de businesscase verzilverd wordt. Tot slot bevat de verslaglegging een aanbeveling voor in de toekomst te ondernemen acties. De programmeurshandleiding omvat de technische beschrijving van het product, zodanig dat een applicatieprogrammeur eenvoudiger wijzigingen kan aanbrengen ter verbetering van het product. De gebruikershandleiding is bedoeld voor de gebruikers van de applicatie. Bij de oplevering hoort een presentatie van het product. Bij de oplevering controleert de opdrachtgever of het geleverde product voldoet aan de vooraf gestelde kwaliteitseisen. Deze tests vallen uiteen in twee onderdelen:

1 verificatie;
2 validatie.

Verificatie is een technische zaak. Er wordt, zonder het systeem te draaien, getest of aan de technische kwaliteitseisen is voldaan. Dat geldt zowel voor het totaal, als voor elk onderdeel afzonderlijk en voor de bindingen tussen de onderdelen. **Validatie** gaat in op de functionele aspecten. Kan het systeem uitvoeren wat in de requirements (de eisen) is vastgelegd? Doet het systeem wat het moet doen? Werkt het snel genoeg en zonder onnodige franje?

Als de opdrachtgever akkoord gaat, kan het systeem overgedragen worden aan de gebruikers. Daarmee verschuift ook de verantwoordelijkheid van de projectleider naar de opdrachtgever. De projectteamleden zullen nog enige tijd bij de implementatie betrokken blijven. Bij de oplevering zijn immers niet alle facetten in één keer te overzien. Er kunnen nog kleine aanpassingen nodig zijn; er zijn mogelijk nog kinderziektes en kleine storingen in het product. Daarnaast moet het product ingebed raken in de organisatie; het kan zijn dat er nog enige stappen genomen moeten worden om het product te laten integreren.

Verantwoording en nacalculatie

De slotfase bestaat uit een gedegen projectevaluatie. Wat ging er goed en wat ging er fout? We moeten ook proberen om expliciet te formuleren hoe het volgende project beter uitgevoerd kan worden. Deze lessen moeten overgedragen worden aan zo veel mogelijk mensen binnen de organisatie, zodat zij daar in het vervolg hun voordeel mee kunnen doen. Verder moet er natuurlijk een nacalculatie gedaan worden. Heeft het project meer of minder gekost dan begroot was? Waar zijn de afwijkingen door veroorzaakt? Ten slotte is een aanbeveling voor vervolgacties op zijn plaats. Alhoewel elk project een kop en een staart heeft, is de afronding van een project een goede uitgangspositie voor het volgende project. Zo blijft een organisatie zich verbeteren.

SAMENVATTING

Vernieuwing binnen de organisatie kan op twee manieren plaatsvinden. De eerste manier is dat een project los van de bestaande organisatie wordt uitgevoerd. Na voltooiing van het project wordt de vernieuwing geïntegreerd binnen de organisatie. De tweede manier is onderdeel van het beheer van het informatiesysteem. Binnen de werkende toepassingen worden waar nodig wijzigingen aangebracht.
De businesscase heeft onder meer als doel om een verbinding te leggen tussen de business en ICT, inzicht te krijgen in de te behalen productnormen en het kwantificeren en kwalificeren van de kosten, baten en risico's die zijn verbonden aan de voorgenomen ICT-investering. De businesscase kent in zijn uiteindelijk te publiceren vorm een bepaalde opbouw, maar de stappen die het team van mensen zet dat de case uitvoert, hoeven hier niet parallel aan te lopen. Ook deze stappen kennen een eigen opvolgende opbouw.
Het management kan naar aanleiding van de businesscase besluiten een project op te starten. Projecten kennen een vrij rigide structuur, startend met de businesscase. Na vaststelling van de projectdefinitie, waarin ook de normen en de speelruimte zijn vastgesteld, kan het onderzoek starten. Afhankelijk van de gekozen projectmethodiek of systeemontwikkelingsmethodiek wordt een traject uitgezet waarin de mijlpalen meetpunten zijn voor de projectvoortgang. Na oplevering van het project met bijbehorende documentatie, blijven leden van de projectgroep nog enige tijd aanwezig om een vlekkeloze implementatie te waarborgen. De projectevaluatie met verzilvering van de businesscase kan leiden tot een nieuwe businesscase met daaruit volgend een nieuw project.

CASUS

Ov-chipkaart
De ov-chipkaart is een elektronische pas waarop reissaldo en vervoersrechten kunnen worden geladen voor het openbaar vervoer in Nederland. De kaart wordt stapsgewijs in heel Nederland ingevoerd. De ov-chipkaart is een gezamenlijk initiatief van de vijf grootste openbaarvervoerbedrijven: Connexxion, GVB, HTM, NS en RET. Deze bedrijven hebben onder andere het bedrijf Trans Link Systems opgericht om gezamenlijk de introductie van de ov-chipkaart vorm te geven.

Aanleiding
Als een van de belangrijke voordelen van de ov-chipkaart wordt genoemd: de inzichtelijkheid in het reisgedrag en de nauwkeuriger verdeling van de reizigersinkomsten over de verschillende vervoerders. Ook meer reizigerscomfort door de geautomatiseerde betaling is een voordeel. Makkelijk, snel en veilig zijn de marketingtermen van de chipkaart.

Functioneren
De ov-chipkaart is een chipkaart die contactloos werkt: de reiziger haalt de kaart bij het instappen langs een elektronisch oog. Bij het uitstappen wordt de kaart eveneens langs een elektronisch oog gehaald. De reisafstand en ritprijs worden automatisch berekend en de ritprijs wordt van de kaart afgeschreven. De ritprijs wordt niet meer berekend aan de hand van zones maar op basis van de afgelegde afstand. Bij metro- en grotere treinstations kunnen de perrons afgesloten worden met poortjes die alleen geopend kunnen worden met de chipkaart.

Proeven met de ov-chipkaart
Sinds 2004 wordt in Nederland een aantal proe-

ven gehouden met de ov-chipkaart. Deze proeven ondervinden echter vertraging. Eind 2005 is de kaart geïntroduceerd in de regio Rotterdam. Eind 2008 was de kaart ingevoerd in de provincies Noord-Holland en Utrecht en delen van Flevoland, Zuid-Holland en Gelderland. Vanaf 2009 volgde invoering per streek. In vrijwel geheel Nederland wordt nu de ov-chipkaart gebruikt. Slechts afgelegen locaties, zoals het Waddeneiland Vlieland, gebruiken de ov-chipkaart nog niet.

Typen chipkaart

Iedere vervoerder zal zijn 'eigen' chipkaart uitgeven, maar alle chipkaarten zullen bij alle vervoerders te gebruiken zijn en ook herkenbaar zijn als ov-chipkaart door het roze logo. Grofweg komen er drie soorten ov-chipkaarten:

- Persoonlijke chipkaarten, die verbonden zijn aan de identiteit van de houder en niet uitwisselbaar zijn. Deze kaart kan opgeladen worden met een bedrag (reissaldo) en alle reisproducten, waaronder abonnementen. Ook geeft de kaart de mogelijkheid om via automatische incasso te laten opwaarderen wanneer het saldo te laag is.
- Anonieme chipkaarten, dat wil zeggen kaarten die niet persoonsgebonden zijn en door verschillende mensen gebruikt kunnen worden. Deze chipkaart kan net als de persoonsgebonden kaarten worden opgeladen met een reissaldo en reisproducten als een enkele reis of dagkaart, maar hij kan geen abonnement bevatten.
- Wegwerpkaarten: kartonnen kaarten voor eenmalig gebruik die niet opgeladen kunnen worden. Een wegwerpkaart bevat een vast aantal dagen of ritten.

Privacy

De ov-chipkaart slaat alle reisbewegingen gekoppeld aan een unieke identificatiecode op de chipkaart op in een centrale database. Dat betekent dat iedereen die toegang tot deze database heeft een compleet overzicht heeft van alle reisbewegingen die een individu per metro, bus, tram of trein heeft gemaakt. Daarmee is de ov-chipkaart een serieuze bedreiging voor de privacy van reizigers, stelt Wouter Teepe, onderzoeker bij de Radboud Universiteit en betrokken bij het Centre for Cybercrime Studies (Cycris). Niet alleen is anoniem reizen met de kaart zo goed als onmogelijk, maar een noodzaak voor het verwerken van de persoonsgegevens blijkt niet te bestaan. 'In het geval van de ov-chipkaart is er, ergens in het hele proces, kennelijk geoordeeld dat het verwerken van identificerende gegevens noodzakelijk is. Het is de auteur niet bekend of dit oordeel impliciet en stilzwijgend tot stand is gekomen, of dat hier een onderzoek aan vooraf is gegaan.'

Teepe zegt veel betrokkenen gesproken te hebben, maar vond geen aanwijzingen dat een dergelijk onderzoek is uitgevoerd.

Anoniem reizen

Wie niet wil dat de NS weet waar hij of zij uithangt, moet beschikken over achtergrondkennis, motivatie, geld en een ijzeren discipline. 'Daarmee staat de ov-chipkaart op gespannen voet met de Wet bescherming persoonsgegevens,' aldus Teepe. De onderzoeker concludeert verder dat de doorsneereiziger dankzij de ov-chipkaart stukken minder privacy zal hebben dan met de strippenkaart en het papieren treinkaartje het geval is. 'Dit staat in contrast met de situatie omtrent rekeningrijden, waar oplossingen worden overwogen die voor anoniem rijden geen extra inspanning van de automobilist vragen.'

Bron: naar een artikel van www.security.nl van 10 oktober 2008.

Figuur 8.10   Poortjes bij metrostation R Centraal

Vragen
1. Wat is de doelstelling van de ov-chipkaart?
2. Rond de ov-chipkaart zijn er vele projecten gestart. Hoe zou de probleemstelling rond de privacy geformuleerd kunnen worden?
3. De invoering van de ov-chipkaart is een iteratief proces. In de tekst staan daarvoor verschillende aanwijzingen. Noem er drie en leg uit waarom een project van een dergelijke omvang alleen iteratief tot stand kan komen.
4. In de tekst staat terloops: 'De ritprijs wordt niet meer berekend aan de hand van zones maar op basis van de afgelegde afstand.' Welke consequenties heeft een dergelijke opmerking voor het invoeringstraject?
5. In de casus worden diverse beheersfactoren genoemd. Breng die in kaart met behulp van de GOCKIT-criteria.
6. De ov-chipkaart gaat uit van vooraf betalen (prepaid). Zo moet er voorafgaande aan een treinreis een saldo van € 20 op de kaart staan. Is dit reëel, of zou achteraf betalen logischer zijn?
7. Diverse deskundigen geven aan dat de ov-chipkaart inmiddels verouderd is. Zo zou gedacht kunnen worden aan betalen per sms of app. Geef twee argumenten om de komende vijf jaar niet tot vervanging van de huidige ov-chipkaart over te gaan.

KERNBEGRIPPEN

Activiteitenplan   Geeft aan wanneer er door wie waaraan gewerkt gaat worden. Het omvat de structuur (PBS en WBS), fasering en planning.

Activity-based costing   Een manier om indirecte kosten aan producten en diensten toe te wijzen. Het is een techniek die controllers bij de bepaling van de kostprijs hanteren.

Beheersfactoren   In een project wordt een aantal facetten van beheer afzonderlijk geregistreerd. Een gebruikelijke indeling is GOCKIT. Dit acroniem staat voor geld, organisatie, communicatie, kwaliteit, informatie en tijd.

Benchmarking Het op regelmatige basis vergelijken van de prestaties en werkwijzen van het eigen bedrijf of de eigen organisatie met die van leidende concurrenten en/of met die van toonaangevende organisaties in andere bedrijfstakken. Het gaat hier om vergelijking met bedrijven die op de te vergelijken aspecten het best presteren.

Businesscase Een methode, meestal bedoeld voor de controller, om voor de organisatie een goede kosten-, baten- en risicoafweging voor ICT-investeringen te maken.

Product breakdown structure (PBS) Specificatie van de deelproducten in een project.

Project Eenmalig voorkomend traject om een specifieke doelstelling te behalen in een beperkte hoeveelheid tijd.

Projectcontract Omvat de projectdefinitie, het activiteitenplan en het beheersplan.

Projectdefinitie Beschrijft de achtergrond van de opdrachtgever, de aanleiding voor het project, de probleemstelling (de huidige niet-wenselijke situatie), de doelstelling (de toekomstige wenselijke situatie), het verwachte resultaat, de afbakening van het resultaat, de relatie met andere projecten, de gebruikers van de uitkomsten van het project, de effecten en de randvoorwaarden.

Projectmethodiek Vastgestelde vorm van projectuitvoering. De projecteisen en de bijbehorende documenten zijn gedefinieerd. Vaak zijn invulformulieren (templates) aanwezig. Bekende projectmethodieken zijn PRINCE2® en Projectmatig creëren.

Rapid Application Development (RAD) Systeemontwikkeling gebruikmakend van iteratieve processen en prototypen met als doel een snellere oplevering van toepassingen.

Risicomanagement Het omgaan met problemen die tijdens het project door externe factoren ontstaan.

Risicoplanning Het voorafgaand aan het project in kaart brengen van risico's voor dit specifieke project, de kans dat ze optreden en de maatregelen om de gevolgen van opgetreden risico's teniet te doen.

Systeemontwikkelingsmethodiek Projectmethodiek specifiek gericht op het ontwikkelen van software. Oudere methodieken zijn lineair georiënteerd: een volgende stap mag dan pas ondernomen worden na afronding van de vorige. Een voorbeeld hiervan is SDM2. Nieuwere methodieken zijn iteratief, waarbij verschillende processen naast elkaar uitgevoerd worden. Voorbeelden hiervan zijn RUP, DSDM, XP en Scrum. Met deze methodieken is Rapid Application Development mogelijk.

Validatie Testen of het systeem de gevraagde functionaliteiten bezit.

Verificatie Toetsen of het systeem technisch foutloos is.

Voortgangsrapportage Regelmatige rapportage van de afwijkingen van de in het project gestelde normen en marges, inclusief de consequenties hiervan voor de projectvoortgang.

Work breakdown structure (WBS) Specificatie van de deelactiviteiten in een project.

LITERATUUR

- Bos, Jo e.a., *Projectmatig creëren 2.0*, Schiedam: Scriptum, 2006
- Cannegieter, J.J., R. van Solingen, *De kleine CMMI voor ontwikkeling*, Den Haag: Academic Service, 2009
- Chaffey, Dave, Gareth White, *Business information management*, Harlow UK: Prentice Hall, 2012
- Noordam, Peter, *Inrichten en optimaliseren van organisaties*, Den Haag: Academic Service, 2012

- Onna, M. van, A. Koning, *De kleine Prince 2*, 4e editie, Den Haag: Academic Service, 2010
- PMI Nederland, Berenschot, *Wegwijzer voor methoden bij projectmanagement*, Zaltbommel: Van Haren Publishing, 2011
- Stapleton, Jennifer, *DSDM, de methode in de praktijk*, 2e editie, Amsterdam: Pearson Benelux, 2005
- Sutherland, Jeff, *Scrum*, Amsterdam: Maven Publishing, 2014
- www.mindtools.com/crtpath.html – korte en heldere beschrijving van Critical Path Analysis en PERT. Ook GANTT wordt even genoemd.
- www.ov-chipkaart.nl
- www.schiphol.nl/SchipholGroup1/NieuwsPers/Persbericht/SchipholOpensModernNewBaggageHall1.htm, 2011
- Zalm, Merijn van der, Peter Noordam, *Kosten, baten en risico's van ICT-investeringen*, Deventer: Kluwer 2003

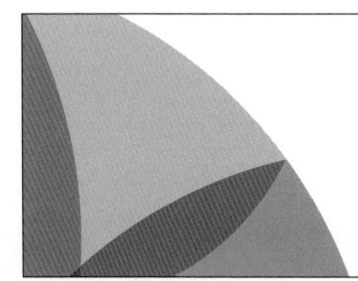

MyLab | Nederlandstalig

Op www.pearsonmylab.nl vind je studiemateriaal en de eText om je begrip en kennis van dit hoofdstuk uit te breiden en te oefenen.

Hoofdstuk 9
DE BEHEERSORGANISATIE

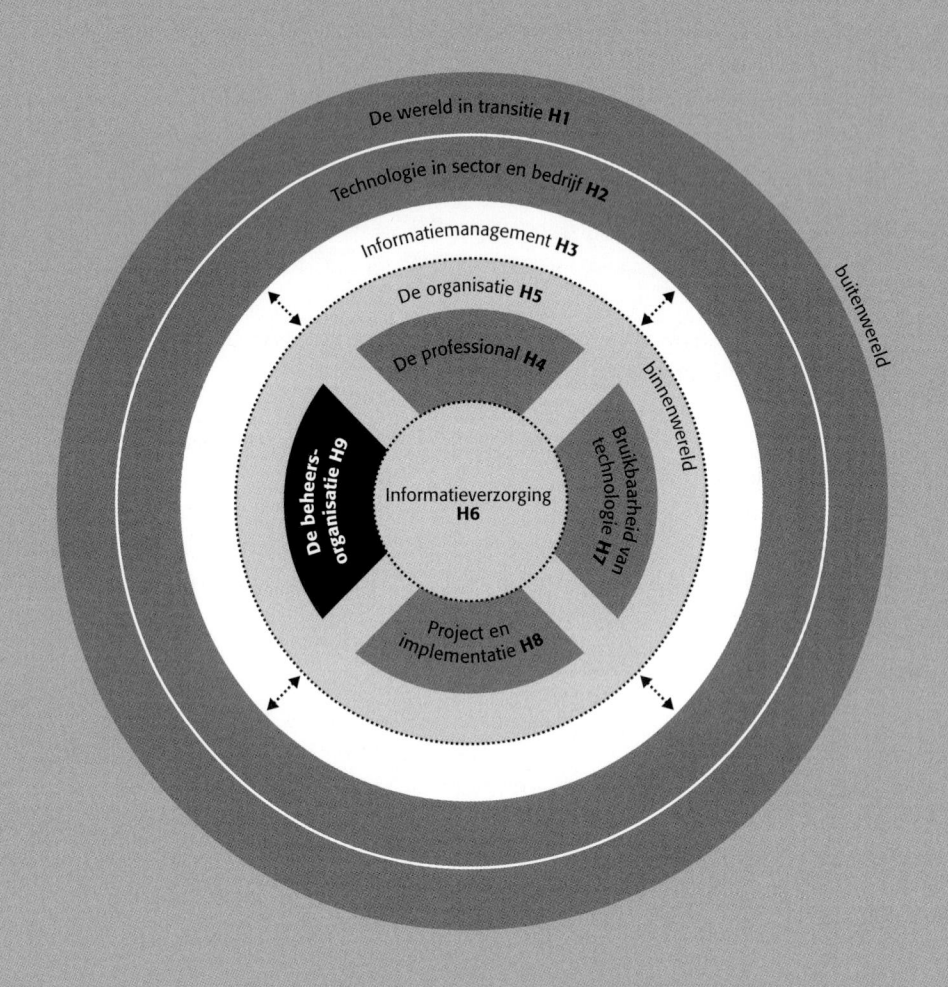

9.1 Inleiding

Net zoals de besturing van een organisatie een structuur op strategisch, tactisch en operationeel niveau kent, zal ICT in grotere organisaties op dezelfde wijze gestructureerd zijn. Het strategisch niveau houdt zich bezig met de totale kosten en opbrengsten op lange termijn en de aansluiting bij de bedrijfsprocessen. Het tactisch niveau zorgt voor implementatie van vernieuwingen en de organisatie van de bedrijfsprocessen, en het operationeel niveau zorgt voor de dagelijkse beheerwerkzaamheden. ICT is in bedrijven nog een redelijk nieuw vakgebied. In de afgelopen veertig jaar is er veel misgegaan bij de automatisering. Eerst was dat op hoog niveau bij grote organisaties. Door de onbekendheid met automatisering en de noodzaak die gevoeld werd om te automatiseren, wist de afdeling zich in een ivoren toren te verschansen. Bedrijfsprocessen werden langdurig vanuit technisch oogpunt bestudeerd en vervolgens werd voor erg veel geld een IT-product ontwikkeld dat vaak niet aansloot bij de behoefte van het bedrijf. Ook liepen deze projecten vaak vertraging op, waardoor automatisering wel erg kostbaar en onzeker werd. Met de komst van de personal computer ontstond een heel andere stroming. Op de werkvloer werden allerlei kleine problemen opgelost zonder rekening te houden met de context van het grote geheel. Naast de grote backendautomatisering ontstond er kruimelsgewijze frontendautomatisering. Ook deze vorm van automatisering was weinig beheersbaar.

Twee voorbeelden uit de praktijk van 1980, beide afkomstig van een grote bank:
1 Als een klant van de bank geld op wil nemen aan het loket, moet deze opname gefiatteerd worden. Daartoe produceert de centrale computer van de bank saldolijsten, die 's nachts met de interne postdiensten over de kantoren verspreid worden. Als iemand geld wil opnemen, wordt het fiat gegeven door het controleren van de lijst. Met balpen wordt op de lijst genoteerd welk bedrag er opgenomen wordt. Verder wordt er een kasboeking gemaakt. De tape waarop alle kasboekingen van een dag staan, wordt 's avonds door de interne postdienst naar het computercentrum gebracht voor verwerking. Als iemand op een ander kantoor geld wil opnemen, wordt er gebeld met het eigen filiaal en wordt daar door de fiatteur een aantekening op de lijst gemaakt. Deze constructie geldt alleen voor de betaalrekeningen. Voor de spaarrekeningen ontvangt het kantoor dagelijks een kopie van de dagafschriften. Deze moeten op nummer in ladekasten opgeborgen worden.
2 Het wisselen van vreemd geld bij een bankkantoor is voor de kassier een lastig proces. Er zijn verschillende koersen voor contant papiergeld, contant muntgeld en reischeques. Er zijn ook verschillende koersen voor de aankoop en de verkoop van de vreemde valuta. Dan moet er nog provisie berekend worden over elke transactie. Alles gebeurt handmatig. Vergissingen komen in meer dan dertig procent van alle transacties voor. Een handige stagiair schrijft in de programmeertaal Pascal een programma dat deze berekeningen automatiseert. Hoewel de automatiseringsafdeling het niet wil, verspreidt het programma zich spontaan over tientallen kantoren van de bank. Het biedt namelijk een goede oplossing voor een nijpend dagelijks probleem.

Het eerste voorbeeld is een voorbeeld van dure degelijkheid, maar weinig passend in de organisatie van de kantoren. We mogen aannemen dat de computertransacties foutloos gaan en dat is al een hele verbetering ten opzichte van de oude handmatige boekhouding. Het fysieke verkeer tussen kantoren en computercentrum is duur en riskant. Natuurlijk zijn er aan alle kanten back-ups om een verloren tape of lijst opnieuw te produceren. De handelingen op kantoor zijn ondoelmatig en zijn bovendien vervelend werk. Het op nummer opbergen van dagafschriften is weinig motiverend en het met de hand bijschrijven van kasopnames is een secuur werkje dat niet altijd foutloos zal gebeuren. Toch heeft de bank vele jaren op deze wijze gefunctioneerd. Overigens was dat niet alleen het probleem van de automatiseringsafdeling. In de jaren tussen 1960 en 1990 waren er voortdurend fusies tussen banken, die allemaal op hun eigen wijze geautomatiseerd waren.

Het tweede voorbeeld is een mooi voorbeeld van eilandautomatisering. Terwijl alle grote processen in de bank geautomatiseerd werden met behulp van de programmeertaal COBOL, werd een klein probleem binnen een andere programmeeromgeving opgelost. Bovendien was er geen enkele koppeling met de financiële administratie. Omdat deze amateuristische toepassing aansloot bij de behoeften van de gebruiker was het succes overweldigend. Er ontstond zelfs de vraag waarom de automatiseringsafdeling niet dit soort oplossingen kan bedenken in plaats van die saaie, omslachtige lijsten.

De voorbeelden zijn oud, maar ook in de huidige automatiseringsomgeving met allesomvattende ERP-pakketten zijn er nog steeds spreadsheet- en databaseridders die hun eigen schakels in de organisatie bijhouden met bijvoorbeeld Excel en Access en zodoende niet alleen hun eigen chaos creëren, maar ook de organisatie kwetsbaarder maken doordat hun gegevens in tegenspraak kunnen zijn met de centraal vastgelegde gegevens.

Daarnaast zien we dat bedrijven en ook overheden steeds meer naar elkaar toe groeien. Als verschillende bedrijven gebruikmaken van andere methoden en technieken, wordt het wel heel moeilijk om samen te werken of samen te gaan. Standaardisatie is dan ook een must. De rijksoverheid heeft hiervoor de Nederlandse Overheid Referentie Architectuur (NORA) ontwikkeld. NORA beschrijft de uitgangspunten voor de inrichting van de informatiehuishouding van de overheid. Doel hiervan is dat uitwisseling van informatie gestandaardiseerd mogelijk is tussen diverse overheids- en aanverwante organen, zoals rijk, provincies, gemeenten, waterschappen en ook orde en veiligheid, gezondheidszorg en onderwijs. De Nederlandse gemeenten zijn verplicht om met hun automatisering aan de grondregels van NORA te voldoen. Elke gemeente is nog redelijk zelfstandig in zijn informatiebeheer, ofschoon veel gemeenten een gezamenlijke IT-partner gezocht hebben en zodoende gekomen zijn tot uitbesteding van hun beheer. De jaarlijkse kosten daarvan zorgen binnen de gemeenten elk jaar voor de nodige opschudding. Op Europees niveau is de digitale dienstverlening al sinds 2009 een speerpunt. Lees in het volgende artikel hoe de Europese Unie hiermee omgaat.

De digitale dienstverlening van Europese overheden moet beter op elkaar aansluiten. Dat is de hoofddoelstelling van het eGovernment Action Plan 2011-2015, dat Eurocommissaris Neelie Kroes op woensdag 15 december presenteerde op een conferentie over e-governance in Brussel. Het plan borduurt voort op de Malmöverklaring uit november 2009. In die verklaring, die werd gesloten in de Zweedse plaats Malmö, kwamen de lidstaten overeen e-overheidsdiensten toegankelijker te maken voor burgers en ondernemers. Om ervoor te zorgen dat burgers en ondernemers zich bovendien vrij binnen Europa kunnen bewegen, moeten deze diensten internationaal beter op elkaar aansluiten. Dit alles moet leiden tot lagere administratieve lasten.

Incompatibele nationale systemen

Zover is het echter nog niet, maakt Kroes duidelijk in haar lezing op het 'Lift Off Towards Open Government'-congres in Brussel. 'Bedrijven die handel willen drijven, vergunningen willen aanvragen, btw willen betalen of buitenlandse kantoren willen openen, kunnen problemen verwachten op het gebied van incompatibele nationale systemen.'
'Burgers die in een ander land willen studeren, gezondheidszorg willen ontvangen, willen verblijven of met pensioen willen gaan, zouden de omgang met twee verschillende digitale systemen weleens lastiger kunnen vinden dan die met de papieren versies. Dat is absurd', aldus Kroes. 'De beschikbaarheid van innovatieve technologieën zoals sociale netwerken heeft de verwachtingen van de burgers op het punt van responsiviteit bij het gebruik van allerlei onlinediensten vergroot', aldus het actieplan. 'Er zijn echter weinig grensoverschrijdende e-overheidsdiensten, en zelfs in die gevallen waarin e-overheidsdiensten worden aangeboden, maken de meeste EU-burgers er slechts aarzelend gebruik van.'

Bron: Computable, 16-12-2010

9.2 Organisatie van beheer

De organisatie van beheer zal op alle niveaus ingezet moeten worden: strategisch in de top van de organisatie, tactisch in de uitvoering op langere termijn, en operationeel in de dagelijkse werkomgeving. Het beheer is ook een heel breed gebied. Uiteindelijk gaat het erom dat apparatuur en applicaties doelmatig en veilig zijn en op elk moment operationeel. Dit vereist een uitgebreide organisatie met veel specialisten op een deel van het IT-gebied.

Het beheer is in drie beheerdomeinen ingedeeld:

1 Het *technisch beheer* zorgt voor het in stand houden van de IT-infrastructuur. Dit omvat de netwerkapparatuur en netwerkverbindingen, de daaraan verbonden computers en randapparatuur en de besturingssystemen. De IT-infrastructuur vormt de basis waarop de applicaties kunnen draaien. Het in stand houden betekent ook het onderhoud van apparatuur en de registratie van alle in het bedrijf aanwezige IT-voorzieningen, afschrijving, vervanging en verplaatsing van apparatuur. Dit alles wordt op een voorgeschreven wijze gedocumenteerd. Voor technisch beheer is ITIL de standaard (zie paragraaf 9.4).

2 Het *applicatiebeheer* houdt zich bezig met het beschikbaar stellen, beheren, updaten en wijzigen van applicaties. Applicatiebeheer houdt tevens de licentierechten bij en de toegangsrechten tot applicaties en gegevensverzamelingen (databases). Bij veranderende technische en functionele eisen en ook bij geconstateerde fouten zorgt applicatiebeheer voor aanpassingen en oplossingen. De documentatie kan ook binnen de ITIL-structuur plaatsvinden. Daarnaast is er een nieuwere en uitgebreidere Nederlandse **ASL**2-standaard. Aangezien veel beschrijvingen hiervan overeenkomen met de ITIL-beschrijvingen, bespreken we deze verder niet.

3 Het *functioneel beheer* gaat niet uit van de IT-voorzieningen, zoals technisch beheer en applicatiebeheer doen, maar van de gebruikersorganisatie. Wat hebben de gebruikers nodig en hoe kunnen ze daarmee het doeltreffendst werken? De gebruikersorganisatie geeft aan wat hun wensen zijn. Deze worden in functionele specificaties beschreven en wijzigingen zijn het gevolg van deze documenten. Ook de controle op de uitvoering wordt door functioneel beheer gedaan. Uitgangspunt daarbij is de **Business information Services Library (BiSL)**.

9.3 ICT op strategisch niveau: e-governance

We zeiden het al eerder: ICT is een jong en veelomvattend vakgebied. De oorsprong ervan ligt in de techniek, de organisatorische aspecten kwamen pas later. In de begintijd van de automatisering waren de ICT'ers helden die weliswaar erg veel geld kostten, maar die de organisatie ook veel geld zouden opleveren. Deze zeepbel werd na (te) veel jaren doorgeprikt door de financiële afdelingen van de bedrijven. Automatisering moest op dezelfde manier georganiseerd worden als de andere afdelingen. Op strategisch niveau gaat het over grote, meerjarige beslissingen met een belangrijke invloed op het bedrijf. Bij het opstellen van de ICT-strategie moet de vraag gesteld worden: 'Geef ik mijn (ICT-)geld uit aan de goede dingen?' Het kwaliteitsbeleid kent als kernvraag: 'Krijg ik de beste (ICT-)kwaliteit voor mijn geld?'

Triest maar waar: strategische organisatievormen voor ICT zijn niet door ICT'ers bedacht, maar door accountants. Eigenlijk is dat wel logisch. De accountant kijkt naar kosten, opbrengsten en de verantwoording daarvan, terwijl de automatiseerder naar de technische opbouw kijkt. Op het strategisch niveau zijn drie zaken essentieel:

1 Opstellen van de ICT-strategie.
2 Opstellen van het kwaliteitsbeleid.
3 Opstellen van de ICT economics.

De strategie start met de vraag welke processen geautomatiseerd moeten worden, gevolgd door de keuze van het informatiesysteem. Daarbij typeren we de aangeboden oplossingen voor het informatiesysteem naar aard (specifiek/generiek) en rol (kern- of ondersteunend proces). Uiteraard zijn kernprocessen van wezenlijk belang. Zij zullen de investeringen domineren. Lastiger is te bepalen of een specifieke op maat gebouwde toepassing echt de voorkeur heeft boven een generieke toepassing met eventueel een aangepaste interface. De tweede oplossing is vanzelfsprekend goedkoper, maar biedt zij wel alle benodigde functionaliteit? In het verleden werd vaak voor maatwerk gekozen omdat de aangeboden softwarepakketten in hun benadering ver af stonden van de bedrijfsorganisatie. Inmiddels is men er wel achter dat automatisering in elke vorm aanpassingen in de organisatie teweegbrengt. Het loont de moeite om zich te oriënteren op kant-en-klare aanbiedingen van softwarepakketten. Een goede pakketselectie kan heel wat wilde avonturen voorkomen. We zien bij aanbieders steeds vaker een modulaire opbouw van hun applicaties. Grote aanbieders zullen graag een technical consultant of een presalesmedewerker beschikbaar stellen om samen met het bedrijf tot een passende oplossing te komen. Voordat het zover is, moeten intern wel alle zaken op orde zijn. Specificatie van beschikbare gegevens, al in gebruik zijnde software, de opbouw van het netwerk en zelfs de inrichting van de helpdesk zijn van belang bij het nemen van beslissingen. Ook kan overwogen worden om activiteiten te outsourcen of juist te insourcen. Dat hangt mede af van de aanwezige kerncompetenties op ICT-gebied. Hoe verandering ook plaatsvindt, de e-governance is verantwoordelijk voor de migratie van de huidige IST-situatie naar de toekomstige SOLL-situatie.

Figuur 9.1   IT-governance volgens COBIT

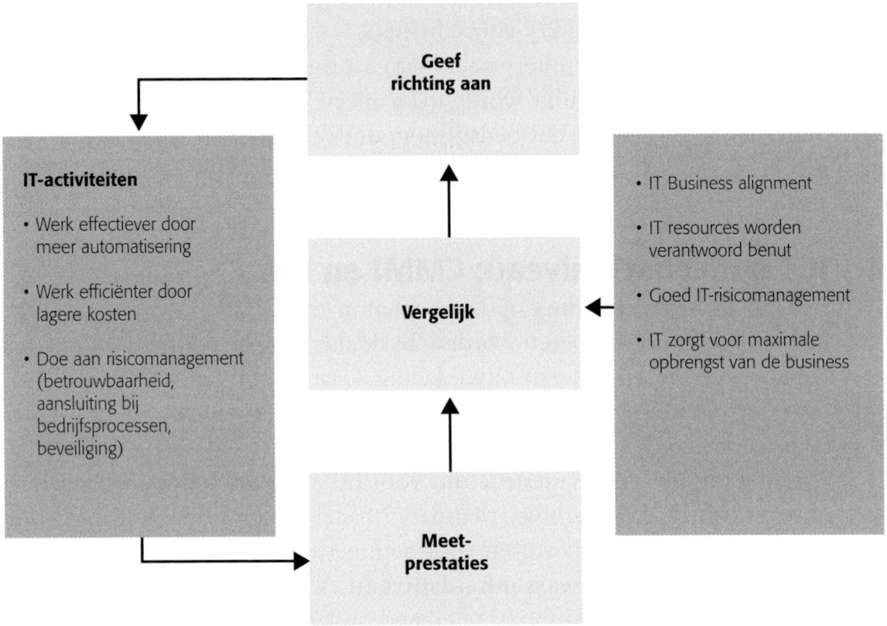

Daarbij zullen de ICT-doelen kwalificeerbaar en kwantificeerbaar moeten zijn. Een hulpmiddel hierbij zijn de kwaliteitsniveaus van **COBIT (Control OBjectives for Information and related Technology)**, zoals opgesteld door ISACA, een internationale organisatie van accountants. COBIT wordt veel toegepast bij grote bedrijven, die er belang bij hebben hun softwareontwikkeling en -beheer meetbaar te maken. Inmiddels zijn we toe aan versie 5 van COBIT. Elke nieuwe versie heeft een uitbreiding gegeven op de vorige versie.

COBIT-versie 5 gaat uit van de volgende kenmerken voor de ICT-activiteiten:
- voldoen aan de behoeften van de betrokkenen;
- dekkend voor de onderneming in al haar activiteiten;
- uitgaan van één geïntegreerd framework;
- het invoeren van een holistische benadering;
- het scheiden van het beheer van de managementactiviteiten.

In een goed werkende organisatie is dus één allesomvattend systeem aanwezig dat alle informatie geeft aan alle gebruikers, waarbij iedere gebruiker op basis van zijn rechten via een eenvoudig te begrijpen interface toegang heeft tot de voor hem relevante informatie. Het gebruiken van andere systemen voor het opslaan van extra informatie is uit den boze. Als het informatiesysteem niet alle wenselijke gegevens kan opslaan, verwerken of reproduceren, is het systeem dus onvoldoende geschikt. De scheiding tussen beheer (governance) en management is gemaakt omdat managers vooral kijken naar:
- verhoogde effectiviteit van de business;
- verlaagde kosten van de onderneming;
- vermindering van de risico's ten aanzien van security, betrouwbaarheid en het voldoen aan (wettelijke) voorschriften.

Dat is typisch een controllersvisie! Het gaat dus niet om de mate waarin ICT in het bedrijfsproces gebruikt wordt, maar alleen om wat de toepassing van ICT de onderneming oplevert. Uit bedrijfsoogpunt is dit logisch, maar veel ICT'ers begrijpen deze houding nog steeds niet.

9.4 ICT op tactisch niveau: CMMI en ITIL

Behalve de besluitvorming op lange termijn zijn er vele uitvoerende werkzaamheden die bestuurd moeten worden. Te denken valt aan de ICT-infrastructuur, systeemdefiniëring en systeemontwikkeling. Gaat het bij het strategisch niveau vooral over de besteding van de ICT-gelden, op tactisch niveau staat de inhoudelijke kwaliteit centraal.

Analoog aan de organisatiestructuur voor het strategisch niveau bestaat er op dit niveau **CMMI**, de Capability Maturity Model Integration. Ook CMMI kent weer een aantal prestatie-indicatoren voor de meetbaarheid van de kwaliteit en de daaruit voortvloeiende **volwassenheidsniveau**s. CMMI kent vijf niveaus van volwassenheid met namen en inhoud gelijkend op COBIT:
1 initial;
2 managed;
3 defined;
4 quantitatively defined;
5 optimized.

Bij elk van de niveaus horen enkele Key Process Areas (KPA). Op verzoek van het bedrijf kan een SCAMPI Lead Appraiser de organisatie (of een deel ervan) een assessment afnemen. SCAMPI is een acroniem voor Standard CMMI Appraisal Method for Process Improvement. De Lead Appraiser is gecertificeerd door het Software Engineering Institute om de organisatie te toetsen. Er wordt een groot aantal procesbeschrijvingen getoetst, alsmede de uitvoeringen ervan. Bij voldoende resultaat wordt een voor het bedrijf uiterst waardevol certificaat afgegeven. Niveau 5 is wereldwijd afgegeven aan ongeveer 180 bedrijven, waarvan driekwart in India en één in Nederland. De meeste organisaties blijven steken op niveau 2 of 3. Verdere certificering vraagt zoveel investering in de beschrijving en controle op de bedrijfsvoering dat dit nauwelijks waarde toevoegt aan het bedrijfsresultaat.

Figuur 9.2   Deze onderneming is CMMI Level 5 gecertificeerd

© Fujitsu

Een onderdeel van CMMI is het leveren van diensten aan klanten. Een goede beschrijving daarvan is rond 1990 in opdracht van de Britse overheid gemaakt met de **Information Technology Infrastructure Library (ITIL)**. Hierin staan richtlijnen voor allerlei processen voor dienstverlening op tactisch niveau en operationeel niveau tussen klanten en beheerder. De reeks richtlijnen omvat de volgende onderwerpen:
- Service Strategy
- Service Design
- Service Transition
- Service Operation
- Continual Service Improvement

Met name de in de delen Service Transition en Service Operation omschreven onderwerpen behoren tot het operationeel niveau. Deze processen worden in de volgende paragraaf besproken.

Service Strategy is, zoals de naam al aangeeft, onderdeel van de strategische processen. Hierin wordt onder andere het management op het gebied van financiën en het serviceportfolio geregeld.

Financial Management (financieel beheer) regelt het verrekenen van de IT-kosten. Daarmee krijgt de klant meer zicht op de feitelijke kosten van IT.

In het deel Service Design is een aantal belangrijke operationele onderdelen benoemd. Voor veel organisaties is dit de kern van hun tactische processen. Tot het deel Service Design behoren Service Level Management, Availability Management, Capacity Management, maar ook zaken op het gebied van continuïteit en beveiliging.

Service Level Management (dienstenniveaubeheer) is verantwoordelijk voor het voortdurend onderhouden en verbeteren van de dienstverlening voor de klant. De gemaakte afspraken moeten nagekomen worden en er moet gecontroleerd worden of de aangeboden dienstverlening overeenkomt met de wensen van de klant.

Service Level Management is bedoeld om een evenwicht te vinden tussen klantvriendelijkheid, kwaliteit en kosten van de IT-diensten. Een uitvloeisel van Service Level Management is de service level agreement (SLA), waarin de afspraken zijn vastgelegd.

In de meeste SLA's is een Service Window vastgelegd. Dit is een vast moment in de week waarin uitval van de IT-omgeving is vastgelegd. Vaak zijn dit enkele uren die op vrijdagavond of zaterdag zijn ingeroosterd. In de SLA wordt dan aangegeven dat in deze tijd na voorafgaande aankondiging de IT-voorzieningen buiten bedrijf kunnen zijn voor onderhoud.

Availability Management (beschikbaarheidsbeheer) legt de beschikbaarheid van de IT-diensten vast en omvat ook de daarmee samenhangende betrouwbaarheid, beveiliging en onderhoudbaarheid.

Capacity Management (capaciteitsbeheer) zorgt voor voldoende resources om de werkzaamheden goed uit te voeren. Zo kunnen er normen gesteld worden aan de bandbreedte van de netwerkverbindingen, de processorsnelheid en de hoeveelheid intern geheugen. Ook houdt Capacity Management zich bezig met de aanwezigheid van voldoende opslagcapaciteit tegen redelijke kosten. Hoewel opslagruimte steeds goedkoper wordt per gigabyte, blijkt de hoeveelheid gegevens die eindgebruikers willen bewaren sneller toe te nemen dan de aanwezige opslagruimte.

Een voorbeeld voor slechts een heel klein onderdeel van het capaciteitsbeheer. Hoe groot moet een mailbox zijn? Bij een hogeschool hebben de medewerkers een mailbox van 500 MB en de studenten hebben een mailbox van 200 MB. Dat is nogal krap. Bij 3000 medewerkers en 30.000 studenten is dit 7,5 Terabyte die alleen voor e-mail gereserveerd moet worden, plus nog ruimte voor back-up van de e-mail. Als de hogeschool grotere mailboxen wil hebben, is dat natuurlijk geen probleem, maar het kost wel geld.

IT Service Continuity Management (beheer van de continuïteit van IT-diensten) zorgt ervoor dat de IT-diensten (bijna) altijd blijven werken. Gebruikers moeten ervan uit kunnen gaan dat hun computer, hun back-up, hun netwerkverbindingen en hun toegang tot de printer altijd beschikbaar zijn. IT-beheer mag geen slap excuus hebben voor wazige storingen of toevallige samenloop van omstandigheden.

9.5 ICT op operationeel niveau

Het operationeel niveau van ICT is vooral het systeemgebruik. We praten over het contact met eindgebruikers. Bij computers is het doelmatig gebruik van het informatiesysteem ongewis. Oudere medewerkers hebben jaren geleden vele cursussen gevolgd voor de toen gebruikte software. Vaak liepen de cursussen niet synchroon met de invoering van de software, wat allerlei problemen veroorzaakte. Oudere medewerkers zijn vaak ook bang iets verkeerd te doen waardoor het systeem ontregeld zou kunnen raken. Jongere medewerkers zijn daarentegen uit de privésfeer of via hun school vertrouwd geraakt met het gebruik van computers. Zij zijn veel vrijer in de omgang met de apparaten, maar realiseren zich niet dat te vrijblijvend gebruik ook problemen kan opleveren. Bovendien ontbreekt bij veel gebruikers grondige kennis van de software waarmee gewerkt wordt. 80 procent van de gebruikers van Word gebruikt minder dan 20 procent van de mogelijkheden van deze toepassing. Al met al is het computergebruik een risicovolle omgeving waarbij men menig probleem probeert op te lossen met Control–Alt–Delete of met het op de schijf zetten van een nieuw image. Grotere problemen zijn het werk voor de helpdesk. Om beheersproblemen op operationeel niveau goed te organiseren bestaat er ook een ITIL-set voor de uitvoering van taken voor eindgebruikers. Deze serie beschrijvingen van werkprocessen, best practices en organisatie van IT-beheer is in Europa overal overgenomen.

Tot de Service Transition Set behoren onder andere het configuratiebeheer en alles op het gebied van wijzigingen en vernieuwing, zowel van hardware als van software.

Service Asset and Configuration Management (configuratiebeheer) zorgt voor registratie van alle relevante onderdelen van de IT-infrastructuur. Van elk configuratie-item (CI) zijn de belangrijkste kenmerken bekend, zoals merk, type, functie, serienummer, garantieregeling, aanschafdatum, afschrijvingstermijn en niet te vergeten de actuele locatie. Configuratiebeheer is de basis van veel ITIL-processen en ook de grondslag voor de kwaliteit van het beheer.

Hoewel configuratiebeheer een voor de hand liggende zaak is, blijkt deze in veel organisaties onvoldoende aanwezig. Deels komt dat door het onbegrip van gebruikers, deels door een onvolkomen incidentbeheer. Het komt vaak voor dat computers en printers versjouwd worden naar andere ruimtes zonder dat het configuratiebeheer daarvan op de hoogte is. Soms worden tonercartridges voor allang afgedankte printers besteld omdat iemand vergeten is de printers uit de lijst van configuratie-items te verwijderen. En dan de bekabeling van het netwerk. Er worden vaak patchconversies uitgevoerd zonder aanpassingen van de configuratieschema's.

Change Management (wijzigingsbeheer) bekijkt of storingen terug te voeren zijn op eerder doorgevoerde wijzigingen. Change Management evalueert ook alle geplande wijzigingen en kijkt of ze geen invloed hebben op andere delen van de ICT-infrastructuur. Change Management begeleidt ook alle wijzigingen.

Release and Deployment Management (versiebeheer en uitrolbeheer) houdt zich bezig met het beheren en distribueren van hardware- en softwareversies nadat die door de IT-afdeling goedgekeurd zijn. Zo kan ervoor gezorgd worden dat uitsluitend correcte, geteste en geautoriseerde versies van software en hardware in omloop zijn.

De Service Operation Set, de serie beschrijvingen op operationeel niveau, omvat onder meer Incident Management en Problem Management.

Incident Management (incidentbeheer) zorgt ervoor dat storingen van IT-diensten zo snel mogelijk opgelost worden, zodat de gebruikers spoedig weer aan het werk kunnen.

Incidentbeheer is de bekendste en minst begrepen vorm van IT-beheer. Elke gebruiker verwacht dat een servicedeskmedewerker direct de telefoon opneemt en binnen enkele ogenblikken de oplossing voor de storing weet te geven. Niets is echter minder waar. Er is altijd een aantal wachtenden voor u en als dan eindelijk de servicedeskmedewerker aan de telefoon komt, weet hij vaak niet meer te doen dan de storing te registreren. Hij maakt een 'call' aan voor latere verwerking. Storingen kennen golfbewegingen, zodat de servicedeskmedewerkers soms erg druk bezet zijn. Aan de andere kant is het duur om servicedeskmedewerkers langdurig te laten stilzitten. Het is een keuze van de organisatie om aan te geven hoelang de wachttijd maximaal mag zijn. De volgende vraag is hoe goed de servicedeskmedewerker geschoold moet zijn. Een specialist aan de telefoon weet vaak vrijwel alle problemen op te lossen, maar de meeste storingen zijn triviaal. Het is niet efficiënt om een hoogopgeleide dure medewerker aan de telefoon te zetten om eenvoudige storingen op te lossen. Bovendien is het voor deze medewerker weinig motiverend werk. De servicedesk kent daarom binnen ITIL diverse rangen. Op de eerstelijnsservicedesk komen alle storingen binnen. De eenvoudigste worden direct afgehandeld, de moeilijke problemen gaan door naar de tweedelijnsservicedesk. De echte specialisten op de derdelijnsservicedesk komen alleen aan de telefoon voor de ergste problemen. Zij kunnen daardoor een flink deel van hun tijd besteden aan andere werkzaamheden, zoals Problem Management.

Problem Management (probleembeheer) onderzoekt of storingen het gevolg zijn van structurele fouten in de IT-infrastructuur, onderzoekt de oorzaken en geeft aan hoe deze fouten te verhelpen zijn.

9.6 Uitbesteden van beheer

ICT-beheer is, zoals hiervoor al is aangetoond, een gecompliceerde zaak en zeker geen kerntaak van de onderneming. In steeds meer ondernemingen vraagt het management zich af of het niet verstandiger is het beheer uit te besteden. Er komen ook steeds meer ondernemingen die ICT-beheer als dienstverlening aan andere bedrijven aanbieden. Door het sluiten van een SLA kan de dienstverlening tussen serviceaanbieder en de onderneming geregeld worden. Er is zelfs een nieuw beroep ontstaan, de servicemakelaar. Deze onderhandelt namens de onderneming met diverse serviceaanbieders.

Het buiten het bedrijf brengen van diensten noemt men **outsourcing**. Het omgekeerde, **insourcing**, komt ook voor. Een IT-afdeling heeft zich dan zo voortvarend ontwikkeld dat de dienstverlening van de IT-afdeling ook commercieel aan andere bedrijven wordt aangeboden. Op lange termijn zal zo'n afdeling zich vaak van het moederbedrijf losmaken om zelfstandig als dienstverlener door te gaan.

Steeds vaker wordt ook de vraag gesteld of de dienstverlening niet in het buitenland kan worden uitgevoerd. In veel gevallen is dit mogelijk. Zo hebben bijvoorbeeld Microsoft, Logitech en Dell een callcenter in Ierland gesticht van waaruit de gehele Europese markt bediend wordt. Taalverschillen zijn geen probleem; in het callcenter werken medewerkers uit heel Europa die allen hun klanten in hun moedertaal kunnen bedienen. Als de dienstverlening naar het buitenland wordt gebracht, noemt men dit **offshoring**.

De vraag is of offshoring naar verre buitenlanden als bijvoorbeeld India even succesvol is. Niet alleen heeft men te maken met cultuurverschillen, maar ook met aanzienlijke tijdverschillen. Als men bovendien de servicedesk deels wil bemannen met native speakers uit de Europese landen, zal men Europeanen moeten vinden die daar voornamelijk tijdens nachtelijke uren willen werken. Waar offshoring naar India voor bijvoorbeeld programmeerwerk of schriftelijke afhandeling van bedrijfsprocessen wel te organiseren valt, blijken beheerprocessen toch wat moeilijker. Bovendien is het beheer gebaat bij een langdurig stabiele relatie. Het is de vraag of dit op een grote afstand te realiseren is.

SAMENVATTING

Daar waar projecten een duidelijk begin en einde kennen, is beheer een voortdurende zaak. Beheer kent een strategisch, tactisch en operationeel niveau. Het strategisch niveau (e-governance) houdt zich vooral bezig met de vraag of de ICT-middelen op de beste manier besteed worden. ICT is immers faciliterend voor de onderneming. Het COBIT-framework beschrijft hoe IT-processen meetbaar worden en voldoen aan de zeven kwaliteitscriteria effectiviteit, efficiency, vertrouwelijkheid, integriteit, beschikbaarheid, betrouwbaarheid en aansluiting bij de bedrijfsvoering.

COBIT kent zes volwassenheidsniveaus. Op tactisch niveau bestaat een soortgelijk framework, CMMI. Hier gaat het meer om de facilitering van de gebruikers. Deze is uitstekend beschreven in de Service Delivery Set van ITIL. ITIL maakt op dit niveau een onderscheid in Service Design en Continual Service Improvement. Op operationeel niveau worden vaak de Service Transition-set en de Service Operation-set van ITIL gebruikt. Ook hier zijn er vijf sets beschrijvingen: Incident Management, Problem Management, Configuration Management, Change Management en Release Management.

Beheer wordt steeds complexer. Steeds meer ondernemingen besteden het beheer uit aan andere ondernemingen; dit noemt men outsourcing. Omgekeerd komt ook voor. Bedrijven met een sterke beheerafdeling gaan diensten verlenen aan andere ondernemingen. Dit is insourcing. Als het beheer naar het buitenland overgebracht wordt, heet het offshoring.

CASUS

Contentmanagementsysteem

Een contentmanagementsysteem (cms) is een softwarehulpmiddel om documenten die toegankelijk moeten zijn via intranet, extranet of internet te maken en te bewerken. Er zijn veel aanbieders van cms'en. Steeds vaker moet ook beeldmateriaal gedeeld kunnen worden. Atlantis, een product van Deventit in Bunschoten, heeft deze mogelijkheden.

✱ Atlantis Beeldviewer

Atlantis is een multimediaal systeem om collecties te beheren en digitaal voor publiek beschikbaar te stellen en is uitstekend geschikt om met beeldmateriaal te werken. Het systeem is webbased, wat wil zeggen dat de software werkt via internet. De gebruiker hoeft geen software op de eigen computer te installeren en kan gebruikmaken van het Atlantisprogramma via de eigen webbrowser. De viewer die gebruikt wordt, is gebaseerd op Open Seadragon en geheel vernieuwd. Daardoor is de werking fors verbeterd. Het kenmerkende van de Atlantissoftware is gebleven: er hoeven geen toegevoegde softwareprogramma's (plug-ins) geïnstalleerd te worden en het programma werkt met alle gangbare bestandsformaten. De Atlantisviewer werkt nu op minimaal hetzelfde kwaliteitsniveau als viewers die wel plug-ins nodig hebben. Al uw bezoekers kunnen nu al uw beeldmateriaal raadplegen en u hoeft minder kosten te maken voor het verwerken en de opslag ervan.

Figuur 9.3   Afbeelding in de Atlantis Beeldviewer

Vragen

1   Is het invoeren van een cms-applicatie in de organisatie een voorbeeld van IT op strategisch, tactisch of operationeel niveau?

2   Als het cms eenmaal gevuld en in gebruik genomen is, gaan we ervan uit dat het foutloos zal werken. In de praktijk zullen er zo nu en dan fouten gemeld worden. Zijn dit in de ITIL-regels incidenten of problemen?

3   Wanneer gaan incidenten over in problemen?

4 Als blijkt dat telkens terugkomende fouten leiden tot aanpassingen in de cms-software, onder welke categorie van ITIL valt dit dan?
5 Er zijn vele aanbieders van cms-software. Een van de aanbieders meldt dat hij op COBIT-niveau 2 gecertificeerd is. Geeft dat voldoende zekerheid voor een veilige toepassing van het cms?
6 Veel afnemers zullen liever kiezen voor een op COBIT-niveau 2 gecertificeerde leverancier dan voor een niet-gecertificeerde leverancier. Waarom?

KERNBEGRIPPEN

ASL (Application Services Library) Een framework voor applicatiebeheer.

BiSL (Business information Services Library) BiSL geeft een structuur voor het functioneel gebruik van IT-voorzieningen gezien vanuit het standpunt van de gebruikersorganisatie.

CMMI (Capability Maturity Model Integration) Model om de kwaliteit van IT-processen meetbaar te maken.

COBIT (Control OBjectives for Information and related Technology) Kwaliteitsmodel voor de IT-gerelateerde organisatie, opgesteld door ISACA, een internationale organisatie van accountants.

Insourcing Bedrijfsprocessen uit de eigen organisatie openstellen voor andere organisaties.

ITIL (Information Technology Infrastructure Library) Geeft een structuur voor IT-beheersonderdelen op tactisch en operationeel niveau.

Offshoring Het naar het buitenland brengen van een deel van de werkzaamheden van een onderneming.

Outsourcing Bedrijfsonderdelen uit de organisatie losweken en laten uitvoeren door externe partijen.

Service level management (SLM) Het afstemmen en vastleggen van afspraken en het zorgdragen voor het nakomen daarvan.

Volwassenheidsniveau (maturity level) Kwaliteitsniveau van een onderneming op basis van COBIT- of CMMI-normen.

LITERATUUR

- Cannegieter, J.J., R. van Solingen, *De kleine CMMI voor ontwikkeling*, 3e druk, Den Haag: Academic Service, 2009.
- Chaffey, Dave, Gareth White, *Business information management*, Harlow UK: Prentice Hall, 2011
- cmmi.startpagina.nl – heeft veel links naar CMMI-gerelateerde onderwerpen
- http://seir.sei.cmu.edu/pars/pars_list.asp?s=&m=5 – de op CMMI Level 5 gecertificeerde bedrijven
- Jansen, P., *IT-servicemanagement volgens ITIL*, 3e editie, Amsterdam: Pearson Benelux, 2008.
- Noordam, Peter, *Inrichten en optimaliseren van organisaties*, Den Haag: Academic Service, 2005
- Visser, R., P. Bernard, *IT Service Management op basis van ITIL2011*, 4e druk, Zaltbommel: Van Haren Publishing, 2013.
- Van der Pols, R., *ASL2, een framework voor applicatiemanagement*, Zaltbommel: Van Haren Publishing, 2009
- Van der Pols, R., et al., *Een framework voor business information management*, 2e druk, Zaltbommel: Van Haren Publishing, 2012 over BiSL

- www.ic.uva.nl/nieuwic/object.cfm/objectid=388EBDE2-FE18-4062-883C0C-FA8824A269 – webpagina van informatiseringscentrum van Universiteit van Amsterdam met bondige informatie over ITIL
- www.isaca.org – organisatie achter onder meer de COBIT-publicaties; Nederlandse afdeling www.isaca.nl, Belgische afdeling www.isaca.be
- www.itgi.org – wereldwijde IT-governance community
- www.noraonline.nl geeft inzicht in de opbouw van de Nederlandse overheid referentie architectuur
- www.sei.cmu.edu – het software engineering-instituut van de Carnegie Mellon University. Hier vind je de publicaties over CMMI. Er zijn ook handleidingen in boekvorm leverbaar bij uitgeverij Pearson (zie http://www.informit.com/imprint/series_detail.aspx?ser=335488)

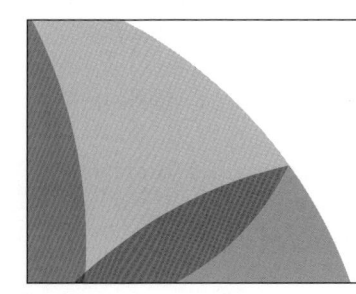

MyLab | Nederlandstalig

Op www.pearsonmylab.nl vind je studiemateriaal en de eText om je begrip en kennis van dit hoofdstuk uit te breiden en te oefenen.

Noten

Hoofdstuk 1
1. Een sterk vereenvoudigde definitie van competentie
2. www.goeievraag.nl
3. Forum.vwpassat.nl
4. Meer informatie over dit onderzoek in ftp://ftp.cdc.gov/pub/infectious_diseases/iceid/2002/pdf/holtz.pdf
5. http://xkcd.com/1425
6. http://www.kpcb.com/blog/2013-internet-trends
7. http://parkorbird.flickr.com
8. http://www.slechtegrappen.nl/neppe-vakantiefotos-maken
9. http://www.lindanieuws.nl/nieuws/zilla-25-loog-en-bedroog-via-facebook/
10. Forrester Research, *The Future of Data Security and Privacy: Controlling Big Data*; 2012
11. Den Tex, Charles, *Cel*; 2008
12. livetraffic.tomtom.com
13. www.greencorn.nl

Hoofdstuk 2
1. Getallen dateren van 2012 en zijn afkomstig van verschillende bronnen, waaronder het CBS.
2. http://www.wageningenur.nl/nl/Publicatie-details.htm?publicationId=publication-way-343135343438 30-7-2014
3. http://wiki.edu-lab.nl/Tracking-and-Tracing.ashx
4. Rapport 'ICT als enabler in de bouw', Strategische research agenda ICT in de bouw
5. Rapport 'ICT als enabler in de bouw', Strategische research agenda ICT in de bouw
6. http://www.economist.com/node/21552901, geraadpleegd op 6 oktober 2014
7. Rapport 'The social economy: unlocking value and productivity through social technologies', McKinsey&Company, november 2012
8. http://nos.nl/artikel/680930-nog-meer-banen-weg-bij-banken.html, woensdag 30 juli 2014
9. thuiswinkel.org
10. https://www.consuwijzer.nl//thema/winkelen-op-het-web?cookie=ja.1412770130928-376227342#na-13-juni
11. *Trouw*, Romana Abels, 6 juni 2014, http://www.trouw.nl/tr/nl/4492/Nederland/article/detail/3667957/2014/06/06/Miljarden-weg-aan-mislukte-projecten.dhtml
12. Digitale AgendaNL, http://www.rijksoverheid.nl/onderwerpen/ict/documenten-en-publicaties/kamerstukken/2011/05/17/digitale-agendanl.html, geraadpleegd op 8 oktober 2014
13. http://www.rijksoverheid.nl/onderwerpen/ict/europese-digitale-agenda, geraadpleegd op 8 oktober 2014
14. Rapport 'eHealth, verder dan je denkt'. *eHealth monitor 2013*, Nictiz en het NIVEL, september 2013
15. http://www.telegraaf.nl/gezondheid/e-health/23135175/__Digitale_revolutie_in_gezondheidszorg__.html?utm_source=mail&utm_medium=email&utm_campaign=email
16. http://www.nevlac.org/nl/onderwijs/info.html
17. *OnderwijsInnovatie* juni 2013
18. In dit verband verwijzen we naar neurowetenschappers als Manfred Spitzer, Nicholas Carr en Theo Compernolle.
19. http://www.overict.nl/ontwikkeling/digitale-economie-groeit-snel, geraadpleegd op 8 oktober 2014
20. http://www.smartfactory.imtech.com/

Hoofdstuk 3
1. Rik Maes, *PrimaVera* working Paper 2003-02, Universiteit van Amsterdam.
2. Idem.
3. Idem.
4. *EDP-Auditor* nummer 3, 2009.
5. J.C. Henderson, N.Venkatraman, Strategic alignment: Leveraging information technology for transforming organizations, *IBM systems journal*, 1993.

6 Luftman, J.N., Assessing IT/business alignment, *Information Systems Management*, 2003, vol. 20.
7 Pols, R. van der, Backer, Y, *IT Service Management best practices, deel 3*. Dit is een publicatie van ITSMF Nederland, Van Haren Publishing.
8 Pols, R. van der. *Strategisch beheer: Beheer van informatievoorziening met ASL en BiSL*. Academic Services, 2005.
9 Idem.
10 Pols, R. van der, en Backer, Y, *IT Service Management best practices, deel 3*.

Hoofdstuk 4

1 Weggeman, M., 'Leiding geven aan professionals? Niet doen!', Schiedam: Scriptum, 2007
2 Zie ook: Baumeister, Roy F. en John Tierney, *Wilskracht*, Amsterdam: Uitgeverij Nieuwezijds, 2012
3 http://www.express.be/business/nl/hr/12-psychologische-denkfouten-die-verhinderen-dat-we-rationeel-blijven/195925.htm 19 september 2013
4 Rapport *Kiezen voor kenniswerkers*, Adviesraad voor het Wetenschaps- en Technologiebeleid, augustus 2013
5 Weggeman 2007
6 Weggeman 2007
7 'The new creatives report', Adobe Systems Incorporated, june 2014
8 http://www.encyclo.nl/begrip/kennis
9 Boersma, J., *Management van kennis. Een creatieve onderneming*, Assen: Van Gorcum, 2006
10 Boersma 2006
11 www.mdweekly.nl/216446/ict-gedreven-kennismanagement-grote-kans-op-mislukking
12 http://www.penoactueel.nl/Personeel/Algemeen/2014/9/Hoe-zorg-je-ervoor-dat-medewerkers-nieuwe-technologie-gaan-gebruiken-1603365W/
13 http://www.lef-magazine.nl/nieuws/actueel/technologie-verandert-ons-brein, geraadpleegd op 8 oktober 2014

Hoofdstuk 5

1 Bewerkt naar: http://www.managementsite.nl/44804/innovatie/waarheid-disruptieve-innovatie-disruptive-innovation.html
2 http://nl.wikipedia.org/wiki/Metadata
3 CBS, Rapport *ICT, kennis en economie 2014*
4 Idem
5 Idem
6 Idem
7 Idem
8 PA Consulting Group, *Essays over de essenties van e-business*, Den Haag: Ten Hagen & Stam, 2002; en Pascoe-Samson, Eleanor, *Organisatie, besturing en informatie*, 2^e druk, Deventer: Kluwer Bedrijfsinformatie, 2003
9 *AutomatiseringGids*, 9 december 2005.
10 Groenland, R.C.J., en P. Rooze, *Personeelsinformatiesystemen*, Deventer: Kluwer, 1996
11 Mede ontleend aan PA Consulting Group 2002
12 CBS, Rapport *ICT, kennis en economie 2014*
13 Bathoorn, J., *Get social in business. Social media op het werk*, Schiedam: Scriptum, 2012
14 http://www.mt.nl/374/68906/cloud-uitblinkers/big-data-wordt-een-makkie.html, geraadpleegd op 3 november 2014
15 http://www.computable.nl/artikel/opinie/business_intelligence/4572482/1277145/bi-en-analytics-in-relatie-tot-big-data.html, geraadpleegd op 17 november 2014
16 http://www.marketingfacts.nl/berichten/big-data-is-booming-maar-nu-nog-even-niet, geraadpleegd op 17 november 2014
17 Idem
18 KPMG, Rapport *Telelens op de toekomst*, 2013
19 Osterwalder, A., Y. Pigneur, P. van der Pijl, *Business model generatie*, Deventer: Kluwer, 2010
20 Huizingh, E., *Innovatie. Succes is geen toeval*, Amsterdam: Pearson Education, 2008
21 CBS, Rapport *ICT, kennis en economie 2014*
22 CPB, *Op zoek naar productiviteitsgroei. Effecten van ICT en innovatie op bedrijfsniveau in Nederland*, december 2003
23 Idem
24 Afbeelding is een bewerking van: Robbins, Stephen P. en Mary Coulter, *Management*, Amsterdam: Pearson Education Benelux, 2003
25 http://nl.wikipedia.org/wiki/Enterprise_social_network

26 http://www.volkskrant.nl/tech/facebook-werkt-aan-facebook-at-work~a3792186/
27 http://www.socialeinnovatie.com/uploadedFiles/Sociale_Innovatie/Artikelen/Blijvend%20innovatiesucces%20is%20tienkamp.pdf
28 Tiem, 29 januari/februari 2009 (Guus Pijpers)
29 CBS, Rapport *ICT, kennis en economie 2014*
30 Idem
31 Idem
32 Idem
33 Derksen, Barry, Peter Noordam, Aart van der Vlist, *Trends in IT 2010/2011*, Business & IT Trends Institute, Boekdrukkunst uitgeverij, 2010
34 Ontleend aan Derksen e.a., 2010
35 Informatie is ontleend aan: http://www.sprout.nl/artikel/beveiligen-van-bedrijfsgegevens
36 http://www.jobat.be/nl/artikels/kwaadwillige-werknemers-betrapt-via-e-mail/, geraadpleegd op 28 november 2014
37 http://www.mt.nl/574/86970/ondernemender-worden/jonas-ridderstrale-een-strategie-vol-staat-niet-meer.html

Hoofdstuk 6

1 Rik Maes, *PrimaVera* working Paper 2003-02, Universiteit van Amsterdam
2 http://www.mt.nl/332/87311/business/hoe-de-luchtvaartindustrie-eindelijk-geld-wil-gaan-verdienen.html (7 oktober 2014). geraadpleegd op 2 december 2014
3 Bots, Jan, e.a., *Management en Informatie*, Schoonhoven: Academic Service, 1999
4 Idem
5 Beijen, M., E. Broos en E. Lucas, *Strategische inzet van ICT*, Deventer: Samsom, 2001
6 Pascoe Samsom, E., *Organisatie, besturing en informatie*, Deventer: Kluwer Bedrijfsinformatie, 2001
7 Grit, Roel, *Informatiemanagement*, Groningen: Wolters-Noordhoff, 2000; Pols, Remko van der, *Nieuwe informatievoorziening*, Schoonhoven: Academic Service, 2003; Beijen e.a. 2001
8 Informatie is ontleend aan Van der Pols 2003
9 Louweret, M., 'De informatiemanager als evenwichtskunstenaar', in *Informatie Management*, nummer 4, 1993, pp. 22-26.
10 Idem.
11 Idem.
12 Idem.
13 Bots, R.T.M. en W. Jansen, *Organisatie en Informatie*, Groningen: Wolters-Noordhoff, 2001
14 Terhürne, H., *Process Mapping*, Deventer: Kluwer, 2003
15 Weggeman, M., *Kennismanagement*, Schiedam: Scriptum Management, 1997
16 Idem.
17 Naar Weggeman 1997
18 Snijders, J., T. de Groot, en J. de Serière, *Informatiekunde 1*, Groningen/Houten: Wolters-Noordhoff, 2005
19 www.ic.uva.nl
20 www.cognos.com/products/cognos8businessintelligence/product-images/dashboards-1.html
21 Cloke, Kenneth en Goldsmith, Joan, *Machtswisseling in management*, Amsterdam: Business Contact, 2002
22 Hemmen, L. van, e.a., *Bedrijfsvoering en ICT op één lijn*, Den Haag: Academic Service, 2004
23 Grembergen, W. van, R. van Bruggen, 'Measuring and improving corporate information technology through the balanced scorecard technique', in: Berghout, E.W., Remenyi, D.S.J. (eds.), *Proceedings of the fourth European conference on the evaluation of information technology*, Delft University of Technology, October 30-31 1997, pp. 121-130
24 Derksen, T. en H. Crins, *AIV, informatiekunde voor het HBO*, Den Haag: Academic Service, 2000
25 Idem.
26 http://www.berenschot.nl/inspiratie/klantcases/klantcases/samenwerking-nieuw, geraadpleegd op 12 december 2014
27 www.uva.nl/binaries/content/assets/uva/persvoorlichting/uva-nieuws/evaluatie-implementatie-sis-20-januari-def.pdf
28 *Folia Magazine*, nr. 12, 28/11/2012, te downloaden via www.foliaweb.nl/magazine/12-2/

Hoofdstuk 7

1. www.vwe.nl
2. *www.navigon.com/portal/nl/*
3. Negroponte, N. P.; *Being digital*; New York; 1999
4. www.multidesk.be/woordenboek/woordverklaring/248/RAID.html heldere uitleg over diverse RAID-vormen
5. http://www.computerhistory.org/semiconductor/timeline/1965-Moore.html
6. www.frolicstudio.com
7. www.usemod.com/cgi-bin/mb.pl?DeepLink, toelichting over deeplinking
8. Ambler, Scott W.; *Agile modelling*; New York; 2002 en www.agilemanifesto.org
9. www.stratasoftware.com/downloads/CBDI-WP-SOARMPart1.pdf en www.stratasoftware.com/downloads/CBDIWP-SOARMPart2.pdf, een korte beschrijving van Service Oriented Architecture
10. Negroponte, N. P., *Being digital*, New York, 1999
11. Wiech, Dean, *The Benefits And Risks Of BYOD;* Manufacturing Business Technology, 2013. http://www.mbtmag.com/articles/2013/01/benefits-and-risks-byod
12. www.rustpunt.nu

Index

Symbolen
1:1-relatie 167
1:N-relatie 167
.NET Framework 205

A
AAOCC 75
accessmanagement 82
accruemanagement 82
accuratesse 277
activiteiten 164
activiteitenplan 243
activity-based costing 235
actualiteit 75
afnemer
    en technologie 137
    uitdaging van digitale 136
Agile Manifesto 206
algoritme 13
Amsterdams Informatiemanagement
    Model (AIM) 44
applicatiebeheer 187
Appstore 195
architectuur 57, 186
ASL 262
ASP 208
assetmanagement 82
augmented reality 32
autoriteit 75
availability management 266

B
b2b 118
b2c 118
back-up 186, 198
badkuipkromme 214
balanced scorecard (BSC) 176
Basel III-akkoord 27
batchverwerking 172
bedrijfsmodelinnovatie 127
bedrijfsprocessen
    beschrijven 160
    bestuurlijke 158
    primaire 158
    secundaire 158
    via internet 186
beheer 187
beheersfactoren 246
benchmarking 235
beschilbaarheidsmanagement 266
besluitvorming 71
beveiliging 141
    standaards financiële instellingen 142
Big Data 11
BIM 25
BiSL (Business Information Services
    Library) 53, 262
blended learning (b-learning) 36
blog 10
bouw 24
Bouwwerk Informatie Modellering 25
brein 69
BSC 176
business 98
    definitie 98
businesscase 226
businessintelligence (BI) 115
business-IT-alignment 54, 96
business-IT-strategie 96
businessmodel 125

C
capacity management 266
Chief Information Officer (CIO) 51, 95, 111
client-servermodel 198
cloud 14
CMMI 176, 264
COBIT 263
communicatie 56
communicatiebeheersing 247
communicatietechnologie 215
competentie 57
    definitie 4
compliance 94
component-based development 207

computer	
economische levensduur	215
TCO	189
technische levensduur	214
vervangingsstrategie	215
computerhardware	197
connected	84
connectivity	209
contentmanagementsysteem (cms)	133
convergentie	183, 211
definitie	211
corebusiness	99
creditcardbetalingen	142
crm	7, 216
pakketselectie	217
crossselling	116
crowdsourcing	9
customer relationship management (crm)	108

D

database	166
datacenter	198
datamining	28
datawarehouse	116
decision support system	115
deeplinken	203
deepselling	116
detailhandel	29
DFD	164
DigiD	34
digitaal dashboard	174
DNO	188
DRM	209
DSS. Zie decision support system	

E

e-business	98
definitie	98
e-commerce	29, 106
ECR. Zie efficient customer respons	
EDI. Zie electronic data interchange	
efficient customer respons	102
EFQM-model	175
informatiefunctie	175
e-health	35

e-hrm	113
EIS. Zie executive information system	
e-learning	114
electronic data interchange (EDI)	102
e-mail	219
nadelen	219
e-manufacturing	104
enterprise resource planning (ERP)	104
enterprise social network (ESN)	132
entiteit-relatiediagram	166
e-procurement	102
ERD	166
ERP. Zie enterprise resource planning	
executive information system	116
extreme analytics	120

F

fasering	245
feiten	
definitie	4
financieel management	110
financiële dienstverlening	27
financiële informatie	16
flipping the classroom	36
flowchart	
functieoverschrijdend	162
lineair	162
fMRI	69
full service solutions	211
functioneel beheer	49, 188
functioneel beheerder	53

G

gegevens	
beheer	186
beveiliging	141
bewaren	170
bewerking vs verwerking	171
bronnen	169
definitie	4, 163
invoeren	170
typen	168
verzamelen	168
gegevensverzameling	
analoog	170

digitaal	171	informatiemanagement	3
geldbeheersing	247	rol bij innovatie	131
governance	56	informatiemanager	51
GSS	164	informatieplan	48, 153
basisregels	164	contingentiefactoren	153
		gegevens	157
H		informatiearchitectuur	158
hardware		mensen	157
economische levensduur	189	middelen	157
hardwarearchitectuur	197	ontwerpaanpak	154
hotspot	210, 218	ontwikkelaanpak	155
HR analytics	113	organisatie	158
HTPC	212	uitgangspunten	154
humanresourcesmanagement	112	informatieplanning	
		innovatie	156
I		substitutie	156
ICT		typen methoden	156
inzet	183	informatieplanningsproject	152
kantoorautomatisering	184	informatiestrategie	48
verband met innovatie	131	informatiesysteem	168
waardecreatie	213	aanpasbaarheid	185
ICT als businessdriver	96	architectuur	186
ICT als enabler	96	beheer	187
ICT-BSC	177	groeipad	192
ICT economics	213	kwaliteitseisen	178
ICT-investeringen	226	nieuw	183
ICT-kengetallen	213	onderhoud	189
iDeal	142	informatievaardigheden	73
identificatienummer	16	informatieverstrekking	172
IIE-netten	180	interactief	173
inconsistentie	184	just in time	173
industrie	26	passief	173
informaticamethode	156	informatieverzorging	47
informatie	97, 163	bestuurlijke	168
definitie	4	definitie	158
kwaliteitseisen	177	doel	168
presenteren	172	kwaliteit	174
informatiearchitectuur	49	kwaliteitseisen	178
informatiebeheersing	248	stappen	168
informatiebehoefte		informatievoorziening	168
formuleren	172	inkoop	102
informatiebeleid	48	innovatie	
contingentiefactoren	153	eigenschappen succesvolle organisatie	133
definitie	152	sociale	129, 130
informatiecyclus	4	typen	127

variabelen	131
innoveren	
definitie	125
insourcing	269
intellectueel eigendom	16
internet of things	199
internettoegang	218
IP	16
iPhone	195
iPhoneapplicatie	195
IT-alignment	49
IT-governance	51
doel	51
ITIL	265
IT-toepassingen	140

K

kennis	163
definitie	4
kennismanagement	81
doel	82
stappen	82
kennisvorm	82
hardware	82
humanware	82
paperware	82
software	82
kenniswerker	67, 77
aspecten	77
definitie	67, 77
kenmerken	77
mate van creativiteit	80
mate van gebondenheid aan	
kantoortijden	80
professionele	68
scholing	135
ketenintegratie	203
kwaliteit	248
definitie	174
operationeel	174

L

LAMP-suite	204
LAN	186
landbouw	23
legacyproblematiek	153
logistiek	100
ingaande	100
uitgaande	101

M

machine learning	13
managementinformatiesysteem (MIS)	114
manufacturing execution system (MES)	26
marktinnovatie	129
medewerker	
zorg voor	135
medische informatie	16
messaging	219
metadata	102
methoden	
adaptieve benadering	156
informaticamethoden	156
lerende benadering	156
strategisch-bedrijfskundig	156
migratiepad	153
mobiliteit	210
Mono	205
MOOC	36
Moore, Gordon	199
Moore, wet van	199
MTBF	213

N

N:M-relatie	167
nacalculatie	252
NAS	199
NCF	201
negenvlaksmodel	44
Negroponte, Nicholas	197
tweede wet van	197
netwerk	209
migratie	211
peer-to-peer	210
netwerkverkeer	
draadloos	218
nieuwe werken	218

O

observatiebias	72

objectiviteit	75	projectvoortgang	251
OCR	170	prosumenten	104
offshoring	269	PUSH-aanbod	9

OLAP. Zie online analytical processing

ondernemingsmodel	125	**Q**	
onderwijs	35	QR-codes	32
online analytical processing (OLAP)	116	quantified Self	81
ontwikkelomgeving	205	quartaire sector	32
openbaar bestuur	32		
opensourcesoftware	204	**R**	
organisatie		RAID	198
classificatie kenniswerker	78	Rapid Application Development	
organisatiebeheersing	247	(RAD)	236, 245
organisatiestrategie		ratio	72
innoveren	127	realtimeverwerking	172
outsourcing	269	redundantie	166, 184
		relatiebeschrijving	167
P		RFID	24, 100, 200
partnership	57	RFID-tag	
PBS	244	gebruik van	210
PCI	16	toepassingen	201
pensioenstelsel	130	risicomanagement	250
PHI	16	risicoplanning	249
PII	16	risk breakdown structure	250
planning	245		
portfoliomanagement	49	**S**	
primaire processen	99	SAN	171, 199
primaire sector	23	Sarbanes-Oxley-wet	27
PRINCE2	236, 176	scholing	
procesrelatiediagram	161	e-learning	135
processen		SCM	28
complexiteit van	159	scope	57
process mapping	161	Scrum	237
product breakdown structure (PBS)	244, 250	secundaire processen	108
productinnovatie	128	secundaire sector	23
professionaliteit		serious gaming	37
kenmerken	68	server	198
project	236	serverruimte	198
projectactiviteit	167	service level agreement (SLA)	188
projectcontract	243	service level management (SLM)	266
projectdefinitie	238	SLA	188
projectenportfolio	153	inhoud	189
projectmanagement	49	SLM	266
projectmethodiek	236	SmartCard	198
projectoplevering	251	smart factories	26

SOA	206, 208
benodigdheden	207
definitie	207
social manufacturing	26
social media	9, 116, 220
software	202
levenscyclus	190
nadelen opensource	204
opensource	204
software configuration management (SCM)	28
softwareontwikkeling	
iteratief	220
SOx	27
SPOC	36
SQL	7, 174
SSL	142
SSP	171
statistiek negeren	73
Strategic Alignment Model (SAM)	44, 54
strategisch-bedrijfskundige methode	156
sturing	56
substitutie	156
supply chain management (SCM)	26, 101
swimlanes	162
SWOT-analyse	251
systeemontwerp	
objectgeoriënteerd	206
servicegeoriënteerd	207
systeemontwikkelingsmethodiek	236
systeemsoftware	202

T

TCO	213
computer	189
downtime	214
technisch beheer	187
technologie	140, 195
acceptatie	197
bruikbaarheid	195
invoering nieuwe	197
telefoonnetwerk	
ADSL	211
analoog	211
digitaal	211
ISDN	211
tertiaire sector	27
tijdbeheersing	249
toegevoegde waarde	56
toepassingen	202
TomTom	196
toxic data	16
tracking en tracing	24
transformatieproces	168

U

ubiquitous network	209
BitTorrent	210
uitdaging	
sociaal-ethische	137
technologische	140
upselling	116

V

validatie	252
verantwoording	252
verdienmodel	125
verificatie	252
verslaglegging	76
vervangingsstrategie	214
VIIV-platform	212
volwassenheidsniveau	264
voortgangsrapportage	251

W

W3C	142
waardecreatie	94
WBS	244
weblog	18
WikiLeaks	12
wisdom of the crowds 118	
work breakdown structure (WBS)	244
workflowmanagement	103

Z

zorg	34